CUANDO ÉRAMOS HONRADOS MERCENARIOS

ARTÍCULOS 2005-2009

Arturo Pérez-Reverte

CUANDO ÉRAMOS HONRADOS MERCENARIOS

ARTÍCULOS 2005-2009

ALFAGUARA

ALFAGUARA

© 2009, Arturo Pérez-Reverte
© De esta edición:
2009, Santillana Ediciones Generales, S. A. de C. V.
Av. Universidad 767, col. del Valle,
México, D. F., C. P. 03100, México.
Teléfono 5420 75 30
www.alfaguara.com.mx

Primera edición: diciembre de 2009

ISBN: 978-607-11-0381-9

© Diseño de cubierta: Jesús Acevedo

Impreso en México

Índice

2007

2008

Una voz y una mirada

Los artículos reunidos en este libro se han publicado durante un tiempo que ha pasado de la euforia económica al derrumbe. El siglo XXI se abrió con el entusiasmo de la expansión financiera, el crecimiento de la Bolsa, la fiebre inversora, las rentabilidades rápidas, los créditos fáciles y muchas recalificaciones urbanísticas. Tanta frivolidad derivaría pronto en una de las crisis más profundas de la historia reciente. En este tiempo, Arturo Pérez-Reverte ha seguido publicando artículos semanales, como ha hecho puntualmente desde hace casi veinte años. En ellos está el latido de las incertidumbres que han dominado la primera década del siglo.

Algunos han resultado premonitorios. El 25 de diciembre de 2005 escribió «Herodes y sus muchachos». Entonces se vivía la expansión urbanística desaforada, la inversión inmobiliaria especulativa y el negocio rápido del ladrillo. En forma de fábula de un pueblo que construye un belén con más casas cada año, comenta: «Para llenar tanta nueva casa, cuento las figuritas del belén y no cuadra la proporción: cuarenta y siete, sin sumar ovejas y gallinas, para unas doscientas cincuenta viviendas, calculo a ojo; y menos figuritas que van a quedar tras la matanza de los inocentes, que está al caer. Así que ya me contarán quién va a ocupar tanto ladrillo». Dos años después estallaría la burbuja inmobiliaria y la crisis haría lamentar a algunos tanta especulación descontrolada.

El año 2008 circuló por la Red uno de sus artículos, «Los amos del mundo», que era reproducido en los blogs, citado en páginas web, comentado en foros, distribuido de correo en correo. En él escribió Pérez-Reverte: «Usted no sabe qué

cara tienen, pero son ellos quienes lo van a mandar al paro.
[...] Dicen en inglés cosas como long-term capital manage-
ment, *y hablan de fondos de alto riesgo, de acuerdos multila-*
terales de inversión y de neoliberalismo económico salvaje, como
quien comenta el partido del domingo. [...] No crean riqueza,
sino que especulan. Lanzan al mundo combinaciones fastuo-
sas de economía financiera que nada tiene que ver con la
economía productiva. Alzan castillos de naipes y los garantizan
con espejismos y con humo, y los poderosos de la tierra pierden
el culo por darles coba y subirse al carro. [...] Y aunque ese
espejismo especulador nada tiene que ver con la economía real,
con la vida de cada día de la gente en la calle, todo es euforia,
y palmaditas en la espalda, y hasta entidades bancarias ofi-
ciales comprometen sus reservas en divisas. Y esto, señores, es
Jauja. Y de pronto resulta que no. [...] Y entonces todo el tin-
glado se va a tomar por el saco. [...] Entonces resulta que
mientras el beneficio era privado, los errores son colectivos y
las pérdidas hay que socializarlas, acudiendo con medidas de
emergencia y con fondos de salvación para evitar efectos do-
minó y chichas de la Bernarda. Y esa solidaridad, imprescin-
dible para salvar la estabilidad mundial, la pagan con su
pellejo, con sus ahorros, y a veces con sus puestos de trabajo,
Mariano Pérez Sánchez, de profesión empleado de comercio,
y los millones de infelices Marianos que a lo largo y ancho del
mundo se levantan cada día a las seis de la mañana para
ganarse la vida. Eso es lo que viene, me temo».

   Y eso es lo que vino.

   El artículo lo publicó ¡en 1998!, cuando todo era eu-
foria especulativa y nadie comentaba, ni en voz baja, quién
iba a pagar tanto riesgo y tanto desmadre. Diez años después,
en plena crisis, las cosas sucedieron exactamente como se ad-
vertía en ese escrito.

   Hace ya 845 semanas que se publican estos artículos,
«domingo a domingo, sin faltar ni uno solo», ha recordado él

mismo. Comenzó allá por 1993, cuando trabajaba como reportero. Entonces Pérez-Reverte tenía cuarenta y dos años; hoy ha cumplido cincuenta y ocho. En los dieciséis años transcurridos hay muchas experiencias. Y también algunas pérdidas. De eso trata este libro: de lo vivido; de las polémicas surgidas en ese tiempo; de las oportunidades malgastadas; y de los responsables de esos desaguisados. Antes de finalizar el año 2007 escribió una carta abierta a presidentes del Gobierno, ministros, consejeros de Educación, e incluía a «todos cuantos habéis tenido en vuestras manos infames la enseñanza pública en los últimos veinte o treinta años [...] quienes, por incompetencia y desvergüenza, sois culpables de que España figure entre los países más incultos de Europa». «Permitidme tutearos, imbéciles» se titula ese artículo, que está recogido en estas páginas y que es uno de los que más se han reproducido luego en Internet.

Porque estos textos tienen una difusión que trasciende los más de tres millones trescientos mil lectores de XLSemanal, donde se publican. De forma permanente se distribuyen también con los periódicos La Nación de Buenos Aires y Milenio de México. Se recogen en la prensa italiana y francesa. Se han traducido en varios países; entre otros, en Rusia y Polonia. Y es constante la reproducción de muchos de ellos en blogs, en revistas, en páginas web.

¿Qué es lo que hace que hoy, después de dieciséis años escribiendo semana tras semana, hasta 845, sigan impactando de tal manera estos artículos? ¿A qué se debe su interés en países tan dispares? ¿Por qué suscitan tantas discrepancias y adhesiones como el primer día y llenan de cartas el correo de la revista en la que se publican?

Estos textos son una mirada —disidente, crítica, personal— sobre el mundo. En una sociedad acostumbrada al tópico, a la manipulación, a la atonía de lo políticamente correcto, los artículos de Arturo Pérez-Reverte se atreven a mirar la vida desde un punto de vista personal. Ése es su reto.

Pero estos artículos son, además, una voz: bronca, sin pelos en la lengua, que combina los matices de la indignación, la denuncia, el humor y las emociones personales.

Eso son estos textos que el lector tiene en sus manos: una voz y una mirada.

Leer estos artículos es pasearse por las calles y observar a las gentes y las ciudades de hoy. Entrar en un bar de carretera y sentarse a comer con los trabajadores que están allí reponiendo fuerzas. Con los trabajadores de verdad: «camioneros de manos endurecidas por miles de kilómetros de volante, cuadrillas de agricultores, operarios de maquinaria rural, albañiles de una obra próxima. Gente así» («Manitas de ministro»). Sentarse a ver atracar los barcos en un puerto del Mediterráneo («La venganza de Churruca»). Cruzarse con los mendigos que te asaltan por la calle para pedir una moneda («El arte de pedir»). Comer en un pequeño bar junto al puerto pesquero y observar cómo se comporta un vendedor de lotería («El vendedor de lotería») o tener que soportar la ordinariez de un niño consentido («Los calamares del niño»).

Estos artículos intentan describir, interpretar, entender la realidad. Son un ejercicio de comprensión. He comentado en otras ocasiones que Arturo Pérez-Reverte se inserta en la línea más fecunda del artículo literario español. La que tiene sus raíces en la visión lúcida y desesperada de Larra; la que se alimenta del costumbrismo romántico; la heredera de la intención testimonial de la novela realista del siglo XIX; la que continúa en el pesimismo histórico de los escritores del 98 durante las primeras décadas del siglo XX; la de aquellos que hicieron del realismo su forma de denuncia de la esclerótica sociedad de mediados del siglo pasado. La que bebe de la pluma áspera de Quevedo, del dolor de Machado, de la rabia de Valle-Inclán en los esperpentos.

Estos artículos son una mirada sin celosías sobre la actualidad. Como en las obras de esos autores, encontramos en ellos una mirada penetrante y crítica de la España actual. Todas las polémicas, los debates, los conflictos de la sociedad contemporánea están tratados en estos textos. En ellos escribe sobre la enseñanza, las políticas lingüísticas, la manipulación histórica, el feminismo. El artículo «Mujeres como las de antes» desencadenó un tropel de cartas de protesta. Tantas, que unas semanas después volvió a escribir otro texto, «Ava Gardner Nunca Mais». Un año más tarde publicó «Hombres como los de antes». Los tres artículos están en este libro y el lector podrá ver en ellos las razones de la protesta.

Uno de los temas fundamentales de estos textos es la denuncia de la corrupción. Al autor le exaspera la impunidad ante la indecencia evidente y así lo expresa en artículos como «El "Chaquetas" y compañía», «Aquí no se suicida nadie», «Aquí nadie sabe nada». Pérez-Reverte describe las maneras ilícitas de la política en «Nuestros nuevos amos», «Una foto analgésica», «Miembras y carne de miembrillo» y en uno de los textos que cierran el libro, titulado «Esa gentuza». En él puede ver el lector las razones de tanta indignación y de tanta cólera.

Pero las acusaciones de Arturo Pérez-Reverte no van dirigidas sólo a la clase política. «Esa gentuza —escribe— medra con la complicidad de una sociedad indiferente, acrítica, apoltronada y voluntariamente analfabeta». «A fin de cuentas, un político no es sino reflejo de la sociedad que lo alumbra y tolera» («Librería del Exilio»). La visión que se plasma en este libro no es nada complaciente con la sociedad española. Hay que leer artículos como «El gudari de Alsasua», «Ocho hombres y un cañón», «Siempre hay alguien que se chiva» o «Un facha de siete años» para entender la actitud visceral del autor ante la envidia convertida en hábito nacional, o ante el rencor, el odio, la cobardía y la complicidad social de mirar hacia otra parte ante lo intolerable. Basta recordar «Los calamares del niño», «El síndrome Lord Jim» o «*Amo a deharno de protocolo*» *para comprender el hastío que le produce al autor la falta de educación, la vulgaridad o la grosería. Pérez-Reverte es heredero de la visión desolada de Larra sobre la realidad española, del descontento reformista de los ilustrados, del dolor de los románticos, de la exigencia amarga de revisionismo de los noventayochistas.*

Por eso estos textos tienen bastante de compromiso ético. Demandan honestidad, coherencia, lealtad, franqueza, trabajo bien hecho. ¿Cuáles son los iconos del mundo actual?, se pregunta a veces. ¿Dónde están sus mitos? ¿Una top model preparándose unas rayas de coca? («La farlopa de Kate Moss»). ¿El actor de la última serie de televisión? («Gilisoluciones para una crisis»). Pérez-Reverte percibe alrededor un mundo mediocre, sin estética, sin cultura, sin héroes a los que imitar o que alienten la esperanza.

El lector podrá apreciar cómo estos artículos profundizan en la senda iniciada ya en el libro anterior. Éste es el cuarto libro de artículos de Arturo Pérez-Reverte. Patente de corso, Con ánimo de ofender *y* No me cogeréis vivo *son los anteriores. En los primeros escribía desde una actitud crítica, por la que asomaba a veces la esperanza en la capacidad de cambiar la realidad que tienen las palabras. Pero los artículos de este libro están escritos desde la certeza de que no hay remedio. Encontramos aquí a un Pérez-Reverte más escéptico, más decepcionado. Se percibe el tono de cólera irónica de quien sabe que un artículo no cambia nada. La impotencia ante lo irremediable lleva al sarcasmo y a la contundencia que expresa bien la frase del título: «Cuando éramos honrados mercenarios».*

En «Fantasmas de los Balcanes» escribe sobre Bosnia, Serbia, Croacia y demás; y se refiere a los recuerdos siniestros de aquella guerra de los Balcanes: «controles bajo la lluvia, cruel brutalidad, fosas comunes, gente degollada en campos de maíz, gentuza con Kalashnikov, psicópatas impunes». Ante tanta vileza y tanta barbarie, muestra su falta de fe en el hombre: «*a fin de cuentas, quienes metían las manos en la sangre, hasta los codos, éramos nosotros mismos, sin freno. Era la simple y sucia condición humana*».

Hay un fondo de rebeldía desesperada en estos artículos. En ellos se puede apreciar un cambio con respecto a los anteriores, tenue pero significativo. Los primeros artículos, desde Patente de corso, expresaban con enfado la exigencia de que las cosas fueran de otro modo. Pero progresivamente el tono se ha ido oscureciendo en estos textos. ¿Cuándo se produce el salto de la crítica y la denuncia a la cólera? «Justo cuando comprendes —escribe él mismo— que nada de cuanto se diga o se haga podrá cambiar nuestra bellaca e imbécil naturaleza, y a lo más que se puede aspirar es a que al malvado o al idiota —a ti mismo, llegado el caso— les sangre la nariz».

Estos artículos parten del convencimiento de que el mundo es un lugar peligroso y hostil («Inocentes, pero menos», «Un combate perdido»). No hay ambigüedad ni ocultamiento en ninguno de los textos de este libro. Tampoco en este punto, como se puede ver en los artículos titulados «En legítima venganza», «Vístete de novia, y no corras», «Lobos, corderos y semáforos», «Cómo buscarse la ruina», «Piénselo dos (o tres) veces» y «Violencia proporcionada y otras murgas». En ellos la apuesta contra la maldad es contundente. La lectura de esos artículos, y de otros como «Bandoleros de cuatro patas», «Frailes de armas tomar» o «El hombre que atacó solo», nos dan algunas claves de ese pensamiento que defiende la libertad, el individualismo y la valentía de enfrentarse sin titubeos a un mundo adverso. Hay que leer la ironía de «Picoletos sin Fronteras» o el reproche de «Por qué van a ganar los malos» para confirmar la defensa que expone el autor de los derechos y de la fuerza de la ley, sin fisuras ni medias tintas. Cuando esos presupuestos se quiebran, el autor describe un mundo que se tambalea desestabilizado por sus propias contradicciones; y estos artículos son la crónica de ese deterioro.

¿En qué se puede creer aún en estos tiempos?, se pregunta. Pérez-Reverte encuentra muy pocas palabras. Apunta el valor, la honradez, la lealtad. Valora el gesto concienzudo de quienes trabajan con orgullo hasta acabar una obra bien hecha («Océanos sobre la mesa»). Ensalza a la gente que se juega la vida por palabras en las que cree: amor, honor, dignidad. También a quienes cumplen la palabra dada («Los presos de la Cárcel Real»). Aprecia el comportamiento de un intérprete compasivo y de un juez que sentencia con humanidad («El juez que durmió tranquilo»). O el gesto lleno de ternura con el que una mujer ayuda a una persona anciana. Es una inmigrante sudamericana. Y escribe: «Procede, sin duda, de un país de esos donde la miseria y el dolor son tan naturales como la vida y la muerte. Donde el sufrimiento —eso pienso viéndola alejarse— no es algo que los seres humanos consideran extraordinario y lejano, sino que forma parte diaria de la existencia, y como tal se asume y afronta: lugares alejados de la mano de Dios, donde un anciano indefenso es todavía alguien a respetar, pues su imagen cansada contiene, a fin de cuentas, el retrato futuro de uno mismo. Lugares donde la vejez, el dolor, la muerte, no se disimulan, como aquí, maquillados tras los eufemismos y los biombos. Sitios, en suma, donde la vida bulle como siempre lo hizo, la solidaridad entre desgraciados sigue siendo mecanismo de supervivencia, y la gente, curtida en el infortunio, lúcida a la fuerza, se mira a los ojos lo mismo para matarse —la vida es dura y no hay ángeles, sino carne mortal— que para amarse o ayudarse entre sí» («La mujer del chándal gris»). Esa mujer, que «todavía no ha olvidado el sentido de la palabra caridad», representa la existencia aún de algún impulso solidario en la inhóspita sociedad actual.

Pérez-Reverte ya sólo apuesta en este libro por valores que considera seguros: aquellos que son inalterables, como el *oro entre tantos metales corroídos. La lluvia, la humedad y la intemperie acaban oxidando muchas creencias. ¿Qué consuelos quedan en un mundo descrito como un paisaje de nieblas y de frío? El autor cita algunos en estas páginas. La memoria. La Historia. La cultura. La lealtad a los propios principios y a las personas que uno aprecia. La compasión hacia los que padecen las consecuencias de tanta estupidez. Y una tríada como madero de salvación en el naufragio: los libros, los amigos y la Historia. Los libros amueblan el mundo y dotan de vida al paisaje. Hay que leer «La hostería del Chorrillo» para percibir cómo el autor hace confluir en la ciudad de Nápoles la memoria de lecturas, sucesos del pasado y personajes históricos, entre sus calles estrechas adornadas con hornacinas antiguas, en las lápidas de sus iglesias, en las esquinas de sus plazas y en sus viejas hospederías. La Historia es una manera de reconocerse, porque el pasado nos dice lo que fuimos y nos enseña lo que somos. Está hecha de gestas heroicas, de gentes que compartieron las mismas costas y que murieron por defender su dignidad: aquello en lo que creían y amaban («Mediterráneo»). La Historia —escribe en «Dos banderas en Tudela»— es el recuerdo de «los que dejaron huellas que orientan nuestra memoria, nuestra lucidez y nuestra vida». Y los amigos. Esos que están siempre en los momentos importantes de la vida. Esos cuya ausencia produce un vacío irreemplazable («Era pacífico y peligroso»). Los amigos: vidas que se enredan con las de uno y ayudan a reconciliarse con los seres humanos.*

Estos textos que el lector tiene en sus manos son una mirada y una voz, decía al principio. Una forma de mirar y una manera de decir. En esto radica su carácter literario. En el estilo. Los artículos de Arturo Pérez-Reverte no son sólo opinión; son también literatura. La voz literaria se manifiesta mediante el empleo de distintos registros de lenguaje, la ironía, los recursos de humor, la complicidad formal con el lector. El autor emplea los mecanismos fonéticos, los procedi-

mientos gramaticales y el vocabulario de varias jergas, el lenguaje coloquial, los registros juvenil y carcelario, el vocabulario técnico del mar y de la navegación, las expresiones del hampa. Usa la palabra gruesa en el momento oportuno y el sarcasmo más aplastante. Con frecuencia los artículos están escritos desde una postura irónica, llevando a un extremo hiperbólico la situación narrada, para poner de manifiesto lo absurdo de algunos planteamientos: decisiones judiciales insostenibles («Esas madres perversas y crueles»), imágenes del Ejército o de la Policía como asociaciones piadosas («Picoletos sin Fronteras», «Apatrullando el Índico»), la exigencia de un comportamiento comedido ante delincuentes sin escrúpulos («Violencia proporcionada y otras murgas», «Cómo buscarse la ruina»), ocurrencias frívolas («Universitarios de género y génera»). «Para troncharse, oigan —escribe—. Si no fuera tan triste. Y tan grave».

A través de estos recursos surge el chispazo del humor. «El psicólogo de la Mutua», uno de los artículos más divertidos de este libro, lo explica así: «Lo bueno —divertido, al menos— de vivir, como vivimos, en pleno disparate, es que el esperpento resulta inagotable».

También, a veces, por las grietas de la humanidad de estos textos, se cuela la ternura. No faltan aquí algunas confesiones íntimas que hablan del aprendizaje de la vida. En «El caballo de cartón», por ejemplo, evoca un recuerdo personal: la pérdida del regalo de Reyes, destrozado por la lluvia y la mala fortuna, al día siguiente de recibirlo, cuando tenía cinco años: «Después, con los años —finaliza el artículo—, he tenido unas cosas y he perdido otras. También, sin importar cuánto gane ahora o cuánto pierda, sé que perderé más, de golpe o poco a poco, hasta que un día acabe perdiéndolo todo. No me hago ilusiones: ya sé que son las reglas. Tengo canas en la barba y fantasmas en la memoria, he visto arder ciudades y bibliotecas, desvanecerse innumerables caballos de cartón propios y ajenos; y en cada ocasión me consoló el recuerdo de aquel despojo mojado. Quizá, después de todo, el niño tuvo mucha suerte esa mañana del 7 de enero de 1956, cuando aprendió, demasiado pronto, que vivimos bajo la lluvia y que los caballos de cartón no son eternos».

En otro artículo, «La librera del Sena», recuerda cuando era un joven imberbe con mochila al hombro y en sus viajes a París observaba fascinado entre los buquinistas a una muchacha hermosa, de cabello rojizo, a orillas del Sena. Esa librera estaba siempre allí, en cada viaje. «Pasó el tiempo —escribe—. Entre viaje y viaje la vi crecer, y yo también lo hice. Leí, anduve, adquirí aplomo, conocí otras orillas del Sena». Pasados treinta años, recuerda el día en que volvió a contemplar como otras veces a esa mujer reflejada en el cristal de un anticuario, de nuevo junto al Sena. Era una tarde gris. Pero ahora comenta: «imposible reconocer en ella a la muchacha de cabello rojizo». Y refiriéndose a sí mismo, añade: «Tampoco reconocí al hombre que la miraba desde el cristal». De eso trata este libro, decía al principio de estas páginas: de experiencias vividas y también de alguna pérdida. De los desgarros del tiempo y de la inocencia que se va quedando por el camino.

JOSÉ LUIS MARTÍN NOGALES

2005

La venganza de Churruca

A veces el tiempo termina poniendo las cosas en su sitio, o casi. Estaba el otro día en un puerto mediterráneo, amarrado de proa al pantalán y leyendo en la camareta, cuando escuché el motor de una embarcación. Subí a cubierta mientras otro velero se acercaba por el lado opuesto, disponiéndose a amarrar enfrente. Suelo ayudar en la maniobra; pero como el marinero de guardia estaba allí, me quedé apoyado en el palo, mirando. Era un queche de quince metros, con un hombre al timón y una mujer en la proa. Banderita española en la cruceta de estribor y bandera roja a popa: un inglés. El patrón era cincuentón largo, con barriga cervecera. La mujer, negra, alta y bien dotada. Una señora estupenda, la verdad. Muy aparente.

El marinero del puerto estaba en el punto de atraque, esperando. Era de esos españoletes chupaíllos, flaquísimo y tostado, con pantalón corto, gorra y un pendiente de oro en cada oreja. De los que te cruzas de noche y echas mano a la navaja antes de que la saque él. Aunque esto lo apunto sólo para que se hagan cargo de la pinta del jenares; yo lo conocía de tiempo atrás, y lo sabía buena gente. El caso es que imagínenselo allí, esperando a que la proa del velero inglés llegase al pantalán. En ésas, a un par de metros, la negra de la proa le suelta al marinero una pregunta en absoluto inglés, que para los de aquí suena algo así como: *¿chuldaius maylain oryur?* Tal cual. Ni un previo amago de «*buenos días*», ni «*hola*», ni nada. Entonces el marinero, impasible, mientras aguanta la proa para que no toque el pantalán, responde, muy serio: «*Yene comprampá*». La mujer lo mira desconcertada, repite la pregunta, el marinero repite *«yene comprampá, señora»*, y como el barco ya está parado y el viento hace caer la popa a una banda, la pava le da sus amarras al marinero y se va corriendo a popa con la guía para trincar el muerto.

En ésas, el patrón ha parado el motor y se acerca a la proa, mirando preocupado el costado herrumbroso de un viejo barco de hierro que está amarrado junto a él. Tampoco hace el menor esfuerzo introductorio en lengua aborigen. *Itis tuniar,* dice a palo seco. *¿Haventyu a beterpleis?* Y en ese momento pienso yo: tiene huevos aquí, el almirante. Como buena parte de sus compatriotas, no hace el menor esfuerzo por hablar en español, y da por sentado que todo cristo tiene que trajinar el guiri. A buenas horas iba yo a amarrar en Falmouth con la parla de Cervantes. De cualquier modo, el marinero lo mira flemático, asiente con la cabeza y dice *«ahá»* cuando el otro termina de hablar, luego encoge los hombros, acaba de colocar las amarras en los norays, y mirándolo a los ojos, muy claro y vocalizando, le dice: *«No te entiendo, tío. Aquí, espanis langüis».*

A todo esto, el viento ha hecho que la popa del barco se vaya a tomar por saco, y la negra las pasa moradas tirando del cabo del muerto para aguantarlo. *«¡Aijeiv tumachwind!»*, grita. El marinero se la señala al inglés y le aconseja: *«Vete a ver lo que dice, hombre».* El inglés mira a la mujer —a la que con el esfuerzo se le ha salido medio fuera una teta espectacular—, mira alrededor, mira el costado oxidado del barco sobre el que caen y le hace gestos con las manos al marinero, acercando las palmas para indicar que están demasiado cerca. *«Tuuniar»*, repite. *«Tuuniar.»* El marinero se ha puesto en cuclillas, para mirar más descansado cómo el guiri se la pega. *«Aquí es lo que hay»*, responde ecuánime. *«¿Guat?»*, pregunta el otro. El marinero se rasca la entrepierna, sin prisa. *«Si me pasas un esprín*

—sugiere— *igual te lo sujeto».* El inglés, antes despectivo y ahora visiblemente angustiado, hace gestos de no entender y luego corre hacia popa a ayudar a la mujer a aguantar el barco, que a estas alturas está atravesado en el amarre que da pena verlo. *«Plis»,* pregunta a gritos desde allí, desesperado y rojo por el esfuerzo de tirar del cabo. *«¿Duyunotpikinglis?»* Ahora, por fin, el marinero sí comprende lo que le dicen. *«No»,* responde. *«¿Y tú?... ¿Espikis espanis, italian, french, german?... ¿Nozing de nozing?»* Luego, sin esperar respuesta, mete una mano en el bolsillo del pantalón, saca un paquete de tabaco, enciende con mucha parsimonia un pitillo y se vuelve hacia mí —que estoy dándoles mordiscos a los obenques para no caerme al agua de risa— y a los curiosos: un pescador, un guardia de seguridad y un mecánico de Volvo que se han ido congregando en el pantalán para mirar a la negra. *«Pues no lo tiene chungo ni ná»,* comenta el marinero. *«El colega.»*

Picoletos sin Fronteras

Naturalmente, rediós. Estoy con quienes, tras la muerte de un joven camerunés durante un asalto nocturno masivo de subsaharianos a la frontera de Melilla, pusieron las cosas en su sitio. A quien más oí ponerlas fue a una tertuliana de radio, que tras explicarnos a los estúpidos radioyentes que la inmigración clandestina no se frena con fronteras, sino desarrollando África —brillante conclusión que nunca se me hubiera ocurrido a mí solo—, instaba al defensor del pueblo a intervenir en el asunto. También algunos políticos periféricos, sensibilizadísimos siempre con Camerún, exigieron que el ministro del Interior compareciese en el Congreso para detallar en qué circunstancias extrañas e incomprensibles pudo recibir un inmigrante clandestino, en el barullo del asalto, un inexplicable y desproporcionado pelotazo de goma, golpe o algo así. Y para completar el paisaje, como el presidente de la autonomía melillense comentó la elemental obviedad de que la Guardia Civil no es un cuerpo de azafatas, ni tiene por qué serlo, otras voces se sumaron al clamor de ortodoxia humanitaria, casi llamándolo totalitario y racista, y exigiendo que los cuerpos y fuerzas actúen siempre de forma eficaz, sí, pero —matiz básico— no violenta. Ojito con eso. Que toda violencia es antidemocrática, y el picoleto que pega un pelotazo de goma o levanta una porra, como el soldado que va a una guerra con escopeta en vez de con biberones de leche Pascual, es un violento, un asesino y un fascista. Pero eso sí: tertulianos, políticos y analistas habituales, todos coincidían en que tampoco es cosa de quitar la verja y barra libre para todos. No. Tampoco es por ahí, hombre. Sería un problema. Hay que aplicar medidas bondadosas pero eficaces, apuntaban, lúcidos. Combinar con destreza la seda y el percal. Elemental, querido Watson.

Así que me sumo. Suscribo el rechazo absoluto a la contundencia, a la violencia, y a la ruda contingencia. Y estimo urgente que, defensor del pueblo aparte, los ministros de Interior y Defensa comparezcan en el Congreso cada vez que se produzcan hechos similares —también cada vez que se hunda una patera; no sé si se le habrá ocurrido a alguien ya—, y que la Guardia Civil abandone su brutal táctica represiva fronteriza de una puta vez. Es preciso establecer finos protocolos operativos que no confundan la prevención firme, pero exquisita, con la represión policial a secas, que en la tele queda fea y le estropea la sonrisa al presidente del Gobierno. Si a España cabe la gloria pionera de haber inventado las fuerzas armadas desarmadas para la paz y la concordia marca Acme Un Hijo Tuyo, a ver por qué no podemos también asombrar al mundo inventando la oenegé Policías sin Fronteras —no sé si captan el astuto juego de palabras—, donde a la contundencia policial, ese residuo franquista, la sustituyan el diálogo entre civilizaciones y el buen rollito macabeo.

Lo de Melilla, por ejemplo, lo veo así: frente a cada asalto masivo de inmigrantes ilegales, y para evitar que el alambre de la verja los lesione salvajemente, efectivos de la Guardia Civil abrirán las puertas. Y cuando quinientos infelices negros desesperados se dispongan a irrumpir por ellas, los picolinos moverán la cabeza reprobadores, pero sin palabras que puedan ser interpretadas como coacción verbal. A los inmigrantes que rebasen este primer escalón táctico, guardios y guardias especialmente adiestrados y adiestradas les afearán la conducta con palabras mesuradas en inglés, francés, árabe y swahili, como por ejemplo: *«le rue-*

go a usted que no transgreda el umbral, señor subsahariano de color», o: *«hágame el favor de retrotraerse a Marruecos si es usted tan amable, señor magrebí de etnia rifeña».* Pese a estas medidas coercitivas, es probable que algunos emigrantes crucen la verja; para qué nos vamos a engañar. En tal caso, las fuerzas del orden pasarían al plan B: agarrarlos por los hombros sin violencia pero con firmeza democrática, besarlos en la boca de modo contundente, y luego indicarles la dirección de los autobuses que los trasladarán a los centros de acogida; o, puestos a ahorrarnos el paripé, al avión o al barco para la Península. Todo, por supuesto, en presencia de una delegación de miembros de la comisión de derechos humanos del Congreso, que abrirá inmediatamente, si ha lugar, la investigación y comparencias ministeriales oportunas.

Ya lo dije alguna vez: somos el pasmo de Europa. Y lo que la vamos a pasmar todavía.

El viejo amigo Haddock

Siempre he dicho que, en un incendio, salvaría a *Mordaunt*, mi perro, y la colección completa de las aventuras de Tintín: todos los volúmenes en su antiguo formato, con tapa dura y lomos de tela. Alguno de los más viejos aún tiene pegada la etiqueta con su precio original: 60 pesetas. Caían en mis manos dos o tres veces al año —juntaba cien pesetas el día de mi santo y cincuenta cada cumpleaños—, cuando, sonándome las monedas en el bolsillo de los pantalones cortos, me paraba ante el mostrador de madera donde el librero, el señor Escarabajal, me mostraba los ejemplares para que eligiese uno, antes de salir a la calle con él en las manos, aspirando el olor maravilloso a buen papel y a tinta fresca que, desde aquellos primeros años —editorial Juventud, Mateu, Bruguera, Molino—, asocié siempre con el viaje y la aventura. Y viceversa: más tarde, cuando aterrizaba en lugares lejanos o desembarcaba en puertos exóticos, a menudo los vinculé con aquel olor a papel y aquellas páginas. No es extraño, después de todo, que para un reportero tintinófilo contumaz, el primer viaje profesional fuese al País del Oro Negro, y que la primera vez que puse pie en los Balcanes, el pensamiento inicial fuese que había llegado, por fin, a Syldavia.

Aún los hojeo de vez en cuando, sobre todo mi favorito: *Stock de coque*. Me gusta mucho ese volumen porque lo considero el más equilibrado y perfecto, pero sobre todo porque su protagonista principal es el mar, y porque además de Piotr Pst —ametrallador con babero— y viejos amigos como el general Alcázar, Abdallah, Müller, el malvado Rastapopoulos y el comerciante Oliveira da Figueira, aparece todo el tiempo el capitán Haddock. Y les juro a ustedes que una de las razones por las que me eché una mochila a la espalda y puse un pie delante del otro, fue porque iba en busca de un amigo como ése. Porque quería conocer al Haddock que la vida podía tenerme destinado en alguna parte.

Lo encontré, desde luego. Varias veces tuve ese privilegio. Unos se le parecieron mucho y otros menos. Unos siguen vivos y otros no. Unos le pegaban al Loch Lomond y otros manejaban con soltura los epítetos de sajú, vendedor de alfombras, paranoico e imbécil. Cada cual tuvo su registro. Pero en todos ellos, en cada compañero fiel que la vida me deparó en mi juventud, cada vez que alguien estuvo junto a mí, hombro con hombro, cuando un avión Mosquito del Jemed viraba sobre la popa de un sambuk para ametrallarnos en el mar Rojo —¡cuántas veces no me sentí dentro de esa viñeta inolvidable!—, pude reconocer al marino gruñón y barbudo que acompañó tantas horas felices y tantos sueños de mi infancia, desde el día decisivo y magnífico en que lo conocí a bordo del *Karaboudjan,* buscando luego el aerolito misterioso en el puente del navío polar *Aurora,* acompañándolo después —o quizá me acompañó él a mí— tras el rastro del *Unicornio* al mando del *Sirius* de su amigo el capitán Chester, esquivando en otra ocasión los torpedos del submarino pirata, marcha adelante y marcha atrás, con el telégrafo de órdenes del *Ramona,* o repeinado con raya en medio y uniforme de gala en la sala de marina del castillo de Moulinsart, allí donde Bianca Castafiore —el ruiseñor milanés— estuvo a pique de llevárselo al huerto, según reportaje de *Paris Flash,* con fotos de Walter Rizotto y texto de Jean-Loup de la Batellerie.

El otro día ocurrió algo extraño. Recibí una carta de un joven lector, asegurando que a veces, en algunos de

estos artículos, cuando despotrico sobre zuavos, bachibu-
zuks y coloquintos, le recuerdo al capitán Haddock. Con
barba y todo, añadía el amigo. Y me dejó pensando. Después
fui a la biblioteca, saqué *Stock de coque* y lo hojeé un rato.
Dios mío, pensé de pronto. El capitán, al que siempre vi
como un hombre mayor, viejo y curtido por el mar y la
vida, ya es más joven que yo. Él sigue ahí, en los libros de
Tintín, sin envejecer nunca, con su barba y su pelo negros,
su gorra y su jersey de cuello vuelto con el ancla en el pecho;
mientras que la imagen que me devuelve el espejo, la mía,
tiene más arrugas, y canas en el pelo y en la barba. Canas
que Archibald Haddock, capitán de la marina mercante,
no tendrá jamás. Soy yo quien envejece, no él. Ya no soy
Tintín, ni volveré a serlo nunca. Soy yo quien ha pasado,
con el tiempo, al otro lado de las viñetas que acompañaban
mi infancia. Y mientras devuelvo el álbum a su estantería,
me sube a la garganta una risa desesperada y melancólica.
Mil millones de mil naufragios.

El sable de Beresford

Lo bueno que tienen los bicentenarios es que van en ambas direcciones, como la Historia. Y todos tenemos motivos para descorchar botellas o agachar las orejas. Pensaba en eso con lo de Trafalgar, mientras a los súbditos de Su Graciosa les rebosaba la arrogancia y el chundarata con la espuma de cerveza. No creo, pensé observándolos, que celebren con ese entusiasmo y esa chulería el próximo aniversario que les toca, el año que viene, cuando se cumplan dos siglos desde el comienzo de las fracasadas invasiones inglesas en el Río de la Plata. Con tanto sobarse la gloria de la Invencible a Trafalgar y de ahí a las Malvinas, los futuros súbditos del Orejas siempre pasan de puntillas por encima de las estibas contundentes que, por ejemplo, les dieron Navarro en Tolón, Blas de Lezo en Cartagena de Indias, o los canarios al invicto Nelson —dejándolo manco— en Tenerife. Por eso dudo que monten parada naval o desfiles con fanfarria patriotera dentro de unos meses, cuando se cumplan doscientos años desde el comienzo de su maniobra para arrebatar a España las colonias en América del Sur. Y como sólo tienen memoria para lo que les interesa, conviene refrescársela. Incluyendo, por ejemplo, una cita del propio *Times,* que en su momento calificó la cosa —una vez fracasada, claro, y tras aplaudirla antes— como *«una empresa sucia y sórdida, concebida y ejecutada con un espíritu de avaricia y pillaje sin paralelos».*

El asunto empezó cuando, crecida por lo de Trafalgar, Inglaterra invadió Buenos Aires, en junio de 1806, con mil seiscientos soldados bajo el mando del general Beresford.

Como de costumbre, el motivo era altruista y filantrópico que te rilas: devolver la libertad a los pueblos oprimidos por la malvada España, y de paso —pequeño detalle sin importancia— conseguir materias primas y consolidar mercados para el comercio inglés donde hasta entonces sólo podía penetrar mediante el contrabando. Para facilitar esa angelical liberación de los oprimidos, lo primero que hicieron los británicos fue proclamar allí la libertad de comercio —sólo con Inglaterra, por supuesto—, enviar a Londres el tesoro local bonaerense —millón y pico de pesos en oro—, y establecerse militarmente en la zona sin hablar ya de independencia para el virreinato. Al contrario: ante el consejo de ministros, el rey Jorge III declaró *«conquistada la ciudad de Buenos Aires»*. Pero el gorrino salió mal capado: bajo el mando de Santiago de Liniers, españoles y criollos recobraron la ciudad, dándoles a los rubios las suyas y las de un bombero. Con ciento cincuenta bajas, hecho polvo, Beresford tuvo que rendir sus tropas y constituirse prisionero —luego se fugó, faltando a su palabra—, y del episodio quedó un bonito cuadro, poco exhibido en Inglaterra, donde se le ve con la cabeza gacha, entregando el sable a los españoles.

El segundo episodio empezó en enero de 1807. Con veinte barcos y 12.000 soldados, los generales Withelocke, Crawford y Gower volvieron a la carga, tomaron Montevideo —en el acto se establecieron allí enjambres de comerciantes británicos dispuestos a liberar a los oprimidos un poco más— y en junio los ingleses atacaron Buenos Aires por segunda vez. Ahora tampoco hablaban ya de dar libertad e independencia a nadie. Y echaron carne dura al asador: 8.000 soldados veteranos avanzaron por las calles de la ciudad; pero los frenó la gente, peleando casa por casa. *«Todos eran enemigos* —escribiría el coronel inglés Duff—, *todos armados, desde el hijo de la vieja España al esclavo negro»*. El ataque decisivo del 3 de julio se estrelló contra la resistencia urbana organizada por Liniers: las tres columnas inglesas que pretendían alcanzar el centro de Buenos Aires, pese a que avanzaron imperturbables dejando un rastro de muertos y heridos, tuvieron que retroceder y atrincherarse, acribilladas a tiros y pedradas desde las ventanas y azoteas de las casas. Resumiendo: recibieron las del pulpo. Luego los porteños, con ganas de cobrarse las molestias, contraatacaron a la bayoneta hasta que *«por los caños corrió la sangre»*. Con casi tres mil fulanos muertos y heridos, los malos tuvieron que rendirse, evacuar Montevideo y regresar a Inglaterra con el rabo entre las piernas. *«Jamás creí —escribiría después el general Gower— que los rioplatenses fueran tan implacablemente hostiles».*

Así que ya ven. Este año tocó Trafalgar. Vale. Pero en el 2006 y el 2007 toca Buenos Aires. No se puede ganar siempre.

El culo de las señoras

Vade retro. Cuidado con esas alegrías y esos sobos. También está mal visto tocarles el culo a las señoras, incluida la propia. Hace unos días, las feministas galopantes se subieron por las paredes a causa de un anuncio publicado en la prensa —*«La puerta de atrás del cine»*, decía el texto— donde una foto de espaldas de la pareja formada por un presentador y una actriz, posando frente a los fotógrafos, mostraba la mano de él situada sobre el trasero de ella. Pese a que la imagen —publicada en *El País*— fue elegida por un equipo de marketing compuesto por ocho mujeres y dos hombres, todos por debajo de los cuarenta años de edad, las furiosas críticas hablaron de atentado contra la dignidad de la mujer, de incitación a la violación, de *«dar por supuesto que las mujeres están para satisfacción sexual de los varones»*, y de publicidad ilícita por utilizar el cuerpo femenino, o parte del mismo, *«como mero objeto desvinculado del producto que se pretende promocionar»*. Tela. Cómo sería la cosa, que incluso la directora general del Instituto de la Mujer tomó cartas en el asunto, asegurando que la imagen de ese anuncio era *«vejatoria para las mujeres»*, y las reducía *«a un simple objeto sexual al servicio de los hombres, claramente ofensivo para las lectoras»*. Por supuesto, el apabullado diario en cuestión, por tecla de su defensor del lector, dio en el acto la razón a las feministas y pidió disculpas. No era nuestra intención. Cielo santo. No volverá a ocurrir, etcétera. Y las niñas de la matraca se apuntaron otra. Así van ellas de crecidas. Que se salen.

A ver si nos aclaramos. Una cosa es que las erizas, cabreadas con motivo y en legítimo ejercicio de autodefensa, marquen con claridad las reglas del juego: intolerancia absoluta frente a machismo y violencia sexual. Eso es lógico y deseable, y ningún varón decente puede oponerse a ello. Por lo menos, yo no puedo. Ni quiero. Pero otra cosa es que, jaleadas por demagogos oportunistas, acatadas sin rechistar sus exigencias por quienes no desean buscarse problemas, una peña de radicales enloquecidas mezclen de continuo las churras con las merinas, empeñadas en someternos a la dictadura de lo socialmente correcto, retorciendo el idioma para adaptarlo a sus atravesados puntos de vista, chantajeándonos con victimismo desaforado, acorralando el sentido común hasta el límite de la más flagrante gilipollez. Y al final conseguirán que retrocedamos en el tiempo, que no se distinga socialmente el acoso sexual del simple ligoteo de toda la vida, que un amante se convierta en violador y deba avergonzarse de sus gestos en público, y que todo cuanto tiene que ver con la belleza de los cuerpos y la deliberada, consentida, gratificante y necesaria relación física entre hombres y mujeres, produzca recelo y se rodee de un ambiente sórdido y clandestino. Esa panda de tontas de la pepitilla va a lograr que todo parezca malo y obsceno otra vez, y que a los críos se los eduque de nuevo en la hipocresía de hace cuarenta años, cuando en los cines se censuraban escotes, faldas cortas y escenas de besos, y los obispos de turno —también diciendo velar por la dignidad de la mujer— le ponían a todo la etiqueta del pecado.

Respecto a los culos de señoras en concreto, qué quieren que les diga. Que me fusilen las talibanes de género y génera, pero he puesto la mano en alguno, como todo el mundo. Y creo recordar que no sólo la mano. La verdad es que nunca se me quejó nadie. Incluso, puestos a echarnos flores, lo que también hicieron algunas señoras fue poner la mano en el mío, con perdón, sin que nadie las obligara. En el mío como en el de cualquier varón normalmente constituido que les apetezca, supongo, y con el que exista la intimidad adecuada para el caso. Porque afortunadamente —y que no decaiga, vive Dios— también ellas se las traen, cuando quieren traérselas. Además, no sé por qué diablos dan por supuesto las integristas de los huevos que todas las mujeres se sienten, como ellas, ofendidas cuando un hombre les pone la mano en el culo. Sobre todo si ese hombre lo hace seguro del terreno que pisa, y con consentimiento expreso o tácito del culo en cuestión. El sexo es una calle de doble sentido, y ahí precisamente radica la maravilla del asunto. En el toma y daca. A ver qué tiene que ver el culo con las témporas. Coño.

Manitas de ministro

Me gustan las ventas de carretera españolas, las de toda la vida, tanto como detesto los autoservicios gigantescos o las vitrinas refrigeradas y el café en vaso de plástico de algunas gasolineras modernas. Ahora, con las autovías, muchas ventas han desaparecido o quedan lejos de las rutas rápidas habituales, pero sigo prefiriendo, cuando puedo, perder media hora para meterme por una carretera secundaria o una vía de servicio y recalar en alguna de las que siguen abiertas, ya saben, camiones aparcados delante, llaveros con el toro de Osborne, perdices disecadas, carteles de fútbol y fotos de toreros, cedés de Bambino y de la Niña de los Peines, botas de vino Las Tres Zetas y cosas así, con la sombra de Trocito y de Manolo Jarales Campos moviéndose por la mesa del rincón. Y también —o quizá sobre todo— me gusta la clientela que frecuenta esos lugares: camioneros despachando el menú del día, trabajadores del campo o la industria cercana, algún putón rutero tomando algo entre dos servicios, y la pareja de picoletos que dice buenas tardes y pide dos cafés con leche. Lo clásico.

Es mediodía y acabo de entrar en uno de esos sitios. Venta murciana común: longanizas y morcillas colgadas del techo, y los currantes de la carretera y de los campos cercanos despachando, en mesas con manteles de papel, el menú del día. Una venta como aquella de la que les hablaba hace tiempo en esta página, cuando oí al dueño comentar con dos parroquianos: *«Venga ya, hombre. A mí me va a decir el veterinario si el cochino está bueno o malo»*. Al cochino me dedico también esta vez, por cierto. Morcón, longaniza frita, dos dedos de vino con gaseosa. Con o sin veterinario, el gorrino está de muerte. Por eso nunca me haré musulmán, me digo. Muchas huríes y mucha murga, pero no hay cerdo en el Paraíso.

El caso es que estoy despachando lo mío, y entre dos bocados miro alrededor. Las mesas y la barra las ocupan trabajadores reponiendo fuerzas. Me refiero a trabajadores de verdad: camioneros de manos endurecidas por miles de kilómetros de volante, cuadrillas de agricultores, operarios de maquinaria rural, albañiles de una obra próxima. Gente así. Llevan la cara sucia, el pelo polvoriento, las botas o las zapatillas gastadas, la ropa ajada. Entre ellos, hombro con hombro en las mesas, algún negro, algún indio, algún moro. Currantes, en una palabra. Comen inclinados sobre los platos, con las ganas de quien lleva muchas horas sin parar más que para echarse un pitillo. Y huelen bien. Como debe ser. Huelen a sudor masculino y honrado, a ropa de faena, a caretos en los que despunta la barba de quien se levantó temprano y lleva muchas horas de tajo. Huelen, en fin, a hombres decentes y hambrientos, embaulando con apetito, concentrados en el plato y la cuchara. De vez en cuando levantan los ojos para mirar el telediario, donde una panda de golfos con corbata, que no han trabajado de verdad en su puñetera vida, hacen declaraciones intentando convencer a toda España de que la realidad no está en la calle, sino en otra España virtual que ellos se inventan: el infame bebedero de patos que les justifica el sueldo y la mangancia. De nación, me parece que hablan hoy, discutiendo graves el asunto. Manda huevos. De nación, a estas alturas. Y yo miro alrededor y pienso: qué tendrá que ver una cosa con la otra. Qué tendrá que ver lo que se trajinan esos charlatanes, esos cantamañanas y esos hijos de la gran puta —las tres categorías más notorias de político nacional— con la realidad que tengo enfrente. Con esta gente que come su guiso antes de volver al tajo. Con sus sueños, sus esperanzas, sus necesidades reales. Con las familias a las que llevarán la paga a fin de mes.

En ésas estoy, como digo, masticando longaniza, cuando escucho la respuesta. Viene de la mesa más próxima, donde el ventero, lápiz y libreta en mano, cuenta a cuatro hombres de aspecto rudo y mono azul lo que hay de segundo plato: filete a la plancha con patatas fritas, conejo al ajillo o manitas de cerdo estofadas. A elegir. Y uno de aquellos hombres mal afeitados, de manos toscas y uñas sucias de grasa, mientras rebaña con pan los restos de un guiso de habas, patatas y pescado, dice sin levantar la cabeza: «*A mí ponme las manitas de ministro*». Luego sigue comiendo muy serio. Y nadie se ríe.

El arte de pedir

Qué bonito. El otro día un concejal de no sé qué habló de mendigos y mendigas. Ya hasta la miseria real o presunta debe ser socialmente correcta. Y está bien ponerla al día, la verdad, porque últimamente todo cristo pide algo por la calle. Como antes, pero más. Estás parado en una esquina, sentado en la terraza de un bar, caminas por la acera, bajas las escaleras del metro, y siempre hay alguien que te pide una moneda. Los hay que abordan con tacto exquisito —«Si es usted tan amable»—, que lo plantean como un favor puntual —«Présteme para el autobús»—, los que se curran el registro del colegueo —«Dame argo que ando tieso, pa mí y pal perro»— y diversos etcéteras más, incluidas las rumanas de los semáforos, que no te las quitas de encima ni atropellándolas, y esas Rosarios de rompe y rasga que, cuando rechazas la ramita de romero, te llenan de maldiciones y desean que te salga un cáncer en mal sitio, por malaje. También vuelve un tipo de mendigo que parecía extinguido: el que enseña los muñones como en tiempos de Quevedo, sólo que ahora suele tener acento eslavo o de por ahí. Aunque uno al que veo mucho en la puerta del Sol no sé qué acento tiene, porque va por la calle Preciados con los muñones de los dos brazos al aire y un vasito de máquina de café cogido con los dientes para que le pongan las monedas, soltando unos gemidos infrahumanos que hielan la sangre.

De todos ellos, como creo haberles contado alguna vez, los que nunca me sacan un céntimo son los llorones: los que se ponen de rodillas gritando que tienen hambre, o sitúan un Cristo o una Virgen delante, los brazos en cruz y el rostro inclinado entre la supuesta oración y la supuesta vergüenza por tener que pedir para que coman sus hijos; como uno que no me extraña que tenga hambre, porque lleva diez años arrodillado con su estampita junto a un lujoso hotel de Madrid en vez de buscar trabajo en la obra más cercana, que está llena de inmigrantes con casco, ganarse el pan y comer algo. Tampoco me gustan los que piden con malos modos o mala sombra, por la cara. Si me van a sacar viruta, pienso, al menos que se la trajinen. No hace mucho, paseando una noche con Javier Marías, nos abordó un sujeto con malos modos y acento extranjero. Al decirle que no, el jambo se puso delante cortándonos el paso y nos soltó: «Maricones». Cuando me disponía a darle una patada en los huevos, Javier se interpuso, metió la mano en el bolsillo y aflojó un euro. «Por perspicaz», le dijo con mucho humor. Fuese el otro, y no hubo nada. Y es que el rey de Redonda es así: pacífico. Y lleva suelto.

A otros, en cambio, si se lo curran, les das la camisa. Es cuestión de oportunidad y de concepto. De arte. El caso más espléndido me ocurrió hace poco en Cádiz. Salía con mi compadre Óscar Lobato de comer en El Faro, en el barrio de la Viña; y cerca de allí había en la acera, junto a un portal, un fulano sentado en un sillón de cretona con cabezal de ganchillo: un sillón casero de toda la vida, sacado afuera, supongo, para que su propietario tomara el fresco. Y el propietario en cuestión estaba a tono: chándal, zapatillas, treinta y tantos años largos, tatuaje carcelario en la mano, un pitillo en la boca. Imagínense la escena, el tipo sentado en el sillón, la ropa tendida, las marujas de charla en los balcones, las palomas picoteando restos de bollicao en el suelo. «Denme argo, caballeros», dijo el fulano cuando pasamos por delante, sin moverse y con mucha educación. Óscar, que es de la tierra, se detuvo ante él, lo miró con una cara muy seria y la guasa en sus ojos de zorro veterano, y comentó: «¿Hace calor dentro, verdad?». Y el del sillón dijo: «Jorrorozo». Óscar introdujo con parsimonia la mano en el bolsillo. «Tú eres de Cádiz, claro», apuntó. Y el otro, sosteniéndole la mirada imperturbable, respondió: «De Cai, zizeñó. Y a musha jonra». Mi compadre le dio un euro, yo otro, y cuando echamos de nuevo a andar, el pavo se puso en pie, fue caminando un trecho detrás, y al cabo lo vimos cruzar la calle y meterse tranquilamente en un bar, a invertir el capital: uno de esos sitios con barriles de cerveza en la puerta, mucho tío dentro, mostrador de cinc y fotos de equipos de fútbol en la pared. Nos lo quedamos mirando, y al fin Óscar, con un suspiro, murmuró: «Cádiz». Y luego, con una sonrisa: «Cómo no le vas a dar. A la criatura».

Esa manteca colorá

Acabo de calzarme en una tarde *Manteca colorá,* de Montero Glez, antes Roberto del Sur, de quien tengo el gusto de llamarme amigo aunque hace tiempo que no lo veo, o lo frecuento, porque se arrimó al moro, con su pava, y allí sigue, dándole a la tecla y comiéndose la vida a puñados, y a Madrid sube de uvas a peras. Se trata de una novela corta, obscena y muy salvaje, de interés teóricamente limitado, pues la acción transcurre en Conil de la Frontera, un lugar del Estrecho con viento y mar, allá muy debajo de lo más abajo, entre traficantes y chusma bajuna, y en tono adecuado a las circunstancias: jerga costumbrista y local, poco exportable y, por supuesto, imposible de traducir al guiri. Y la verdad es que, en cuanto a asunto, estructura y personajes, la cosa no es deslumbrante: un contrabandista de hachís, una hembra de bar, unos cuantos malos. Por ahí no deben ustedes esperar maravillas, a menos que sean aficionados al género, o a las escenas de sexo duro que Montero Glez, como de costumbre, borda con la artesanía perfecta y la mala leche de quien sabe bien de qué está hablando. *«Y fue entonces que la Sole se aupó sobre él y que él sintió el calor nutritivo de la entrepierna y dijo que no, Sole, que no, que esta noche salgo a la mar. Y apretó los ojos hasta contener el desbordamiento y renunció a seguir, que no, Sole, que no, abandonándola al antojo de las tormentas.»* Por ejemplo.

Porque lo que de verdad importa en *Manteca colorá,* y a eso voy, es el lenguaje. El estilo literario, que dirían algunos críticos soplacirios. La manera de contar, o sea.

El modo en que Montero Glez, al que la primera vez que le pones la vista encima, y lo oyes, y te tomas una caña con él, y concluyes que está muy para allá —equivocándote, pues en realidad el jambo está muchísimo más para acá de lo que parece—, narra las cosas, con esa forma de escribir que podríamos situar, sin pasarnos ningún pueblo, entre el Cela magistral y lamentablemente único, o casi, del *Pascual Duarte* y el Valle-Inclán de *El ruedo ibérico,* aliñado todo con miles de horas de lectura humilde, sabia y bien aprovechada. Una vida lectora guiada por la fiebre de contar a su manera, por la certeza de la misión literaria personal, intransferible y fanática, que desde que tiene uso de razón —hay más libros robados que comprados en la biblioteca de su memoria— lleva a ese asendereado personaje, flaco, chupado, tierno a ratos, violento y bronca que te rilas, leal como un dóberman y peligroso como un rottweiler majara, a través de la literatura como forma de vida, como aire para respirar, como angustia y como éxtasis. A ver, si no, cómo pueden tenerse los huevos de escribir aquellas líneas inmortales, el inicio glorioso de *Sed de champán,* que ya cité en esta misma página hace tiempo: *«El Charolito sólo se fiaba de su polla. Era la única que nunca le daría por culo».*

Le envidio la prosa a ese hijo de puta. Lo juro. Lo dije alguna vez y lo repito. Soy académico de la Real y me gano bien la vida, pero lo cierto es que hay párrafos de Montero Glez que dejan sin aliento. Que me obligan a volver atrás despacio, casi cabreado, para estudiar palabra a palabra el mecanismo genial que las articula y dispone. Páginas contundentes como un puñetazo o un golpe de navaja en la entrepierna. Me ocurre eso desde hace muchos años, cuando nos conocimos en el quiosco de tabaco de Alfonso, en el Gijón, y leí unos folios que me pusieron la piel de gallina. Después se lo conté a Raquel, mi agente, y a Daniel Fernández, el editor de Edhasa, un buenazo que publicó *Sed de champán;* pero la cosa terminó como el rosario de la Aurora porque Montero Glez, fiel a su estilo, les montó una serie de pajarracas, amenazas de posta lobera incluidas, que todos quedaron aliviadísimos cuando se largó con su contrato a otra parte. Eso me tuvo un tiempo sin dirigirle la palabra, me has dejado fatal, cabrón, etcétera. Pero las cosas pasan, y cada cual es cada cual, y me llama de vez en cuando, y esta vez publica con Mario Muchnik, y todo va como una malva, y en la dedicatoria manuscrita del último libro, el fulano ha tenido el detalle de poner: *«Para A. P.-R., que me indultó».* Pero a ver cómo no indulta uno, díganmelo ustedes, a alguien capaz de escribir: *«El Roque se conocía al dedillo el idioma de las porquerizas de la vida y bien sabía lo que para un cerdo con las hechuras del coronel significaban las noches de luna negra y viento de la mar: bellota».*

El muelle flojo de Umbral

Hace años tuve una polémica con Francisco Umbral que acabó cuando escribí un artículo titulado *Sobre Borges y sobre gilipollas,* donde el gilipollas no era Borges. Desde entonces, en lo que a mí se refiere, Umbral ha permanecido mudo; cosa que en un teclista con su logorrea —*«escribe como mea»,* dijo de él Miguel Delibes— supone un prodigio de continencia. Pero el tiempo pasa, la edad termina aflojándole a uno el muelle, y ahora vuelve a meterme los dedos en la boca. El estilo, o sea. Al maestro de columnistas no le gusta mi estilo literario, y le sorprende que se lean mis novelas. También, de paso, le parece inexplicable que nadie lea las suyas, ni aquí ni en el extranjero. Que fuera de España no sepan quién es Francisco Umbral, eso dice tenerlo asumido: su prosa es tan perfecta, asegura, que resulta intraducible a otras lenguas cultas. Pero no vender aquí un libro lo lleva peor. No se lo explica, el maestro. Con su estilo. Así que voy a intentar explicárselo. Con el mío.

Francisco Umbral tiene —y nos lo recuerda a cada instante— la mejor prosa de España. También cultiva una imagen, más social que literaria, inspirada en el malditismo narcisista y la soledad del escritor incomprendido y genial. Pero eso es cuanto tiene. Nunca pisó una universidad como alumno, ni leyó un clásico, ni tuvo una formación que trascendiera la cita, el plagio entreverado y el picoteo de lo ajeno. La lectura tranquila de sus libros y columnas sólo revela frivolidad superficial, incultura camuflada bajo la brillante escaramuza del estilo. En realidad, Umbral nunca tuvo nada que decir. La idea, el comentario o el libro citados en abundancia aquí y allá —a menudo de forma incorrecta, como ocurre con Borges y la Biblia, entre otros— casi nunca provienen de lecturas directas, sino que delatan la tercería de la revista, suplemento cultural, antología o texto ajeno donde fueron espigados. Sospecho, además, que Umbral anda muy flojo de lenguas, lo mismo vivas que muertas, aunque para el estilo le baste con la que tan bien maneja. Y en cuanto a la gran novela básica, la que forma los cimientos de todo novelista sólido, su ignorancia resulta asombrosa en un escritor de tales pretensiones. Por eso resulta esclarecedor que, en sus innumerables intentos frustrados de novelar, mencione siempre con desprecio a Cervantes, Galdós, Dickens, Tolstói, Dostoievski o Baroja, y entre los contemporáneos, a Marsé, Mújica Láinez o Vargas Llosa; o que cometa la bajeza de situar al honrado José Luis Sampedro o al dignísimo e impecable Luis Mateo Díez a la misma altura que a Mañas, el chico del Kronen. En esa línea, las universidades sólo valen para algo cuando invitan a Umbral, y le pagan. Igual que los premios literarios, el Cervantes o la Real Academia: sólo tienen prestigio si él los consigue.

Y es que Umbral no escribe literatura: él es la literatura —*«Borges y yo»*, afirmaba sin complejos hace unos años—. Y si la gente no lo lee, es porque a la gente no le interesa la literatura; no porque no le interese Umbral, ni porque repugne, por ejemplo, el sexo turbio que impregna sus novelas; más turbio aún cuando imaginamos al propio Umbral practicándolo. Un personaje de quien Jimmy Giménez Arnau —que no se diría, en rigor, espejo de virtudes— ha escrito: *«Padece cáncer de alma»*.

La cita no es casual, porque, además de ser un periodista que nunca dio una noticia, de que en sus novelas y columnas no haya una sola idea, y de alardear de una cultura que no tiene, lo que trufa toda la obra de Umbral, desde el principio, es su bajeza moral. La *«infame avilantez»* que, ya metidos en citas, le atribuyó la poetisa Blanca Andreu. Siempre estuvo dispuesto a despreciar a novelistas ancianos o fallecidos como Gironella, Aldecoa, o el Cela a cuya sombra en vida tanto medró —y a quien dedicó, caliente el cadáver, un librito oportunista e infame, escrito, eso sí, con estilo sublime—, o a insultar y señalar con el dedo a antiguas amantes y a mujeres que le negaron sus favores; aunque esto lo hace sólo cuando no pueden defenderse y sus maridos están muertos o en la cárcel. Tan miserable hábito no lo mencionaría aquí de limitarse a lo privado; pero es que Umbral tiene la bajunería de salpicar con él su literatura. Su bello estilo. A todo eso añade una proverbial cobardía física, que siempre le impidió sostener con hechos lo que desliza desde el cobijo de la tecla. Pero al detalle iremos otro día. Cuando me responda, si tiene huevos. A ver si esta vez no tarda otros cinco años. El maestro.

Lobos, corderos y semáforos

Pues sí, chico. Ya ves. Toda la vida diciéndote tus viejos y tus profesores que hay que tener buen rollito, que la violencia es mala y que el diálogo resuelve todo problema. Y tú, creyéndotelo. Y resulta que el otro día, cuando ibas de marcha con tu novia y tus amigos sin meterte con nadie, un grupo de macarras se bajó de las motos y os infló a hostias por la cara, oye, sólo por pasar el rato, y al que más le dieron fue a ti, justo cuando hacías con los dedos la uve de paz, colegas, pis, pis, decías en inglés, que suena más globalizado y dialogante. Peace, colegas. Pero los colegas, que no debían de puchar el guiri, se pasaron la uve por el forro, y te pusieron guapo. Y date con un canto en los dientes —los pocos que aún tienes sanos— de que encima no le picaran el billete a tu churri.

Y sorprende, claro. Con tu buena educación y todo eso. La violencia es mala, etcétera. Y claro, sí. En principio, lo es. Pero también resulta útil para la defensa, o la supervivencia. Si tus abuelos no hubieran peleado por cazar y sobrevivir, no existirías hoy. O recuerda Sarajevo, hace nada. Y así. Sin la capacidad de luchar cuando no hubo más remedio, tu estirpe se habría extinguido como otras —más débiles o pacíficas— se extinguieron. Ahora vives en una democracia donde eso parece innecesario. Aquí, la renuncia del ciudadano a liar pajarracas individuales se fundamenta en que el Estado asume el monopolio de la violencia para emplearla con sensatez cuando las circunstancias lo hagan inevitable. Dicho de otro modo: la gente no anda armada y dándose estiba porque es el Estado quien, mediante las fuerzas armadas y la policía, administra la violencia exterior e interior con métodos respaldados por las leyes, el Parlamento, etcétera. Ésa es la razón de que, un suponer, cuando alguien esgrime un baldeo y te dice afloja la viruta y el peluco, tú no saques una chata y le vueles los huevos al malandro, sino que estés obligado a mirar alrededor, paciente, en espera de que un policía se haga cargo del asunto, proteja tu propiedad privada y conduzca al agresor a un lugar donde quede neutralizado como peligro social.

Pero eso es en teoría. Tu problema, chaval, es que te han educado para ser el corderito de Norit antes de que los lobos desaparezcan. O lo que es peor, cuando ya sabemos que no van a desaparecer. Dicho de otra manera, olvidaron enseñarte a pelear por si fallaban los besitos en la boca, los policías, los jueces, las oenegés y los soldados sin fronteras. Por eso en ciertos ambientes y circunstancias lo tienes crudo: un toro capado y sin cuernos sólo sobrevive entre bueyes. En lo que llamamos Occidente, gracias a una espléndida tradición grecolatina, humanista e ilustrada, los derechos y las libertades alcanzan hoy cotas admirables, merced a la confianza de los ciudadanos en mecanismos democráticos garantizados por leyes convenientes y justas. Dicho en fácil: hemos convenido, por ejemplo, que ante un semáforo en rojo los coches se detengan, porque eso mejora el tráfico y la convivencia. El problema surge cuando un hijo de puta —condición propia, siento comunicártelo, de la naturaleza humana— pasa de semáforos y circula a su bola. Entonces, quienes se detienen con la luz roja están en inferioridad de condiciones, desvalidos ante quien aprovecha para colarse, llegar antes y hacerse el amo de la calle.

Y ése es tu problema: la indefensión de quien respeta el semáforo cuando otros no lo hacen. Unos por falta de costumbre, pues vienen de donde no hay señales de tráfico, o no funcionan. Otros, los de aquí, porque se nos fueron de las manos y no somos capaces de darles educación vial ni de la otra. Y claro: a veces algunos de ellos ceden a la tentación de utilizar el semáforo contra quienes, prisioneros de él, lo respetan. Contando, naturalmente, con la pasividad cómplice de aquellos a quienes corresponde el control del asunto, que suelen permanecer paralizados por el miedo a que los llamen autoritarios y poco enrollados, hasta que de pronto se acojonan y sacan los tanques a la calle, o preparan el camino para que otros matarifes los saquen. Contradicción, ésta, característica del espejismo en que vivimos: un mundo socialmente correcto, donde todo ejercicio de autoridad o violencia legítima, por razonable que sea, queda desacreditado gracias a tanto cantamañanas que vive de la milonga y el cuento chino.

El viejo capitán

Mi tío fue el primer héroe de mi infancia. Cuando su barco tocaba en Cartagena, mis padres me llevaban al puerto, y junto a los tinglados del muelle contemplaba yo extasiado la maniobra de amarre, las gruesas estachas encapilladas en los norays, los marineros moviéndose por la cubierta y el último humo saliendo por la chimenea. A veces lo veía en la proa, como primer oficial, y más tarde, ya capitán, asomado al alerón del puente, arriba, inclinándose para comprobar la distancia con el muelle mientras daba las órdenes adecuadas. Después, inmovilizado el barco, yo subía corriendo por la escala, ansioso por pisar la cubierta vibrante por las máquinas, tocar la madera, el bronce y los mamparos de hierro, sentir el olor y el runrún peculiares del barco y llegar al puente, junto a la rueda del timón y la bitácora, donde estaba mi tío, que interrumpía un momento su trabajo para levantarme en brazos mientras yo admiraba las palas negras y doradas en las hombreras de su camisa blanca. Porque entonces los marinos mercantes llevaban gorra de visera con dos anclas cruzadas, palas en la camisa de verano y galones dorados en las bocamangas de hermosas chaquetas azules. En aquel tiempo, los marinos mercantes aún parecían marinos.

He dicho que lo idolatraba. Al día siguiente de su atraque, muy temprano, iba a su casa y me metía en la cama entre él y mi tía, para que me contara aventuras del mar. Nunca me defraudaba. Mientras mi pobre tía, resignada, se levantaba a prepararnos el desayuno, yo contenía la respiración, y con los ojos muy abiertos escuchaba cómo el capitán había naufragado cuatro veces en aquel viaje, y de qué manera heroica, rodeado de tiburones hambrientos, se enfrentó a ellos con un cuchillo, pensando todo el tiempo en su sobrino favorito. Otras veces me contaba cómo los crueles piratas malayos habían intentado abordar su barco en el estrecho de Malaca, el temporal que capeó doblando Hornos o cuando tocó un iceberg estando al mando del *Titanic,* sin botes para todos los pasajeros. Y yo lo abrazaba, emocionado, y se me escapaban las lágrimas, sobre todo con el episodio de los tiburones, cuando me contaba cómo, uno tras otro, habían ido desapareciendo todos sus compañeros menos él.

Luego crecí, y él envejeció, y tuvo hijos que a su vez lo esperaron en los puertos. En ocasiones, mi vida profesional llegó a juntarse con la suya y navegamos juntos, como cuando coincidimos, cosas de la vida, reportero y capitán, en la evacuación del Sáhara en el año 75, mandando él el último barco español —ya le había ocurrido en Guinea, era experto en últimos viajes— que salió de Villa Cisneros. Y al fin, un día, después de cuarenta años navegando, se jubiló y quedó varado en tierra; junto al mar pero tan lejos de él como si estuviese a quinientas millas de distancia. Y a pesar de lo que siempre creyó, con una mujer maravillosa y unos hijos adorables, no fue feliz en tierra. Iba a verlo —ahora era yo quien contaba aventuras entre tiburones— y allí, en su salita llena de libros y recuerdos acumulados como restos de un naufragio, fumábamos y bebíamos, recordando. Sólo se le iluminaban los ojos de verdad cuando recordaba, y yo procuraba animarlo a eso. Luego pasaba horas apoyado en la ventana, en silencio, mirando caer la lluvia, y yo sabía que añoraba otros cielos y mares azules. Pero el mar de verdad ya no le interesaba. Había llegado a odiarlo por hacer de él un apátrida, un fantasma varado en la tierra desconocida y hostil. Sus hijos tampoco lograron traspasar la barrera. El mayor compró un barquito que él apenas pisaba. Se volvió huraño, hipocondriaco. Cuando tuve mi primer velero, lo llevé conmigo mar adentro, esperando reconocer por un instante al ídolo de mi infancia. Pasó todo el día sentado, mirando el horizonte en silencio, dos dedos sobre el pulso de su mano derecha. Nunca volvimos a navegar juntos. Nunca volví a hablarle del mar.

Murió hace un par de años. Esta mañana he estado mirando un viejo cenicero de cristal de la Trasmediterránea en forma de salvavidas que siempre admiré desde niño, y que poco antes de morir hizo que me entregaran. Fue al mar, y nunca volvió. Era un buen marino. Y, como ocurre con los mejores barcos, se deshizo al quedar varado en la costa. Pero jamás lo olvidaré cuchillo en mano, nadando entre tiburones.

Herodes y sus muchachos

Por estas fechas, cuando amarro en ese puerto, suelo echarle un vistazo al belén. Está situado en la plaza mayor y es enorme, con figuras de un palmo, casitas, norias que se mueven y puentes. Ocupa media plaza y siempre se ve rodeado de niños, con altavoces que emiten villancicos y murga propia del asunto. Cada año mejora: ahora el herrero martillea sobre el yunque, sale humo por el horno de pan y la hilandera se inclina moviendo la rueca. También observo que, a tono con el lugar y los tiempos, hay más casas. A fin de cuentas se trata de un belén situado en un pueblo que en los últimos años llenó de cemento, ladrillos y grúas cada playa, cada rambla, cada parcela hasta donde alcanza la vista. En esta España del pelotazo urbanístico y lo que te rondaré morena, donde el año termina con 800.000 nuevas viviendas aprobadas por los colegios de arquitectos y donde sólo en Murcia y Almería se prevén otras 500.000 para el litoral virgen mediterráneo, hasta en un nacimiento navideño el terreno urbanizable es tentación irresistible. Hace poco, en el belén de la plaza sólo había, figuras aparte, el portal y el pueblecito, un molino y una posada. Ahora hay edificaciones por todas partes. El pueblecito es un pueblazo que ha triplicado su tamaño, la casa del panadero tiene dos pisos más de altura, el aprisco y las chozas de los pastores son ya una fila de adosados, y la posada ha crecido, rodeada de nuevas casas, hasta tener el aspecto de un hotel de cuatro estrellas, con luz en las ventanas y un lucero luminoso encima que le da aspecto de puticlub.

Por supuesto, cada vez hay menos campo. En el prado donde pastaban figuritas de ovejas han puesto media docena de casas, los molinos de aspas giratorias se han decuplicado —gracias a las subvenciones de la Comunidad Europea, supongo—, y en la esquina donde otros años había un bosque por donde venían los Reyes Magos, a Herodes le han construido un palacio altísimo, enorme, con fachada neoclásica, frontón y columnas. Tiene mucha trastienda, por cierto, la actitud del fulano, allí en la puerta de su residencia, rodeado de cuatro figuras de cortesanos judíos y ocho guardias romanos. Uno de los acompañantes luce toda la pinta de un concejal de Urbanismo: lleva en las manos un papel enrollado, sin duda los planos de un nuevo complejo a construir sobre terrenos del belén que, por feliz azar municipal, acaban de recalificarle a un cuñado suyo, que lo compró como suelo rústico dos semanas antes de las elecciones al Sanedrín. Es una pena que, en vez de villancicos, los altavoces no difundan la conversación de Herodes con los fulanos, aunque es fácil imaginársela. Tenemos cuatro fariseos a favor y un saduceo ecologista en contra, pero con trescientos denarios lo convertimos en tránsfuga y vota la recalificación de Cafarnaún tan seguro como que a Sodoma le dieron las suyas y las de un bombero. Etcétera.

A todo esto, por el camino que ahora se ha llenado de casas, los tres Reyes Magos avanzan con sus camellos, mirando a uno y otro lado con cara de pensionistas guiris en busca de un apartamento en línea de playa. Pero aunque ellos son tres, cada uno con su criado, o sea seis, más los camellos, no me salen las cuentas. Para llenar tanta nueva casa, cuento las figuritas del belén y no cuadra la proporción: cuarenta y siete, sin sumar ovejas y gallinas, para unas doscientas cincuenta viviendas, calculo a ojo; y menos figuritas que van a quedar tras la matanza de los inocentes, que está al caer. Así que ya me contarán quién va a ocupar tanto ladrillo. Pues no tienen que venir Reyes Magos, ni romanos, ni cireneos, ni samaritanos mafiosos, ni nada. Y encima, cuando uno mira el riachuelillo de agua que mueve la noria, se pregunta de dónde saldrá la necesaria para beber y ducharse en tanta casa. De Lanjarón, imagino. Los Reyes Magos van a tener que usar agua de Lanjarón.

En cuanto al portal, el ángel que sostiene el cartelito con el *Gloria in excelsis Deo* parece desplegar sin complejos —lo juro por mis muertos— el cartel de una inmobiliaria. Y los presuntos pastores que rondan el pesebre tienen un sospechoso aire de constructores, especuladores y ediles municipales esperando a que la sagrada familia se suba en la burra y se largue a Egipto de una vez, para recalificar el terreno. Sí. Me juego el palo de la zambomba a que, en vez de portal, el año que viene encuentro ahí un campo de golf.

2006

Noventa y cinco centímetros

En el vestíbulo, bajo un cuadro de una carga de caballería, entre una orden manuscrita y enmarcada del Estado Mayor del ejército francés —España, 1809— y un busto de bronce del Emperador, tengo un sable de coracero bruñido e impecable. Repartidos por la casa hay otros sables y espadas, entre ellos un tosco sable de abordaje, un elegante espadín de oficial de marina del siglo XVIII, algún florete, varios sables de caballería decimonónicos y una espada ropera del siglo XVII, con el famoso perrillo grabado en la hoja, que suelo empuñar cuando, metido en ambiente y con novela alatristesca entre manos, necesito imaginar determinadas sensaciones técnicas de mi amigo el capitán.

De todas esas armas blancas, mi favorita es el sable de coracero gabacho, quizá porque es lo menos socialmente correcto que he visto en mi vida: una pesada herramienta de matar, con guarda de bronce y hoja de noventa y cinco centímetros de longitud, que sale de la vaina metálica con un sonido escalofriante, de buen acero dispuesto para tajar y degollar desde la silla de un caballo lanzado al galope. Basta mirar el filo para que un incómodo cosquilleo te recorra las ingles y el estómago. Se trata de un arma de guerra desprovista de equívocos, larga y pesada, sin complejos, hecha para ser manejada por un brazo fuerte, que nadie imaginó para lucir en los salones ni pasear con ella al cinto cortejando a las damas.

Pensé en ese sable el otro día, en París, durante mi visita obligada al bronce de don Miguel Ney, el bravo entre los bravos. Cada vez que estoy allí, paseo por el Luxemburgo y subo hasta La Closerie des Lilas para saludar al príncipe del Moskova —visita obligada— mientras releo en la peana de mármol su impresionante currículum militar, desde los primeros combates de la Revolución hasta Waterloo: veinte años de gloria con Bonaparte y un piquete de fusilamiento como fin de trayecto. Pero así son las cosas de la vida; y el mariscal, que era un profesional, se las tomó con la debida sangre fría. Ahora me gusta verlo ahí, la cabeza vuelta de medio lado y la boca abierta, dando órdenes. Aún no existía la tele, así que Ney no posa para el informativo de la noche, ni siquiera para un cuadro de Meissonier, sino que se vuelve gritando a los hombres que lo siguen —lo seguían siempre, al tío—, invisibles en esta mañana civilizada de invierno parisién; pero, si prestamos la debida atención, es posible advertirlos entre las ramas de los árboles y los edificios cercanos, levantándose de sus tumbas, resignados, para congregarse en torno al mariscal como un fiel ejército fantasma. Como los dos viejos granaderos de los que hablaba Heine.

El sable. Quería contarles que Miguel Ney empuña un sable parecido al que tengo en el vestíbulo. Y contemplándolo el otro día, junto al Luxemburgo, me dije que armas como ésa fueron hechas para que las blandieran hombres como él, cuando la guerra no podía hacerse sino cara a cara, de cerca y por derecho, y en un campo de batalla. Cuando para matar había que acercarse al menos hasta noventa y cinco centímetros del otro, el alcance de un sablazo, y allí mirarlo a los ojos, ensuciándose de sangre propia y ajena, antes de tanta mariconada electrónica, tanto apretar botones y tanto monitor de televisión, ahora con todos los generales a salvo mientras el cabo Elmer Martínez y el soldado Mike Sánchez —los que andan por Iraq se llaman así, mientras que en Vietnam eran negros— cascan a punto para el telediario de las tres. Y en efecto: de vuelta al hotel en París, cuando encendí la tele, vi a unos soldados caminando por una calle junto a un vehículo, y de pronto desaparecer todo, calle, soldados, vehículo y gente que miraba, por un zambombazo anónimo dispuesto desde un coche trampa, mientras el que mataba sólo corría el riesgo de morirse de risa, supongo, con su mando a distancia y a medio kilómetro de allí. Y al rato, zapeando, me topé con otro vídeo, esta vez casero: cuatro fulanos encapuchados y un desgraciado sentado en el suelo —un chófer de camión, me parece—, las manos atadas a la espalda, listo para ser degollado a tiempo de aparecer en las ediciones de los periódicos al día siguiente si no se pagaba tal o cual rescate. Etcétera.

Y es que cada siglo tiene las guerras que le cuadran. Quién iba a imaginar que acabaríamos sintiendo nostalgia ante un sable.

El caballo de cartón

Es uno de mis más antiguos y tristes recuerdos. Tenía cinco años cuando lo vi en el escaparate de la juguetería junto al equipo de sheriff, el mecano, los Juegos Reunidos Geyper, el autobús de hojalata con pasajeros pintados en las ventanillas: juguetes que a menudo exigían complicidad y esfuerzo, y de los que no te despegabas hasta los Reyes siguientes. Incluso para los niños afortunados —diecisiete años después de la Guerra Civil no todos lo eran— había sólo uno o dos regalos por cabeza. Y si te portabas mal, carbón. Por lo demás, con imaginación, madera, alambre y latas vacías de conservas se improvisaban los mejores juguetes del mundo. En aquel tiempo, a las criaturas todavía no nos habían vuelto los adultos pequeños gilipollas cibernéticos. Todavía nos dejaban ser niños. Los enanos varones leíamos Hazañas Bélicas, matábamos comanches feroces y utilizábamos porteadores negros en los safaris sin ningún complejo, mientras las niñas eran felices jugando con muñecas, cocinitas y cuentos de la colección Azucena. Tal vez porque los adultos eran más socialmente incorrectos que ahora. Y en algún caso, menos imbéciles.

Pero les hablaba del caballo. En esa época, para un crío de cinco años, un caballo de cartón suponía la gloria. Aquél era un soberbio ejemplar con silla y bridas, las cuatro patas sobre un rectángulo de madera con ruedas; tan hermoso que me quedé pegado al cristal sin que mis abuelos, con quienes paseaba, lograran arrancarme de allí. Me fascinaban sus ojos grandes y oscuros, la boca abierta de la que salía el bocado de madera y tela, la crin y la cola pintadas de un color más claro, los estribos cromados. Era casi tan grande como los caballitos de la feria que cada Navidad se instalaba en el paseo del muelle, frente al puerto. Parecía que era de verdad, y que me esperaba. Cuando consiguieron alejarme del escaparate, corrí a casa y, con la letra experimental de quien llevaba un año haciendo palotes, escribí mi primera carta a los Reyes Magos.

Yo pertenecía al grupo de los niños con suerte: la madrugada del 6 de enero, el caballo apareció en el balcón. Esa mañana, en la glorieta, monté mi caballo de cartón ante las miradas, que yo creía asombradas, de otros niños que jugaban con sus regalos: triciclos, patinetes, espadas medievales, cochecitos con muñeco dentro, o la modesta muñeca de trapo y la más modesta pistola de madera y hojalata con corcho atado con un hilo. Ahora sé que algunas de esas miradas de niños y padres también eran tristes, pero eso entonces no podía imaginarlo; mi caballo era espléndido y en él cabalgaba yo, orgulloso, pistola de vaquero al cinto. Ni cuando, en otros Reyes, tuve mi primera caja de soldados, la espada metálica del Cisne Negro, el casco de sargento de marines, la cantimplora de plástico y la ametralladora Thompson, fui tan feliz como aquella mañana apretando las piernas en los flancos de mi hermoso caballo de cartón.

Sólo pude disfrutarlo un día. Por la tarde jugué con él hasta el anochecer, en el balcón, y lo dejé allí, soñando con cabalgarlo de nuevo al día siguiente. Pero aquella noche llovió a cántaros, nadie se acordó del pobre caballo, y por la mañana, cuando abrí los postigos, encontré un amasijo de cartón mojado. Según me contaron más tarde, no lloré; estaba demasiado abrumado para eso. Permanecí inmóvil mirando los restos durante un rato largo, y luego di media vuelta en silencio y volví a mi habitación, donde me tumbé boca abajo en la cama. La verdad es que no recuerdo lágrimas, pero sí una angustiosa certeza de desolación, de desastre irrevocable, de tristeza infinita ante toda aquella felicidad arrebatada por el azar, por la mala suerte, por la imprevisión, por el Destino. Después, con los años, he tenido unas cosas y he perdido otras. También, sin importar cuánto gane ahora o cuánto pierda, sé que perderé más, de golpe o poco a poco, hasta que un día acabe perdiéndolo todo. No me hago ilusiones: ya sé que son las reglas. Tengo canas en la barba y fantasmas en la memoria, he visto arder ciudades y bibliotecas, desvanecerse innumerables caballos de cartón propios y ajenos; y en cada ocasión me consoló el recuerdo de aquel despojo mojado. Quizá, después de todo, el niño tuvo mucha suerte esa mañana del 7 de enero de 1956, cuando aprendió, demasiado pronto, que vivimos bajo la lluvia y que los caballos de cartón no son eternos.

Espainia, frankeo ordaindua

El otro día pasé un rato incómodo porque no iden-
tificaba el origen de una carta remitida a mi nombre. El
texto de la parte superior derecha del sobre ya presentaba
alguna dificultad: *Espainia, frankeo ordaindua.* De vasco
no entiendo una palabra, lamentablemente; pero aplicando el sentido común concluí que la inscripción, acompa-
ñada de la trompa y la corona real de Correos, significaría
España, franqueo ordinario, o algo así. En cualquier caso,
me pareció descortés que una carta que debe circular por
el resto del territorio nacional e ir a manos de quien, como
yo, tiene la desgracia de no hablar otra lengua española que
la castellana, obligue al destinatario a perder el tiempo des-
cifrando criptogramas innecesarios. Pero bueno. Todo sea,
me dije, por la rica pluralidad, etcétera. A fin de cuentas,
franqueo *ordaindua* o del género que fuera, la carta estaba en
manos del destinatario. El problema era que no lograba
identificar la procedencia del remitente. *Hondarribiko udala,* decía el texto impreso en el sobre. En el interior, la
carta —que era breve y de carácter privado— tampoco
daba ninguna pista sobre la localidad en cuestión. Al fin
miré la letra pequeña: *Hondarribia, Gipuzkoa.* Eso debe de
ser Fuenterrabía, me dije tras pensarlo un poco. Qué tonto soy. En Guipúzcoa. El problema era que no tenía ni idea
de lo que significa *udala.* Así que cogí el teléfono y llamé
a Amaya Elezcano, mi editora, que es de Bilbao. Ayuntamiento, me dijo. Te escriben del ayuntamiento de Fuenterrabía. Y lo de *ordaindua* no significa ordinario, sino pagado. Que no te enteras, tío. Le di las gracias y colgué. Había

empleado casi diez minutos y una llamada telefónica en averiguar de dónde me mandaban la puta carta.

Cuando se publique este comentario, supongo que caerán otras cartas diciéndome que extrañarse en Madrid, o en Albacete, por un *frankeo ordaindua* es propio de neonazis y tal. Lo de siempre. A estas alturas, mientras insulten en una lengua que pueda entender, ahí me las den todas. No porque infravalore el idioma nobilísimo que utiliza cada cual cuando anda por casa o entre gente que lo pucha con soltura; eso es cosa particular, y ahí no me meto. Lo que me toca la flor —si permiten ustedes esa discreta metáfora en tecla de un académico de la RAE— es la descortesía de obligarnos, a quienes no estamos al corriente, a consultar diccionarios y llamar por teléfono. Eso cuando disponemos todos, remitentes y destinatarios, de una herramienta común, prodigiosa y depuradísima, para decirnos las cosas y comprenderlas en el acto. Por supuesto que cuando recibimos una carta en inglés o alemán escrita desde Inglaterra o Alemania, aquí nadie enarca una ceja. Pero es que no es lo mismo, oigan. Ni de lejos. Aunque algunos quisieran que lo fuera.

Pero todo tiene sus riesgos, claro. Y más en esta España que, a partes iguales, maneja tanta mala leche y tanta guasa. Llevada a su extremo, esa falta de delicadeza respecto al prójimo de otros lares autonómicos —e incluso respecto a no pocos prójimos del propio lar— puede dar pie a cartas como la que hace tiempo remitió Isleña de Navegación de Algeciras al ayuntamiento de Barcelona, que le había enviado una misiva en absoluto catalán. *«Zeñó: nó ha sío una jartá de difisi enterarno, y má o meno eztamo cazi orientao. Lo que no podemos conchabá e lo de "que fera aquest estiu?". En cuanto lo zepamos le contestaremo con musho arte.»* Y ojo. Porque, tal y como está el patio, la cosa puede cundir. Al comentarle a un amigo el caso de mi *Hondarribiko udala,* éste acaba de enviarme copia de una carta dirigida el pasado septiembre por una empresa malagueña, Línea Blanca 2000, a don Marc Bajona, jefe del Departament de Gestió Tributària del Ajuntament de Castellgalí: *«Le huro por Dió que hemo hesho to lo posible por aclará zi nosotro le debemo a ustede argo o zon ustede los que nó tienen que hasé algún pago [...] Lo que má difissi está siendo d'entendé e'esso de "la seva propietat que puguin figurar amb prelació als sous" [...] Le rogaría que'nlosusesivo se dirigiese a nosotro en la lengua de Garcilaso, Cervantes, Góngora, Calderón, Juan Ramón Jiménez, Pío Baroja, Unamuno, Ortega y Gasset o Vicente Aleixandre, porque a los catetos del sur, en cuanto los sacas der castellano y de cuatro frases heshas en fransé o inglé ("Vulevú cuxé avec mua sexuá?" o aquello de "du yu uant make love wiz me?") ze pierden. Firmado: José Sarriá, gerente (o manachement)».*

Delatores, chivatos y policía lingüística

Por encima de tanto marear la perdiz, tanto cuento y tanta murga, la única realidad *real* es la siguiente: mi amigo José Manuel es madrileño, técnico de sonido, tiene veintisiete años y una novia en Cataluña. La novia se vendría a vivir con él a Madrid, de no mediar un problema: ella trabaja en Barcelona. Así que llevan un año intentando que el chico encuentre algo allá arriba, porque, como él dice, tampoco es cosa de chulear a la churri. El problema es que José Manuel no parla una palabra de catalán, y su trabajo tampoco le deja tiempo para ampliar horizontes lingüísticos. No pucha del catalán más que *bona nit* y *bona tarda;* y eso, con acento de Leganés. Con tales antecedentes, supongo que nunca adivinarían ustedes lo que ocurre cada vez que busca trabajo en Barcelona. ¿Verdad que no? Me juego lo que quieran a que no se les hubiera ocurrido jamás: no le dan trabajo porque no sabe catalán. Qué me dice, caballero, se admirará alguno —el presidente del Gobierno, por ejemplo—. No me puedo de creer ese déficit de buen rollito. Etcétera.

Y bueno. Mientras tecleo esta página no sé cómo terminará el intento ultranacionalista de situar el catalán como única lengua oficial y obligatoria en el nuevo Estatuto de allí. Me gustaría añadir que ni lo sé ni me importa, y que cada cual hable como le salga de los cojones. Pero es que se trata precisamente de eso: de que en España la gente no puede hablar como le sale de los cojones. Aquí la gente tiene que hablar como le sale de los cojones al cacique de su pueblo. Y lo más grave es que el Estado, que debe velar por que todos seamos iguales y con las mismas oportunidades, nación de ciudadanos y no putiferio insolidario donde cada perro se lama su ciruelo, se inhibe de manera criminal, dejando al personal indefenso y con el cuello en el tajo.

Pero atención. Eso no sólo lo hace el Pesoe con sus enjuagues bajo la mesa y sus resabiados barones que, aun disconformes, pastelean para que siga el negocio. Una nueva vuelta de tuerca lingüística en Cataluña no haría sino cuajar sobre el papel lo que hace tiempo es allí una realidad irreversible: la persecución oficial del bilingüismo, la asfixia burocrática del idioma común español, alentada por un sistema de delación, chivatos y policía lingüística, cuyo único vínculo con la palabra democracia es que todo esto ocurre en una España que, además de afortunadamente democrática, es desafortunadamente gilipollas y se lo traga todo por miedo a que la llamen facha. O lo que es lo mismo: la ilegalización factual del español —una herramienta de comunicación compartida por cuatrocientos millones de personas, algo de lo que no estoy seguro sean conscientes todos los españoles— como paso previo al proyecto lengua-nación-estado catalán que esta vez, por suerte para todos y gracias a la Constitución que tanto le incomoda, la peña independentista lleva tiempo materializando sin disparar un tiro, sin tener que hacerse súbditos de Luis XIV y sin que Felipe V o Franco bombardeen Barcelona. Y ojo. El problema no son sólo cuatro paletos caraduras que después de escupir sobre la opresión española se van a cenar a Lucio. Pregúntenselo a ese Pepé meapilas que tanto se indigna hoy con gritos de doncella ultrajada, después de dos legislaturas puesto así, como el amigo Oswaldo, mientras silenciaba a sus insurrectos catalanes —a los que ahora, por cierto, tiene la tentación de quitar el polvo y sacar de la fosa— para que no le hicieran olitas en la piscina del consenso. Y tampoco olvidemos a esa Izquierda Unida del Circo Price que, olvidando que lo suyo es la defensa de todos los trabajadores, no se ha mojado nunca el culo ni dicho esta boca es mía por tantos funcionarios, maestros, fontaneros, albañiles, mecánicos, estudiantes, discriminados por el idioma; y lo único que se le ocurre, en plena movida lingüística y por boca de su pintoresco secretario general, es la imbecilidad de que la monarquía debe someterse a referéndum, etcétera, como si no hubiera cosas más urgentes que llevarse a la urna.

En fin. Nacionalistas, fariseos de corbata fosforito y cantamañanas aparte, tenía previsto alargarme un poco más, detallándoles de paso el desprecio y la ofensa contumaz del actual Gobierno hacia la lengua española. Que es la de Cervantes y —modestamente— la mía. Pero entre unas cosas y otras, ya no me cabe: las mentadas de madre requieren sus adjetivos, sus adverbios y su espacio. Así que lo dejaremos para otro día. Si Dios quiere.

La Ley del Barco Fondeado

Imagino que conocen ustedes la famosa Ley de Murphy: cuando algo puede salir mal, sale mal. Por ejemplo: cuando una tostada se nos va de las manos, siempre cae al suelo por la parte de la mantequilla. Pero esa ley, probadísima, no es la única. La experiencia demuestra que cada cual puede establecer un número infinito de leyes propias, que amplían la de Murphy o que se internan por otros apasionantes vericuetos de nuestra vida y percances. Tengo amigos que hasta las anotan a medida que las descubren, coleccionándolas. La Ley del Taxi que Acaba de Pasar por la Esquina, por ejemplo. O la Ley del Alambrito del Bimbo.

Yo mismo poseo un amplio surtido. La de la Llave Equivocada es una de ellas: no importa el número de llaves que lleve tu llavero; si es más de una, la mitad de las veces que intentas abrir una cerradura empleas la llave equivocada —sin contar las variantes dientes arriba o dientes abajo, reservadas a la llavecita del buzón—. Otra que se cumple siempre, con precisión asombrosa, es la Ley del Prospecto Farmacéutico: cada vez que abres una caja de medicamentos, lo haces siempre por donde el prospecto, plegado, impide acceder al contenido. Pero no soy yo sólo. Mi compadre Carlos G. acaba de establecer la Ley del Autobús Oportuno: cada vez que besas a tu amante en una calle de una ciudad de cinco millones de habitantes, pasa en ese momento un autobús con tu mujer en la ventanilla. Ahora mi compadre amplía esa ley con interesantes derivaciones, como el llamado Axioma de Carlos: las posibilidades de conservar hijos, casa, coche y perro en casos de divorcio son inversamente proporcionales a los años de matrimonio y a la mala leche acumulada por tu legítima.

Tales leyes no admiten excepciones. La Ley del Barco Fondeado, por ejemplo, se cumple con rigor extremo. Podríamos formularla así: cada vez que te encuentras fondeado con un velero en una costa desierta y de varias millas de extensión, el siguiente barco que fondee lo hará exactamente a tu lado. En verano esto se amplía con inexorables corolarios: aunque quede mucho sitio libre alrededor, todo tercer barco fondeará en el reducido espacio que haya entre tu barco y el que fondeó antes. Al cabo del día, la confirmación de esta ley hace que, con varias millas de costa desierta, quince o veinte barcos se encuentren amontonados en el mismo lugar, borneando unos sobre otros al menor cambio del viento; y que cada patrón de nuevo barco que llegue piense que algo malo tendrá la parte desierta cuando nadie fondea en ella.

La Ley del Barco Fondeado es utilísima a la hora de hacer previsiones, pues tiene innumerables aplicaciones terrestres. Por no alejarnos del mar, basta cambiar Barco Fondeado por Toalla y Playa, y resultará que, en una playa desierta de varios kilómetros de extensión, toda familia con sombrilla, hamacas, abuela y niños vendrá a instalarse exactamente a dos metros y cincuenta centímetros del lugar en donde hayas extendido tu toalla; pero no lo hará ninguna señora estupenda amante del bronceado integral —Corolario de la Señora Estupenda—. Etcétera. Y en cuanto a la tierra adentro, para qué les voy a contar. Ahí está la Ley de la Mesa Contigua, que no es sino una variante en seco de la del Barco Fondeado: en una cafetería o restaurante con todas las mesas vacías, cualquier nuevo cliente ocupará siempre la más próxima a la tuya —a veces esta ley se ve reforzada por la Norma del Maître Cabrón, que también ayuda—. El lunes pasado, a las diez de la mañana, tuve ocasión de confirmar el asunto. Estaba sentado leyendo los periódicos en una mesa, al fondo de una cafetería de aeropuerto grande y desierta, cuando apareció un grupo de jubilados que venían a echar una partida de mus. En cuanto los vi entrar, deduje: date por fornicado, colega. Y oigan. Queda feo que me eche flores, pero bordé el pronóstico. Cruzaron la sala sorteando mesas vacías y fueron a instalarse en la mesa de al lado. El resto lo pueden imaginar: duples, parejas, órdago a la chica. Y a ver si vienen esos cafelitos, guapa. Todo a grito pelado, entre golpes de baraja. Al rato llegaron más clientes y, por supuesto, se situaron alrededor, bien agrupados; con lo que, al cabo de un rato, aquella esquina de la cafetería parecía una plaza de pueblo en fiesta patronal. Ley del Barco Fondeado, como les digo. Para que luego nos llamen insolidarios. El que está solo es porque quiere. Y ni aun así te dejan.

Violencia proporcionada y otras murgas

Quisiera saber a qué atenerme. Con los amigos que tengo en la madera y en Picolandia diciendo por lo bajini Dios te ampare, colega, no damos abasto y esto va a más, sería bueno que alguien me instruyera en los asuntos de legítima defensa, provocación suficiente y proporcionalidad en la violencia que una persona decente puede emplear en su propia casa contra los malos. Porque estoy confuso. Cuando pones tu vida, tu familia y tus propiedades en manos del Estado y te ves desamparado por éste —falta de ganas o falta de medios no cambian la situación—, el sentido común y el instinto de supervivencia aconsejan adoptar otras defensas razonables. Y ése es el problema: lo que las leyes españolas consideran razonable en legítima defensa doméstica tiene poco que ver con el sentido común. Tendría que ver, quizá, con ese mundo ideal, esa Europa responsable, ordenada y ciudadana que parecíamos a punto de conseguir. Pero eso ya no cuela, Manuela. Al corderito de Norit se lo zampan hoy al horno con absoluta impunidad. Y con patatas.

Así que me gustaría que alguien cualificado ilustrara mis dudas legítimo-defensivo-hogareñas. Si unos ladrones, por ejemplo, saltan a un jardín con intenciones dolosas y son atacados por el perro de la casa, ¿la indemnización que debe pagarles el propietario del perro incluye las lesiones por mordiscos o también la ropa rota en la refriega? ¿Debe esperar el perro a que los intrusos demuestren inequívocamente sus intenciones malvadas antes de hacerles pupita? ¿Da lo mismo a quién muerda el perro, o hay connotaciones xenófobas si en vez de un español o un ucraniano rubio la víctima es moro o colombiano? ¿Es agravante ladrar? ¿Será sacrificado el cánido por las autoridades competentes? En caso de que el perro despache al intruso, ¿deben ser indemnizados los parientes próximos de la víctima?

Como ven, el asunto no es baladí. Y eso que todavía estamos en el jardín. Pero imaginen que, con perro o sin él, los malos penetran en la casa. Ahí sí debemos hilar fino. ¿A partir de qué momento es legítimo defenderse? ¿Es adecuado sacudirle con un garrote a un fulano que entra en tu casa a las tres de la madrugada, o es preciso antes averiguar sus intenciones? ¿Y qué hacer cuando, tras preguntarle cortésmente, «Caballero, ¿qué intención lo trae por aquí?», el otro se hace el longuis? ¿Hay que esperar a que empiece a meter en un saco la colección de Tintín? ¿A que desenchufe el deuvedé? ¿A que coja las llaves del coche? ¿Es atenuante para el intruso que la interpelación no se le haga en la lengua autonómica correspondiente?

Pero, en fin. Supongamos que la actitud del malevo es inequívoca. Eso, lejos de aclarar las cosas, plantea más problemas legales. De noche y dentro de la propia casa, ¿qué es provocación suficiente? ¿Basta con que los asaltantes amenacen a la familia de palabra, o hay que esperar a que te pongan una navaja en el cuello o una pistola en la cabeza? ¿Violar a las hijas, a la esposa o a la chacha ecuatoriana es provocación suficiente? ¿Basta con adivinar la intención, o hay que dar tiempo a que se consume el asunto? ¿Hay que esperar a que te maniaten o sodomicen para que la provocación sea suficiente y manifiesta?

Llegados a ese punto, por cierto, entramos en el resbaladizo terreno de la proporcionalidad en la respuesta. ¿Es proporcionado que el dueño de una casa, cuando le entran varios individuos armados o sin armas, intente cargarse a alguno, si puede? ¿A partir de qué momento, poseyendo una escopeta de caza o un fusco con papeles, puede liarse a tiros con los malos? ¿Debe esperar a que las intenciones de provocación sean manifiestas, como, por ejemplo, a que lo inflen a hostias preguntándole dónde esconde la viruta? Si los malos llevan cuchillos, ¿debe renunciar al uso de la pistola, por aquello de la proporcionalidad, y utilizar sólo un cuchillo de cocina o el palo de la fregona? Si en una casa entran a robar diez albanokosovares veteranos de guerra, ¿a cuántos puede atacar a mordiscos el propietario si ninguno de los diez lleva armas? ¿Y si las llevan? ¿Debe esperar a que le disparen para disparar él? ¿Hace falta un tiro previo de advertencia al aire? ¿Si los mata a los diez y encima le da risa, se considera ensañamiento?

Dicho de otro modo: ¿Y si nos fuéramos todos a hacer puñetas?

Por qué van a ganar los malos

De la movida mahometana me quedo con una foto. Dos jóvenes tocados con kufiyas alzan un cartel: *Europa es el cáncer, el islam es la respuesta.* Y esos jóvenes están en Londres. Residen en pleno cáncer, quizá porque en otros sitios el trabajo, la salud, el culto de otra religión, la libertad de sostener ideas que no coincidan con la doctrina oficial del Estado, son imposibles. Ante esa foto reveladora —no se trata de occidentalizar el sano islam, sino de islamizar un enfermo Occidente—, lo demás son milongas. Los quiebros de cintura de algunos gobernantes europeos, la claudicación y el pasteleo de otros, la firmeza de los menos, no alteran la situación, ni el futuro. En Europa, un tonto del haba puede titular su obra *Me cago en Dios,* y la gente protestar en libertad ante el teatro, y los tribunales, si procede, decidir al respecto. Es cierto que, en otros tiempos, en Europa se quemaba por cosas así. Pero las hogueras de la Inquisición se apagaron —aunque algún obispo lo lamente todavía— cuando Voltaire escribió: «*No estoy de acuerdo con lo que usted dice, pero lucharé hasta la muerte para que nadie le impida decirlo*».

Aclarado ese punto, creo que la alianza de civilizaciones es un camelo idiota, y que además es imposible. El islam y Occidente no se aliarán jamás. Podrán coexistir con cuidado y tolerancia, intercambiando gentes e ideas en una ósmosis tan inevitable como necesaria. Pero quienes hablan de integración y fusión intercultural no saben lo que dicen. Quien conoce el mundo islámico —algunos viajamos por él durante veintiún años— comprende que el islam resulta incompatible con la palabra progreso como la entendemos en Occidente, que allí la separación entre Iglesia y Estado es impensable, y que mientras en Europa el cristianismo y sus clérigos, a regañadientes, claudicaron ante las ideas ilustradas y la libertad del ciudadano, el islam, férreamente controlado por los suyos, no renuncia a regir todos y cada uno de los aspectos de la vida personal de los creyentes. Y si lo dejan, también de los no creyentes. Nada de derechos humanos como los entendemos aquí, nada de libertad individual. Ninguna ley por encima de la Charia. Eso hace la presión social enorme. El qué dirán es fundamental. La opinión de los vecinos, del barrio, del entorno. Y lo más terrible: no sólo hay que ser buen musulmán, hay que demostrarlo.

En cuanto a Occidente, ya no se trata sólo de un conflicto añejo, dormido durante cinco siglos, entre dos concepciones opuestas del mundo. Millones de musulmanes vinieron a Europa en busca de una vida mejor. Están aquí, se van a quedar para siempre y vendrán más. Pero, pese a la buena voluntad de casi todos ellos, y pese también a la favorable disposición de muchos europeos que los acogen, hay cosas imposibles, integraciones dificilísimas, concepciones culturales, sociales, religiosas, que jamás podrán conciliarse con un régimen de plenas libertades. Es falaz lo del respeto mutuo. Y peligroso. ¿Debo respetar a quien castiga a adúlteras u homosexuales? Occidente es democrático, pero el islam no lo es. Ni siquiera el comunismo logró penetrar en él: se mantiene tenaz e imbatible como una roca. *«Usaremos vuestra democracia para destruir vuestra democracia»*, ha dicho Omar Bin Bakri, uno de sus principales ideólogos radicales. Occidente es débil e inmoral, y los vamos a reventar con sus propias contradicciones. Frente a eso, la única táctica defensiva, siempre y cuando uno quiera defenderse, es la firmeza y las cosas claras. Usted viene aquí, trabaja y vive. Vale. Pero no llame puta a mi hija —ni a la suya— porque use minifalda, ni lapide a mi mujer —ni a la suya— porque se líe con el del butano. Aquí respeta usted las reglas o se va a tomar por saco. Hace tiempo, los Reyes Católicos hicieron lo que su tiempo aconsejaba: el que no trague, fuera. Hoy eso es imposible, por suerte para la libertad que tal vez nos destruya, y por desgracia para esta contradictoria y cobarde Europa, sentenciada por el curso implacable de una Historia en la que, pese a los cuentos de hadas que vocea tanto cantamañanas —vayan a las bibliotecas y léanlo, imbéciles—, sólo los fuertes vencen, y sobreviven. Por eso los chicos de la pancarta de Londres y sus primos de la otra orilla van a ganar, y lo saben. Tienen fe, tienen hambre, tienen desesperación, tienen los cojones en su sitio. Y nos han calado bien. Conocen el cáncer. Les basta observar la escalofriante sonrisa de las ratas dispuestas a congraciarse con el verdugo.

La venganza del Coyote

Como saben ustedes, gazapo, además de conejo, significa mentira o embuste; y también error que, a menudo no por ignorancia sino por inadvertencia, deja escapar quien escribe o habla. Cualquiera que trabaje con palabras impresas sabe a qué me refiero. En la oratoria pública las metidas de gamba se disimulan más; y como en España suelen darse en boca de nuestra infame clase política, llaman menos la atención. Sabemos a qué atenernos. Entre gente culta, sin embargo, la cosa es diferente. Suele haber más pundonor. El gazapo es la pesadilla constante de periodistas y escritores, y ni los grandes maestros están a salvo de un texto revisado con descuido o de una galerada corregida entre prisas.

Por lo general, todo gazapo como Dios manda permanece al acecho en un texto, no importa cuánto se revise y corrija, y sólo salta el día que, impresa la obra, el autor abre una página al azar y allí está el gazapo gordo y lustroso, arteramente camuflado durante meses o años de trabajo. Otras veces se debe a ignorancia del autor, a error de documentación o a generalizaciones rápidas y peligrosas. En todo caso, puede tenerse la certeza de que, publicada la obra, siempre habrá un lector que, incluso en las materias más extrañas, sea autoridad en el asunto. Y ese lector, por supuesto, escribirá una carta apuntando el detalle. Hay auténticos monstruos en eso, sabios implacables a quienes no se les escapa una. Gente para todo. Les aseguro que si un escritor afirma que en 1947 el tren correo salió de Sangonera la Seca a las 8.15 o que el barco pirata se hundió en ocho metros de agua junto a Trincabotijas, siempre habrá un fanático de los ferrocarriles para puntualizar que ese año los trenes correo salían de Sangonera a las 8.50; o un experto en cartografía náutica que señale que la sonda exacta frente a Trincabotijas en el XVIII era de cuatro brazas, o sea, de 6,68 metros.

Lo he vivido en mis carnes, y acojona. Empecé a enterarme con mi primera novela, cuando situé a un húsar junto a unos eucaliptos, y apenas publicado el libro recibí una amable carta de un lector experto en botánica, comunicándome que mi novela transcurría en 1808, y que esos árboles no fueron traídos a España desde Australia hasta cincuenta y siete años después. En otro libro, con dos personajes conversando sobre las estrellas, puse en boca de uno de ellos que hace 5.000 años el Dragón señalaba el norte en vez de la Polar; y en el acto recibí la carta de un lector que, tras precisar que la cifra exacta eran 4.800 años, me animaba a ser más riguroso en las afirmaciones científicas. Todo esto es de agradecer, naturalmente. Ayuda a corregir o a precisar en ediciones posteriores, y supone además una doble lección: de humildad para el autor —nunca puede conocerse todo sobre todo— y de respeto sobre la categoría de los lectores y la seriedad con que abordan el texto.

Otras van con mala leche, claro. O se pasan de agudos. Con la serie del capitán Alatriste, aparte de la correspondencia que matiza o discute detalles con buena voluntad, me llegan también precisiones de especialistas —alguno, incluso, historiador de tronío— cuyos patinazos colecciono con simpático interés. La palabra *luterano,* por ejemplo, aplicada por extensión a los holandeses del XVII como en los textos de Lope y de Calderón —que por cierto estuvo allí—, me ha dado mucho juego con algún listillo. Pero, salvo contadísimas excepciones, el tono de los que apuntan gazapos reales o supuestos suele ser amable y nada pedante. Al contrario: un experto valora el esfuerzo de quien se aventura con rigor y esfuerzo en su terreno. Eso no obsta para que, en justo revés, algunos escritores cedamos también a la tentación guasona de incluir emboscadas en el texto, por aquello de que donde las dan, las toman. En ese registro, el gazapo-trampa del que estoy más satisfecho es Dizzy Gillespie tocando el piano en *La carta esférica*. No imaginan la cantidad de cartas recibidas —bienintencionadas y amables todas— precisándome que Dizzy Gillespie era trompetista de jazz y no pianista. A eso suelo responder con una breve carta que tenía lista desde el principio: Gillespie era, en efecto, trompetista; pero el 26 de noviembre de 1945, cuando Charlie Parker grabó *Koko* para el sello Savoy, el pianista no acudió al estudio y fue Gillespie quien, además de la trompeta, tuvo que ocuparse del piano. Y es que la literatura, y el juego que implica, incluye también esa clase de cosas. La venganza del Coyote.

Cartas náuticas y cabezas de moros

Desde hace tiempo, las cartas electrónicas sustituyen, a bordo de muchos barcos de recreo, a las viejas cartas náuticas de toda la vida. El espacio reducido de un velero o una embarcación a motor plantea dificultades a la hora de manejar los grandes pliegos de papel donde figuran los detalles de la costa, las profundidades, las luces de los faros y otras informaciones necesarias para la navegación. Ahora, la instalación de un plóter con la cartografía conectada a un GPS permite al navegante conocer en todo momento su posición, punto en el que se basa toda la ciencia de la navegación: saber dónde está el barco, establecer la ruta y prever los peligros. Tan cómodo y fácil de manejar es el sistema, que cada vez son más los aficionados que prescinden de las cartas clásicas y se guían sólo por las indicaciones de la carta electrónica, desechando papel, compás de puntas, lápices y transportador: un vistazo a la pantalla y tira millas, sobre todo si uno va a motor y con prisa para tomarse una copa en Ibiza. El sueño de cualquier dominguero.

Sin embargo, el mar es muy perro y siempre te la guarda. Además de los errores que contienen hasta las mejores cartas electrónicas —un estudio reciente de la revista francesa *Voiles* pone los pelos de punta—, una de las peores combinaciones náuticas es la de un GPS, un plóter, un piloto automático y un patrón estúpido que no asoma la cabeza por el tambucho para mirar alrededor al menos cada quince minutos: tiempo suficiente para que, por ejemplo, un mercante y una lancha que navegan a quince nudos con rumbos opuestos recorran ocho millas de mar y se encuentren exactamente en el mismo lugar, o que una punta de tierra con restinga peligrosa en marea baja, que apenas se distinguía en la distancia, se encuentre de pronto bajo la quilla. Además, la electrónica falla, los pilotos automáticos se vuelven majaretas, los GPS están sujetos a averías o a errores de lectura. Y así, cada vez con más frecuencia, marinos de pastel, seguros de que para gobernar una embarcación basta con apretar botones, pasan apuros serios. Mientras que una carta de papel de toda la vida, una aguja magnética y cuatro reglas básicas, te llevan a cualquier sitio. Y si el barco es de vela, más.

Pensaba en eso esta mañana, a causa de un asunto que, tal vez, algún simple creerá que nada tiene que ver con las cartas náuticas: aquella idiotez propuesta por algunos políticos aragoneses de que al escudo de Aragón se le quiten las cuatro cabezas de moros que ostenta desde la Edad Media. Afortunadamente la cosa no prosperó del todo, o de momento, pues creo que ese escudo deja de presidir el salón de plenos de las cortes regionales, sustituido por un grupo escultórico —del magnífico y llorado Pablo Serrano— hecho de círculos concéntricos que no llegan a cerrarse, que simbolizará, puesto allí, el espíritu del debate libre y democrático, etcétera. Dejo a juicio de cada cual aceptar que haya relación entre una cosa y otra: escudo de Aragón y cartas náuticas. Yo la estimo evidente. Cuando uno se sitúa ante una carta marina clásica —hace tiempo dediqué una novela al asunto y lo tengo muy claro—, resulta imposible sustraerse a la magia del papel impreso, a las líneas trazadas y a todas las fascinantes referencias que contiene. Durante siglos, hombres sabios y valerosos, conscientes de que los barcos se pierden menos en el mar que en la tierra, midieron, sondaron, dibujaron cada braza, cada perfil de costa. Nos advirtieron de los peligros, sumando sobre el papel la experiencia, el sufrimiento, la incertidumbre y la lucha de quienes navegaron aquellos lugares difíciles y vivieron para contarlo. Una carta náutica de buen papel impreso, además de ser la referencia más segura, no se apaga con los fallos electrónicos, ni está sujeta a la moda o los caprichos aleatorios de la técnica moderna. No depende más que de la interpretación inteligente de su rico contenido: está ahí como estuvo siempre. Hace posible que el navegante no se limite a ir de un sitio a otro con prisas e irresponsabilidad, sino que recorra antes el camino con la imaginación; y después, mientras navega, que registre cada momento con la precisión y el gozo de quien transita derrotas que otros trazaron. Que navegue sobre su propia memoria, y de ella obtenga, heredado de quienes lo precedieron, el orgullo de sentirse marino. Se ha escrito que las cartas náuticas no son simples pliegos de papel, sino libros de Historia y novelas de aventuras. Hay que ser en extremo imbécil para renunciar a ellas.

Resulta que nos salvaron ellos

Han pasado un par de semanas, pero no lo olvido. *Memoriae duplex virtus,* etcétera, como decía uno de aquellos fascistas —nacido en Calahorra, por cierto— que en el siglo I, antes de tanto derecho pseudohistórico y tanta cutrez provinciana, llamaban ya Hispania a esta casa de putas. Me refiero a la pintoresca declaración institucional con la que, en el aniversario del 23-F, nos obsequió el Congreso. Es digno de recuerdo el párrafo donde nuestros hombres públicos, en un ejercicio de fastuoso onanismo institucional, atribuyen el fracaso del golpe de Estado, por este orden, al comportamiento responsable de los partidos políticos y los sindicatos, en primer lugar, y luego a la Corona y a las instituciones gubernamentales, parlamentarias y municipales. Como saben ustedes, el párrafo resultó de una modificación del texto original, donde se reconocía el papel decisivo del rey como jefe de las fuerzas armadas, al ponerlas del lado de la democracia con su discurso por la tele. Pero por presiones de dos partidos minoritarios, uno catalán y otro vasco, el Congreso decidió rebajar el papel monárquico y meter a todo cristo en el baile, afirmando que el mérito no fue del rey, sino del conjunto. O sea. De los políticos españoles, valerosos demócratas aquel día, unidos como un solo hombre y —hoy no me llamarán machista esas perras— como una sola mujer.

Habría sido precioso, de ser cierto. Comprendo que nuestra infame clase política, acostumbrada a reinventar España según cada coyuntura de su oportunismo y su desfachatez, quiera pasar a la Historia con esa tierna milonga de la liberté, la égalité y la fraternité defendida el 23-F como gato panza arriba. Pero están mal acostumbrados. Esto no es tan fácil como inventarse reinos y naciones que nunca existieron, o independencias ancestrales de ayer por la tarde, ocultando por otra parte realidades ciertas como la España romana, o la visigoda. Cuando deformas la memoria histórica, el truco puede funcionar con los tontos, los ignorantes y los que no quieren problemas. La gente ya no se acuerda, o no sabe. Pero otra cosa es manipular hechos que todos hemos vivido y recordamos perfectamente. Y eso es lo insultante. Que sólo veinticinco años después, esta gentuza nos considere tan olvidadizos y tan estúpidos.

Aquel día, la democracia y la libertad sólo las defendieron una cámara de televisión encendida, los periodistas que cumplieron con su obligación —fueron tan torpes los malos que sólo silenciaron TVE y Radio Nacional—, unos pocos representantes gubernamentales que estaban fuera del Parlamento, y sobre todo el rey de España, que, por razones que a mí no me corresponde establecer, se negó a encabezar el golpe de Estado que se le ofrecía, ordenó a los militares someterse al orden constitucional y devolvió los tanques a sus cuarteles. El resto de fuerzas políticas y sindicales, autonómicas y municipales, salvo singulares y extraordinarias excepciones, se metieron en un agujero, cagadas hasta las trancas, y no asomaron la cabeza hasta que pasó el nublado. Quienes velamos esa noche ante el palacio de las Cortes sabemos que, aparte de ciudadanos anónimos, negociadores gubernamentales y periodistas que cumplían con su obligación, nadie se echó a la calle para defender nada hasta el día siguiente, cuando ya había pasado todo —lanzada a moro muerto, se llama eso—. Y respecto a los sindicatos, su único papel fue el de los carnets rotos con que atrancaron los retretes de toda España. En cuanto a la digna integridad constitucional que ahora se atribuye el

Congreso, lo que pudo ver todo el mundo por la tele, y eso no hay chanchullo que lo borre, fue a los ministros y diputados tirándose en plancha debajo de sus escaños para quedarse allí hasta que se les permitió levantarse de nuevo —aún entonces siguieron mudos y aterrados—, con tres magníficas excepciones: Santiago Carrillo, que fumaba cada pitillo creyendo que era el último, el presidente Suárez y el anciano general Gutiérrez Mellado. Y cuando éste, fiel a lo que era, se enfrentó forcejeando a los guardias civiles, y el miserable Tejero, pistola en mano, intentó, sin éxito, tirarlo al suelo con una zancadilla, el único hombre valiente entre todos aquellos cobardes que se levantó para socorrerlo, fue Adolfo Suárez. A quien, por supuesto, España pagó y paga como suele.

Así que menos flores, caperucitas. En lo que a mí se refiere, nuestra heroica clase política puede meterse la poco elegante declaración institucional del otro día donde le quepa. Que imagino dónde le cabe.

La osadía de la ignorancia

Una comisión del Parlamento andaluz a la que se encomendó revisar el *«lenguaje sexista»* de los documentos de allí, se ha dirigido a la Real Academia Española solicitando un informe sobre la corrección de los desdoblamientos tipo *«diputados y diputadas, padres y madres, niños y niñas, funcionarios y funcionarias»*, etcétera. Como suele —recibe cinco mil consultas mensuales de todo el mundo—, la RAE respondió puntualizando que tales piruetas lingüísticas son innecesarias; y que, pese al deseo de ciertos colectivos de presentar la lengua como rehén histórico del machismo social, el uso genérico del masculino gramatical tiene que ver con el criterio básico de cualquier lengua: economía y simplificación. O sea, obtener la máxima comunicación con el menor esfuerzo posible, no diciendo con cuatro palabras lo que puede resumirse en dos. Ésa es la razón de que, en los sustantivos que designan seres animados, el uso masculino designe también a todos los individuos de la especie, sin distinción de sexos. Si decimos *los hombres prehistóricos se vestían con pieles de animales* o *en mi barrio hay muchos gatos*, de las referencias no quedan excluidas, obviamente, ni las mujeres prehistóricas ni las gatas.

Aún se detalló más en la respuesta de la RAE: que precisamente la oposición de sexos, cuando se utiliza, permite destacar diferencias concretas. Usarla de forma indiscriminada, como proponen las feministas radicales, quitaría sentido a esa variante cuando de verdad hace falta. Por ejemplo, para dejar claro que *la proporción de alumnos y alumnas se ha invertido,* o que en una actividad deportiva *deben participar por igual los alumnos y las alumnas.* La pérdida de tales matices por causa de factores sociopolíticos y no lingüísticos, y el empleo de circunloquios y sustituciones inadecuadas, resulta empobrecedor, artificioso y ridículo: *diputados y diputadas electos y electas* en vez de *diputados electos,* o *llevaré a los niños y niñas al colegio* o *llevaré a nuestra descendencia al colegio* en vez de *llevaré a los putos niños al colegio.* Por ejemplo.

Pero todo eso, que es razonable y figura en la respuesta de la Real Academia, no coincide con los deseos e intenciones de la directora del Instituto Andaluz de la Mujer, doña Soledad Ruiz. Al conocer el informe, la señora Ruiz se quejó amarga y públicamente. Lo que hace la RAE, dijo, es *«invisibilizar a las mujeres, en un lenguaje tan rico como el español, que tiene masculino y femenino».* Luego no se fumó un puro, supongo, porque lo de fumar no es políticamente correcto. Pero da igual. Aparte de subrayar la simpleza del argumento, y también la osada creación, por cuenta y riesgo de la señora Ruiz, del verbo *«invisibilizar»* —la estupidez aliada con la ignorancia tiene huevos para todo, y valga la metáfora machista—, creo que la cosa merece una puntualización. O varias.

Alguien debería decirles a ciertas feministas contumaces, incluso a las que hay en el Gobierno de la Nación o en la Junta de Andalucía, que están mal acostumbradas. La Real Academia no es una institución improvisada en dos días, que necesite los votos de las minorías y la demagogia fácil para aguantar una legislatura. La RAE tampoco es La Moncloa, donde bastan unos chillidos histéricos en el momento oportuno para que el presidente del Gobierno y el ministro de Justicia cambien, en alarde de demagogia oportunista, el título de una ley de violencia contra la mujer o de violencia doméstica por esa idiotez de *violencia de género* sin que se les caiga la cara de vergüenza. La lengua española, desde Homero, Séneca o Ben Cuzmán hasta Cela y Delibes, pasando por Berceo, Cervantes, Quevedo o Valle-Inclán, no es algo que se improvise o se cambie en cuatro años, sino un largo proceso cultural cuajado durante siglos, donde ningún imbécil analfabeto —o analfabeta— tiene nada que decir al hilo de intereses políticos coyunturales. La RAE, concertada con otras veintiuna academias hermanas, es una institución independiente, nobilísima y respetada en todo el mundo: gestiona y mantiene viva, eficaz y común, una lengua extraordinaria, culta, hablada por cuatrocientos millones de personas. Esa tarea dura ya casi trescientos años, y nunca estuvo sometida a la estrategia política del capullo de turno; ni siquiera durante el franquismo, cuando los académicos se negaron a privar de sus sillones a los compañeros republicanos en el exilio. Así que por una vez, sin que sirva de precedente, permitan que este artículo lo firme hoy Arturo Pérez-Reverte. De la Real Academia Española.

El vendedor de libros

El primer día que lo vi —a principios de los años setenta— me quedé asombrado por su mercancía y su aspecto: un fulano cargado de libros, deambulando como un buhonero por la enloquecida redacción de *Pueblo,* entre redactores apresurados, jefes de sección al borde del infarto, correctores, linotipistas, fotógrafos, enviados especiales regresando de Oriente Medio, reporteros de sucesos con la foto —robada con el marco a la viuda— del sereno muerto la noche anterior, actores de cine buscándose la vida, flamencas, toreros, putas, alcohólicos relativamente anónimos, burlangas que palmaban la nómina en una noche, y toda, en fin, la fauna estrafalaria que en aquellos tiempos se movía por el legendario edificio de la calle Huertas de Madrid.

El librero ambulante se llamaba José Bustillo, y se ganaba la vida por las redacciones de los diarios, las radios y la televisión. Era un tipo sesentón, simpático y vivaz, que tenía el pelo blanco ligeramente rizado, usaba lentes y vestía muy correcto, con chaqueta y corbata. Aparecía por el periódico el día de cobro, con montones de libros que subía desde su coche, aparcado en la puerta. El coche era una verdadera librería móvil que incluía desde las últimas novedades a clásicos, colecciones de lujo e incluso libros de texto. Y su sistema de venta era arriesgado, pero funcionaba. Vendía a crédito, bajo palabra, y cada mes se le satisfacía, según las posibilidades de cada cual, la cuota adecuada. Apenas le puse la vista encima, me apunté al sistema. Tras un breve análisis de mi limitada economía veinteañera, acordamos tres mil pesetas al mes: la novena parte de mis ingresos de entonces. Y durante catorce o quince años, hasta su muerte, cumplimos como caballeros. Yo aboné mis deudas mensuales puntualmente, y él, a cambio, fue llenando los estantes de mi casa y mi mochila de reportero con libros maravillosos.

Aún siguen junto a mí cuando escribo estas líneas, treinta años después: el Casares y el María Moliner, los tres volúmenes del vocabulario de Lope de Vega editados por la Academia, el valioso caudal biográfico de Emil Ludwig y de André Maurois, las obras completas de Stendhal, Goethe, Tolstói y Dostoievski en Aguilar, y las de Thomas Mann y Proust en Plaza y Janés, e innumerables libros de Austral, Alianza o la Biblioteca de Autores Españoles. También fue él quien me proporcionó los primeros volúmenes —Heródoto, Jenofonte, Eurípides— de la Biblioteca Clásica Gredos, de la que, tres décadas después, otro librero amigo, Antonio Méndez, acaba de enviarme el número 345: volumen VI de los discursos de Cicerón. A José Bustillo debo también la primera pieza de la que, con el tiempo, se convertiría en densa bibliografía histórica del siglo XVII, base documental de las aventuras del capitán Alatriste: los siete amenísimos volúmenes de Deleyto y Piñuela sobre la España de Felipe IV. Sin olvidar la deuda que tengo a medias con Bustillo y con un querido compañero de entonces, el periodista José Ramón Zabala, quienes, durante una charla nocturna en torno a tres tazas de café, a la hora de cierre de la edición de provincias, me descubrieron, vía *El jugador de ajedrez,* a un novelista y biógrafo para mí desconocido, pero que sería decisivo en mi vida y mi biblioteca: el Stefan Zweig de las obras completas encuadernadas en cuero verde por la editorial Juventud; autor entonces ninguneado por la crítica literaria española, y al que, tras la espléndida rehabilitación hecha por la editorial Acantilado, los mismos que entonces lo despreciaban —la única literatura seria eran Faulkner y Joyce, sostenía esa panda de gilipollas— ensalzan ahora sin ningún rubor, como si Zweig y ellos se tutearan de toda la vida.

No recuerdo el año en que murió el vendedor de libros. Fue a finales de los ochenta. Lo que sí recuerdo es que su viuda llamó por teléfono para decirme que en las notas de su marido quedaba pendiente un pago mío, el último, de cinco mil pesetas. Acudí de inmediato a la pequeña tienda familiar que tenían junto a la plaza del Callao, y satisfice mi deuda económica. La otra, a la que intento hacer justicia tecleando estas líneas, no podré satisfacerla nunca. Los libros que he escrito existen, en parte, también gracias a José Bustillo. Y me gusta pensar que tal vez se habría sentido orgulloso llevándolos en el abollado maletero de su coche, paseándolos por las redacciones de los periódicos donde con tanta nobleza se ganaba la vida.

Esas malditas corbatas anchas

Nunca fui en exceso corbatero. Quiero decir que procuraba usar la corbata a modo de *ultima ratio regis,* cuando no quedaba otro remedio. En mis primeros tiempos reporteriles sólo tenía una corbata marrón oscuro y otra azul marino, ambas estrechas y de punto, que me ponía en ocasiones rigurosas. La marrón era la que llevaba en los viajes, pues entonaba con las camisas de color caqui. Además, el tejido de punto se arrugaba menos en la mochila. Te la ponías con una camisa o una cazadora y quedabas presentable. Con esa corbata de punto marrón entrevisté a Gaddafi, a Sadam Husein, a Assad, a Obiang, a Somoza, a Galtieri —que estaba, por cierto, con una tajada enorme— y a unos cuantos más. Era, como digo, mi corbata de protocolo; y cuando estaba muy vieja buscaba otra idéntica: siempre fui de piñón fijo. Solía comprarlas durante las escalas que hacía en Roma cuando iba y venía de Oriente Medio, en una camisería del Corso que todavía las vende, aunque ya no son las mismas. Demasiado anchas y gruesas, ahora. La única vez que estuve a punto de viajar con una corbata distinta fue durante la Revolución de Rumanía, cuando entramos en el palacio abandonado del dictador y había una en el dormitorio. Pero se me adelantó Hermann Tertsch, y me quedé sin ella. La corbata de Ceaucescu.

Ahora, con esto de la Real Academia, me pongo corbata al menos una vez por semana. Los jueves. Y como uso a menudo pantalones de pana, esas corbatas de punto me siguen valiendo. Conservo dos de los viejos tiempos. También tengo tres o cuatro más, discretas, estrechas, de toda la vida, donde predominan los tonos marrones o azules, según. Ya he dicho antes que soy de piñón fijo. El problema es que del excesivo uso van ajándose poco a poco, y eso me plantea un grave problema indumentario: no tengo con qué sustituirlas. Las tiendas, por supuesto, están llenas de corbatas; pero todas son a la moda. Y de la moda, en cuanto a colores y anchura, qué les voy a contar. Trincar una corbata estrecha y discreta de rayas azules y grises, por ejemplo, o una marrón con motitas suaves color burdeos, es más difícil que una referencia culta en boca de un político español. Todo viene a base de colores butanos y fosforitos, explosiones amarillas o arco iris cegadores. A mala leche. Y como además la moda sólo acepta ahora corbatas anchas, de nudo gordo, circulan por ahí auténticos espectáculos ambulantes, fulanos con una especie de servilleta multicolor desplegada desde el pescuezo, que van por la vida impávidos y como si tal cosa, felices de haberse conocido. Por no hablar de esos enormes nudos que parecen despedir destellos fluorescentes mientras atenazan el gaznate de algunos ilustres padres de la patria o ciertos presidentes de clubs de fútbol —a veces me lío y los confundo unos con otros, por la soltura retórica—, a medio telediario. Aunque cada cual es muy dueño. Faltaría más.

Resumiendo. Ando loco por encontrar una maldita corbata estrecha de toda la vida. Cuando creo ver una en un escaparate, en cualquier ciudad del mundo, me abalanzo al interior con cara de loco, agarro por el cogote al dependiente o dependienta —como ven, la presión feminista empieza a minar mis baluartes— y lo conmino o conmina a que me entregue el botín o botina en el acto, antes de que otro carcamal reaccionario como yo me la sople en las narices. Pero mi gozo va a parar al pozo. Lo mismo en Nueva York que en Sangonera la Verde, se trata siempre de una corbata de las anchas que, colocada así y asá, parecía

más estrecha de lo que en realidad era, y que al mostrár-
mela desplegada se revela en su cruda realidad. Y además,
para mayor recochineo, con el logotipo de la puta marca
en el piquito. Que ésa es otra.

Así que debo decirlo: odio a los diseñadores y fabricantes de corbatas anchas. Pero arrieritos somos. No lloraré por ellos cuando la capa de ozono, la gripe aviar o lo que
sea nos mande a todos a tomar por saco. Y mi odio se aviva
cada vez que abro el armario y rechino los dientes contemplando las menguadas filas de mis últimas de Filipinas. Hay
que ser desalmado, me digo, para condenar al sexo masculino —no al género, imbécilas: al sexo— a pasear por la
vida con un babero de un palmo de ancho sobre el pecho.
Colorines aparte. Porque aún no he olvidado una pieza
que, durante dos horas y media, tuve desplegada ante los
ojos en el tren de Madrid a Sevilla: para colgarla en una
pared sólo le faltaba el marco. Rediós. Tardaron varios días
en borrárseme las manchas de la retina.

Librería del Exilio

Ya tengo la solución, me temo. Y me lo temo porque sospecho que no hay otra. Se nos ocurrió el otro día a Antonio Méndez y a mí —igual llevábamos dos copas encima, que todo puede ser— cuando charlábamos en su librería de la calle Mayor de Madrid, esc pequeño reducto que resiste al invasor a modo de alcaldía de Móstoles, pueblecito de Astérix, Numancia de libros y decencia: algo insólito en los tiempos que corren. Antonio y yo acabábamos de leer en los periódicos la última gilipollez infraculta —ahora no recuerdo cuál era, porque es imposible recordarlas todas— en boca de un ministro, o ministra, o alguien así. Ministra, creo. El caso es que, como cada vez que abrimos un periódico o ponemos la radio o la tele, los dos estábamos calientes. Estos cantamañanas indocumentados, concluía yo, nos van a endiñar otra vez a la derecha. Por pringados, frívolos, torpes y torpas. Y así vamos, colega. De oca a oca y tiro porque me toca. De Guatemala a Guatepeor. Fue entonces cuando le conté a Antonio la anécdota de mi abuelo, que era un señor con biblioteca y cosas así. Un caballero de cuando los había, con maneras, que usaba sombrero para poder quitárselo delante de las señoras y de los curas, aunque era republicano y a estos últimos los despreciaba; porque una cosa no impide la otra, y a fin de cuentas, tras acompañar a mi abuela cada domingo y fiesta de guardar hasta la puerta de la iglesia, se quedaba allí a fumarse un truja hasta que su legítima salía tras el *ite, misa est.* Cuando entraba en su biblioteca y me veía inclinado sobre los grabados de uno de los muchos libros de historia, geografía o literatura que tenía allí —mi favorito entonces era *La leyenda del Cid*, de Zorrilla—, mi abuelo solía decir: «*Aprende francés, Arturín, que es muy triste irse al exilio sin conocer el idioma. Acuérdate del pobre Goya*». Tenía la teoría, nunca desmentida por los hechos, de que, voluntariamente o a la fuerza —para buscarse la vida o para salvar el pellejo—, una de cada dos o tres generaciones de españoles termina siempre haciendo las maletas. Y para él, europeo formado en lo clásico, Francia era el país decente que pillaba más cerca.

El caso, terminé de contarle a mi amigo el librero, es que hice caso a mi abuelo: hablo un francés de puta madre. Y te juro por mis muertos, insistí, que a mí no me trincan vivo estos analfabetos cuando sea ancianete y esté indefenso. Quiero envejecer sereno, y no blasfemando en arameo cada vez que enchufe la tele; ni maltratado de palabra, obra u omisión por semejante gentuza. Y creo que la cosa tiene mal arreglo. A fin de cuentas, un político no es sino reflejo de la sociedad que lo alumbra y tolera. En democracia, cada colectividad tiene lo que se busca y merece. Y sin democracia, también. Así que a ver si a ti y a mí nos toca la bonoloto y ahorramos para un ático al otro lado de la muga. París no está nada mal, fíjate. Me refiero al París del centro, claro. Nos ha jodido. Allí todavía quedan, por lo menos para veinte o treinta años más, cafés venerables y cómodos, librerías en cada esquina, y la gente se habla de usted, dice por favor, pase primero silvuplé, y cosas por el estilo. Así que no es mala solución. Como Quevedo, ya sabes, pero desayunando croissants en la Torre de Juan Abad. Con pocos pero doctos libros juntos, etcétera. Y esto de aquí, que lo disfrute quien lo soporte. ¿Imaginas? ¿Meses y años sin oír hablar de estatutos ni derechos históricos, ni de La Coruña con ele o sin ele, ni de diputados y diputadas electos y electas?

Fue entonces cuando a Antonio se le ocurrió la idea. Una librería, dijo. A medias. Podríamos llamarla *Librería del Exilio,* puesta en una buena calle de allí. La rue Bonaparte, por ejemplo, que a ti te gusta el nombre y sale en *El club Dumas.* La cosa era tan tentadora, que en cinco minutos hicimos el plan: una librería con café enfrente, para cruzar la calle y desayunar mirando el escaparate. Y dentro, en las estanterías, autores españoles, para que el personal harto de tanto cuento y tanta murga pueda refugiarse en ellos y sobrevivir: Séneca, Jorge Manrique, Cervantes, Quevedo, Clarín, Ortega, Unamuno, Valle-Inclán, Miguel Hernández, Baroja. Nombres que hoy apenas encuentras en las librerías. Con muchas fotos colgadas en las paredes, de quienes en su día tomaron las de Villadiego: Goya, Moratín, Sender, Machado... Iban a faltar paredes. Podríamos, además, conmemorar innumerables centenarios. En España, cada día es aniversario de una barbaridad. O del nacimiento de un hijo de puta.

El juez que durmió tranquilo

Alguna vez les he hablado de mi amigo Daniel Sherr, judío, alérgico y vegetariano, que además de tener un corazón de oro y ser un ecologista excéntrico y pelmazo, es el mejor intérprete del mundo. Trabaja para Naciones Unidas, diplomáticos y gente así, habla más lenguas que un apóstol en Pentecostés —su amistad soportará esa hipérbole poco ortodoxa en lo mosaico—, y asiste a inmigrantes hispanos en los juzgados gringos. A veces, mientras saca un plátano del bolsillo y se pone a pelarlo sin complejos en la mesa de un restaurante de varios tenedores —«Tiene mucho potasio», le dice al incómodo camarero—, Daniel me cuenta historias judiciales tristes, recuerdos que lo dejan hecho cisco durante días y noches. Para alguien que, como él, cree que la compasión hacia los desgraciados es obligación principal del ser humano, los juzgados suponen, a menudo, una nube oscura sobre su corazón y su memoria. Pero hay que ganarse la vida, dice con sonrisa triste. Además, cuando se trata de pobre gente, siempre puedes echar una mano. Ayudar.

Ayer, mi amigo me contó, al fin, una historia reciente que no es triste. Hablábamos de jueces y de injusticias; de cómo, a veces, quien administra la ley, con tal de no complicarse la vida, pone la letra de ésta por encima del sentido común y de la humanidad. Fue entonces cuando Daniel me contó el último asunto en el que había intervenido como traductor, en un juzgado de familia de Nueva Jersey. De una parte, una mujer con una niña de dos años, cuya custodia pedía. De la otra, un funcionario de la división de Juventud y Familia del Estado. En medio, un juez. La mujer, ecuatoriana, solicitaba seguir con la niña, de origen mejicano, cuya madre se la había confiado hacía año y medio y no había vuelto nunca más. La señora pedía la custodia legal de la niña, pues las vacunas para la criatura costaban ochenta dólares la inyección, ella tenía un traba-jo humilde y escasos recursos, y con la custodia legal tendría derecho a que por lo menos las vacunas las pagase el Esta-do. Pero había un problema: la ecuatoriana era inmigrante ilegal. Su situación, ley en mano, obligaba al juez no sólo a acceder a la petición del funcionario del Estado para que le quitasen a la niña, sino, llevado el caso al extremo, a ex-pulsar a la mujer de los Estados Unidos.

Según me contó Daniel, el juez inició así su interro-gatorio: «Señora Espinosa, usted no está en este país legal-mente, ¿verdad?». La respuesta fue: «No, señoría». El juez miró a la niña, que correteaba entre los bancos de la sala. «¿Sabe usted que el funcionario del Estado alega que Nue-va Jersey no puede ofrecer prestaciones a un trabajador indocumentado?» La señora parpadeó, tragó saliva y miró al juez a los ojos: «Sí, señoría». El juez guardó silencio un momento. «Señora Espinosa —dijo al fin—, lleve esta hoja con mi membrete y mi firma a los Servicios Católicos de ayuda. Mi ayudante le dará la dirección. Dígales que va de mi parte y que quiere regularizar su situación». Dicho eso, el juez se dirigió al funcionario del Estado: «Como ve, la señora Espinosa está tratando de regularizar su situación. ¿Es suficiente?». Pero el funcionario no parecía convencido. Para él, la ecuatoriana era un número más en los expedien-tes, y sus jefes le exigían eficacia. «Señoría...», empezó a decir. El juez levantó una mano: «Escuche, señor X. Como juez tengo que aplicar la ley, pero también necesito poder dormir con la conciencia tranquila. Es evidente que esta señora es una madre concienzuda y que realmente ha ayudado a la niña. Mírela. A esa niña la quieren, y donde mejor va a estar es con esta mujer». El funcionario seguía aferrado a sus papeles: «Señoría, la ley...». El juez arrugó el entrecejo y se inclinó un poco sobre la mesa hacia el funcionario: «Mi trabajo consiste en aplicar la ley, pero administrándola e interpretándola con humanidad. Además, esta mujer ha demostrado cierto valor al venir aquí, a un tribunal, siendo ilegal. Podría haber sido detenida y expulsada, y aun así ha venido. Y lo ha hecho por la niña. Así que dígaselo a sus supervisores. Y usted, señora, haga lo que le he dicho. Y vuelva a verme dentro de treinta días».

Cuando, mascando un tallo de apio, Daniel terminó de contarme la historia, sonreía con aire bobalicón. «¿Y tú qué hiciste?», le pregunté. «¿Yo? —respondió—. Pues, ¿qué iba a hacer? Traducir escrupulosamente cada palabra». Luego me miró acentuando la sonrisa, con un trocito de apio en el labio inferior. «Pero esa noche yo también dormí tranquilo.»

El polvete ucraniano

Hace muchos años que no entraba en un puticlub. En mis tiempos de reportero dicharachero de Barrio Sésamo, esos antros eran lugares idóneos para que la tribu montase cuartel general de lo que fuera, sitio donde recalar tras una jornada dura, abrevaderos donde podías tomar una copa a palo seco, mirando las botellas de los estantes, o en compañía de quien no exigía conversación inteligente, o ni siquiera exigía conversación. Por supuesto, los puticlubs de entonces —como los de ahora— eran lugares suciamente machistas, y tal. Pero diré, en descargo mío y de mis colegas de antaño, que tampoco los reporteros de mi generación éramos espejo de virtudes, pues teníamos asuntos más urgentes de que ocuparnos. Mandar una crónica, por ejemplo. Una exclusiva del copón titulando en primera. Ahora es distinto, claro. Los reporteros van a las guerras y a las paces —dicen— por razones exclusivamente humanitarias, en plan Paulo Coelho. Y cuando entran en un puticlub lo hacen siempre con espíritu redentor y de denuncia, dispuestos a obtener un testimonio que termine, ya mismo, con todas las guerras y con todos los puticlubs y con todos los males del mundo. Cuando menos. Por eso me fui hace doce años. Yo sólo era un hijo de puta profesional. A ver si me entienden. Un testigo con una cámara.

El otro día, como digo, entré en un puticlub del sur —en realidad anduve por media docena larga— después de muchísimo tiempo, con un productor de cine gringo que sigue los pasos de Teresa Mendoza, vieja amiga que algunos de ustedes recordarán de cuando ella cruzaba el

Estrecho con el pájaro de Vigilancia Aduanera pegado a la chepa. Y confieso que el ambiente me pilló desentrenado. En vez de señoras con vestido largo, luz roja y camareros canallas —lo que recordaba de toda la vida— encontré un discobar iluminado a tope, música chunda-chunda y doscientas jóvenes más o menos rubias de escueta vestimenta y visibles encantos. Espectaculares, dicho sea de paso. Y estando en ésas, aún de pie junto a la entrada, se acercó una jovenzuela de tetas libérrimas que, con un descaro y una naturalidad escalofriantes, me soltó, con fuerte acento eslavo: «*¿Qué, tío, echamos un polvete?*». Lo juro. Ni buenas noches dijo la pava. Ni hola qué tal, ni me llamo Ana Karenina, ni invítame a una copa, ni pepinillos en vinagre. Niet de niet. Así, recién cruzada la puerta. Tío. Un polvete. Ni siquiera un polvo, o un polvazo, o un revolcón antológico que te vas a caer de la cama, chaval. Y encima, sin tratamiento adicional: simpático, caballero, guapo, por ejemplo. Calculen la diferencia entre «*¿Qué, tío, echamos un polvete?*» y, por ejemplo, «*Hola, guapo, ¿crees que este cuerpazo merece que lo invites a una copa?*». Porque eso es fundamental. Cualquier paquidermo, cualquier tiñalpa, cualquier cuasimodo, entran en un puticlub sobre todo para que alguien les diga guapo, aunque sea con pago de su importe.

Así que háganse cargo. Yo allí, con cincuenta y cuatro años y la mili que llevo a cuestas, y enfrente, Nietochka Nezvanova y su polvete. Hay que ser natural y directa, supongo que le habría explicado su macarra, o su explotador, o su traficante de blancas. Quien fuera. Que los españoles son así. Y entonces me entró una melancolía muy grande, la verdad. En esta ocasión —me van a disculpar las buenas conciencias— no fue por las connotaciones dramáticas del asunto, que también, ni por la triste realidad de las chicas explotadas, etcétera, aspectos todos muy dignos de consideración y de remedio, pero que hoy no son objeto de esta página. La cosa fue por la certeza de que, incluso si yo hubiera entrado en el local con intención de echar algo, lo que fuese, a alguna de las atractivas individuas que deambulaban por el cazadero, cualquier posible encanto del evento, cualquier espíritu jacarandoso por mi parte, cualquier lujuria manifiesta o predisposición al intercambio carnal mercenario, se habría visto enfriado en el acto por la torpe apertura de la moza. Por su qué, tío, y su polvete a quemarropa. Pero es que seguramente, deduje, esto es lo que ahora funciona. Lo que demanda el mercado. La distinguida clientela de los puticlubs ya no exige señoras lumis como las de antes: esas que sabían escuchar durante horas en la penumbra de una barra americana, pacientes y profesionales, y al final, comprensivas, decían «muy guapos» cuando sacabas la foto de tu mujer y tus cinco hijos. Entonces todavía eran más eficaces, y necesarias, las putas que los psiquiatras.

Frailes de armas tomar

De vez en cuando me doy una vuelta por los viejos avisos y relaciones del siglo XVII, aquellas cartas u hojas impresas que, en la época, hacían las veces de periódicos, contando sucesos, hechos bélicos, noticias de la Corte y cosas así. Con el tiempo he tenido la suerte de reunir una buena provisión en diversos formatos, y algunas tardes, sobre todo cuando tengo un episodio de Alatriste en perspectiva, suelo darles un repaso para coger tono y ambiente. Su lectura es sugestiva, a veces también desoladora —comprendes que ciertas cosas no han cambiado en cuatro siglos—, y en ocasiones muy divertida. Ése es el caso de una relación con la que di ayer. Está fechada en 1634, y se refiere a la peripecia de tres frailes mercedarios españoles que viajaban frente a la costa de Cerdeña. Me van a permitir que lo cuente, porque no tiene desperdicio.

El barco era pequeño y franchute, llevaba rumbo a Villafranca de Nizo, y a bordo, además de los tres frailes españoles —Miguel de Ramasa, Andrés Coria y Eufemio Melis—, iban el patrón, cuatro marineros y cinco pasajeros. A pocas millas de la costa se les echó encima un bergantín turco —en aquel tiempo se llamaba así a todo corsario musulmán, berberiscos incluidos— haciendo señales de que amainasen vela. El patrón se dispuso a obedecer, argumentando que, siendo francés el barco, podrían negociar con los corsarios y seguir viaje a salvo. Pero los tres frailes, súbditos del rey de España, no veían las cosas con tanto optimismo. Ustedes se escapan de rositas, protestaron, pero nosotros vamos a pagar el pato. Por religiosos y por españoles, pasaremos el resto de nuestras vidas apaleando sardinas al remo de una galera, o cautivos en Argel o Turquía. Así que, de perdidos al río, resolvieron cenar con Cristo antes que en Constantinopla. Que el diálogo de civilizaciones, apuntaron, lo dialogue la madre que los parió. De manera que se remangaron las sotanas, se armaron como pudieron con cuatro chuzos, tres escopetas y tres espadas sin guarnición que había a bordo, y amotinándose contra los tripulantes del barco, los metieron con los cinco pasajeros encerrados bajo cubierta. Después pusieron trapos en torno a las espigas de las espadas para que sirvieran de empuñaduras, y se hicieron una especie de rodelas amarradas al brazo izquierdo con almohadas y cuerdas. Luego se arrodillaron en cubierta y rezaron cuanto sabían. Salve, regina, mater misericordiae. Etcétera.

Ahora, háganme el favor y consideren despacio la escena, que tiene su puntito. Imaginen ese bergantín corsario de doce bancos que se acerca por barlovento. Imaginen a esos feroces turcos, o berberiscos, o lo que fueran —veintisiete, según detalla la relación—, amontonados en la proa y en la regala, blandiendo alfanjes y relamiéndose con la perspectiva, en plan tripulación del capitán Garfio. Imaginen la sonora rechifla del personal cuando se percata de que en la cubierta de la presa no hay más que tres frailes arrodillados y dándose golpes de pecho. Y en ésas, cuando los dos barcos están abarloados y los turcos se disponen a saltar al abordaje, los tres frailes —los supongo jóvenes, o cuajados y correosos, duros, muy de su tiempo— se levantan, largan una escopetada a quemarropa que pone a tres malos mirando a Triana, y luego, gritando como locos Santiago y cierra España, Jesucristo y María Santísima, o sea, llamando en su auxilio al santoral completo y al copón de Bullas, tras embrazar las almohadas como rodelas, se meten en la nave corsaria a mandoble limpio, acuchillando como fieras, dejando a los turcos con la boca abierta, perdón, oiga, vamos a ver, aquí hay un error, los que teníamos que abordar éramos nosotros. Con la cara del Coyote tras caerle encima la caja de caudales que tenía preparada para aplastar al Correcaminos. Y así, en ese plan, dejando la mansedumbre cristiana para días más adecuados, los frailes escabechan en tres minutos a doce malos, que se dice pronto, y otros cinco se tiran al agua, chof, chof, chof, chof, chof, y el resto, con varios heridos, pide cuartel y se rinde después de que fray Miguel de Ramasa le atraviese el pecho con un chuzo al arráez corsario, *«juntándose los dos tanto, que le alcançó el turco a morder en una mano, y acudiendo fray Andrés Coria le acabó de matar»*. Con dos cojones.

Ocurrió el 21 de octubre de 1634, día de Santa Úrsula y de las Once Mil —una más, una menos— Vírgenes. Y qué quieren que les diga. Me encantan esos tres frailes.

Olor de guerra y otras gilipolleces

Lo malo que tiene eso de largar en entrevistas y cosas así, salvo que respondas con monosílabos o frases muy cortitas, es que, digas lo que digas, lo que se publicará depende de la capacidad del periodista que tienes enfrente para sintetizar respuestas. Raro es el que, a la hora de redactar su entrevista, utiliza una frase larga absolutamente literal. Y resulta lógico. Pocos entrevistados aportan un texto breve y contundente que resuma, en pocas líneas, la intensidad de la respuesta posible. Así que el periodista intenta condensar, resumir, ajustarse en lo posible al espíritu de lo que le dicen. Eso, naturalmente, requiere una cultura previa que permita comprender lo que se escucha, un talento para el oficio y una ética profesional. Por eso mismo, nadie en su sano juicio que tenga algo importante o delicado que decir acepta una entrevista con alguien que maneje, como únicas herramientas, un bloc y un bolígrafo. En lo que a mí se refiere, sólo cuando conozco mucho al entrevistador accedo a entrevistas serias sin magnetófono de por medio. Fui meretriz antes que monja, a ver si me entienden. Conozco el percal.

Aun así, por muchas precauciones que adoptes, siempre te la endiña alguien. Es inevitable, y alguna vez me referí a eso, en esta misma página, como daños colaterales. Hablar en público es ponerte en boca de otros: o callas, o te la juegas. Pero hay casos estremecedores. Sé de mucha gente en apuros al figurar, en titulares de prensa, cosas que nada tenían que ver con lo que dijeron. Y no siempre el culpable es el redactor. Un entrevistador riguroso, que suda tinta para ser fiel a lo que le confía su entrevistado, tiene un jefe de sección, un redactor jefe o un director que, por mil razones —prisas, sensacionalismo, descuido, mala leche—, pueden titular de un modo u otro, alterando la verdad o cepillándosela para darle más garra al asunto. Conozco a escritores, actores, políticos y deportistas enemistados para siempre con compañeros de profesión o en graves aprietos por un titular infiel. Hay simplificaciones que son letales, y yo mismo fui objeto de ellas alguna vez, como todos. Mi favorita es la de cuando, tras una conferencia en la que dije que a veces era más reprobable moralmente el político infame que se beneficiaba del terrorismo que el terrorista propiamente dicho, ya que este último corría riesgos y el otro ninguno, un diario tituló, en primera página: *«Pérez-Reverte prefiere un terrorista a un político».*

Con mi última novela tuve oportunidad de ampliar la hemeroteca. Una revista publicó una entrevista en la que, entre otras cosas, yo decía que la guerra tiene un olor que se queda en la nariz y en la ropa y que tarda mucho en disiparse. Tanto debió de gustarle la idea al redactor jefe o al director, que, en un exceso de celo melodramático, decidieron titular en primera: *«Llevo el olor de la guerra pegado a mi piel».* Con lo cual, supongo que con toda la buena voluntad del mundo, me dejaron como un perfecto gilipollas. También hubo alguna carta al director —católicos ofendidos en lo más vivo— por una descontextualización de otro entrevistador, resumida en la frase *«el humanismo cristiano ha hecho mucho daño»,* a palo seco, sin especificar que, innumerables bienes aparte, me refería al daño de persuadirnos de que los hombres tendemos a la perfección, al amor y a la bondad, dejándonos como corderos indefensos en manos de tanto lobo y tanto hijo de puta.

De todos modos, la perla de mi última presentación novelera es de las que costarían la amistad de amigos y colegas, de no ser porque los amigos y colegas saben, por experiencia propia, con quién nos jugamos los cuartos. Durante una conferencia de prensa, un periodista preguntó si, en mi opinión, Marsé, Vargas Llosa o Javier Marías podrían haber escrito *El pintor de batallas,* mi última novela. Mi respuesta fue la única posible: con el mismo asunto, mis colegas —amigos, además— habrían escrito magníficas novelas, pero no ésta. Para escribirla así, añadí, necesitarían mi biografía, y cada cual tiene la suya.

El comentario, recogido por una agencia de prensa, fue difundido correcta y literalmente; pero al día siguiente, un diario puso en mi boca, en titulares gordos: *«Ni Marsé ni Vargas Llosa tienen mi biografía»,* otro precisó: *«Vargas Llosa o Marías no habrían podido escribir esta novela»,* y un tercero, el premio Reverte me Alegro de Verte al tonto del culo de este año, tituló: *«Vargas Llosa es incapaz de escribir esta novela».*

Aquí nadie sabe nada

Vaya por Dios. Ahora resulta que nadie sabía nada. Que todos estaban en la inopia, mirando hacia otro lado. Hacia cualquier lado, claro, que no fuera aquel donde no convenía mirar. Ahora van y dicen, mis primos, esos centenares y miles de primos que moran, trabajan y votan en los pueblos y ciudades de esa Costa del Sol, de esa Costa Blanca o de tantos y tantos lugares con o sin costa, que mientras toda esa peña de notorios sinvergüenzas robaba a mansalva sin distinción de ideología, lengua o bandera, se repartía cada ladrillo y cada metro cuadrado urbanizable o por urbanizar y se zampaba mariscadas maquinando cómo llevárselo muerto por la patilla, todo eso, cada chanchullo, cada chantaje, cada mordida, ocurría —y sigue ocurriendo— bajo sus napias sin que nadie, nunca, se percatara de ello. Sin que nadie se extrañase porque camareros o fulanos en el paro estuviesen, al cabo de pocos años, conduciendo cochazos de quince kilos y construyéndose casas de película entre campos de golf. Sin que a ninguno de tantos miles de ciudadanos honrados y honorables le pusiera la mosca tras la oreja el hecho probado de que, en cualquier ayuntamiento español, la concejalía de Cultura te cae sin que la pidas, mientras que por la de Urbanismo, que es donde se mueve la mortadela, hay bofetadas y navajazos sin piedad.

Vayan y pregúntenles. Me refiero a ellos, a los ciudadanos ejemplares que ahora mueven la cabeza y dicen hay que ver. Asombra lo poco que advertían el estado real de las cosas. Lo despistados que andaban con su buena fe entre tanto hijo de puta de ambos sexos. Me recuerdan, salvando las distancias —que en el fondo tampoco son muchas—, a todos esos buenos ciudadanos alemanes que, después de haber sacudido cada mañana, durante años, la ceniza de la ropa que tenían colgada a secar en el balcón, pusieron ojos como platos al enterarse, perdida la guerra, de que en las afueras de su puto pueblo había hornos crematorios. Me recuerdan también —salvando igualmente las distancias, faltaría más— a todos esos buenos ciudadanos vascos y vascas que después de tantos años tomándose los chiquitos a gusto, paseando el domingo con la familia y murmurando «algo habrá hecho» cuando se cruzaban con un fiambre o con alguien que hacía las maletas, mueven ahora la cabeza comentando «ya decía yo que las cosas terminarían arreglándose solas». Me recuerdan, en resumen, a toda esa buena y honrada gente que, como don Tancredo, nunca se entera de nada, nunca mueve un músculo, hasta que pasa el toro. Y luego, por supuesto, se indigna un huevo. Faltaría más. O se es persona o no se es.

Pero es que, como digo, ellos no sabían nada. En un país de golfos donde quienes mandan de verdad no son los políticos —que ya sería una desgracia por sí misma—, sino los capitostes de la mafia del ladrillo con sus políticos a sueldo, todo cristo estaba en lo alto de un guindo. Y sigue estando, claro. De los escándalos ya conocidos o los cientos por conocer, nunca supo ni sabe nada el vendedor de coches de lujo que se frota las manos cada vez que don Fulano o don Mengano —antes del pelotazo, Fulanillo y Menganillo a secas— se dejan caer por el concesionario con los bolsillos abultados de fajos de billetes de quinientos euros, de esos que las autoridades económicas acaban de saber —los ciudadanos normales lo sabíamos desde hace mucho— que uno de cada cuatro, o más, circulan en España. No sabe nada el honrado comerciante que les vende los televisores y el deuvedé, ni el que les amuebla la casa, ni el que les instala los cuartos de baño con grifería de oro. No sabe nada el del vivero que les pone el césped, ni el tendero que les vende el caviar, ni quien consigue que, gracias a tal o cual favor o sumisión, su hijo, su cuñado o su nuera consigan curro en tal o cual sitio. Tampoco sabe nada el notario que se ocupa de sus contratos, ni el dueño del restaurante en cuyo reservado, a setecientos euros cada botella de gran reserva, se reúnen a comer con los socios y los amigos para recalificar esto o aquello. No sabe nada el empleado de la agencia que prepara los billetes para el safari, ni el del hotel que dispone la suite de costumbre. No saben nada el electricista, ni el fontanero, ni el panadero, ni la florista, ni el del quiosco que les vende el *Marca,* ni yo, ni usted, ni el vecino. Nada, oigan. En absoluto. Ninguno sabemos una puñetera mierda. Todos somos asquerosamente inocentes.

Despídanse del fuagrás

Si a usted le gusta el foie-gras —fuagrás para los amigos—, ya puede irse dando por jodido. Le aconsejo que, si tiene con qué pagarlo, se ponga hasta las trancas del producto, porque dentro de poco no podrá ni olerlo. En Chicago acaban de prohibirlo, gracias a un movimiento de defensa animal que aprieta mucho en Estados Unidos para que ese producto desaparezca de restaurantes y tiendas, bajo el argumento de que los grasientos y deliciosos hígados de patos, ocas y gansos se obtienen mediante el cruel engorde artificial de esos animales. El hecho es indiscutible, por otra parte. Cualquiera que sepa cómo se trinca por el gaznate a los bichos correspondientes y se les ceba, ahora además mediante cadenas de alimentación y procedimientos mecánicos, comprende que las pobres aves viven un mal rato. O un mal trago. Lo que pasa es que luego uno se sienta con una botella de vino, un bloque de foie-gras y unas tostadas, y qué quieren que les diga. Váyase una cosa por la otra. A fin de cuentas, nadie les dijo a los patos, ocas y gansos que la vida no fuese un valle de lágrimas. Aquí cada uno carga su cruz.

De todas formas, se me ocurre que, antes que el foie-gras, lo que deberían prohibir en Chicago es fabricar automóviles que alcancen los doscientos cincuenta kilómetros por hora, por ejemplo. O que se incumpla el protocolo internacional contra la contaminación industrial. O que se cebe con bazofia a las pequeñas morsas bípedas que entran temblándoles las grasas en los restaurantes de comida basura. Aparte que, puestos a argumentar, tampoco los pollos, ni las terneras, ni los conejos, ni los cerdos de granja llevan una vida como para tirar cohetes. Como dicen en Mursia: o semos, o no semos. Pero en fin. A mí, la verdad, que prohíban el foie-gras en Chicago, en los Estados Unidos o en donde viva la progenitora B de los prohibidores, me importa un carajillo de anís del Mono. Allá cada cual con lo que come y lo que cría. Lo que pasa es que, en un mundo donde gracias a Internet, y a la tele, y a la globalización, está científicamente probado que la soplapollez no conoce límites, tengo la certeza absoluta de que, muy pronto, graves voces se alzarán aquí argumentando que, atención, pregunta, cómo si los gringos prohíben el asunto, Europa tiene la poca vergüenza de permitir esa lacra gastronómica y social. Hasta creo que hay alguna organización que ya se dedica a eso: Higadillos de Ave Sin Fronteras, se llama. O algo así. No sea que otras materias nos hagan perder de vista lo importante: el foie-gras. Resulta intolerable eso del foie-gras. Lo de Iraq y lo del foie-gras es la hostia.

Y en España, no les digo. Tiemble después de haber reído. Aquí no hay Gobierno, ni ministro o ministra del ramo o la rama correspondiente, capaz de resistirse a las rentas y delicias de una buena, bonita y barata campaña de demagogia. Imagínense, dirán los estrategas de la cosa. Otra minoría feliz que llevarse a la urna por cuatro duros, con dos discursos y una ley. Imagino que a estas alturas ya andarán relamiéndose con la perspectiva de esos titulares de periódicos, de esos telediarios, de esas fotos y declaraciones. Siempre y cuando, claro, no madrugue la oposición, y el portavoz Acebes, para que esta vez no se lo pisen como lo del fumeteo, salga argumentando que ellos lo vieron antes, con el hígado de la gaviota del Pepé. Rediós. Ya imagino a esos portavoces y portavozas del Gobierno, a esos titulares y titularas de Agricultura, manifestando con firmeza que tolerancia cero respecto al hígado de los patos. Y cada autonomía, a ver quién llega antes. Lo que ya no sé es cuánto tardaremos. Depende de nuestra fina clase política, de nuestra confederación de naciones nacionales y todo eso; pero les aseguro que, en cuanto se tercie, nos despediremos del foie-gras, tan fijo como yo de mis abuelas. El asunto, además, dará mucha vidilla política. Esos debates sobre foie-gras en el Parlamento. Esos ciudadanos preguntándose unos a otros por la calle, ansiosos, qué pasa con las ocas y los gansos. Ese Gaspar Llamazares —adalid permanente de lo obvio y lo facilón— y esa Izquierda Unida Verde Manzana de Barrio Sésamo apuntándose, cómo no, a la causa avícola. Y así, después de tener a cincuenta millones de gilipollas durante unos cuantos meses pendientes del hígado de los patos, luego podremos seguir con el rabo de toro, con el lacón gallego, con el jamón ibérico, con la torteta de Huesca, con el conejo al ajillo y con la zorra que nos parió.

Sobre gallegos y diccionarios

Resulta que el Bloque Nacionalista Gallego presentó una proposición, de las llamadas no de ley, para que el Gobierno inste a la Real Academia Española a eliminar del diccionario dos significados percibidos como insultantes. En la quinta y sexta acepciones de la palabra *gallego,* una con marca de Costa Rica y otra de El Salvador, se precisa que ese gentilicio es utilizado allí con el significado de *tonto (falto de entendimiento o de razón)* y de *tartamudo.* Y como el partido político gallego estima que eso es un oprobio para Galicia, quiere que se obligue a la RAE a retirarlo. Esto demuestra que nadie en el Benegá reflexiona sobre la misión de los diccionarios. Descuido, diríamos. O quizá no es que no reflexionen, sino que no saben. Ignorancia, sería entonces la palabra. Aunque tal vez sepan, pero no les importe, o no entiendan. Se trataría, en tal caso, de demagogia y torpeza. Y cuando descuido, ignorancia, demagogia y torpeza se combinan en política, sucede que en ésta, como en la cárcel del pobre don Miguel de Cervantes, toda imbecilidad tiene su asiento.

Al hacerse a sí misma y evolucionar durante siglos, cualquier lengua maneja valoraciones —a menudo simples prejuicios— compartidas por amplios grupos sociales. Eso incluye, por acumulación histórica, el sentido despectivo de ciertas palabras, habitual en todas las lenguas y presente en diccionarios que recogen el significado que esas palabras tienen en el mundo real. Por ello es tan importante el DRAE: porque se trata del instrumento de consulta —imperfecto como toda obra en evolución y revisión constantes— que mantiene común, comprensible, el español para cuatrocientos millones de hispanohablantes. Quienes acuden a él buscan una guía viva de la lengua española en cualquier lugar donde ésta se hable. Refiriéndonos a *gallego,* si el DRAE escamoteara uno de sus usos habituales —por muy perverso que éste sea—, el diccionario no cumpliría la función para la que fue creado. Sería menos universal y más imperfecto. El prestigio de que goza el DRAE en el mundo hispánico no es capricho de un grupo de académicos que se reúnen los jueves. Veintidós academias hermanas lo mejoran y enriquecen con propuestas y debates —a veces enconados y apasionantes—, a lo que se añaden millones de consultas y sugerencias recibidas por Internet. En el caso de *gallego,* esas dos acepciones vinieron de las academias costarricense y salvadoreña. Y no podía ser de otro modo, pues el diccionario, al ser panhispánico, está obligado a dejar constancia de los usos generales, tanto españoles como americanos. Ni crea la lengua, ni puede ocultar la realidad que la lengua representa. Y desde luego, no está concebido para manipularla según los intereses políticos o socialmente correctos del momento, aunque ciertos partidos o colectivos se empeñen en ello. El DRAE realiza un esfuerzo constante por detectar y corregir las definiciones que, por razones históricas o de prejuicios sociales, resultan inútilmente ofensivas. Pero no puede borrar de un plumazo la memoria y la vida de las palabras. Retorcerlas fuera de sentido o de lógica, eliminar *merienda de negros, gitanear, hacer el indio, judiada, punto filipino, mal francés, andaluzada, moro, charnego,* etcétera, satisfaría a mucha gente de buena fe y a varios notorios cantamañanas; pero privaría de sentido a usos que, desde Cervantes hasta hoy, forman parte de nuestras herramientas léxicas habituales, por desafortunadas que sean. Por supuesto, el día que dejen de utilizarse, la RAE tendrá sumo placer, no en borrarlas del diccionario —los textos que las incluyen seguirán existiendo—, sino en añadirles la feliz abreviatura *Desus.*: Desusado.

Una última precisión. Con leyes o sin ellas, el Gobierno español no tiene autoridad para cambiar ni una letra del DRAE. La Academia es una institución independiente, no sometida a la demagogia barata y la desvergüenza de los políticos de turno. Eso quedó demostrado —creo que ya lo mencioné alguna vez— cuando se negó a acatar el decreto franquista de privar de sus plazas a los académicos republicanos en el exilio, manteniéndolas hasta que sus titulares fallecieron o regresaron, muchos años después. Y aunque el dictador, como venganza, dejó a la institución en la miseria, retirándole toda ayuda económica, la RAE —incluso con académicos franquistas dentro— no se doblegó nunca. Así que ya puede calcular el Bloque Nacionalista Gallego lo que afecta a la Real Academia Española su proposición al Gobierno.

Los calamares del niño

Hay criaturas por las que no lloraré cuando suenen las trompetas del Juicio. Niños que anuncian desde muy temprano lo que serán de mayores. A veces uno está paseando, o sentado en una terraza, y los ve pasar apuntando en agraz maneras inequívocas. Adivinados en ellos la inevitable maruja de sobremesa televisiva —ayer vi reconciliarse a dos hermanas en directo y eché literalmente la pota— o la viril mala bestia correspondiente. Dirán ustedes que ellos no tienen la culpa, etcétera. Que los padres, la sociedad y todo eso los malean, y tal. Pero qué quieren que diga. En cuestiones de culpa, denle tiempo a un niño y también él tendrá su cuota propia, como la tenemos todos. Sólo es cuestión de plazos. De que se cumplan los pasos y rituales que se tienen que cumplir.

El zagal que veo en el restaurante tiene nueve o diez años, que ya va siendo edad, y se parece al padre, sentado a su vera: moreno, grandote y vulgar de modos y maneras. La madre pertenece al mismo registro. Todos visten ropa cara, por cierto. Colorida y vistosa. Sobre todo la madre: una especie de Raquel Mosquera vestida de Paulina Rubio y con toquecitos de Belén Esteban en el maquillaje y en la parla. La familia ocupa una mesa contigua a la mía, junto al gran ventanal de un restaurante popular de Calpe, situado junto al puerto. Y al niño acaban de traerle calamares a la romana. De no ser porque su cháchara maleducada, chillona e interminable, a la que asisto impotente desde hace veinte minutos, ya me tiene sobre aviso, la manera en que ahora maneja el tenedor me dejaría boquiabierto. El pequeño cabrón —nueve o diez años, insisto— agarra el cubierto al revés, con toda la mano cerrada, y clava los calamares a golpes sonoros sobre el plato, como si los apuñalara. Observo discretamente al padre: mastica impasible, bovino, observando satisfecho el buen apetito de su hijo. Luego observo a la madre: tiene la nariz hundida en el plato, perdida en sus pensamientos. Tampoco sería difícil, me digo, con la edad que tiene ya su puto vástago, enseñarle a manejar cuchara, cuchillo y tenedor. Pero, tras un vistazo detenido al careto del progenitor, comprendo que, para hacer que un hijo maneje correctamente los cubiertos, primero es necesario creer en la necesidad de manejar correctamente los cubiertos. Y por la expresión cenutria del fulano, por su manera de estar, de mirar alrededor y de dirigirse a su mujer cuando le habla, tal afán no debe de hallarse entre las prioridades urgentes de su vida. En cuanto a la madre, cómo maneje el crío los cubiertos, o cómo los manejen el padre o el vecino de la mesa de al lado, parece importarle literalmente un huevo.

Tras un eructo infantil jaleado con suma hilaridad por el conjunto familiar —después de reír, eso sí, el papi parece amonestarlo en voz baja, a lo que la criatura responde sacando la lengua y poniendo ojos bizcos— llega la paella. Y, tras deleitar al respetable con el uso del tenedor, el indeseable enano exhibe ahora su virtuosismo en el manejo de la cuchara agarrada con toda la mano exactamente junto a la cazoleta, alternando la cosa con tragos sonoros del vaso de cocacola sujeto con ambas manos y vuelto a dejar sobre la mesa con los correspondientes granos de arroz adheridos al vidrio. Tan maleducado, tan grosero como el padre y la madre que lo parieron. Y así continúa el dulce infante, a lo suyo, camino de los postres, en esa deliciosa escena española de fin de semana, una familia más, media, entrañable, con su hipoteca, y su tele, y su coche aparcado en la puerta, como todo el mundo. Y yo, que gracias a Dios he terminado, pido mi cuenta, la pago y me levanto mientras pienso que ojalá caiga un rayo y los parta a los tres, y les socarre la paella. Y ustedes dirán: vaya con el gruñón del Reverte, a ver qué le importará a él que el niño se coma los calamares así o asá, peazo malaje. A él qué le va ni le viene. Pero es que no estoy pensando en la paella, ni en el restaurante, ni en los golpes del tenedor sobre los calamares. Aunque también. Lo que pienso, lo que me temo, es que dentro de unos años ese pequeño hijo de puta será funcionario de Ayuntamiento, o guardia civil de Tráfico, o general del Ejército, o empleado de El Corte Inglés, o juez, o fontanero, o político, o ministro de Cultura, o redactor del estatuto de la nación murciana; y con las mismas maneras con las que ahora se comporta en la mesa, cuando yo caiga en sus manos me va a joder vivo. Por eso hoy me cisco en sus muertos más frescos. ¿Comprenden? En defensa propia.

Parejas bonaerenses

El gesto de ternura es natural, sereno. Una mano acariciando la del otro casi con descuido. No furtiva, sino discreta. Los miro con atención y agrado. Es bueno que la gente se quiera, me digo. Son dos treintañeros correctísimos, el aire educado. Uno de ellos —el que acaricia la mano del otro—, muy bien parecido. Visten ropa deportiva pero buena, con un puntito de clase. El cabello lo llevan muy corto. Sobre la mesa, junto a los cafés y las medias lunas, hay un libro cuyo título no alcanzo a distinguir y una guía turística de la ciudad. Hablan bajo, en francés, y observan a la gente que pasea por la Recoleta, entre el café La Biela y la terraza. Es la segunda pareja de homosexuales que veo esta mañana, y la duodécima, o así, en los cinco días que llevo en Buenos Aires. Los he visto paseando por San Telmo, sentados en una taberna de la Boca, siguiendo admirados y atentos, en un local nocturno de Florida, las evoluciones de los tanguistas sobre el escenario. Gente mesurada, observo. Sin estridencias. Y eso me gusta. Una mariquita escandalosa incomoda tanto como un macho brutal y cervecero dando voces en la barra de un bar. Cosa de gustos. Se lo hago notar a Fernando Estévez, mi editor local y mi amigo desde hace diez años. Os estáis homosexualizando mucho por aquí, chaval, le digo. Aunque en plan bien. Cada año veo más parejas así. Gente agradable y guapa. O quizá guapa de puro agradable.

Fernando, que es heterosexual y bellísima persona, me mira inquieto, sin comprender. Por fin observa a la pareja, me ve sonreír, y sonríe a su vez, bonachón. Es lindo verlos así, tranquilos, ¿no?, dice. Le respondo que sí, que es lindo y tranquilizador. Además, de ese modo se despejan un poco las calles de Venecia, añado. Que ya están muy concurridas. Así que celebro que también aquí se apechugue con el asunto. Entonces Fernando me cuenta lo que sabe, poniéndome al día. En los últimos tiempos, Buenos Aires, esta ciudad bella y asombrosa —eso sí, a doce malditas horas de avión de Madrid—, se ha convertido en destino grato para parejas homosexuales con poder adquisitivo razonable. La guía *GayBA 2006* señala centenar y medio de lugares amistosos, incluidos restaurantes, bares, salas de baile, milongas y una emisora de radio. También acaba de salir *Guapo,* una revista con ambiciones —en Argentina, la palabra *guapo* todavía define al bien plantado, animoso y valiente—, y aunque aquí no hay un barrio gay concreto como en Nueva York, París o Madrid, está prevista la construcción de un hotel de cinco estrellas especializado —el grupo es español, por cierto— en San Telmo, barrio popular lleno de tradición y vinculadísimo al tango: baile que, por historia y por estética, fue siempre uno de los grandes mitos del público homosexual. Además, ésta es una ciudad de precios adecuados para los visitantes, con oferta cultural abrumadora —librerías, bibliotecas, exposiciones, música, museos— y una vida nocturna llena de posibilidades y entretenimiento. Sin contar el hecho incuestionable de que en ningún lugar de América se ven tantos hombres y mujeres atractivos por metro cuadrado, y de que los argentinos son buena gente, parlanchines, amables y hospitalarios, excepto —ni siquiera los porteños son perfectos— cuando hablan de fútbol o de política. Por eso el número de turistas homosexuales en Buenos Aires se ha triplicado, dicen, en los últimos años; y ahora supone el veinte por ciento del turismo total. En su mayor parte son norteamericanos y europeos. ¿Y las mujeres?, pregunto.

¿Qué hay de ellas? Fernando encoge los hombros. También vienen mucho, responde; pero ésas arrastran más complejos que los hombres. Procuran pasar inadvertidas, quizá porque todavía les cuesta mostrar su homosexualidad. El machismo social, o el temor a éste, hacen que a dos señoras se les haga más cuesta arriba pedir, en un hotel, una cama de matrimonio. ¿Comprendes? Aunque todo se andará.

Mientras Fernando Estévez me cuenta todo eso, sigo observando a los dos hombres sentados en la mesa cercana. Al fin, cuando uno de ellos me mira, le sostengo la mirada porque no parezca rechazo descortés, y al cabo de un instante la aparto, para que tampoco piense —cada cual tiene sus opciones— que tocamos la misma tecla. Y me gustaría poder decirle de algún modo que, pese a todo, está bien. Que me alegra infinito que él y su compañero estén hoy aquí, juntos, serenos y afortunados. Haciendo, en la parte que les toca, más hermosa esta mañana de sol en la querida Buenos Aires.

La boquita del senador

Si algo me fascina de los políticos españoles es su capacidad de rizar el rizo con tal de no bajarse de los carteles. Y la verdad es que algunos domingos me dan esta página hecha. Hoy se la debo al senador del PNV Javier Maqueda, quien opina, literalmente, que *«el que no se sienta nacionalista ni quiera de lo suyo no tiene derecho a vivir».* Sí. Eso fue lo que el senador —que viene del latín *senatus,* senado, consejo de ancianos sabios y venerables— largó hace unos días, durante un acto al que estaba invitado en Mallorca; donde, por cierto, se le jaleó la ocurrencia con aplausos. Faltaría más. En España los aplausos van de oficio. Es, salvando las distancias mínimas, como en los programas bazofia de la tele, donde eructa cualquier pedorra, y el cuerpo de marujas de guardia rompe aguas en aplausos entusiastas, que para eso están allí. Para aplaudir lo que le echen y decir te queremos, bonita.

Con lo del senador, sin embargo, albergo un par de dudas. Lo de nacionalista es un concepto complejo, pues abarca demasiadas cosas. Todos somos nacionalistas de algo: la lengua, la memoria, la cultura, la infancia. El fútbol. Pero creo que el senador Maqueda hablaba de otro nacionalismo: el que se envuelve en la bandera local, el exclusivo y excluyente, el de nosotros y ellos. El patológico. El que manipula instintos y sentimientos para conseguir perversa rentabilidad política. Y por ahí, no. En ese sentido, algunos no nos sentimos nacionalistas en absoluto. A mí, sin ir más lejos, no se me saltan las lágrimas cuando oigo una minera en La Unión, ni cuando veo saltar un salmonete en la punta de

Cabo Palos, ni cuando le cantan —lo siento, paisanos, pero ya no— la salve a la Virgen el Lunes Santo por la noche. He visto demasiadas veces cómo lo noble, lo legítimo, termina en manos de gente como el senador Maqueda. Si alguna vez aflojo, será por otras cosas. Por mi infancia perdida, tal vez, y por las sombras entrañables que la acompañan. No porque me emocione el cantón nacional de Cartagena o su independencia de la mardita y opresora Mursia. Por ejemplo.

Aclarado, pues, que me incluyo en las palabras del senador Maqueda, quisiera que un experto en nacionalismos y en derecho a la vida, como él, aclare un par de cosas. Imaginemos que decido establecerme en Bilbao para pasear por el Guggenheim cada mañana; o en Barcelona, por ir de noche a la calle Tallers y calzarme un martini seco en Boadas; o en Cádiz, puntal indiscutible de la nación andaluza, para ponerme de urta a la sal en El Faro, un día sí y otro no, hasta las trancas. Supongamos, como digo, que opto por alguna de esas alternativas, sin sentir, respecto a Bilbao, Barcelona o Cádiz, más cosquilleo nacionalista que el que proviene de la atenta lectura de los libros de Historia, el aprecio por su gente, y la certeza de compartir una memoria colectiva en la compleja y mestiza plaza pública —llamada Hispania por los mismos que inventaron la institución de la que trinca el senador Maqueda— donde, unas veces por suerte y otras por desgracia, el azar puso a mis antepasados. Entre los que lamento, por cierto, no figuren unos cuantos jacobinos guillotinadores con un «todos los ciudadanos son iguales ante la ley» bajo el brazo y con las cabezas de Carlos IV y Fernando VII metidas en un cesto. A lo mejor no estaríamos hablando de estas gilipolleces.

Y ahora, las preguntas. ¿Cómo se articularía, a juicio del senador Maqueda, mi falta de derecho a vivir? ¿Mediante la prohibición, tal vez, de establecerme donde vivan nacionalistas? ¿Quemándome la ferretería si decidiera hacerme ferretero? ¿Pegándome un tiro en la nuca?... Como ven, las posibilidades que abre la afirmación senatorial son curiosas. Y pueden aderezarse, además, con matices interesantes. ¿Echar la pota —por ejemplo— cada vez que oigo a un cateto cantamañanas manipular la Historia y mi inteligencia haciendo comparaciones con Irlanda o con Montenegro, es un tic franquista? ¿Saber, como sé, porque viajo y leo libros, que no hay nada más conservador, inculto y reaccionario que un nacionalista radical, me hace acreedor al epíteto de fascista?... Y ya puestos a preguntar, ¿se ocuparía, llegado el caso, el senador Maqueda de explicarme personalmente mi derecho a vivir? ¿Él y cuántos más? ¿Vendrían de día, o vendrían de noche? ¿Vendrían juntos a explicármelo, o vendrían de uno en uno?... Porque me parece que el senador Maqueda está mal informado. No todos somos Ana Frank.

Un héroe de nuestro tiempo

Ahí sigue, el tío. Aún no se ha vuelto un mercenario de la tiza, de esos que entran en el aula como quien ficha donde ni le va ni le viene. Tal vez porque todavía es joven, o porque es optimista, o porque tuvo un profesor que alentó su amor por las letras y la Historia, cree que siempre hay justos que merecen salvarse aunque llueva pedrisco rojo sobre Sodoma. Por eso cada día, pese a todo, sigue vistiéndose para ir a sus clases de Geografía e Historia en el instituto con la misma decisión con la que sus admirados héroes, los que descubrió en los libros entre versos de la *Ilíada,* se ponían la broncínea loriga y el tremolante casco, antes de pelear por una mujer o por una ciudad bajo las murallas de Troya. Dicho en tres palabras: todavía tiene fe.

Aún no ha llegado a despreciarlos. Sabe que la mayor parte son buenos chicos, con ganas de agradar y de jugar. Tienen unas faltas de ortografía y una pobreza de expresión oral y escrita estremecedoras, y también una escalofriante falta de educación familiar. Sin embargo, merecen que se luche por ellos. Está seguro de eso, aunque algunos sean bárbaros rematados, aunque los padres hayan perdido todo respeto a los profesores, a sus hijos y a sí mismos. «Voy a tener que plantearme quitarle de su habitación la play-station y la tele», le comentaba una madre hace pocas semanas. Dispuesta, al fin, tras decirle por enésima vez que lo de su hijo estaba en un callejón sin salida, a *plantearse* el asunto. La buena señora. Preocupada por su niño, claro. Desasosegada, incluso. Faltaría más. La ejemplar ciudadana.

Pero, como digo, no los desprecia. Lo conmueven todavía sus expresiones cada vez que les explica algo y comprenden, y se dan con el codo unos a otros, y piden a los alborotadores que dejen al profesor acabar lo que está contando. Lo hacen estremecerse de júbilo las miradas de inteligencia que cambian entre ellos cuando algo, un hecho, un personaje, llama de veras su atención. Entonces se vuelven lo que son todavía: maravillosamente apasionados, generosos, ávidos de saber y de transmitir lo que saben a los demás.

En ocasiones, claro, se le cae el alma a los pies. El «a ver qué hacemos todo el día con él en casa» como única reacción de unos padres ante la expulsión de su hijo por vandalismo. Por suerte, a él nunca se le ha encarado un chico, ni amenazado con darle un par de hostias; ni se las han dado, el alumno o los padres, como a otros compañeros. Tampoco ha leído todavía el texto de la nueva ley de Educación, pero tiene la certeza de que los alumnos que no abran un libro seguirán siendo tratados exactamente igual que los que se esfuercen, a fin de que las ministras correspondientes, o quien se tercie, puedan afirmar imperturbables que lo del informe Pisa no tiene importancia, y que pese a los alarmistas y a los agoreros, los escolares españoles saben hacer perfectamente la O con un canuto. Mucho mejor, incluso, que los desgraciados de Portugal y Grecia, que están todavía peor. Etcétera.

Y sin embargo, cuando siente la tentación de presentarse en el ministerio o en la consejería correspondiente con una escopeta y una caja de postas —«Hola, buenas, aquí les traigo una reforma educativa del calibre doce»—, se consuela pensando en lo que sí consigue. Y entonces recuerda la expresión de sus alumnos cuando les explica cómo Howard Carter entró, emocionado, con una vela en la cámara funeraria de la tumba de Tutankhamon; o cómo unos valientes monjes robaron a los chinos el secreto de la seda; o cómo vendieron caras sus vidas los trescientos espartanos de las Termópilas, fieles a su patria y a sus leyes; o cómo un impresor alemán y un juego de letras móviles cambiaron la historia de la Humanidad; o cómo unos baturros testarudos, con una bota de vino y una guitarra, tuvieron en jaque a las puertas de su ciudad, peleando casa por casa, al más grande e inmortal ejército que se paseó por el suelo de Europa. Y así, después de contarles todo eso, de hacer que lo relacionen con las películas que han visto, la música que escuchan y la televisión que ven, considera una victoria cada vez que los oye discutir entre ellos, desarrollar ideas, situaciones que él, con paciente habilidad, como un cazador antiguo que arme su trampa con astucia infinita, ha ido disponiendo a su paso. Entonces se siente bien, orgulloso de su trabajo y de sus alumnos, y se mira en el espejo por la noche, al lavarse los dientes, pensando que tal vez merezca la pena.

Los torpedos del almirante

El almirante José Ignacio González-Aller, Sisiño para los amigos, es un marino atípico porque tiene un fuerte ramalazo —en el buen sentido de la palabra— de militar ilustrado como los de antes: aquellos que a veces se sentaban en las academias científicas, o de la Lengua y la Historia. Quiero decir que es un marino leído. Me recuerda a algunos antiguos colegas suyos, capaces de hacer compatible el amor a la patria con leer libros. De vez en cuando, y quizá por eso mismo, se pronunciaban por aquí y por allá, no para poner a la gente a marcar el paso —ése era un registro diferente, el de los espadones iletrados y malas bestias—, sino para hacer a sus conciudadanos más cultos y libres, obligando a Reyes infames a jurar y respetar constituciones. Por lo general, esos mílites optimistas vieron pagados su cultura y su patriotismo con el exilio en Francia o Inglaterra, donde hubo espacio y tiempo para reflexionar, entre nieblas, sobre la ingrata índole de esta madrastra, más que madre, llamada España. De ellos hay uno que al almirante y a mí nos parece entrañable, pues encarna como pocos la tragedia nacional: Cayetano Valdés, comandante del navío *Pelayo* en la batalla de San Vicente y del *Neptuno* en la de Trafalgar, quien, reinando ese puerco con patillas que fue nuestro rey don Fernando VII, conoció la prisión en España y el exilio en Londres por mantenerse fiel a la constitución de 1812.

Pero ésa es otra historia, y de quien quiero hablarles es de mi amigo el almirante González-Aller. Le adeudo, como lector, su magnífica recopilación de la correspondencia de Felipe II sobre la empresa de Inglaterra, en los cinco tomos de la obra —todavía inacabada— *La batalla del Mar Océano;* y, por supuesto, la reciente, monumental e indispensable *Campaña de Trafalgar:* dos grandes volúmenes con todos los documentos españoles sobre el desastre naval de 1805. Pero mi deuda afectiva es aún mayor, y data de cuando hace nueve años lo conocí como director del Museo Naval de Madrid, por donde yo husmeaba a la caza de cartas náuticas, tesoros hundidos y rubias a las que contarles las pecas hasta el Finisterre. Su delicadeza y su hombría de bien me sedujeron en el acto, y desde entonces le guardo un aprecio especial y un respeto fraguados en largas conversaciones, mantenidas sobre todo en torno a ese corte de la línea por dos puntos frente al cabo Trafalgar, el 21 de octubre de 1805. Muchas veces discutimos juntos aquel combate, en público y en privado, reproduciendo los movimientos sobre una mesa, sobre el suelo, en una pared o en la imaginación. Y siempre me conmovieron la profunda ciencia, la lucidez, la objetividad y el melancólico patriotismo, rozando la emoción, del buen almirante a la hora de recordar a los enemigos y a los amigos: a sus compañeros de antaño, peleando con el valor de la desesperanza, por su honor y sus conciencias.

Les estoy hablando de un abuelete —él no me perdonará el epíteto— sabio y un hombre de bien, respetado por los antiguos enemigos, los eruditos ingleses y franceses que se honran con su opinión y con su trato. Un hombre dedicado al estudio y la memoria, a quien los jóvenes marinos, como cualquier aficionado a la historia naval de este país desmemoriado, deberían acudir en peregrinaje, con los oídos y la inteligencia atentos. Y si por suerte ganan su confianza y consiguen llevarlo al portalón de los recuerdos personales, descubrirán que, tras esa ternura y bonhomía, late también otro hombre distinto —aunque tal vez se trate del mismo— que brota a ráfagas peligrosas como relámpagos: el capitán de corbeta frío y eficaz que, hace treinta años, en plena Marcha Verde, al mando del submarino S-34 *Cosme García,* en navegación silenciosa frente a los puertos de Agadir y Casablanca, con diez torpedos a proa y un ojo pegado al periscopio, aguardó durante dos semanas al acecho, sumergido y emergiendo con cautela cada noche, la ocasión de echar a pique cualquier buque de guerra enemigo que se le pusiera a tiro. Y cuando lo hago recordar aquello —me encanta provocarlo, pues cuenta las cosas como nadie—, veo que se enciende una llama de excitación y de nostalgia en sus ojos, y le tiembla la voz, y se yergue como el joven oficial que fue en otro tiempo. La última vez, durante un pequeño homenaje que le hicimos varios amigos ante un cocido de Lhardy, concluyó con un puñetazo sobre la mesa. «¡Éramos marinos de guerra!», exclamó. «¡Y a mucha honra!»

Bruselas, tengo un problema

Tengo un problema. Viajo, salgo al extranjero. En aeropuertos y hoteles debo mostrar mi documento de identidad. *España,* pone de momento. Eso significa que cuando un recepcionista de hotel francés, una editora alemana o un periodista norteamericano me miran el careto, están viendo a un español. Y lo que es más grave: *creen que están viendo a un español.* A uno de los de ahora, ojo. El matiz es importante. Hace veinte años ibas por ahí y la gente pensaba: anda, mira, uno de allá. De un país normal, como todos, con su política, su economía, sus cosas. Un ciudadano europeo, y punto. Así caminabas por la vida sin complejos, pidiendo un café en Viena, un vino en París o una cerveza en Londres sin que se te cayera la cara de vergüenza. Y era un alivio que al fin fuera de ese modo, porque algunos nos habíamos echado la mochila al hombro cuando todavía, al conocer tu nacionalidad, la gente preguntaba qué tal nos iba a los españoles con Franco. Era de lo más incómodo. Pero a finales de los setenta la cosa cambió. Ser español se miraba incluso con simpatía, por la transición política y demás. Pero hace tiempo que no. Quiero decir que ahora, otra vez, da vergüenza. La gente ya no te mira compasiva, como durante la dictadura, ni simpática, como luego. Ahora unos te miran confusos, no sabiendo a qué atenerse, y otros con recelo, como diciendo: aquí tenemos a otro de esos anormales.

Porque vaya manera de hacer el ridículo, la nuestra. Qué forma de exhibir el esperpento de nuestra estupidez. Si la basura nacional la guardásemos para uso interno, aún

sería soportable. Pero no. Hacemos bandera de ella, on-
deándola sin rubor en cualquier foro exterior que se tercie.
Ya me dirán ustedes con qué cara te paseas por el mundo
el mismo día en que ocho eurodiputados españoles proponen al Consejo de Europa, a estas alturas de la feria, que
declare el 18 de julio, aniversario del comienzo de una
guerra civil española de hace setenta años, día internacional
de denuncia del franquismo. O mientras aquí se aplaude
a un fulano del IRA que hace chascarrillos públicos sobre
las leyes españolas —¿imaginan a uno de Batasuna mofán-
dose de la Justicia británica en Inglaterra?—. O mientras
el director de un instituto público barcelonés boicotea, con
carta remitida a Bruselas, una campaña informativa del
Banco Central Europeo dirigida a los estudiantes, porque,
al ser traducido a las lenguas autonómicas españolas, el
folleto tiene una versión en catalán y otra en valenciano:
*«Greu error, contrari a tota evidència científica, com és con-
siderar que català i valencià són llengües diferents»*. Y todo
eso, mientras el Gobierno español deja atónito al Parlamento europeo intentando que las distintas lenguas oficiales de aquí se utilicen allí —cosa que hace maldita la falta
y cuesta una pasta—, pero sin garantizar que aquí el español se utilice donde se debe utilizar. Algo, por cierto, que
durante su largo manejo del poder tampoco garantizaron,
sino todo lo contrario, los ahora indignados pasteleros del
amigo Ansar y el Pepé.

Por eso ahí afuera cada vez saben menos a qué atenerse con nosotros. Pero qué quieren estos tíos, se preguntan los corresponsales extranjeros. De qué van. Y al ridículo contumaz que hacemos ante el resto de Europa, al triste
espectáculo de esta carrera de despropósitos suicidas, a la
demagogia, a la incultura y a la poca vergüenza de nuestra
clase política, añadimos el sainete de nuestra política exterior, la imperdonable incompetencia en cuestiones islámi-

cas y norteafricanas, las fuerzas armadas desarmadas humanitarias de género, el choteo soberano, justificadísimo a la vista de este carajal de naciones marca Acme, que se traen en Gibraltar. A ver qué puede esperarse de un país al que hasta el Gobierno senegalés se toma a pitorreo, dándole lecciones sobre derechos humanos. Que tiene huevos. Pero quién va a respetar lo que denigramos nosotros. En esta España corrupta, oportunista, que no es más insolidaria y miserable porque no puede, las únicas alternativas son la sonrisa abyecta cuando se es débil, o el exterminio despiadado del adversario cuando hay poder suficiente y ocasión para ello. Poniéndolo, de paso, todo al mejor postor: memoria, presente y futuro. Y, encima, tanta vileza y mala fe, tantas vergüenzas y miserias, las exportamos sin pudor, exhibiéndolas ante un mundo que se frota los ojos, asombrado. De ahí mi repugnancia a que, como español que tengo la desgracia de ser, me pongan en el mismo saco que a ese director de instituto barcelonés o a esos ocho eurogilipollas.

Rescate en la tormenta

Hay momentos en los que te preguntas si algunos países merecen otra cosa que lo que tienen. Me hacía pensar de nuevo en ello hace unos días mi amigo Ramón Boga, gallego de infantería y a mucha honra, vigués por más señas, para quien, como para mí, el mar es algo más que un sitio a cuya orilla tumbarse a tomar el sol en verano. Venía la cosa al hilo de la coincidencia, en el tiempo y en los medios informativos, de dos sucesos tratados de muy diferente modo: los prolegómenos del mundial de fútbol y el abandono por sus tripulantes del velero *Movistar* durante la regata Volvo Ocean Race; episodio dramático al que —lo digo con la satisfacción de escribir aquí— *XLSemanal* fue uno de los pocos medios españoles que prestó la atención adecuada, dedicándole portada y extenso reportaje.

No era para menos. En el mar del Norte, en plena borrasca, con una vía de agua y la quilla en malas condiciones, las bombas de achique trabajando, el *Movistar* navegaba desde hacía quince horas en conserva con otro velero, el *Abn Anro II;* que tras enterarse de la avería de su compañero se mantenía a la vista, navegando en paralelo, por si era necesario rescatar a la tripulación del barco español. El dramatismo de la situación se extremaba por un detalle terrible: el *Abn Anro II,* el velero auxiliador, acababa de perder a uno de sus tripulantes, arrebatado por un golpe de mar, y rescatado el cuerpo —pese a la dificultad de un rescate en esas condiciones— cuando ya estaba muerto. Y ese cuerpo se encontraba envuelto en un saco de dormir y trincado en la bodega. Imagínense, por tanto, el estado de ánimo de los tripulantes de ambos veleros, en la inmensa soledad del mar, cuando los faxes meteorológicos empezaron a dar las previsiones del tiempo para las siguientes veinticuatro horas: vientos de 40 nudos con picos de 50 y olas de 11 metros. Una tormenta que, sin ser perfecta, tendría su puntito.

Siguiente episodio: aprovechando que los dos veleros se encuentran en la relativa calma del ojo de la borrasca, el patrón del *Abn Anro II* da un ultimátum al *Movistar: «Tenemos que seguir camino. Saltad a bordo porque tendremos que alejarnos».* Y acto seguido, gobernado de manera impecablemente marinera, mientras el *Movistar* enciende su radiobaliza y queda a la deriva, el *Abn Anro II* ejecuta la maniobra de aproximación —háganse idea de lo que significa eso en condiciones difíciles y con mala mar—, hasta que los diez rescatados se encuentran a bordo. Y una vez allí, diecinueve marinos y un cadáver hacinados en un barco con capacidad para diez tripulantes, con el fax escupiendo partes meteorológicos que ponen los pelos de punta, el patrón del *Abn Anro II* les dice a los del *Movistar* que no se preocupen de las maniobras, que son invitados, que él y sus tripulantes gobernarán solos el barco cumpliendo con las reglas. Y así, finalmente, los del *Movistar* y el cadáver son recogidos más tarde por una lancha de rescate y llevados a tierra firme, el *Abn Anro II* llega a Portsmouth, finalizando la etapa, y el abandonado *Movistar* queda atrás, en la borrasca, sin que su radiobaliza emita ya señal alguna.

Y es aquí donde mi amigo me mira a los ojos y suelta unas cuantas preguntas: ¿Por qué, mientras esto ocurría, todos los telediarios de todas las cadenas españolas abrían con el mundial de fútbol y con la apasionante cuestión de si Raúl estaría con ganas o no? ¿Sabe este país con miles de kilómetros de costa lo que es un barco, con vela o sin ella? ¿Sabe qué es una tormenta con vientos de cin-

cuenta nudos? ¿Sabe que en el mar trabajan miles de pescadores y marinos españoles? ¿Sabe por qué singulares
mecanismos de solidaridad dos barcos navegan quince horas uno junto a otro, en pleno temporal? ¿Sabe qué siente
un marino despidiéndose de su barco desarbolado, a la
deriva o hundiéndose, antes de echarse al mar para —si
tiene suerte— ser rescatado? ¿Sabe qué hace al ver desaparecer a un compañero arrastrado por una ola? ¿Sabe qué
protocolos de emergencia se activan en tales casos? ¿Sabe
por qué un marino se estremece ante la idea de que su
barco pierda la orza? ¿Sabe lo grande y lo terrible que en
situaciones como ésa da de sí el corazón del ser humano?
Y una última pregunta, que esta vez hago yo: ¿De verdad
creen ustedes, y los que hacen los periódicos y los telediarios,
y la opinión pública de este país imbécil, que los valores y
enseñanzas extraíbles de cuanto acabo de contar son com-
parables a un mundial de fútbol?

Ventanas, vecinos y camiones en llamas

Tengo delante, junto al teclado del ordenata, dos noticias recortadas de los diarios. No era mi intención ponerlas juntas, pero el azar reparte sus propias cartas; y hoy, ordenando papeles, han aparecido una tras otra, combinándose solas. La primera se refiere a un clásico de nuestro tiempo: una mujer se resiste durante veinte minutos a un violador sin recibir ayuda. Lo de clásico no lo atribuyo a la violación, sino a los veinte minutos de indefensión en plena vía pública. Supongo que algunos de ustedes recuerdan el hecho, pese a que fue recogido por los diarios muy en pequeñito, a una mezquina media columna, como si el asunto tuviera poca chicha. Y lo de vía pública no es una frase hecha. El intento de violación fue clamoroso, en pleno casco urbano, bajo las ventanas de una calle donde los vecinos, asomados, presenciaron el ataque y escucharon los gritos de socorro de la mujer sin que ni uno solo de ellos bajase a ayudarla. Durante veinte minutos la mujer resistió a su agresor, peleando para no ser violada mientras pedía ayuda y el otro la molía a palos. Sólo al cabo de esos veinte minutos, tal vez porque los gritos no lo dejaban dormir a gusto, uno de los mirones decidió, al fin, llamar a la Guardia Civil. Y cuando los picoletos llegaron, la mujer seguía allí, sola con su agresor, luchando.

El honor de tener semejante vecindario corresponde a la localidad barcelonesa de Villafranca del Penedés; aunque, siendo ecuánimes, podemos aventurar que eso mismo podía haber ocurrido en cualquier otro lugar de España, y seguramente el comportamiento habría sido idéntico.

Tal como anda el fangal, con la Dura Lex sed Lex, Duralex, hecha un bebedero de patos, contaminada por políticos y golfos de todo pelaje y más atenta al cantamañanismo socialmente correcto que a las necesidades reales de la gente, nadie quiere complicarse la vida. Bajas a la calle, le sacudes un mal golpe al violeta —éste encima se llamaba Jalal, o sea, Noli Me Tangere—, y al final el malo sale libre en cuatro días y tú te buscas la ruina. Lo que pasa es que, en fin. Ningún bien nacido se plantea esa consideración, supongo, ante lo inmediato del hecho. Una mujer que pide socorro bajo tu ventana, contigo asomado, te busques la ruina o no te la busques, es lo que es. Y quien se queda sin hacer nada es un perfecto mierda, se mire por donde se mire. Así que en la calle correspondiente de Villafranca del Penedés —cómo lamento desconocer el nombre, pardiez— pueden repartirse el delicado adjetivo entre quienes corresponda. Que esa noche fueron unos cuantos.

El segundo recorte de prensa, sin embargo, toca otra tecla. Es algo así como cuando estás a punto de echar la pota —hay días en que este país con tanta rata resulta un vomitivo eficacísimo—, y de pronto algo templa tu estómago y tu corazón, reconciliándote con el género humano. Porque el recorte es de una foto en la que un hombre intenta socorrer a otro que le tiende los brazos. Ocurrió, como sin duda recuerdan, hace cosa de un mes, cerca de Madrid; cuando un joven montañero que volvía de la sierra se lanzó a socorrer a un camionero accidentado que al final, aunque fue rescatado, no sobrevivió. En realidad la foto es muy simple: entre las llamas de un camión volcado tras caer por un terraplén, un hombre valiente se juega la vida por ayudar a otro que gritaba «sacadme de aquí». La foto recoge el momento inmediato al abrazo de ambos, que tienden las manos el uno hacia el otro: el que está atrapado en la cabina humeante y rota del camión y el que se le acerca pese al fuego, intentando rescatarlo. Este último podía haberse mantenido al margen, como los vecinos de esa calle barcelonesa cuyo nombre siento no conocer. Podía haber permanecido apoyado de codos en el quitamiedos, como aquéllos en los alféizares de sus ventanas, contemplando el paisaje; o telefonear a la Guardia Civil diciendo que allí abajo se quemaba vivo un fulano, que espabilaran o iban a encontrarlo hecho un torrezno. Sin embargo, en vez de eso, saltó a la barranca y se jugó la vida. Ya he dicho que era un hombre valiente, virtud —*virtus* en el sentido romano y latino de la palabra— que, por alguna singular razón, en esta sociedad cobarde que nos fabrican los apóstoles de lo equilibrado, del yo no he sido, de lo cómodo y de lo razonable, se lleva poco. Y como a diferencia del nombre de la calle miserable de Villafranca del Penedés éste sí lo conozco, pues lo escribo: Vicente Sánchez, 27 años, sindicalista, de Usera. Y con dos cojones.

Ahora le toca a Manolete

Nunca conocí a Manolete. De toreros sólo he tratado a mi amigo Víctor Molina —serio, valiente y de Abarán—, y a Espartaco, bellísima persona con quien tuve el honor de compartir, hace años, viajes y conversaciones entre plaza y plaza, resultado de lo cual fue un texto publicado en esta misma revista: *Los toreros creen en Dios*. Páginas de las que, por cierto, estoy orgulloso; no por buenas o malas, sino porque me acercaron al corazón de un hombre cabal. En cuanto a Manolete, cuando yo nací ya estaba criando malvas; y cuanto sé de él, aparte viejos documentales, se lo debo a mi abuelo, que lo vio torear muchas veces. De él respeto sobre todo la estampa de matador, la cara ascética con una cicatriz, la figura flaca moviéndose en la arena con la fría gravedad que, a mi juicio, deben tener los grandes toreros. Creo que Manolete encarnó siempre la imagen perfecta y trágica de lo suyo, cuajada en el mito alentado por detalles gloriosos: la madre doña Angustias, la amante Lupe Sino, la muerte en Linares —esa copla de Rafael Farina todavía me pone los pelos de punta—, y el nombre del animal que lo mató, primer nombre de un toro que aprendí en mi vida: Islero.

Con esos antecedentes, que les cuento para situarlos, el otro día estaba ante la tele y apareció Manolete en un programa de marujeo de sobremesa. Y, preguntándome qué pintaba él en ese putiferio, subí el volumen para escuchar, estupefacto, cómo presentadores, invitados y voces en off ponían a parir al torero sin cortarse un pelo, con la mayor desenvoltura del mundo. Frotándome incrédulo los ojos, vi que salían imágenes de archivo y media docena de fulanos, alguno con el rótulo «aficionado a los toros» como sello de autoridad —gente que, por edad, no pudo conocer a Manolete ni de lejos—, afirmaban impávidos, mirando a la cámara sin pestañear, que era esto y lo otro. Tres palabras me dejaron seco: drogadicto, franquista, asesino. Y me pregunté, atónito, cómo se atrevían; quién permitía a esos tiñalpas desbarrar sin argumentos ni pruebas, y cómo era posible que un medio informativo, por mucha telebasura que traficase, acogiera tales infamias. Porque el texto en off también tenía lo suyo. Sin demostrar nunca nada, con insidiosos «se dice» y «se comenta», manipulando la historia del torero, la de la tauromaquia y la de España con una mezcla asombrosa de ignorancia, demagogia y mala fe, la información convertía a Manolete en puntal taurino del régimen franquista. Todo eso, sobre fotos suyas con gafas de sol y peinado hacia atrás con fijador; imagen que hoy corresponde al estereotipo iconográfico de cierta derecha, pero que en los años cuarenta —como sabe cualquiera que no sea imbécil— era la imagen elegante de cualquier varón español, europeo o hispanoamericano.

Aunque la cosa, como digo, no se detenía en el fijador y las gafas de sol. Según el redactor del texto y los presentadores del programa, Manolete abusaba de las drogas, «como todo el mundo sabe», y además era ojito derecho del Caudillo y su legítima. La prueba era que, además de haber hecho la Guerra Civil con los nacionales, nada menos —como media España, por otra parte—, tras cada corrida a la que asistía el general Franco, Manolete subía al palco presidencial a saludarlo; ignorando los autores de la información que ésa no era costumbre particular de Manolete, sino de los toreros de todas las épocas, cuando un jefe de Estado —Alfonso XIII, Franco, el rey Juan Carlos— asistía o asiste a una corrida de toros; y que también subían al palco Dominguín, el Viti o el Cordobés. Pero donde me agarré a los brazos del sillón fue cuando la misma voz en off, con la insolencia que da saberse impune en este miserable país de mierda, afirmó que durante la Guerra Civil, «según se rumorea», Manolete, borracho y de juerga con sus amigos, iba a las plazas de toros donde había republicanos presos para lidiarlos y matarlos a estoque. Y después, a fin de confirmar esa enormidad con testimonios rigurosos, aparecía el mismo aficionado a los toros de antes —un semianalfabeto que no sé quién es ni de dónde salía— diciendo que, «en efecto», el torero era «muy, muy franquista». Y ahí quedó la revelación del siglo: Manolete, matador y no sólo de toros. Psicópata descubierto y denunciado por la telebasura, con dos cojones. Gran exclusiva, a una por día. Pero qué más da. Estamos en España, oigan. Tenemos barra libre. Aquí no pasa absolutamente nada.

Día internacional de Scott Fitzgerald

Lo bueno que tiene esto de la literatura, o sea, ser lector de libros, es que uno puede celebrar los aniversarios que le salgan de las narices, sin que el asunto dependa de los editores ni de las fotos que le convenga hacerse cada temporada a la titulara de Cultura correspondiente. Y más ahora, que no pasa jornada sin que se entere uno de que está viviendo el día internacional de algo: día del taxista, día de la conducta ecológica, día sin alcohol, día del ciclista, día del peatón, día del capullo en flor. Faltan hojas del calendario, como digo, para tantas nobles causas; y la gente anda por ahí, como loca, buscando un día libre al que endiñársela. No digo que la cosa aburra, claro. Dios me libre de decir que estoy hasta la bisectriz de celebrar sin respiro, uno tras otro, el día internacional de salvamento urgente ya mismo de la Amazonia, el día mundial contra la violencia en las videoconsolas, y el día universal del orgullo del transexual inmigrante subsahariano de género. Al contrario. Me parece bien. Me parece muy solidario; y, sobre todo, eficaz que te vas de vareta. Lo que pretendo decirles es que, puestos a establecer días conmemorativos, aniversarios y cosas así, los libros permiten montártelo por tu cuenta. Y hoy me lo monto, tal cual. Así que, como este año se cumplen ciento diez del nacimiento de Francis Scott Fitzgerald, y ésa es una cifra tan válida como otra cualquiera, he decidido celebrarlo por mi cuenta.

No tuvo el gancho mediático de Hemingway, su amigo y rival, que lo envidiaba y se burlaba de él, y cuyas fanfarronadas escuchaba Fitzgerald humilde y fiel. Ni tuvo la fama o la adulación de críticos y lectores como Faulkner o Steinbeck. Pero poseyó una mirada extraordinaria, lucidísima, que veía mucho más allá de la música del jazz, los felices veinte, las *flappers,* la Costa Azul, las borracheras, el lujo y la disipación. Ganó dinero y lo gastó en caprichos propios y de su mujer, Zelda, bella y notoria imbécil con la que tuvo la desgracia de casarse. *«Cuando estoy sobrio —*escribió*— no puedo soportar a la gente, y cuando estoy borracho, es la gente la que no me soporta a mí».* Se bebió hasta el agua de los floreros, y tras encarnar el éxito a la americana, encarnó el fracaso y el suicidio alcohólico a la irlandesa. *«Toda vida —*así empieza *La grieta,* su libro póstumo de ensayos, notas y cartas*— es un proceso de demolición».* Hay una novela que no es suya y que, paradójicamente, debería ser leída antes de enfrentarse a su obra: *El desencantado.* La escribió Budd Schulberg, que conoció a Fitzgerald en Hollywood e inspiró en él su personaje Manley Hallyday; para quien valdría el epitafio que Dorothy Parker dedicó al propio Fitzgerald cuando vio su cadáver en la morgue, el día que su alcoholismo se resolvió en crisis cardiaca: *«Pobre hijo de puta».*

Célebre a los veintitrés años, guapo como un arcángel hasta su muerte a los cuarenta y tres, brillante como la carrocería de un automóvil de lujo, elegante, inculto y superficial, Scott Fitzgerald no creció nunca. Fue irresponsable en su juventud, insoportable en su madurez, patético en su final, y corrió a la catástrofe con los ojos abiertos y pisando el acelerador. Sin embargo, fue el más profundamente poético de los escritores estadounidenses, y el que mejor supo narrar la inmensa desolación, el vacío tras cada símbolo de los grandes logros del sueño americano. Bajo su prosa a veces inacabada, siempre extraordinaria, latía la desesperada lucidez de quien nunca fue, pese a las apariencias, un hombre de mundo ni un triunfador. Sin olvidar el rencor, por supuesto. Fitzgerald fue, y él lo sabía perfectamente, un advenedizo de clase media fascinado por el éxito, pero con las tripas revueltas por sonreír y adular a los ricos que le proporcionaban cuanto él y Zelda —siempre esa maldita majara al fondo— ambicionaban. Algunas páginas suyas, como el relato *Un diamante grande como el Ritz*, hierven de ese odio desesperado y violento. Y la mirada de Gatsby paseando entre sus invitados en *El gran Gatsby*, la de Stahr en la inacabada *El último magnate*, o la de Dick Diver contemplando el fracaso de su matrimonio y de su vida en *Suave es la noche* —mi favorita entre la obra scottfitzgeraldiana—, además de llevar al lector a través de la más plena y absoluta literatura, lo asoman, estremecido, al corazón sensible del hombre que, con una sonrisa desesperada y un vaso de whisky en la mano, afrontó la certeza de su levedad. Porque el talento inmenso de Scott Fitzgerald es que supo, como nadie, contar el vacío de su propia vida. Novelar la nada.

Un cerdo en Fiumicino

Nunca hemos sido tan vulnerables como ahora. Vivir apretando botones y pasando tarjetas por ranuras, ir en hora y media de Madrid a París, tiene su precio. Tanto confort que nos facilita la vida trae implícito, con la posibilidad del fallo, su propio desastre. Un apagón, una tarjeta de crédito estropeada, un minúsculo error informático pueden bloquearlo todo, dejándonos inermes ante la máquina, el sistema o la vida. Pero hay una variante más azarosa del asunto: la mano interpuesta del hombre. En cuestión de fallos, no hay conjunción más temible que el ser humano y la máquina. Nada más peligroso que un mecanismo de los que rigen tu vida, y en cuya supuesta eficacia confías, puesto en manos de un malvado. O lo que es peor: de un imbécil.

El otro día viví una pequeña demostración de lo que les cuento. Algo anecdótico, afortunadamente; trivial en apariencia, pero que me dejó —y aquí sigo— reflexionando sobre el asunto. Pasaba el control de seguridad en el aeropuerto de Roma, sometido a las humillaciones y sevicias de rigor. Tras despojarme de reloj, llaves, monedas y cuantos objetos podían hacer sonar el detector de metales, lo puse todo en la bandeja correspondiente, metí ésta y mi bolsa de mano en la cinta transportadora y me situé tras un pobre abuelete al que habían hecho quitarse el cinturón y caminaba sujetándose patéticamente los pantalones, como si fuese camino del horno número 4 de Auschwitz. Crucé, al llegar mi turno, el arco con la ligereza de ánimo de quien se sabe inocente; pero al coger mi bolsa de mano, una agente de seguridad pidió ver su interior. «Lleva un objeto extraño», me dijo la prójima en italiano. Iba a responder que no había nada extraño en mi bolsa, cuando recordé que llevaba, guardada en su caja, una figura de plomo de un palmo de longitud que había comprado en una tienda para coleccionistas: un *maiale*, aquel pequeño submarino biplaza que los buceadores italianos utilizaban, durante la Segunda Guerra Mundial, para atacar de noche a los barcos ingleses fondeados en Gibraltar. Entonces, cayendo en la cuenta de cuál era el objeto extraño, sonreí, hurgué en la bolsa y se lo mostré a la agente.

Apenas vi la cara con la que la individua lo miraba, comprendí que iba a tener problemas. Me ha tocado, pensé, la retrasada mental del aeropuerto. Fruncía el ceño, obtusa, cuando cogió la especie de torpedo pintado de verdegrís naval, sopesándolo, y miró la hélice y las dos figurillas de buzos sentadas a horcajadas sobre él. «¿Qué es esto?», preguntó observándome como si llevase puestos una kufiya iraquí o un turbante afgano. Entonces cometí el error de dar explicaciones. «*È un ginnoto*», dije en mi italiano básico. «*Un piccolo sommergibile militare.*» Su expresión me produjo un escalofrío. La pájara era menuda, con el pelo castaño muy cardado, un cinturón con walkie-talkie y esposas, y de pronto le vi cara de loca. «¿Torpedo militar?», concluyó observándome con siniestra suspicacia. «La has jodido, Arturín», pensé. Y para acabar de arreglarlo, decidí apelar a su memoria histórica. Esta subnormal es italiana y agente de seguridad, decidí. Algún entrenamiento tendrá, supongo. Algo habrá leído. Así que aclaré: «*È un maiale*». Y ahí perdí el control de la cosa, porque la prójima me clavó unos ojos como puñales y gritó: «¿Me ha llamado cerda?». Miré la cola que se había formado detrás, pues bloqueábamos el paso. «*No* —respondí, intentando no dejarme dominar por el pánico—. *Ho detto maiale, mascolino, no maiala. Maiale significa porco, è vero. Ma cosí si chiama anche queste siluro. Data della guerra mondiale, ¿capisce?».* La tía estudiaba el submarinillo, y de vez en cuando intentaba —aunque era imposible— desenroscar su parte delantera. *«Maiala»*, repetía, pensativa. «¿Y qué ha dicho de la guerra?»

Entonces pedí socorro. Literalmente. Lo dije en voz alta, en español, y luego lo repetí en italiano: *«¡Aiuto!».* Alrededor se hizo el silencio. Hoy no vuelo, pensé. Me quedo en Roma con el puto *sommergibile.* Entonces se acercó un agente de seguridad normal, con el cociente intelectual mínimo adecuado, supongo, para ese trabajo. Con esa cara de cachondos que ponen algunos italianos cuando tratan con españoles. «Me ha llamado cerda», le informó la tía, indignada. Ni me defendí. Le mostré el cuerpo del delito al agente, e imité el gesto de juntar los cinco dedos y balancear la mano hacia arriba. Entonces el otro cogió el submarino, sonrió admirado y exclamó: *«Un maiale!...* ¡Qué bonito! ¿Dónde lo ha comprado?».

Ese capitán Alatriste

Bueno, pues ya he visto la película. Después de los créditos y todo eso, se encendieron las luces de la pequeña sala de proyección y me quedé colgado en las últimas imágenes: el viejo y maltrecho tercio de fiel infantería española —qué remedio, no había otro sitio adonde ir—, dejado de la mano de su patria, de su rey y de su Dios, esperando la última carga de la caballería francesa, en Rocroi, el 19 de mayo de 1643. Y el ruego del veterano arcabucero aragonés Sebastián Copons al joven Íñigo Balboa: *«Cuenta lo que fuimos»*. Veinte años de nuestra historia a través de la vida de Diego Alatriste, soldado y espadachín a sueldo. Veinte años de reyes infames, de ministros corruptos y de curas fanáticos subidos a la chepa, de gentuza ruin y hogueras inquisitoriales, de crueldad y de sangre, de España, en suma; pero también veinte años de coraje desesperado, de retorcida dignidad personal —singular ética de asesinos— en un mundo que se desmorona alrededor, reflejado en la mirada triste y las palabras lúcidas del poeta Francisco de Quevedo, interpretado por el actor Juan Echanove con una perfección enternecedora, memorable.

No puedo aportar un juicio objetivo sobre *Alatriste*. Aunque durante su larga gestación y rodaje procuré mantenerme al margen cuanto pude, estoy demasiado cerca de todo como para verla con frialdad. Es cierto que unas cosas me gustan más, otras me gustan menos y otras no me gustan nada; y que durante diez minutos críticos —al menos para mí, autor al fin y al cabo— del primer tercio de la película me removí muy inquieto en el asiento. Pero eso aparte, debo decir que los soplacirios y cagatintas de mala fe que preveían un canto imperial de españolazos heroicos y rancio folclore de capa y espada, se van a tragar la bilis por azumbres. Nada más respetuoso con los textos originales. Nada más fascinante y terrible que el espejo que, a través de la magistral interpretación de Viggo Mortensen —se come la pantalla, ese hijo de puta—, se nos pone ante los ojos durante las dos horas y cuarto que dura la película. Un retrato fiel, punto por punto, como digo, al espíritu del personaje que lo inspira: descarnado, sin paños calientes, lleno de peripecias y estocadas, por supuesto; pero también de amargura y lucidez extremas. Contado en un caudal de imágenes de tanta belleza que a veces parece una sucesión de pinturas. Cuadros animados de Velázquez o de Ribera.

Y ese final, pardiez. No se lo voy a contar a ustedes, porque me odiarían el resto de sus vidas. Pero aparte el comienzo espectacular, el desarrollo impecable y la correctísima actuación de los intérpretes —y cómo están casi todos, oigan: Unax, Ariadna, Eduard, Cámara, Blanca, Pilar, Noriega...—, el final, o mejor dicho, toda la hora final, deja al espectador definitivamente sin aliento, atrapado por la pantalla, mientras se desmenuza y fija en su retina y su memoria el postrer tramo de la vida del héroe y sus últimos camaradas, desde las trincheras de Breda hasta la llanura de Rocroi. Todo se ve y suena como un escopetazo en la cara; como una sacudida que te deja turbado, suspenso el ánimo, clavado al asiento, consciente de que ante tus ojos acaba de desarrollarse, de modo implacable, la eterna tragedia de tu estirpe. La imagen serena del capitán Alatriste escuchando acercarse el rumor de la caballería enemiga, el trágico recorrido de la cámara que sigue a Íñigo Balboa —*«soldados antiguos delante, soldados nuevos atrás»*— cuando retrocede en las filas para hacerse cargo de la vieja y rota bandera, su expresión sombría y lúcida —sombría de puro lúcida—, y toda esa culminación del difícil recorrido que por las cinco novelas alatristescas ha hecho Agustín Díaz Yanes, constituyen el retrato fiel, trágico, conmovedor, de la España de antaño y de siempre. Una España infeliz, feroz, a trechos heroica, a menudo miserable, donde es fácil reconocerse. Y reconocernos.

Quizá por eso, cuando al acabar la proyección privada se encendieron las luces, vi que algunos de los actores de la película que estaban en los asientos contiguos —no digo nombres, que lo confiese cada cual si quiere— seguían inmóviles en sus asientos, llorando a moco tendido. Llorando como niños por sus personajes, por la historia. Por el final hermoso, sobrecogedor. Y también porque nadie había hecho nunca, hasta ahora, una película así en esta desgraciada y maldita España. Como diría el mismo capitán Alatriste, pese a Dios, y pese a quien pese.

La niña y el delfín

Siempre he dicho —de broma, pero lo he dicho— que en su relación con el mar, los delfines y las mujeres, los fulanos de mi generación nos dividimos en dos grupos: los que de niños vimos *La sirena y el delfín* y los que no la vieron. Pero ojo. Que no se equivoquen los aficionados a la mermelada ecológico infantil, porque, pese al título, aquello no era precisamente *Mi amigo Flipper*. Basta recordar la primera secuencia de la película, con Sofía Loren emergiendo del Mediterráneo envuelta en una blusa mojada que moldeaba su contundente anatomía. Además, el delfín no era un bicho vivo, sino una estatua romana de bronce, cabalgada por un niño, que la Loren —creo que era buscadora de esponjas, aunque tal vez me patine el embrague con *Duelo en el fondo del mar*— encuentra durante una inmersión. Y que el malvado elegante, que era Clifton Webb, y el bueno —el muchacho, decíamos en Cartagena—, Alan Ladd, terminaban disputándose según las reglas clásicas del género.

En cualquier caso, la sonrisa de ese delfín de bronce quedó registrada en mis recuerdos, y sigue presente cada vez que me encuentro con tan entrañables cetáceos. No hay gozo marinero, de cuantos conozco, comparable a la voz del tripulante que los avista y grita «¡Delfines!», y el inmediato bullir de éstos alrededor del velero, saltando en el agua, resoplando mientras nadan con una velocidad asombrosa, pegados a la proa, donde se vuelven de lado para mirar hacia arriba, conscientes, en su extrema inteligencia, de los humanos que los disfrutan y animan, en uno de los espectáculos animales más hermosos del mundo.

Pero también los delfines son magníficos cuando van a su aire, ajenos a nosotros. La escena más bella que he visto en el mar ocurrió unas millas al norte de Alborán, durante una noche de magnífica luna llena. El barco navegaba hacia poniente con todo el trapo arriba. Yo estaba de guardia, y había bajado a la camareta para marcar la posición en la carta, cuando un rumor extraño me hizo subir a cubierta. Y alrededor, en el inmenso contraluz del mar rizado por un jaloque suave, vi centenares de delfines que nadaban y saltaban hasta el horizonte, con aquella luz plateada reflejándose en sus aletas y lomos. Cenando, supongo, pues el mar también estaba lleno de pescadillos que brincaban por todas partes, intentando escapar. Tan enorme concentración se debía a que un banco importante de peces había atraído a varias manadas a la vez, y por allí andaban, dándose un banquetazo.

He dicho la escena más bella, pero no la más tierna. Ésta ocurrió hace doce años, un día de calma chicha y en alta mar, navegando a motor y con las velas aferradas, en un Mediterráneo azul cobalto y limpio de toda nube. Una manada de quince o veinte delfines rodeó el barco. Paré el motor y quedamos al pairo en la mar tranquila, entre tan simpáticos vecinos. Se encontraba a popa una niña de diez años, tostada de agua y sol; una niña intrépida y hecha a todo eso, capaz de leer, muy tranquila, *La isla del tesoro* en su litera de proa cuando el barco pegaba machetazos con viento de treinta y cinco nudos. De pronto oímos una zambullida: la niña se había puesto unas gafas de buceo, tirándose al agua para estar cerca de los delfines. Consideren el sobresalto del padre, a quien faltó tiempo para largar la escala y tirarse detrás. Y ahora imaginen el mar desde dentro, azul inmenso y oscureciéndose en profundidad, con los delfines en torno al casco del velero inmóvil. Y a popa, sumergida cosa de un metro y agarrada con una mano a la escala, la niña desnuda en el agua luminosa, mientras los delfines pasaban rozándola. Entonces, un ejemplar muy jovencito que nadaba junto a su madre se aproximó a la niña, observándola con curiosidad hasta quedar casi inmóvil ante ella; sólo agitaba suavemente la cola y las aletas, con esa sonrisa peculiar e indeleble que todos llevan impresa. El delfín y la niña se miraron así durante un rato, incluso después de que ésta sacase la cabeza del agua para respirar y se sumergiera de nuevo. Al fin la niña alargó despacio una mano, acariciándole el hocico. Y mientras el padre de la niña nadaba, cauto, manteniéndose a distancia pero atento a la escena, la madre del pequeño delfín también estaba detrás, junto a la cola de éste, sin intervenir, vigilando a su cachorro.

Excuso decir que la niña tiene hoy veintitrés años y mataría por un delfín. Y su padre también.

Ahora se enteran de las medusas

Aú, aú, aú. Alarma, alarma. Inmersión. Este verano, las autoridades y el respetable público nos hemos enterado, con el sobresalto adecuado vía telediarios, de que el Mediterráneo está hasta las trancas de medusas perversas y malosas que hacen pupita. Todo un espectáculo, esas playas abarrotadas de gente acojonada en la orilla, sin osar mojarnos, con nuestros críos entusiasmados, eso sí, correteando con salabres, y la arena llena de medusillas y medusazas que todo cristo fotografiaba con los móviles mientras protestábamos indignados. No hay derecho. Uno viene de vacaciones, maldición. Que las autoridades hagan algo. Y las autoridades, claro, haciendo lo que mejor hacen de su oficio: salir en la tele contándonos lo que les preocupa el fenómeno, y cómo van a tomarse las medidas oportunas, etcétera. A fin de cuentas, profesionales de la mojarra como todo político que se precie, esos pavos —y pavas— saben perfectamente que no passsa nada. Para eso tienen asesores que los asesoran, explicándoles que lo de las medusas, señor ministro, se manifiesta con el calor y las corrientes, y va por rachas y por épocas del año; así que con algo de suerte, para septiembre mis primas se habrán ido a darse un garbeo por el fondo del mar, o a cualquier sitio discreto donde no den mucha murga, y el personal olvidará el asunto hasta el año que viene, porque en invierno chapotea poca gente. Y el año que viene es exactamente eso: el año que viene. Y luego, el otro. Ahí nos las den todas.

Lo que no he oído decir a ninguna de esas dignas autoridades, y miren que me extraña, es que el problema no tiene solución. Que lo de las medusas empezó hace tiempo, que en su momento no se hizo ni puto caso, y que ya es irreversible, porque el equilibrio ecológico se ha ido al garete a causa del calentamiento del mar, la sobrepesca, la urbanización salvaje, los vertidos y la contaminación. Consecuencia, todo ello, de nuestro egoísmo y nuestra inmensa estupidez. Cuando hablan de medidas para atajar el problema, no dicen la verdad: que tales medidas son ya imposibles de aplicar, pues exigirían actitudes que nadie está dispuesto a mantener y sacrificios que nadie quiere realizar. ¿O sí? ¿Los constructores sinvergüenzas y sus políticos lameculos a sueldo, que han convertido el litoral mediterráneo español en una pesadilla de hormigón, van a dejar de comprarse yates tamaño Pocero por unas medusillas de nada? ¿Los ciudadanos indignados y solidarios reaccionaremos con nuestra movilización y nuestro voto, mandándolos al paro y al talego? ¿O tal vez inflándolos a hostias? ¿Vamos a repoblar el Mediterráneo con las especies que antes se jalaban a las medusas, y que ahora, al desaparecer, les dejan campo libre y pajera abierta? ¿Con el atún rojo que cuatro golfos llevan años exterminando impunemente para exportarlo a Japón, gracias a la complicidad pasiva y activa de las autoridades de pesca y los poderes autonómicos correspondientes? ¿Con las tortugas marinas asfixiadas entre redes asesinas, que nadie ha movido un dedo por proteger? ¿Con los doscientos *atunicos* de palmo y medio que aficionados imbéciles alardean de capturar en sólo una mañana? ¿Con los miles de peces prematuros que cubren el mar frente a un puerto cuando los pesqueros llegan y se enteran de que dentro está la Heineken de la Guardia Civil?

Un consuelo queda, al menos. Que con esto de la pérdida de fauna y flora autóctonas, la sobreexplotación y el calentamiento, los científicos dicen que medio millar de especies forasteras invaden ya el Mediterráneo, que las medusas van a ser hermosas como para ponerles un piso, y que vía canal de Suez se nos cuelan hasta tiburones del mar Rojo, que después de una dieta de eritreos y sudaneses tienen unas ganas de jalar impresionantes. Y puestos a irnos todos a tomar por saco, como merecemos, y que aquí palme Sansón con todos los filisteos, a algunos eso nos hace albergar, al menos, la esperanza de que haya cierta justicia biológica en el orden de las cosas, y ver un día a la ministra Narbona, por ejemplo, haciendo de capitana Garfio ante las mandíbulas de un escualo de cuatro metros, tic-tac, tic-tac, o al portavoz Zaplana saliendo de la playa, en Benidorm, con una medusa Aurelia —las que tienen cenefa azul— pegada al ciruelo. Y entonces, que venga a comprar cemento sin agua ni luz, a defecar con todos en el colector de la misma playa, y a jugar al golf como si esta inmensa mierda fuera Irlanda, la puerca que nos parió.

Milagro en el Panteón

Los dos mil años de piedra e historia de la plaza de la Rotonda, en Roma, me gustan mucho. Es mi lugar favorito de esa ciudad, donde suelo sentarme durante horas, desde hace casi cuarenta años, a leer, a observar a la gente, o a sentir, cuando admiro el pequeño obelisco egipcio y la espectacular mole del Panteón, que no soy extranjero allí. Que aquellas piedras confirman mi verdadera patria: un mundo antiguo, culto y extraordinario que se llama la vieja Europa, en cuya memoria me educaron para que estuviese orgulloso de ella, pese a las contradicciones y emboscadas terribles de la Historia. Un mundo hoy en liquidación, sin duda; pero que, con las lecturas y la atención adecuadas, descubres siempre ahí debajo, útil y hermoso todavía, pese a tanto analfabeto, tanto bárbaro y tanto hijo de la gran puta.

Las terrazas de dos cafés de esa plaza son mi apostadero predilecto, que alterno según quedan al sol o a la sombra, las horas del día o las estaciones del año. A ellas debo momentos gratos, inolvidables páginas leídas, rostros anónimos que pasaron sugiriéndome una historia. Durante mucho tiempo admiré allí las evoluciones del jefe de camareros de uno de los pequeños restaurantes de la plaza; un profesional muy competente que atendía con una dignidad y una cortesía impecables. También allí cogí la borrachera más tonta de mi vida, cuando un día caluroso me calcé sin respirar una jarra de frascati frío, y luego tardé media hora, pese a mis esfuerzos, en poderme levantar de la silla.

Hace unos días volví a esa plaza, como suelo. Y después di un paseo por dentro del Panteón, bajo el artesonado de aquella cúpula fantástica, con su ojo luminoso derramando, sobre el recinto, la luz de los dioses, o de Dios. Me gusta, en horas tranquilas y de poco público, escuchar el sonido de mis zapatos sobre el mármol mientras hago el recorrido habitual: una vuelta al recinto y una parada ante la madona que preside la tumba de Rafael. Pero esta vez era imposible captar el ruido de los zapatos, ni otro que el clamor ensordecedor de cientos de turistas parloteando a voz en grito. Tan turistas como yo mismo, supongo. Soy parte de la multitud como lo es cualquiera. La diferencia estriba en que ese día, en el Panteón, yo iba solo y estaba callado, sin gritarle a nadie que me hiciera una foto ni dejando restos de comida y vasos de plástico en el suelo. Además, vestía pantalón largo, camisa y chaqueta. Quiero decir que no iba en chanclas por el centro de Roma restregándole pantorrillas y axilas peludas a la gente, ni me acompañaban morsas luciendo tatuajes, piercings y sudorosas lorzas de tocino. Por otra parte, como me ducho cada día, mi contribución al hedor de transpiración colectiva que llenaba el recinto era, supongo, escasa. Se trataba, en fin, de circunstancias en las que —háganse cargo de mi estado de ánimo— resulta fácil odiar a la Humanidad. Uno de esos momentos en que, si de pronto apareciese sobre la bóveda el Ángel Exterminador entre trompetas del Juicio Final, algunos, incluso sabiendo que nos íbamos al carajo con el resto de la peña, soltaríamos una carcajada vengativa mientras encendíamos un pitillo. A fin de cuentas, para lo que sirve la cultura es para eso: para no gritar cuando se cae el avión.

Entonces ocurrió el milagro. Entre aquel gentío había un grupo de quince o veinte hombres y mujeres; belgas, me parece. Y de pronto, improvisando, un par de ellos empezaron a cantar algo suave y armónico, de aire sacro y extraordinaria belleza. Debían de pertenecer a un coro profesional o aficionado; porque, sonriéndose unos a otros, el resto del grupo unió sus voces, y así se elevaron bajo la inmensa cúpula, por encima del griterío de la gente; que, sorprendida al principio y admirada después, enmudeció poco a poco, hasta que el hermoso cántico sonó limpio, bellísimo, conmovedor, entre el más respetuoso de los silencios; creando un momento extraordinario, mágico, que se prolongó durante un par de minutos. Después, cuando se extinguieron las voces, de nuevo relampaguearon los flashes de las cámaras, resonaron los clics de los teléfonos móviles, y el griterío ensordecedor volvió a adueñarse del recinto. Entonces miré hacia lo alto, hacia el ojo impasible de la cúpula. Hoy, pensé, no vendrá el ángel de la espada. Sería demasiado injusto. Una vez más nos hemos salvado.

Ejercicio de memoria histórica

Después de la publicación, hace un par de meses, de un artículo sobre mi amigo el almirante González-Aller, donde mencionaba la admiración que compartimos por don Cayetano Valdés, marino ilustrado, veterano de Trafalgar y exiliado en Inglaterra por sus ideas liberales, algunos lectores se han interesado por el personaje. Así que tal vez sea buen momento para hablar del comandante del *Neptuno*. Que merece un recuerdo porque era hombre íntegro, sabio, valiente —virtud hoy socialmente incorrecta, pero que a algunos todavía nos impresiona—, y sobre todo porque su figura simboliza, con estremecedora fidelidad, con quién la honradez y la decencia se juegan los cuartos en España desde los tiempos de Viriato. Y siempre con la misma infame paga.

Don Cayetano empezó de guardiamarina como se empezaba entonces, a la edad de nuestros expertos en videoconsolas: trece años. Y entró en fuego a los quince, primero en el gran asedio de Gibraltar y luego en el combate naval de cabo Espartel. Pero nuestros marinos no eran entonces sólo carne de cañón, sino también hidrógrafos, astrónomos y científicos; así que, cañonazos aparte, el joven navegó en la expedición de Malaspina y en la exploración del estrecho de Fuca bajo las órdenes de un compañero que luego moriría en Trafalgar: Dionisio Alcalá Galiano. El nuevo conflicto con Inglaterra lo encontró al mando del navío *Pelayo* en San Vicente, donde los ingleses se pasaron por la piedra a la escuadra del almirante Córdova; aunque don Cayetano salvó los muebles, pues acudió a lo más recio del cañoneo, a tiempo de salvar al *Santísima Trinidad,* que ya había arriado bandera ante cuatro navíos ingleses, entre ellos el *Captain* de Nelson. Aún tomó parte Valdés en la defensa de Cádiz y en diversos episodios navales, y la siguiente guerra con Gran Bretaña lo puso al mando del *Neptuno,* con el que en la escabechina de Trafalgar acudió de nuevo —ya era una costumbre suya— en socorro del *Trinidad.* Rodeado de enemigos, esta vez no pudo llegar hasta él y repetir hazaña. El *Neptuno,* eso sí, peleó con mucha decencia hasta arriar bandera con Valdés herido, 43 tripulantes muertos y 47 heridos a bordo.

Durante la guerra de la Independencia, hombre íntegro, negándose a lamerles las botas a los gabachos, Valdés fue gobernador y capitán general de Cádiz durante el asedio, funciones que desempeñó con perfectos coraje y competencia. Después, el retorno de aquel bellaco llamado Fernando VII —el rey más vil de la historia de España, que ya es decir— y su aplastamiento de las libertades trajeron malos tiempos para el marino. Encarcelado en Alicante, se negó a pedir clemencia al rey. Alguien con mi biografía, dijo más o menos, no pide esa clase de mariconadas. Y al cabo, cuando el estallido constitucional y la nueva invasión franchute a favor de Fernando VII —vaya siglo apasionante y terrible, nuestro XIX—, Valdés se trasladó a Cádiz para organizar la defensa, formando parte de la regencia. Confinado el Borbón en Cádiz —lástima de guillotina que nunca tuvimos—, Valdés, general en jefe, se comportó con exquisita caballerosidad con la familia real. Y era tal su prestigio que, cuando el monarca recobró el poder, y traicionando una vez más su palabra aplastó de nuevo las libertades, el buen don Cayetano fue apresado simbólicamente por los franceses para evitar que el rey lo sentenciara a muerte, y ellos mismos lo llevaron a Gibraltar, de donde pasó al exilio. Y diez años estuvo en Londres el héroe de

San Vicente y Trafalgar, entre gente rubia, brumas y nostalgias, encontrando en sus antiguos enemigos la admiración y el respeto que le negaban en su triste patria.

Y en fin. La historia de España, esa que nadie enseña ya en los colegios, está llena de nombres como el de Cayetano Valdés. Nombres de todos los bandos y colores, olvidados, traicionados, asesinados. Ésa, y no esta murga inútil, demagógica, oportunista, con la que últimamente nos enfrentan y aburren, es nuestra verdadera y larguísima memoria histórica. La memoria exacta de nuestra perra estirpe, llena de pagos semejantes dados a gente así. Como aquel superviviente de Baler, penúltimo de Filipinas, al que, ya anciano, fueron a buscar a su casa en el año 36, y al que pegaron un tiro a pesar de haberse colgado, el pobre abuelo, sus viejas medallas. Tiro que no recuerdo ahora si se lo pegaron los rojos o los nacionales. Los unos o los otros. Y la verdad es que me importa un carajo quién se lo pegó. En realidad siempre son, o siempre somos, los mismos.

Al niño le tiemblan las piernas

Loado sea el Cielo. Andrea Casiraghi, primogénito de la princesa Carolina y de aquel papi fallecido cuando se dedicaba a la encomiable labor social de hacer carreras de superlanchas deportivas, guau, acaba de ver la luz. La ha visto, en concreto, durante una visita realizada, con fotógrafos por delante y por detrás y con quince páginas en el *¡Hola!*, nada menos que a los barrios pobres de Manila, para solidarizarse con los niños que viven en vertederos, cárceles y sitios así. Y no sólo él, ojo al dato. Resuelto a no abordar solito en el mundo la conmovedora aventura, el joven monegasco se hizo acompañar en el evento por su novia, Tatiana Santo Domingo, quien, según el delicioso texto que acompaña los afotos, *«comparte con él la misma sensibilidad frente a los niños desamparados».*

Ya era hora, pardiez. Ya era momento de que el joven y apuesto vástago carolino exteriorizara lo que sospechábamos lleva en las nobles entretelas. No había más que verlo en las fiestas propias de su otrora superficial juventud, en las playas de lujo, en los bodorrios y eventos sociales de postín postinero, para intuir que, tras esa apariencia frivolilla, esas hechuras de pijolandio con su camisita y su canesú, esas novietas ad hoc, esas lánguidas poses de aristocrático capullo en flor consentido por su mamá, su tito Berti y su abuelito, había algo más profundo, de noble raigambre social. Una especie de gen saltarín latente, listo para hacerse con el timón de la nave en cuanto la madurez lo pusiera ante la vida. Es cierto que esa lucecita de esperanza, ese germen marchoso a la pata la llana, no se había manifestado nunca en exceso en la familia Grimaldi, a excepción, quizás, de la tita Estefanía. Que, ésa sí, rompiendo tabúes y convenciones, nunca dijo nones a cepillarse barreras protocolarias, solidarizándose con cuanta clase humilde se le puso a tiro: chóferes, camareros, guardaespaldas, domadores de circo y algunos etcéteras más. Ya les digo. La cosa del gen.

Espero que hayan visto las fotos, rediós. Combinadas con el texto, ponen un nudo gordo en el gaznate. Andrea comprobando con estupor e indignación, «*en uno de los momentos más duros del viaje*», cómo viven doscientos cincuenta niños encarcelados en uno de los talegos de Manila: «*Una inmersión en el corazón de la miseria*», aclara el texto. Andrea descubriendo con horror las condiciones de vida en la montaña de basura de Payatas: «*El joven tomó conciencia de toda la ambigüedad del problema*», se especifica ahí. Andrea estrechando tiernamente en sus brazos bronceados, no por el sol a bordo del *Pachá,* sino —supongo— por su nueva vida solidaria al aire libre, a un huerfanito con el que comparte de tú a tú, sin distinción de razas ni colores, la orfandad cómplice de quien en su tierna edad pierde guías y mentores, y queda, como el filipinito —como quedó el propio Andrea—, desamparado y a merced de la perra vida: «*Necesitan que se les mime, dijo el joven, emocionado hasta las lágrimas*». Y de traca final, sonriendo ante la cámara para endulzar así heroicamente el mal trago, Andrea entre chabolas con una botella de agua mineral en una mano y un pequeño paria filipino en la otra, angustiado —«*Inocultable gesto de preocupación*», precisa el texto— ante el hecho de que esos tiernos infantes se abastezcan tontamente de agua contaminada por residuos tóxicos, en vez de beber, como él, agua embotellada: «*No encuentro palabras. Me tiemblan las piernas*».

Pero no crean ustedes que tales fotos y declaraciones son camelos oportunistas, y que tras su inmersión en el corazón de las tinieblas —un par de días, calculo, porque en las imágenes luce dos camisas diferentes— Andrea subió al avión y si te he visto no me acuerdo. Niet. En ese aspecto el joven no se anduvo por las ramas, y manifestó su intención de regresar cuanto antes a Manila para seguir haciendo el bien sin mirar a quién: *«A mi regreso a Mónaco les diré a mis amigos que tenemos mucha suerte».* Así que demos por seguro que, en su próximo e inminente viaje filipino, Andrea Casiraghi fletará un vuelo chárter para hacerse acompañar por todos esos amigos de Mónaco que, como él dice, tanta suerte tienen. Y allí acudirán en masa, dejándose los solidarios cuernos en barrios humildes cual juveniles teresas y teresos de Calcuta. Imaginen qué hermosas fotos, todos allí besando huerfanitos. Y si además enrolan a Carmen Martínez-Bordiú, calculen. Otra portada en *¡Hola!* con la bisectriz goteando agüita de limón. Divino de la muerte.

Atraco en Cádiz

Cádiz. Última hora de la tarde. Calle casi desierta, a excepción de David, hijo de mi amigo el artista gaditano, especialista en reconstrucción de uniformes históricos, Miguel Ángel Díaz Galeote. David, que tiene catorce años, acaba de salir del colegio y espera sentado en la parada el autobús que lo lleve a casa. Pasa algún coche de vez en cuando. Al rato, atento a la llegada del transporte, ve acercarse una bicicleta desde el extremo de la calle. Sin prestarle atención, sigue hojeando los apuntes que tiene sobre las rodillas, porque dentro de tres días hay examen y lo lleva crudo. Mientras tanto, despacio, la bici llega hasta él. David levanta la vista y comprueba que se ha detenido y que, apoyado en el manillar, lo observa un chico un par de años mayor que él. Uno de esos pishas gaditanos de toda la vida: moreno, escurrido de carnes, pantalones de chándal y camiseta del Cai. El recién llegado lo mira muy fijo. Tiene el aire clásico de los zagales duros de allí. Así que David, pese a ser un crío tranquilo, se mosquea un poco.

—Dame er dinero, quiyo —dice el de la bicicleta.

Los pocos coches que pasan no se percatan de la situación; y aunque así fuera, que se detuvieran es otra cosa. David, que no tiene un pelo de cobarde, tampoco lo tiene de chuleta, ni de tonto. Sabe que allí solo, frente a uno de dieciséis años, va listo. Indefenso total. Así que lo mira a los ojos, procurando no mostrar más preocupación que la justa.

—Sólo llevo un euro —responde—. Para el autobús.

Habla con la calma de quien dice la verdad. El otro lo mira de arriba abajo, despectivo, apoyado en el manillar.

Por un momento, David piensa en el reloj que lleva en la muñeca, regalo de sus padres. Espero que no le dé por quitármelo, se dice. Pero al otro sólo le interesa el metálico.

—Vacíate los borsiyos.

Resignado a lo inevitable, David obedece. Deja los apuntes en el suelo y se levanta. Su único capital, el solitario y patético euro, reluce en la palma de su mano. Sin dejar la bici, el otro se apodera del botín. Luego se aleja pedaleando tranquilamente, haciendo eses por la calzada. David suspira, coge sus apuntes y echa a andar por la acera, en la misma dirección por la que se aleja el precoz chorizo que acaba de arrebatarle su capital. Media hora hasta casa, calcula. Algo menos si camina deprisa. A trechos se sorbe un poco la nariz. No está avergonzado —es un chaval sereno y sabe que la vida es así—, pero siente picado el orgullo. Si el otro hubiera tenido su edad, el euro habría tenido que quitárselo a golpes, si se atrevía. Pero las cosas son lo que son. Así que aprieta el paso, inquieto porque llegará tarde a cenar y su madre estará preocupada.

—¿Aónde vas, quiyo?

El joven atracador, que al volverse a mirar atrás lo ha visto caminar, acaba de describir una curva con la bicicleta y ahora pedalea a su altura, mirándolo con curiosidad. Sin aflojar el paso, ceñudo, David responde.

—¿Dónde voy a ir? A mi casa.

—¿Andando?

—Me has quitado el euro.

El otro se queda pensando. Luego le pregunta dónde vive, y David se lo dice. En la calle tal, número cual. Durante un trecho, el pisha sigue pedaleando a su lado, el aire reflexivo, mirándolo de reojo. De pronto frena.

—Sube, quiyo. Que te yevo.

—¿Qué?

—Que subas, oé.

Y entonces, David, con la naturalidad de sus benditos catorce años, se instala en el único asiento de la bici y se agarra a los hombros del choricillo, que, de pie sobre los pedales, sin sentarse, lo lleva tranquilamente por la avenida, durante diez o doce minutos, hasta la puerta misma de su casa.

—Gracias —dice al bajarse.

—De nada, quiyo.

Y el joven atracador se aleja muy digno, pedaleando.

Dicho en una palabra: Cádiz.

El misterio de los barcos perdidos

En cierta ocasión vi un barco fantasma. Tienen ustedes mi palabra de honor. Curiosamente no lo avisté en el mar, sino en tierra, o desde ella. Fue hace ocho o nueve años. Era un día de temporal terrible de levante en el estrecho de Gibraltar, y me encontraba sentado dentro de un coche en la costa de Tarifa, bajo la lluvia que caía casi horizontal, admirando el aspecto del mar, la espuma que el viento levantaba y el batir de las feroces olas en las rocas, a mis pies. Y entonces, al mirar hacia el horizonte gris, lo vi pasar a lo lejos, entre las turbonadas y rociones. Salí del coche a observarlo, admirado. Empapándome. Calculé que navegaba a menos de una milla de la costa. Era un velero muy grande, de tres palos, parecido a los clippers que todavía surcaban el mar a principios del siglo pasado. Se movía despacio de este a oeste, entre la lluvia y los espesos jirones de espuma, empujado por un viento de popa que aquel día rondaba el temporal duro, con fuerza diez en la escala de Beaufort. Lo vi salir lentamente de un chubasco espeso y pude contemplarlo durante dos o tres minutos antes de que su esbelta silueta tenaz, impávida, desapareciera tras una nube baja que se confundía con el oleaje y la lluvia. Y lo que me erizó la piel no fue que un velero antiguo navegara en tan extremas condiciones, sino el detalle inexplicable de que llevase sus velas desplegadas, tensas al viento, cuando ningún buque real, ningún barco tripulado por marinos de carne y hueso, por hombres vivos, podría soportar ese viento y esa mar con todo el trapo izado a la vez. Lo conté: ocho velas cuadras, tres foques y una cangreja, todo arriba. Por eso sé lo que vi. Y aquel barco era lo que era.

Durante un tiempo, de niño, creí en barcos fantasmas. Me criaron con esas leyendas y otras muchas del mar, aunque acompañadas de explicaciones racionales: la antigua superstición e ignorancia de los marinos, sus fantasías sobre fenómenos que tienen justificación seria, científica: espejismos náuticos, auroras boreales, fuego de Santelmo, calima, neblina, formas caprichosas del hielo flotante, enfermedades tropicales que mataban a tripulaciones enteras, piratas... Todo eso, causas concretas y probadas, podía convertirse fácilmente en visión fantástica en una taberna de puerto, en una conversación de castillo de proa. Retornaba así la vieja historia del barco fantasma, condenado a vagar por la inmensidad del mar, cuyo avistamiento solía anunciar desgracia. Como la leyenda más famosa, la del capitán Van Straten, inspirador de Heine y de Wagner y recientemente recuperado, por enésima vez, para el cine por *Piratas del Caribe:* el holandés que, a causa de una blasfemia —largó amarras en Viernes Santo—, fue castigado a vagar después de muerto hasta el Juicio Final, él y su tripulación, a la altura del cabo de Buena Esperanza, intentando una y otra vez, sin conseguirlo, una virada por avante.

Cuando crecí un poco, me volví escéptico. Dejé de creer en el junco espectral del río Yangtsé, en el bergantín de New Haven, en el hombre y la mujer que, abrazados en la popa de un velero sin nombre, rondan la costa de Canadá. Dudé de la maldición del *María Celeste* —uno de los pocos navíos espectrales cuyo misterio fue desvelado—, y del viaje de veintitrés años sin tocar tierra que hizo el *Marlborough* con un esqueleto amarrado al timón. Hasta albergué serias dudas sobre el *San Telmo,* único barco fantasma español digno de ese nombre, que después de esfumarse sin dejar rastro fue avistado varias veces, fundido con un iceberg, con sus tripulantes congelados en cubierta; y al que, siendo aún niño y crédulo, oí al capitán de un petrolero, amigo de mi padre, jurar que lo había visto con sus propios ojos. Los años me hicieron, como digo, perder la fe en esos barcos imaginarios o reales, anónimos o con sus nombres y tripulaciones detallados en los registros navales, que según las leyendas surcan los mares y aún excitan la imaginación de algunos marinos. Y supongo que la parte racional que hay en mí —la que sonríe mientras tecleo estas líneas— sigue sin creer en ellos. Sin embargo, insisto: aquel día de temporal, frente a Tarifa, vi pasar un barco fantasma. Yo también puedo jurarlo, como el capitán amigo de mi padre. Por mil millones de mil rayos. La prueba es que desde entonces, cuando estoy en el mar y arrizo las velas porque empeora el tiempo, siempre me sorprendo buscándolo, con los ojos del niño que fui, en el horizonte gris.

La guerra civil que perdió Bambi

En mi familia perdieron la guerra. Mi padre hizo poco para ganarla, pues la pasó en artillería antiaérea, jugando al ajedrez entre bombardeo y bombardeo. Pero mi tío Lorenzo, que se alistó con dieciséis años y volvió de sargento y con agujero de bala a los diecinueve, se comió el Ebro y Belchite. Quiero decir con eso que, por nacer doce años después de la guerra, tuve información oral fresca: combates, represión, cárceles, paseos a manos de milicianos o falangistas, y cosas así. Soy de Cartagena, donde la cosa estuvo cruda. Tuve además, como casi todos los españoles, a parientes en ambos bandos; y allí lucharon y también fueron fusilados por unos y otros, en aquella macabra lotería que fue España.

Poseo, por tanto, elementos casi de primera mano sobre esa parte de la memoria que ahora tanto agitan. Y nunca me tragué lo de buenos y malos: ni cuando niño las hordas rojas, ni de mayor los fascistas de fijador, brillantina y correaje. Tuvimos de unos y otros, naturalmente. Y a la guerra siguió una dictadura infame, ajena a la caridad. Pero hay un par de puntualizaciones necesarias. Una es que, españoles todos, llenos de los rencores, las envidias y la mala baba de la estirpe, canallas y asesinos lo fuimos en los dos bandos. Otra, que casi todos se vieron envueltos en aquello muy a su pesar; y que, entusiastas y héroes aparte —a ambos lados los hubo con igual coraje y motivos—, la mayor parte estuvo en las trincheras de modo aleatorio, según donde tocó. La prueba es que hubo más deserciones —pasarse, decían— por volver al pueblo con la familia, que por ideología nacional o republicana.

Por eso estoy hasta los cojones de que me vendan burros teñidos de azabache. Si de pequeño no creí lo de la Cruzada y la espada más limpia de Occidente, no pretenderán que me trague ahora lo del pueblo en armas en plan Bambi: aquí la buena gente proletaria, y allí espadones y señoritos. Mi padre y mi tío, verbigracia, eran chicos de buena familia, pero defendían a la República. Entre otras cosas, porque el pueblo eran muchos pueblos y muchos hijos de vecino, y cada cual, según le iba o donde caía, era de su padre y de su madre. Por mucho que, a falta de argumentos actuales, de inteligencia política, de cultura, de ideas claras y de otra cosa que no sea el hoy trinco votos y mañana veremos, ciertos habituales de los telediarios estén empeñados en ganar por la cara, setenta años después, las guerras que perdieron sus abuelos, o los míos. Y no sé hasta qué punto la demagogia y el fraude calarán en jóvenes a quienes eso queda muy lejos; pero ya empiezo a estar harto de tanto bocazas y tanto cuento chino. Una cosa es que aquellos a cuyos parientes fusilaron por rojos puedan, al fin, hacer lo que hicieron otros en los años cuarenta: honrar los huesos de sus muertos. Otra, que se falsee la Historia para reventar al adversario político de ahora mismo, suplantando la realidad con camelos como aquel grotesco *Libertarias* que rodó hace años Vicente Aranda, poblado de angelicales milicianos. Por ejemplo.

Así que ya está bien de mezclar churras con merinas. Tengo verdaderas ganas de oír, en boca de estos cantamañanas aficionados no a desenterrar muertos, sino rencores, que el franquismo sometió a España a una represión brutal, cierto; pero que, de haber ganado la República, sus fosas comunes también habrían sido numerosas. Que ya lo fueron, por cierto, aunque ahora se cargue todo en la ambigua cuenta de los *incontrolados*. Y no digamos si hubieran vencido los tipos duros del Partido Comunista, entonces férreamente sujeto al padrecito Stalin; pregúntenselo a don Santiago Carrillo, que de ajustes de cuentas con derechas e izquierdas sabe un rato. Y en cuanto a los nacionalismos radicales —esos miserables paletos que tanta manteca han sacado de la Guerra Civil, y la siguen sacando—, sería útil recordarles que al presidente Companys, por ejemplo, cualquier Gobierno izquierdista fuerte y consecuente lo habría fusilado también, acabada la guerra, por traidor a la República, a la Constitución y al Estatuto. Y del pueblo vasco que acudió a defender la libertad, curas incluidos, como un solo gudari y como una sola gudara, podemos hablar despacio otro día, porque hoy se me acaba la página. Incluidos los tercios de requetés donde se alistaron de abuelos a nietos apellidados Iturriaga, Onaindía, Beascoechea, Elejabeitia, Orueta o Zubiría; a quienes ni siquiera Javier Arzalluz —la jubilación más aplaudida de la historia reciente de España— podría llamar españoles maketos de mierda.

El alguacil alguacilado

Siempre evito hacer crítica literaria. Sin embargo, como lobo viejo que soy, a veces me gotea el colmillo ante ciertos pescuezos que piden dentelladas. Y resulta que acabo de zamparme algo escrito por un tal García-Posada. Se trata de una primera novela —*La sangre oscura*—, digna de olvido de no darse una deliciosa circunstancia: su autor es doctor en Filología Hispánica y presidente de la Asociación Española de Críticos Literarios, nada menos. Así que calculen con cuánto interés me la eché al coleto. A fin de cuentas, razonaba, si este crítico ilustre dedica su vida a enjuiciar libros ajenos, explicando a los autores cómo deben escribir, su novela será una lección magistral sobre el modo de hacer las cosas en cuanto a estilo, estructura, personajes y otros ingredientes que, por su oficio, mi primo conocerá al dedillo. A ver si se me pega algo.

Y en efecto. La primera lección del texto garciposadiano afecta al arduo problema del punto de vista literario, que resuelve sin despeinarse, metiendo nueve veces el pronombre personal *me* en una página, por ejemplo, sin contar los *yo* y los *mi*; algo tan íntimo y original que permite al protagonista —trasunto del autor, pues la novela, astuta pirueta literaria, es autobiográfica— afirmar: *«Mi vida interior comenzaba a ser tan rica que el desahogo verbal resultaba innecesario»*.

La trama es apasionante: un crítico literario investiga la muerte de un compañero poeta antifranquista; y tras leer el diario del difunto —sagaz recurso narrativo—, concluye que se suicidó, en parte porque era homosexual, en parte por asco de la dictadura. Todo eso, en páginas llenas de citas ajenas; aunque, pese a tal respaldo de autoridades, la cosa queda algo especulativa, divagando de acá para allá. De manera que al final de la novela seguimos con la misma información que teníamos al principio: que un fulano se suicidó y que la vida es triste de cojones. Consciente de ello —de algo sirve ser crítico literario—, el autor comenta por boca del protagonista que algunos lectores «tienen derecho a tildar de especulaciones estas consideraciones que he alumbrado»; aunque luego pone las cosas en su sitio: *«Son los mismos que [...] le reprochan a Cervantes las novelas interpoladas en la primera parte de El Quijote».*

Los hallazgos estilísticos son numerosos. Háganse idea con este párrafo: *«Me pasaba entonces mucho, pasaba mucho dentro de mí, y me pasaba bastante más de lo que entonces podía saber que me pasaba»,* que hace bonito tándem con este otro, tan diáfano: *«No se ha visto volver suficientemente nada para que suene a cosa ya sabida».* Y reparen en la sutil manera de mencionar *«la expresión sin expresión de aquel rostro»,* para decir que alguien era inexpresivo. Aunque no tanto, pues más adelante matiza: *«Aquel rostro inexpresivo parecía decirme algo con su ausencia de lenguaje».* Tampoco el estilo garciposadesco está exento de poesía eres tú: *«Me pareció vislumbrar una lágrima corriéndole por la mejilla desde los ojos húmedos»,* escribe. De todos los hallazgos literarios que ofrece el texto, personalmente me quedo con *«las vivencias que me asaltaban ante espectáculos urbanos de tanta enjundia»,* aunque haya muchas otras valiosas perlas, como ese *«sol que bailaba ebrio de su propia suficiencia»,* o aquel *«ejemplares de divorciables los hay paradigmáticos, como aquella divorciable».* También expone el autor complejas certezas sobre los arcanos del alma femenina, cuando nos confía: *«A las mujeres hay que darles cancha».* Actitud recompensada en la novela cuando una prostituta se niega a cobrarle al autor-narrador, supongo que ahíta de placer y por guapo.

Novela, en fin, poblada de *«seres que deambulaban por los pasillos»*, y de confusiones léxicas como *«lesa antipatria»*, llamar matrona a una joven alumna e ignorar la etimología y significado de las palabras *ristre* o *bicoca;* por no hablar del uso incorrecto del punto y coma, de la coma y del punto y seguido. Para justificarlo, supongo, el autor advierte, dedo en alto: *«El lector, llegado a estas alturas de mis razonamientos, creerá que su grado de sorna no se compadece [...] con los cánones de la narración. Haría mal en pensarlo así».* Resumiendo: se trata de una lectura tan interesante que recomiendo le echen un vistazo. Vale la pena que se vendan cien o doscientos ejemplares de la novela, e incluso más. Es la mejor manera de que algunos lectores sepan en manos de qué individuos —los hay respetabilísimos también, pero este pobre hombre preside el gremio— se encuentra la crítica literaria en España.

Derechos, libertades y guardia de la porra

Quiero que conste por escrito, por si alguna vez doy una conferencia, un mitin o lo que se tercie. Imaginen que la vejez me afloja el muelle y accedo a presentar, ante un distinguido y selecto público, el libro de apasionantes memorias políticas *De España, ni una migraña,* de José Luis Carod-Rovira, en atención a que el sujeto me cae de puta madre, por sutil y por simpático. O supongamos que, en recuerdo de una ultrafacha espectacular con la que tuve rollo un 20 de noviembre de 1972, o por ahí —los botones de esa camisa azul, déjate puesto el correaje, etcétera—, voy a un mitin de Caspa Tradicionalista y de las JONS en Rentería, y acabo cantando el *Cara al sol,* que me lo sé. Es más. Puesto ya a volverme completamente gilipollas, imaginen que apoyo las justas reivindicaciones de Sangonera la Seca, por ejemplo, cuyo Estatuto —para qué pasar hambre, si es de noche y hay higueras— empezaría así: *«Sangonera la Seca (no confundir con la Verde) es una nasión, su lengua nasional es el panocho mursiano, y su futuro se basa en los campicos de golf».* Imaginen, como digo, que a uno se le ocurre meterse en tales jardines colgantes de Babilonia, y en consecuencia da un mitin que se cisca la perra. Sobre eso, o sobre lo que sea. Y en ésas, estando en pleno triunfo de masas, aparecen piquetes informativos, o como se diga cuando se juntan veinte o treinta animales, no para insultar —que va en el sueldo—, sino para informarme de que son anticatalaúnicos, antifascistas, antisistema o de Sangonera la Verde, y que en el ejercicio de su libertad democrática me van a dar las del pulpo y dos más. E imaginen que, llegados a ese punto, los picoletos, los maderos, los guindas, los mozos de escuadra, los ertzainas o cualquiera de las cuarenta y dos policías que disfrutamos aquí sin contar Prosegur, o sea, aquellos a quienes corresponde velar por mi integridad física y la del público al que tanto quiero y tanto debo, dicen que para evitar males mayores, salga por la puerta de atrás, o me atrinchere, numantino, hasta que los malos se cansen y se vayan. Y que eso es lo que hay.

Pues miren, no. Quiero decir que no me da la gana. Quede claro que, llegado el caso, lo que quiero, o exijo, es que si quienes dan la bronca y buscan sacudirme perseveran en ello, lleguen los antidisturbios y los corran a hostias. ¿Capichi? Disuélvanse, una, dos, tres, carguen. Que no pasa nada, oigan. Que cualquier democracia, incluso el monipodio de constructores y políticos golfos que tenemos aquí, es compatible con eso. Y para tal menester están los de la porra, en todas partes salvo en este país de cagaditas de rata en el arroz. O tenemos guardias o no los tenemos. O semos o no semos. A ver por qué debo salir en los periódicos circundado de cuatro picos y medio, con cara de acojono, mientras me tiran botellazos, en vez de llevarse a tomar por saco a quienes arrojan las botellas. ¿No es más lógico? Si un día le toca a un rey o a un presidente de Gobierno —que les tocará—, ¿también van a protegerlo así?... Hemos invertido los términos de todo, y lo peor de vivir en pleno disparate es que ya vemos cualquier barbaridad como lo más natural del mundo. Y reniego de la madre que nos parió. No quiero que me lleven hasta el coche cubriéndome con escudos; que se metan los escudos donde les quepan. Lo que exijo es ir a donde me dé la gana, a mi aire, charlando con quien me apetezca y diciendo lo que estime oportuno. Y quiero que la autoridad competente lo garantice, ejerciendo legítima violencia institucional si hace falta, que para eso tiene el monopolio, en vez de ir siempre a remolque del qué dirán y los complejos, jugando a los triles con el voto de hoy y el Dios te ampare de mañana.

Caben alternativas, claro. Pero son siniestras. Es peligroso que tanta bazofia incontrolada confirme que en este país demagogo, cobarde, no es posible respaldar la seguridad de nadie, porque la calle es del primero que la toma, y los derechos y libertades de los demás acaban donde empieza el telediario. Con tales perspectivas puede ocurrir que, para el próximo acto en territorio hostil, el agredido se haga acompañar de unos amiguetes; que cada cual tiene los suyos. Y al primero que quiera sacudirles con la pancarta, en vez de decir socorro, pupa, el suprascrito y sus compadres le metan la pancarta por el ojete; y allí haya leña, en efecto, pero a gusto de todos. Me pregunto a quién protegerá entonces la Policía y a quién llamaremos fascista. Además, tales murgas se sabe cómo empiezan, pero no cómo acaban. O sí.

Ni saben ni quieren saber

Les hablaba hace poco de lo difícil que se va poniendo en España dar un mitin político, una conferencia o expresar en público una opinión, sin que un piquete de lo que sea intente silenciar al invitado de turno. Para confirmarlo —que no hacía maldita la falta—, al día siguiente de teclear esas líneas, a don Manuel Fraga lo interrumpieron una conferencia en Granada medio centenar de jóvenes llamándolo asesino y fascista. Después le tocó en otro sitio a Carod-Rovira, y menos gordito simpático le dijeron de todo. Los que acosaron al político catalán eran diez fulanos de extrema derecha —la de verdad, no la que adjetivan ciertos soplapollas pretendiendo reescribir la Transición y la Historia—; así que, en realidad, esos animales salvapatrias se limitaban a lo que se espera de ellos: mantener viva la tradición de quemar libros y apalear bocas, que tiene rancia solera europea, tanto nacionalsocialista como nacionalsindicalista.

Lo de Fraga, en cambio, me preocupa más. Y no por el abuelo, que tiene más conchas que mi tortuga *Amanda,* sino por quienes liaron la pajarraca. Lo inquietante es que esos jóvenes se autodenominaran de izquierdas. Porque si es verdad que la izquierda española oficial de toda la vida, compañeros del metal y todo eso, acabó degenerando en el penoso espectáculo botijero de sandez, obviedad y demagogia inútil verde manzana que se pone de manifiesto cada vez que abre la boca su secretario general, señor Llamazares, no es menos cierto que uno espera, en el fondo de su corazoncito, que el futuro alumbre alguna vez una izquierda diferente, eficaz, provista de argumentos sólidos, de coraje político y de la cultura republicana que hoy es fácil adquirir a poco que uno acceda a las fuentes formativas adecuadas, que para eso están ahí.

En tales circunstancias, resulta desazonador que, comentando el pifostio granadino del señor Fraga, un joven individuo llamado Ramón Reyes, que responde, nada menos, al formidable título de secretario provincial del Sindicato de Estudiantes de Granada —alguien tendría que explicarme algún día en qué consiste exactamente un sindicato de eso, y yo a cambio le explico lo del SEU—, justificara el incidente afirmando, por la cara, que el viejo político gallego *«nunca ha apretado el gatillo, pero lo ha ordenado»*, y culpando además a la universidad *«por invitarlo con el dinero de todos los contribuyentes»*. Apenas leí tales declaraciones, corrí al diccionario de la Real Academia y, abierto por la página 847, leí la siguiente definición de la palabra *imbécil: «Alelado, flaco de razón»*. Después busqué en la página 98 la segunda acepción de *analfabeto: «Ignorante, sin cultura o profano en alguna disciplina»*. Y de ese modo pude confirmar, con el respaldo de la autoridad adecuada, que al antedicho secretario del sindicato estudiantil granadino —de otras provincias no tengo información suficiente— se le puede llamar imbécil analfabeto con absoluta propiedad y precisión filológica. Cosa que hago aquí, para que conste a los efectos oportunos, etcétera. Hasta a Adolfo Hitler, señoras y caballeros. Hasta a Stalin, Pinochet, Franco o Atila, si hace falta. Hasta al torturador más infame de la ESMA argentina, o al más bestia sargento de marines destacado en Iraq, sería interesante escuchar en una conferencia. Incluso al miserable De Juana Chaos, imagínense, mientras cuenta qué sentía pidiendo champaña cuando asesinaban a alguien. Después, que para eso está el coloquio, se discute o se le menta a la madre. Pero, como digo, después. Mientras tanto, la oportunidad de escuchar bien calladitos es oro puro, pues no hay mejor modo de escrutar el alma humana, tinieblas incluidas, adquiriendo conocimiento y lucidez —*Mein Kampf* o las obras completas de Sabino Arana, por ejemplo, son textos imprescindibles—. Por eso, y sin que el pobre Manuel Fraga tenga que ver con los individuos antes citados, excepto con el Franco del que fue ministro —muy competente, por cierto—, antes de participar de forma decisiva en la extraordinaria transición que España vivió en los años setenta, compartir la experiencia de su dilatada vida política es privilegio al que esa panda de tontos del culo granadinos renunció, para su propio mal. Ignorantes, también, de lo tradicionalmente española que es tan cerril actitud. Que ya en el siglo XVI escribía en su *Viaje de Turquía* el supuesto Pedro de Urdemalas: «*La gente española, ni sabe ni quiere saber... De este vicio nació el refrán castellano que en ninguna lengua se halla sino en la española: dadme dinero y no consejos*».

La chica del blindado

Fue por estas fechas, en los Balcanes. Era uno de los últimos trabajos en territorio comanche: tenía la certeza de que aquello terminaba para mí. En la primera guerra del Golfo, luego en Croacia y después en Sarajevo, había advertido que venían otros tiempos. Las viejas putas de trinchera como Alfonso Rojo, Julio Fuentes o yo mismo cedíamos terreno a las treinta conexiones en directo para el telediario —así no podías buscar información, pero a nadie parecía importarle— y a los cantamañanas que aterrizaban a cincuenta kilómetros del frente para hacer programas de sobremesa con mucha lágrima de mujer violada y mucho huerfanito.

En Bosnia, la guerra de los reporteros aún no era políticamente correcta. Todavía era guerra de verdad, y allí nos juntábamos los restos de la vieja tribu, apurando la cosa como quien permanece hasta última hora en un bar a punto de cerrar, bebiendo bajo el fuego de los camareros impacientes que recogen vasos y ponen sillas sobre las mesas. Esa madrugada tocaba Mostar: asediada por los serbios, bombardeada día y noche, con cascos azules españoles dentro y las navidades a tiro de Kalashnikov. Una perita en dulce para animar los telediarios. Así que José Luis Márquez, con su cámara Betacam sobre las rodillas, y el arriba firmante estábamos sentados en un BMR español, esperando cruzar las líneas serbias y entrar una vez más en la ciudad. Íbamos callados y tensos, pues con los hijos de puta de los artilleros y francotiradores serbios, la cosa estaba chunga. Había que subir en pequeño convoy desde Dracevo siguiendo el curso del río Neretva, cruzar las líneas, el matadero del aeropuerto y bajarse en la calle principal de Mostar. Y en ésa estábamos, aún de noche, esperando la partida, fumando en silencio, cada uno pensando en sus cosas, cuando la chica entró en el blindado y se sentó entre dos soldados, en la banqueta frente a nosotros. Llevaba un chaleco antibalas enorme, y bajo el casco asomaban sus cabellos rojizos y largos. Era un poco regordeta, guapilla, joven, y tenía pecas. Médicos sin Fronteras, ponía en una pegatina del casco: una oenegé seria, de las que se dejaban la piel, no como tanto fantasma que caía por allí a hacerse fotos con dos botes de leche condensada en los bolsillos.

Márquez no era simpático, y yo tampoco. Llevábamos tres años en los Balcanes y más de veinte en el oficio. Éramos profesionales de aquello, y sabíamos dónde nos íbamos a meter. Para la chica era su primera misión de guerra. Su gran aventura. Estaba asustada, y lo estuvo más cuando el blindado empezó a moverse, y nos pararon los serbios ochenta veces, y al cruzar el aeropuerto hubo un poquito de candela. A veces nos dirigía la palabra con sonrisa nerviosa, intentando no mostrar el miedo que sentía; pero nosotros estábamos demasiado sumidos en nuestras preocupaciones, que incluían el telediario de esa noche, quedarnos sin tabaco —los soldados se lo fumaban todo, los malditos— y seguir en razonable estado de salud cuando terminara aquello. Incluido el propio miedo, que era asunto de cada cual. Así que no la confortamos mucho, me temo. Ni siquiera le preguntamos su nombre.

Llegamos a Mostar en un amanecer sucio y gris —allí todos eran así, hasta los días de sol—, se abrió la rampa del BMR y lo primero que vimos fue la cara flaca de Miguel Gil Moreno, que nos esperaba. Le dimos un abrazo y empezamos a trabajar, porque en ese momento caían morteros serbios, había heridos, y un casco azul español estaba lleno de sangre de la cabeza a los pies, aunque no era suya. Mientras bajábamos del blindado, Miguel —que luego moriría en Sierra Leona— nos hizo una foto. En ella se ve a Márquez impasible como siempre, un cigarrillo en la boca y echándose la cámara al hombro, y a mí que bajo detrás, vuelto hacia un lado —no recuerdo qué miraba— con mi mochila y cara de mala leche. Detrás se ve a la chica asomando la cabeza bajo el casco como un ratoncito tímido. Creo recordar que alguien de su oenegé la esperaba en alguna parte. No sé. No volvimos a verla nunca. Han pasado trece años y no había vuelto a pensar en ella. Hoy, ignoro por qué, la he recordado sentada en la penumbra del BMR en aquel amanecer sucio de Mostar, apretando los puños cuando la metralla serbia hacía cling-clang en la chapa del blindado. Lamento que ni Márquez ni yo le dirigiéramos la palabra. Era una chica valiente.

La cripta, los guías y el pistolero

Visito con frecuencia El Escorial. Desde hace veinticuatro años vivo cerca, y es un paseo agradable, sobre todo en las mañanas soleadas de invierno, cuando el monasterio se recorta impasible bajo el cielo limpio de la sierra, sin que la especulación, la estupidez urbanística o la bellaquería nacional hayan podido, todavía, destruir los cuatro siglos de memoria que encierran sus muros venerables de granito gris. Después de tanto tiempo paseando por sus salas, escaleras y corredores, es normal que cualquiera acabe familiarizándose con el edificio y su historia. Por eso, cuando vienen amigos a casa o me encuentro con ellos en los alrededores, acostumbro a acompañar a quienes no han visitado aún el monasterio. A unos los impresiona la sobriedad de las tres pequeñas estancias desde las que Felipe II dirigía el imperio más vasto y poderoso de la tierra, y a otros la sala de batallas o la biblioteca; pero cuando todos quedan estupefactos, y en especial los guiris, es al bajar a la cripta donde, desde el emperador Carlos hasta ahora, reposan los restos de casi todos los Reyes de España.

Como siempre hay gente y visitas guiadas que van de acá para allá, intento ir los días y horas de menos bulla, evitando a los grupos mediante maniobras tácticas perfeccionadas a lo largo de los años. También, a la hora inevitable de las explicaciones, procuro hablar en voz baja, de conversación normal, para no molestar ni incomodar a nadie. Ni se me ocurre darme aires de guía o profesor, entre otras cosas porque nada carga más que un listillo o un pedante dándoselas de perito en la materia. Me limito

a contar a mis amigos, con toda la sobriedad posible, que
aquí dormía el rey, aquí la reina, o que ésta es la estatua
yacente de don Juan de Austria, que por no morir en combate tiene los guanteletes quitados, etcétera. Así ocurrió el
otro día con mi compadre Óscar Lobato y Maribel, su
mujer. Y estando en eso, en la cripta, justo cuando les ex-
plicaba que a un lado están los Reyes y a otro las reinas que
fueron madres de Reyes, incluida la única reina varón
—Francisco de Asís de Borbón, a quien con mucho esfuerzo de voluntad suponemos padre del rey Alfonso XII—,
un vigilante jurado se acercó a preguntarme si tenía carnet
o tarjeta de guía. Le dije, sorprendido, que no tenía nada
que me acreditase como parte de tan respetable gremio, y
el hombre —algo incómodo, todo hay que decirlo— me
dijo que en tal caso no podía explicar a nadie cosas sobre
el monasterio. «Sólo los guías oficiales —añadió— pueden
hablar aquí».

Cuando, a los diez segundos de mirarlo fijamente
para asimilar aquello, caí en la cuenta de lo que me estaba
diciendo, bajé la voz cuanto pude y le dije, casi al oído, que
estaba enseñándoles aquello a mis dos amigos, que ningún
guarda jurado podía inmiscuirse en mis conversaciones, y
que, como hombre libre que soy, tanto en El Escorial como
fuera de él, tenía intención de seguir hablando de lo que
me saliera de los cojones. «Es que no puede usted hacerlo»,
opuso el hombre, ya un poco nervioso. «Claro que puedo
—respondí—, a menos que me eche del monasterio o me
pegue un tiro». Y así quedó la cosa. El vigilante se estuvo
quieto en su sitio, yo terminé de contar a mis amigos la
historia de la cripta, y empezamos a subir las escaleras, de
camino a donde están los infantes, reinas sin hijos y demás.
Pero me había quedado el ánimo removido, a ver si me
entienden. Dicho de otra forma, tenía un cabreo de los que
piden sangre. Así que dije a mis amigos que siguieran ade-

lante, que los alcanzaba en un minuto, y volviendo sobre mis pasos me fui derecho al guardia. «Llevo más de veinte años visitando esto y nunca me había ocurrido algo así», dije. Por la cara compungida que puso, me di cuenta en seguida de la situación. «No es cosa suya, ¿verdad?», concluí. Negó con la cabeza. «Es que había una guía detrás de usted mirándome con mala cara», dijo al fin. Entonces caí en la cuenta. «¿Qué pasa? —pregunté—. ¿A los guías no les gusta que un particular les haga la competencia?». El guarda me miraba, confuso. «Son las órdenes que tengo», murmuró. «Pues dígale a quien le dé esas órdenes estúpidas que la palabra es libre», le aclaré. «Y añada además, de mi parte, que se vaya a hacer puñetas.» Al oír aquello sonrió el hombre, al fin, y movió la cabeza. «No puedo decirles eso», respondió. «Tiene usted razón —le dije—. Pero yo sí que puedo».

Y aquí me tienen ustedes hoy, con su permiso. Pudiendo.

Marditos radares roedores

En los últimos diez años, los de Picolandia me han puesto dos multas de tráfico, creo recordar. Nada grave: exceso de velocidad de once kilómetros por hora en vía de servicio y de veintialgo en autovía. Las dos aforé religiosamente, sin recurrir nada, y tan amigos. El que la hace, la paga. Pero aun así, las dos veces me quedó cierta frustración rutera, pues nadie me detuvo para identificarme. Sólo un coche entrevisto en el arcén, una mirada por el retrovisor mientras piensas «te han cazado, Arturete», y nada más. Ni flash usan ahora. Ningún guardia vestido de verde medio kilómetro más lejos, ordenándome parar y diciendo, con la mano en la visera: «Buenos días. Documentación, por favor», como mandan los cánones y la bonita tradición española. Nada. Al cabo de un mes o dos, carta oficial, etcétera. El hombre contra la máquina. Y punto.

Ahora me entero de que Tráfico va a invertir ocho millones y medio de mortadelos en nuevos radares fijos de carreteras. Y que se van a instalar —nunca lo adivinarían ustedes—, no en vías de doble sentido, donde ocurren siete de cada diez esparrames, sino en autovías y autopistas, donde la velocidad es más alta, pero el porcentaje de cebollazos más bajo. Dicho en corto: que esos ocho kilos y medio no buscan evitar accidentes y salvar vidas, sino recaudar viruta. Que es de lo que se trata; porque una cosa es que las cifras negras de cada operación salida o llegada sean más o menos estremecedoras, y otra que, con esto del carnet por puntos y la mayor prudencia de la peña que conduce, la Administración deje de sangrar al personal metiéndole el cinco de bastos en la pelleja. Porque ojo. Jesucristo dijo hermanos, pero nunca dijo primos. Faltaría más. De manera que esto de los radares fijos, y que a usted y a mí nos hagan fotos y nos enteremos un mes o dos más tarde, demuestra varias cosas, pero sobre todo una: que, demagogias y telediarios aparte, a las autoridades competentes les importa un carajo que vayamos a doscientos treinta por hora, que nos matemos en la próxima curva o que saltemos la mediana y nos llevemos por delante a una pareja de jubilados, a un viajante de comercio o a quien sea. Lo que quieren es que la caja registradora haga cling, cling. Cualquier absoluto hijo de puta puede pasar como un rayo con el Bemeuve, poniendo en peligro la vida de todo cristo, y lo que hará el coche de tráfico emboscado o el radar fijo y maravilloso marca Toshiba, o la que tengan los radares, es hacer una foto estupenda de la matrícula del coche, que es lo que interesa: que los numeritos y letras se vean claros, para saber a qué propietario de coche adjudicársela y trincar. Pero al conductor, al fulano que en ese momento concreto es un peligro público, nadie lo para, ni lo identifica, y puede seguir quinientos o mil kilómetros adelante a la misma velocidad, hasta que se rompa la crisma o se la rompa a algún infeliz. La pasta está segura, y la cosa, resuelta. A partir de ahí, a la Administración, a Tráfico, a quien corresponda, le dará lo mismo que, si el conductor tiene medios, compre los puntos perdidos a alguna de las avispadas gestorías que los ofrecen por Internet; o si es coche puesto a nombre de una empresa, que el propietario tenga un compadre en Nueva York, Hong Kong o Nairobi, a cuyo permiso de conducir atribuirle el marrón. Y que reclamen allí.

Así que, aunque no sirva para un carajo, hoy quiero reivindicar mi derecho ciudadano a ser detenido e identificado en carretera cuando meta la gamba. Es más. Exijo que, una vez hecho el retrato de atentos al pajarito, una dotación de picoletos me corte el paso con la autoridad debida, me haga aparcar en el arcén con gesto enérgico, y tras afearme la conducta —se ha pasado varios pueblos, etcétera—, el guardia Sánchez me haga firmar la papeleta correspondiente mientras el cabo Martínez mueve la cabeza y dice, reprobador: «Debería darle vergüenza, señor Reverte». Más aún. En caso de que se me cruce el cable, y decida no parar y seguir a toda pastilla esquivando el control —que igual ese día me da por ahí—, reclamo mi derecho constitucional a ser perseguido por la Benemérita como Dios manda, con pirulos de destellos azules y sirenas de ordenanza, pi-po, pi-po, pi-po, derrapando en las curvas y todo eso, hasta ser reducido, identificado, esposado y puesto a disposición del juez Garzón, o del juez que sea. Uno paga lo que haga falta, que para eso estamos. Y más, mereciendo la multa o lo que corresponda. Pero puestos a que te la endiñen, por lo menos que sean guardias de carne y hueso, rediós. No una puta máquina.

Nuestros nuevos amos

A los españoles nos destrozaron la vida Reyes, aristócratas, curas y generales. Bajo su dominio discurrimos dando bandazos, de miseria en miseria y de navajazo en navajazo, a causa de la incultura y la brutalidad que impusieron unos y otros. Para ellos sólo fuimos carne de cañón, rebaño listo para el matadero o el paredón según las necesidades de cada momento. Situación a la que en absoluto fuimos ajenos, pues aquí nunca hubo inocentes. Nuestros Reyes, nuestros curas y nuestros generales eran de la misma madre que nos parió. Españoles, a fin de cuentas, con corona, sotana o espada. Y todos, incluso los peores, murieron en la cama. Cada pueblo merece la historia y los gobernantes que tiene.

Ciertas cosas no han cambiado. Pasó el tiempo en que los Reyes nos esquilmaban, los curas regían la vida familiar y social, y los generales nos hacían marcar el paso. Ahora vivimos en democracia. Pero sigue siendo el nuestro un esperpento fiel a las tradiciones. Contaminada de nosotros mismos, la democracia española es incompleta y sectaria. Ignora el respeto por el adversario; y la incultura, la ruindad insolidaria, la demagogia y la estupidez envenenan cuanto de noble hay en la vieja palabra. Seguimos siendo tan fieles a lo que somos, que a falta de Reyes que nos desgobiernen, de curas que nos quemen o rijan nuestra vida, de generales que prohíban libros y nos fusilen al amanecer, hemos sabido dotarnos de una nueva casta que, acomodándola al tiempo en que vivimos, mantiene viva la vieja costumbre de chuparnos la sangre. Nos muerden los mismos perros infames, aunque con distintos nombres y collares. Si antes eran otros quienes fabricaban a su medida una España donde medrar y gobernar, hoy es la clase política la que ha ido organizándose el cortijo, transformándolo a su imagen y semejanza, según sus necesidades, sus ambiciones, sus bellacos pasteleos. Ésa es la nueva aristocracia española, encantada, además, de haberse conocido. No hay más que verlos con sus corbatas fosforito y su sonriente desvergüenza a mano derecha, con su inane gravedad de tontos solemnes a mano izquierda, con su ruin y bajuno descaro los nacionalistas, con su alelado vaivén mercenario los demás, siempre a ver cómo ponen la mano y lo que cae. Sin rubor y sin tasa.

En España, la de político debe de ser una de las escasas profesiones para la que no hace falta tener el bachillerato. Se pone de manifiesto en el continuo rizar el rizo, legislatura tras legislatura, de la mala educación, la ausencia de maneras y el desconocimiento de los principios elementales de la gramática, la sintaxis, los ciudadanos y ciudadanas, el lenguaje sexista o no sexista, la memoria histórica, la economía, el derecho, la ciencia, la diplomacia. Y encima de cantamañanas, chulos. Osan pedir cuentas a la Justicia, a la Real Academia Española o a la de la Historia, a cualquier institución sabia, respetable y necesaria, por no plegarse a sus oportunismos, enjuagues y demagogias. Vivimos en pleno disparate. Cualquier paleto mierdecilla, cualquier leguleyo marrullero, son capaces de llevárselo todo por delante por un voto o una legislatura. Saben que nadie pide cuentas. Se atreven a todo porque todo lo ignoran, y porque le han cogido el tranquillo a la impunidad en este país miserable, cobarde, que nada exige a sus políticos pues nada se exige a sí mismo.

Nos han tomado perfectas las medidas, porque la incultura, la cobardía y la estupidez no están reñidas con la astucia. Hay imbéciles analfabetos con disposición natural a medrar y a sobrevivir, para quienes esta torpe y acomplejada España es el paraíso. Y así, tras la añada de políticos admirables que tanta esperanza nos dieron, ha tomado el relevo esta generación de trileros profesionales que no vivieron el franquismo, la clandestinidad ni la Transición, mediocres funcionarios de partido que tampoco han trabajado en su vida, ni tienen intención de hacerlo. Gente sin el menor vínculo con el mundo real que hay más allá de las siglas que los cobijan, autistas profesionales que sólo frecuentan a compadres y cómplices, nutriéndose de ellos y entre ellos. Salvo algunas escasas y dignísimas excepciones, la democracia española está infestada de una gentuza que en otros países o circunstancias jamás habría puesto sus sucias manos en el manejo de presupuestos o en la redacción de un estatuto. Pero ahí están ellos: oportunistas aupados por el negocio del pelotazo autonómico, poceros de la política. Los nuevos amos de España.

Matrimonios de género y otras cosas

Aburre el pimpampum que se traen algunos tontos —y tontas— del ciruelo con la Real Academia Española, a la que ciertos colectivos, o quienes dicen representarlos, se empeñan en contaminar con la demagogia que tanto renta en política. Dispuestos a imponer sus puntos de vista, impacientes por asegurarse el sostén de una terminología cómplice, algunos ponen el carro delante de los bueyes. En vez de asumir que todo lenguaje es sedimento de siglos y consecuencia de los usos, costumbres e ideologías de una sociedad en evolución, y que es ésta la que poco a poco adopta unos usos y rechaza otros, exigen, por las bravas, que sea el lenguaje violentado, artificial, politizado y manipulado según el interés de cada cual, el que condicione y transforme la realidad social.

Lo malo, e imposible, es que ni siquiera lo pretenden poco a poco, sino en el acto. De un día para otro. Como olvidan, o ignoran, que un lenguaje se hace con la lenta y prolija sedimentación de muchos siglos y hablas, creen poder transformarlo por las buenas, a su antojo, en un año o dos. Por eso presionan de continuo para que instituciones respetables y respetadas, mucho más sabias, doctas y solventes que ellos, asuman sin resistencia tales disparates, a ser posible antes de esta o aquella elección, o para tal y cual próxima legislatura. Y como la osadía hace buenas migas con la ignorancia, no falta ocasión en que alguno de tales bobos indocumentados se atreva a afirmar en público que la RAE es una institución reaccionaria y conservadora, que el diccionario no se ha plegado a sus sugerencias, etcétera.

El proceso se repite, rutinario. Una asociación determinada, el Gobierno o quien sea, consulta a la Real Academia Española si es correcto esto o lo otro. Y la Academia responde, tras estudiarlo sus especialistas, con la autoridad de trescientos años al cuidado de una lengua que tiene once siglos de existencia —más antigua que el francés y el inglés— y proviene del latín que se hablaba en la península ibérica. Como rara vez una consulta motivada por puntuales razones políticas es compatible con la realidad y la tradición lingüística, a menudo el dictamen académico desaconseja tal o cual uso, por incorrecto o absurdo. Pero como lo que suele pedirse a la docta casa es respaldo político y no sabiduría, el siguiente acto consiste en una declaración de la asociación, grupo o gremio correspondiente, deplorando el inmovilismo y falta de adecuación a los tiempos modernos de la RAE, que no traga. Y si de una ley o estatuto se trata, el resultado es que los redactores hacen caso omiso de lo que documentada y detalladamente opina la Academia. Prueba ésta de que nadie espera consejo, sino aplauso.

Por ejemplo: *«La Academia suele ir por detrás. Es una institución que se mueve lentamente»*. Eso acaba de manifestar un grupo de derechos homosexuales, lamentando que en el *Diccionario esencial* la palabra *matrimonio* no recoja todavía la unión de dos personas del mismo sexo. Pero es que ésa es precisamente la misión de la Academia: ir detrás y despacio, con el sensato criterio de que sólo palabras con cinco años de uso probado y general tienen solvencia. Conviene saber, además, que hay académicos de la RAE que son homosexuales y recomiendan, como sus compañeros, esperar a que la sociedad hispanohablante —que no sólo es la española— utilice de forma generalizada, si procede, la nueva y aún poco extendida acepción; pues, pese a lo que algunos querrían, una academia y un diccionario no están sometidos a parlamentos, gobiernos o leyes, sino al uso real de la lengua, como bien demostró la RAE durante el franquismo. Tampoco está de más recordar que las veintidós academias que hacen el diccionario —española, americanas y filipina— coincidieron en que la expresión *matrimonio homosexual* contiene una contradicción etimológica de la que se informó al Gobierno de España, a petición de éste, cuando redactaba la correspondiente ley. Informe al que, por supuesto, el citado Gobierno no hizo puñetero caso; como tampoco lo hizo cuando, tras consultar sobre la incorrecta *violencia de género* y proponer la Academia *violencia de sexo, violencia contra la mujer* o *violencia doméstica,* cedió a las presiones feministas, imponiendo un disparate lingüístico en el enunciado de esa otra ley. Aunque en materia de disparates, el premio Tonto del Haba del Año lo gana siempre la Junta de Andalucía, especialista en aberraciones antológicas. Y como se acaba la página, de eso hablaremos la semana que viene.

Aceituneros y aceituneras

Les hablaba la semana pasada de cómo una jábega de cantamañanas se pasa por el forro, cuando le conviene, el criterio de la Real Academia Española, imponiendo la corrección política sobre la corrección lingüística. Cada vez que un presunto padre de cualquiera de nuestras muchas patrias o un portavoz de colectivo equis o zeta se ve rebatido en sus monipodios y enjuagues lingüísticos, pone el grito en el cielo diciendo que la Real Academia Española no va al ritmo de los tiempos, que es machista, homófoba y etcétera. Tales soplacirios creen que un diccionario es un mercadillo donde todos pueden trapichear a su aire, de cara al voto tal o la legislatura cual; y que tanto la RAE como la lengua que cuida y registra en su instrumento principal están sujetas a las decisiones de los parlamentos, las leyes o los gobiernos de turno. Pero no es así.

Hace meses, el Parlamento de Galicia exigió al Gobierno la eliminación en el DRAE de algunas variantes peyorativas, usuales en El Salvador y Costa Rica, de la voz *gallego*. Cuando la Academia respondió que el diccionario no quita o pone variantes, sino que registra el uso real de las palabras en el habla viva de todos los hispanoparlantes, algunos bobos insignes pusieron el grito en el cielo, cual si la RAE fuese responsable de lo que han determinado el tiempo, el uso y las circunstancias históricas, y todo pudiera cambiarse sin más trámite, borrándolo. Poner tal o cual marca, matizar un empleo peyorativo o desusado, omitirlo en un diccionario resumido o esencial, es posible. Eliminarlo del diccionario general, nunca. Sería como quitar las palabras de Cervantes o Quevedo porque, en el contexto de su época, hablaban mal de moros y judíos. También las palabras tienen su propia vida e historia.

Pero, por más que se explique, seguirá ocurriendo. Esta España ombliguera y absurda, envilecida por el más difícil todavía de la cochina política, olvida que una lengua sólo está sometida a sí misma, al conjunto de quienes la hablan y a las gramáticas, ortografías y diccionarios que, elaborados por lingüistas, lexicógrafos y autoridades, la fijan y registran de modo notarial. En contra de lo que algunos suponen, la RAE no crea ni moderniza, sino que estudia y administra la realidad de nuestra lengua con el magisterio de muchos siglos de autoridades y cultura. Y ojo: no es sólo una Academia, sino veintidós instituciones hermanas en España, América y Filipinas, las que cuidan de que esa lengua siga viva y compartida por la extensa comunidad hispana; donde los españoles, por cierto, sólo representamos la décima parte. Consideren el despropósito de quienes pretenden que la ocurrencia coyuntural de un concejal nacionalista de Sigüenza, de una parlamentaria feminista murciana, de un ministro semianalfabeto o de la federación de taxistas gays y lesbianas de Melilla, por muchos parlamentos o gobiernos que la respalden y eleven a rango de ley, sea recogida en el siguiente diccionario y adoptada en el acto por todos quienes hablan y escriben en español. Que España sea un continuo disparate no significa que cuatrocientos millones de hispanohablantes también estén dispuestos a volverse gilipollas.

De todas formas, en eso del disparate mis ídolos son los asesores lingüísticos de la Junta de Andalucía; sin duda la comunidad autónoma que con más entusiasmo practica la farfolla parlanchina. Cualquier lectura de su boletín oficial depara momentos hilarantes, e incluso laxantes. Muy recomendable, si a uno le gusta pasar buenos ratos echando pan a los patos. La última perla corresponde al flamante Estatuto andaluz. Después de consultar con la RAE la oportunidad de utilizar lo de «*diputados y diputadas, senadores y senadoras, presidente y presidenta, aceituneros y aceituneras altivos y altivas*» y todo eso, y recibir un detallado informe de por qué, además de una imbecilidad, es incorrecto e innecesario —el uso del masculino genérico no responde a discriminación ninguna, sino a la ley lingüística de la economía expresiva—, la comisión constitucional del Congreso de los Diputados y la delegación de parlamentarios andaluces han decidido, naturalmente, prescindir del dictamen académico, por no ajustarse éste al tonillo demagógico que le buscan a la cosa. Y ahí tienen a la Junta de Andalucía, impasible el ademán, dispuesta a cambiar una vez más, por su cuenta y por la cara, la lengua común que veinte siglos de cultura e historia han dado a quinientos millones de personas. Ele. Por la gloria de su madre. Y de su padre.

1.000 números, 703 artículos

Me cuentan los amigos de *XLSemanal* que ya son mil números en el talego, que se dice pronto. Mil semanas de colorín acompañando el diario que corresponda, cada uno de su padre y de su madre según los sitios, que en total suman unos cuantos en toda España. Veintitrés, me parece que son. Así que echo cuentas y me quedo patedefuá, porque setecientas dos de esas semanas las he pasado con ustedes, domingo a domingo, sin faltar ni uno solo; y este de hoy es el artículo número setecientos tres de los que empecé allá por 1993, cuando aún me ganaba la vida de reportero dicharachero en Barrio Sésamo. En aquel tiempo, como yo no podía estar cada semana entregando un artículo, pues me pasaba la vida de avión en avión, dejaba varios escritos de golpe, ocho o diez cada vez, y luego me largaba; y al regreso —por aquellos años eran los Balcanes— escribía otros tantos, y volvía a largarme. Y así fuimos arreglándonos hasta que me jubilé del asunto bélico, y me hice algo más sedentario en plan abuelo Cebolleta. Y ahora ya sólo dejo escritos artículos de tres en tres o de cuatro en cuatro cuando tengo un viaje largo, o cuando me dispongo a largar amarras, izar velas y hacerle un corte de mangas a la cada vez más dudosa madre tierra.

Empecé a teclear esta página, por tanto, con cuarenta y dos años, y ahora tengo cincuenta y cinco: trece tacos de calendario en los que se aprenden algunas cosas y se pierden otras. No tengo cuajo suficiente para releer los viejos artículos de aquel tiempo, los primeros; pero supongo que en ellos había más humor, más ternura y más ingenuidades que en los de ahora. Dicen los amigos y compadres que los años me han hecho gruñón y menos tolerante con ciertas cosas de las que antes me limitaba a burlarme casi con suavidad. Y supongo que es cierto. Llega un momento en que el espectáculo de la sórdida condición humana —en la que por supuesto me incluyo— te fatiga la sonrisa, y deja de ser divertido. Justo cuando comprendes que nada de cuanto se diga o se haga podrá cambiar nuestra bellaca e imbécil naturaleza, y a lo más que se puede aspirar es a que al malvado o al idiota —a ti mismo, llegado el caso— les sangre la nariz. Entonces es fácil caer presa de algo que podríamos llamar *síndrome del francotirador majara:* llevarte a cuantos puedas por delante, antes de irnos todos al carajo. Bang, bang. Por lo menos, alivia.

Por fortuna —y ésa es una de las razones por las que sigo en esta página— hay cartas inolvidables, especiales, inteligentes, que llegan justo cada vez que, tras mucho darle vueltas, decido escribir el último artículo y quitarme de encima esta obligación semanal, a una edad en la que cada compromiso nuevo o viejo pesa como el plomo. Me refiero a vidas que de alguna forma se enlazan y enredan con la tuya; a jóvenes que sueñan y tienen fe, como es su obligación, y buscan una palabra o un libro que les ayude a hacer camino; a erizas en pie de guerra, hartas de su roncador manguta y dispuestas a hacérselo con el topo; a maestros que aún enseñan quién fue Viriato; a curas que dicen misa aunque no tengan fe, porque otros sí la tienen; a marinos que buscan barco y barcos que buscan marinos; a anónimos asiduos a la barra del bar de Lola, allí donde nadie protesta por que se fume, y donde música y silencios cuentan más que las palabras. Me refiero, en resumen, a todo el largo etcétera que, pese a tanto cuento y tanta mierda, a uno lo reconcilia con los seres humanos y con la vida.

Otra de las razones es la lealtad de quienes me albergan. Como apunté hace tiempo, en estos trece años han sido varios los apuros en que algunos de mis artículos han puesto a la empresa que los publica. Lógico, si tenemos en cuenta los muchos anunciantes de los que depende todo grupo editorial, sin olvidar compromisos políticos, intereses propios, suspicacias gremiales, o esa Iglesia católica, apostólica y romana, a la que con poco respeto pero con rigurosa memoria histórica aludo cuando se me pone a tiro. A pesar de todo, ni una sola vez —insisto: absolutamente ninguna— ha habido nadie que me haya dicho córtate un poco, colega; aunque, como me consta, a quienes publican este dominical les hayan caído encima, por mi causa, chaparrones terribles. Fui periodista muchos años, conozco los mecanismos del asunto, y no sé si estos trece años de libertad absoluta de lengua y tecla, sin más límite que el Código Penal, los habrían tolerado en otra parte. Tampoco estoy dispuesto a saberlo. Los mil números de *XLSemanal* los siento como míos. A mucha honra.

2007

El pitillo sin filtro

Ocurrió hace demasiado tiempo. Cuarenta y dos o cuarenta y tres años, por lo menos. Para un mozalbete fascinado por el mar y los barcos, Cartagena era territorio propicio. A veces me escapaba de clase en los maristas aprovechando la hora del recreo, e iba al puerto, respirando el olor característico de todo aquello —brea, hierro, estachas húmedas, viento salino— mientras escuchaba el campanilleo de drizas y el flamear de gallardetes y banderas. A veces pasaba así el resto de la mañana, entre los hombres quietos y silenciosos que miraban el horizonte tras los faros de la bocana, o aguardaban con una caña, los ojos fijos en el corcho que flotaba en el agua al extremo del sedal. Siempre me fascinó la inmovilidad de esa gente que miraba el mar; y yo, dispuesto a creer que todos eran viejos marinos que rumiaban sus nostalgias de puertos exóticos y temporales, me quedaba junto a ellos, sentado en un noray oxidado y poniendo cara de tipo duro, sintiéndome uno más. Soñando con irme un día.

Fue por entonces cuando conocí a Paco el Piloto, luego amigo fiel y personaje literario de *La carta esférica*, cuya noble camaradería tanto influyó en mi vida marinera. Y con él, a muchos otros personajes portuarios, típicos de una época desaparecida en este siglo de contenedores y puertos informatizados, fríos y geométricos; habituales del lugar que se buscaban la vida entre los tinglados del muelle y los barcos que iban y venían, recalando a todas horas en las tabernas cercanas. Fue allí donde, aún casi criatura y con el poco dinero que mis padres me asignaban los domingos, fumé mis primeros Celtas y Bisontes y pagué las primeras cañas de mi vida, a gente que, apoyada en un mostrador de mármol, contaba historias que yo consideraba formidables: trapicheos portuarios, contrabandos, barcos, naufragios, viajes inventados o reales. Ya no hay puertos así, como digo, ni gente como aquélla, capaz de enseñarte a robar un plátano de los tinglados, a entalingar sedal y anzuelo o a ganar la voluntad del aduanero al que le vas a meter, bajo las narices, tres botellas de whisky y seis cartones de rubio americano.

Uno de mis recuerdos más vivos corresponde a un episodio concreto, e ignoro por qué se me fijó en la memoria. Los barcos mercantes amarraban en el muelle comercial, y los de guerra frente al monumento a los héroes de Cavite. Y allí, junto a los habituales destructores y minadores españoles, se situaban también los visitantes extranjeros: norteamericanos de la VI Flota, franceses, ingleses e italianos. Gente que hablaba lenguas aún extrañas para mí, y que bajaba a tierra con sus uniformes azules o blancos, ruidosos, inquisitivos y simpáticos; pues no había nada más simpático —o eso me parecía entonces— que un grupo de marineros uniformados bajando por la escala y dispersándose, alborozados, por tierra firme. Otros se quedaban a bordo: los que estaban de guardia o no tenían permiso. Y quienes rondábamos por el puerto nos acercábamos a los barcos para observarlos o charlar con ellos.

Aquel día había un destructor norteamericano abarloado al muelle, y yo contemplaba sus modernas superestructuras y cañones. Cerca había tres o cuatro individuos de esos que nunca sabías qué hacían por allí: flacos, morenos, el aire curtido. Fumaban y se entendían desde tierra, por señas, con los marineros yanquis apoyados en la batayola del destructor. En ésas, uno de los españoles sacó un paquete de tabaco negro, sin filtro, y ofreció uno al marinero que estaba más cerca. Lo encendió éste, hizo remedo de toser, y tras darse golpecitos en el pecho agitó una mano, admirado del áspero sabor de aquel humo. Después, sonriendo, ofreció al hombre de tierra uno de los suyos, que era rubio emboquillado, como entonces se decía. Entonces, el español —típico fulano portuario, chaqueta raída, muy moreno de piel y con un tatuaje en el dorso de la mano— cogió el cigarrillo e hizo algo que lo grabó para siempre en mis recuerdos: antes de encenderlo, con ademán despectivo, muy masculino y superior, arrancó el filtro del pitillo. Luego se lo llevó a los labios, la cabeza algo inclinada y el fósforo protegido en el hueco de las manos, y aspiró profundamente el humo mientras miraba impasible al norteamericano. «Para señoritas», dijo. Y yo, admirado, con toda la inocencia de los doce o trece años, el pantalón corto, el bocadillo del cole a medio comer, pensé que en ese momento quedaban vengados, ante mis ojos, Santiago de Cuba, Cavite y Trafalgar.

El síndrome Lord Jim

París de la Francia, a media tarde. Café con espejos artdecó y graves camareros vestidos de negro con largos delantales blancos, de esos que hablan de usted a clientes que usan con ellos el mismo tratamiento. Estás allí sentado, un café en la mesa y un libro en las manos, entre gente que se trata con respeto y dice buenos días y por favor aunque no se conozca. Estás, como digo, relajado y feliz por hallarte a centenares de kilómetros del proceso de paz sin vencedores ni vencidos, del último pelotazo ladrillero, del diálogo de civilizaciones, del sexismo lingüístico, de la nación plurinacional marca Acme, de la demagogia galopante y de la maleducada puta que nos parió. Y de pronto, a tu espalda, suena una voz de idioma y tono de grosería inconfundible, dirigiéndose al camarero: «Oye, ¿hablas español?». Y mientras por el rabillo del ojo ves al camarero pasar de largo, despectivo, sin hacer caso al interpelador, cierras el libro y te dices, amargo, que como al Lord Jim de Conrad —Peter O'Toole en versión cinematográfica, con James Mason y Eli Wallach haciendo de malos—, los fantasmas del pasado te persiguen hasta cualquier puerto donde recales, por lejos que vayas. Y que la ordinariez maldita de ciertos compatriotas, o como se llamen ahora, no se borra ni con lejía.

Hay momentos de tan abrumadora evidencia que una desesperación negra te corta el resuello. Es verdad que el mundo cambia, y que la buena educación se rinde ante la uniforme marea de malos modos internacionales. Eso aporta, al simplificar las cosas, ventajas indudables en ciertos aspectos de la vida; pero entre quienes nacimos hace algún tiempo, leímos libros donde la gente todavía era capaz de matarse tratándose de usted, y fuimos criados por quienes aún conservaban maneras del siglo anterior, ciertas cosas son difíciles de encajar. Aquella tarde parisina de la que hablo, tras el café, entré en un estanco; y por el simple hecho de comprar una cajetilla de tabaco y un mechero tuve derecho a intercambiar dos «buenos días», un «por favor», un «señor», un «señora» y dos «gracias» con la estanquera, que me despidió con un rutinario «que tenga usted buen día». Y a ver cuándo, me dije al salir, iba yo a mantener ese diálogo en un estanco, o en una tienda, o en un banco, o en una oficina de la administración nacional —disculpen la anacrónica gilipollez— o autonómica de esta zafia España compadre de «oye, tú» que nos hemos fabricado, entre todos, a nuestra imagen y semejanza. Donde, a diferencia de otros lugares, si cedes el paso a una señora en una puerta, en una escalera o bajo el andamio de una calle, la presunta, en vez de dedicarte una sonrisa encantadora y decir «gracias», pasará mirándote con desconfianza, y hasta te empujará si hace falta, asegurándose de que a última hora no le estorbas el paso.

Y es que, aunque parezca residuo superfluo de tiempos rancios, hablar de usted a la gente, saludar al entrar en los sitios y despedirse al salir, dar las gracias y pedir las cosas por favor, obliga al interlocutor, o facilita otras cosas más profundas y complejas, que no voy a detallar ahora porque ni tengo espacio ni maldita la gana. Del mismo modo, la pérdida de todas esas fórmulas convencionales, automáticas, nos vuelve a todos, también automáticamente, más insolidarios, burdos, mezquinos y egoístas. Y no vale ampararse en lo de que en todas partes cuecen habas. Hay habas y habas, y las que cocemos en España son tan ásperas que irritan el gaznate. ¿Imaginan a un periodista norteamericano, o a un francés, diciéndole a Bush, o a Chirac, «oye, presidente», en lugar de «señor presidente»? Lo echarían a patadas.

Lo malo no es sólo eso, sino que hasta la gente educada que viene de fuera pierde las maneras en contacto con nuestra grosera realidad nacional. Hace cosa de medio año me llamaba mucho la atención una cajera de Carrefour, inmigrante hispanoamericana, que era de una amabilidad extrema, y todo lo decía trufado de «por favor» y «gracias», incluido un delicioso «¿me regala su firma?» al entregar la factura, o te despedía diciendo «que usted lo pase bien». Me pregunté, al observarla, cuánto iba a durar aquello. Y les juro por el cetro de Ottokar que, sólo seis meses después —harta, supongo, de hacer la panoli—, no dice ya ni buenos días, trata a los clientes como a perros y entrega la factura como si se contuviera para no arrojártela a la cara. Es, al fin —enhorabuena—, una española más. Una inmigrante perfectamente integrada.

Nadie dijo que fuera fácil

Todo el mérito es tuyo; tienes mi palabra de honor. Quizá el botín de tan larga campaña —y lo que te queda todavía— no sea lo dorado y brillante que uno espera cuando la inicia, a los doce o trece años, con los ojos fascinados de quien se dispone a la aventura. Pero es un botín, es tuyo, es lo que hay, y es, te lo aseguro, mucho más de lo que la mayor parte de quienes te rodean obtendrán en su miserable y satisfecha vida. Tú has abordado naves más allá de Orión, recuerda. Tienes la mirada de los cien metros, esa que siempre te hará diferente hasta el final. Fuiste, vas, irás, esos cien metros más lejos que los otros; y durante la carrera, hasta que suene el disparo que le ponga fin, habrás sido tú y habrás sido libre, en vez de quedarte de rodillas, cómoda y estúpida, aguardando.

Ahora sabes que todo merece la pena. La larga travesía por ese mundo de méritos numéricos y ausencia de reconocimiento, donde te viste obligada a arrastrar contigo al niño de papá, al tonto del haba, al inútil carne de matadero, con tal de llevar a buen término el trabajo para el que te bastabas en solitario. Has crecido y sabes que las oportunidades no estaban en los otros, sino en ti. Que no había nada malo en aquella chica tímida que se llevaba libros a las horas libres de tutoría; que buscaba la mirada de los profesores inteligentes, no para hacerles la pelota, sino por sentirse cómplice y no estar sola. La jovencita que sobrecargaba la mochila con *El guardián entre el centeno* o *El señor de los anillos,* que en la excursión del cole a Madrid prefería ver el Planetario, el Prado o el Reina Sofía a dejarse la garganta en el parque de atracciones. Que se enfrentaba a la hostilidad de compañeros cretinos porque era la única que había leído las *Sonatas* de Valle-Inclán o sabía quién era Wilkie Collins. Ahora que miras hacia atrás con madurez, comprendes que cada vez que alguien ninguneó tu forma de ser, te insultó, te miró por encima del hombro, no hizo sino precipitar tu aprendizaje y tu lucidez. Tu certeza de ser mejor, más despierta y diferente.

Mírate ahora. Qué lejos estás de tanto borrego y tanto buey. Entras en la edad adulta sin que nadie pueda imponerte una sonrisa falsa cuando el mundo y su estupidez, su envidia, su mezquindad, te hagan fruncir el ceño. Ahora tienes la certeza de que no te equivocaste, y de que la niña callada en el banco del fondo puede ser vengada por la mujer que hoy la recuerda. Sabes ya que puedes ser feliz a tu manera y no a la de otros, con tus libros, con tus películas, con tu familia, con esos amigos que no sabes cuánto tiempo van a durar y por eso aprecias tanto, con la mirada serena que ahora posas a tu alrededor, en la calle, en el trabajo, en la vida. En la muerte. Ahora sabes que la virtud, en el más hondo sentido de la palabra, está en ese aguante de tantos años, cuando cerca estuvieron de convertirte en otra. Comprendes al fin que los malos profesores son un accidente sin demasiada importancia, pues eres tú quien aprende; y la vida, incluso con sus insultos, con sus malvados, con sus tragedias, con sus reglas implacables, la que te enseña. Nadie dijo que fuera fácil.

El otro día fuiste a ver *Salvador* y saliste del cine asombrada, llorando. No por la película, ni por la suerte del protagonista, sino por la certeza de que los ideales de aquel muchacho ya no tienen sentido, porque ninguno los sustituye ahora, porque la gente de tu edad se divide en dos grandes grupos: una minoría de analfabetos desorientados, pasto de demagogia barata en manos de políticos sin escrúpulos, y una masa inerte cuya única aspiración es salir en *Gran Hermano* o ponerse hasta arriba el sábado por la noche; jóvenes con garganta y sin nada que gritar, que se irían por la pata abajo puestos en la piel de Salvador Puig Antich, o a los que, viendo *El crimen de Cuenca,* la sola visión del garrote vil haría cerrar los ojos con escalofríos en la nuca. Pero tus lágrimas, amiga, demuestran que tienes razón. Que no te equivocaste al amar al conde de Montecristo y al Gabriel Araceli de Galdós, al buscar el secreto genial de un soneto de Borges o Quevedo, al transitar, jugándotela, por los senderos sin carteles luminosos en los pasillos oscuros de la Historia. Al hacer de cada esfuerzo, de cada miedo, de cada desengaño, de cada ilusión y de cada libro, un martillo con el que picar los muros espesos que te rodean.

Y si algún día tienes hijos, intenta que sean como tú. Como esos tipos flacos de los que hablaba Julio César, a la manera de Casio: gente de dormir inquieto, peligrosa y viva. La que quita el sueño a los apoltronados y a los imbéciles.

Sobre mezquitas y acueductos

Sé, sin que saberlo tenga mérito alguno, cómo acabará la polémica sobre el uso islámico de la catedral de Córdoba. Estando como estamos en España, y por muchas pegas que se pongan al asunto, todo será, tarde o temprano, como suele. Aquí es cosa de tener paciencia y dar la murga. Por eso apuesto una primera edición de *El Guerrero del Antifaz* a que, en día no lejano, veremos a musulmanes orando en la antigua mezquita árabe. Tan seguro como que me quedé sin abuela. Estamos aquí, señoras y caballeros. En la España pluricultural y polimorfa. Donde todo disparate y estupidez tienen su asiento.

A ver si me explico. Si yo fuera musulmán —cosa imposible, porque me gustan el vino, los escotes de señora, el jamón de pata negra y blasfemar cuando me cabreo— pediría eso y más. Como acaba de hacer, por ejemplo, la Federación de Asociaciones Islámicas, exigiendo que la Iglesia católica *devuelva* el patrimonio musulmán; o los descendientes de moriscos —échenle huevos y háganme un censo—, obtener la nacionalidad española. En un mahometano que se tome a sí mismo en serio, o le convenga parecer que se toma, todo eso sería normal, pues los deseos son libres. El problema no está en los que piden, que están en su derecho, sino en los que dan. O en la manera de dar. O en la manera cobarde, acomplejada, en la que cualquiera que tenga algo público que sostener en España se muestra siempre dispuesto a dar, o a regalar, con tal de que no le pongan la temida etiqueta maléfica: reaccionario, conservador o antiguo. En un país tan gilipollas que hasta los niños de las escuelas tendrán una asignatura que los adiestre para el talante y la negociación, donde en boca del presidente del Gobierno un terrorista asesino que desea salir del talego es un hombre de paz, donde hasta un tertuliano de radio puede decir, sin que nadie entre sus colegas lo llame imbécil, que a los españoles les sobra testosterona y ya va siendo hora de reivindicar la cobardía, lo absurdo sería no ponerse a la cola y pedir por esa boca pecadora. Faltaría más. La mezquita de Córdoba, o el acueducto de Segovia por parte del alcalde de Roma. Y si cuela, cuela.

No voy a ser tan idiota como para pretender explicar lo obvio: las iglesias tardorromanas o visigodas anteriores a las mezquitas árabes, los ocho siglos de afirmación nacional, etcétera. Sólo argumentarlo es dar cuartel a quienes utilizan nuestra bobería como arma. Lo que quiero destacar es el hecho invariable del método. En España, basta que alguien plantee una estupidez de grueso calibre, sea la que sea, para que, en vez de soltar una carcajada y pasar a otra cosa, siempre haya gente que entre al trapo, debatiéndola con mucha seriedad constructiva, con el concurso natural de los malintencionados y de los tontos. En eso vamos a peor. Hasta hace poco sólo soportábamos a los paletos de campanario de pueblo empeñados en reducir el mundo al tamaño del rabito de su boina. Pero en vista del éxito, todo cristo acude ahora a mojar en la salsa. A qué pasar hambre, decían los clásicos, si es de noche y hay higueras.

Por eso digo que acabarán orando en Córdoba. Tienen fe, poseen el rencor histórico y social adecuado, y han tomado el pulso a nuestra estupidez y nuestra cobardía. Tampoco merece conservar catedrales quien no sabe defenderlas: no por motivos religiosos —dudoso argumento de tanto notable chupacirios—, sino porque esas catedrales construidas sobre mezquitas o sinagogas, que a su vez lo fueron sobre iglesias visigodas asentadas sobre templos romanos o lugares sagrados celtas, son libros de piedra, memoria viva de lo que algunos todavía llamamos cultura occidental. Un Occidente mestizo, por supuesto, como siempre lo fue; pero con cada uno en su sitio y las cosas claras. Como ya escribí alguna vez, hicieron falta nueve mil años de memoria documentada desde Homero, dos siglos transcurridos desde la Revolución Francesa llenos de sufrimiento y barricadas, y unos cuantos obispos llevados a la guillotina o al paredón, para que una mujer goce hoy en Europa de los mismos derechos y obligaciones que cualquier hombre. O para que yo mismo tenga derecho —lo ejerza o no— a escribir «me cago en Dios» sin que me metan en la cárcel, me persigan o me asesinen por blasfemo. Quien olvida eso y se la deja endiñar en nombre del qué dirán y el buen rollito, merece que le recen en Córdoba o lo pongan mirando a La Meca. Y que cuando su legítima pase con falda corta frente a la mezquita-catedral, símbolo de la multicultura, del todos somos iguales y del diálogo de civilizaciones, otra vez la llamen puta.

El gudari de Alsasua

Tengo delante un mural callejero en plan épico, al estilo de los del IRA: un aguerrido combatiente por la libertad y la independencia, remangado y viril, puño en alto y Kalashnikov en la otra mano, con las palabras *Euskal herria dugu irabazteko* —tenemos que ganar Euskalerría— pintadas al lado. Y qué bonito y alentador sería todo eso, me digo al echarle un vistazo, como ejemplo para jóvenes y demás, si la patria a la que se refiere el mural hubiera sido invadida por los ingleses en el siglo XII, y luego hubiese sufrido guerras de exterminio y represiones cruentas, con miles de deportados a las colonias —véanse las guías telefónicas de Estados Unidos y Australia—, y en 1916 hubiera vivido una insurrección general con combates callejeros y muchos fusilados, y luego independencia con amputación territorial, domingos sangrientos con soldados asesinando a manifestantes, y junto a las ratas pistoleras de coche bomba o tiro en la nuca y salir corriendo, que las hubo y no pocas, hubiese habido también, que nunca faltaron, cojones suficientes para asaltar a tiro limpio cuarteles y comisarías, jugándosela de verdad, mientras en las calles los niños se enfrentaban con piedras al ejército británico. Etcétera.

Pero resulta que no. Que de Irlanda, nada. Que el mural al que me refiero está en una calle de Alsasua, Navarra, y que la patria a la que se refiere, integrada con el resto de los pueblos de España, partícipe y protagonista de su destino común desde los siglos XIII y XIV, goza hoy de un nivel de autonomía y autogobierno desconocido en

ningún lugar de Europa, incluida la parte de Irlanda que
aún es británica. O sea, que no es lo mismo; por mucho
que se busquen paralelismos con lo que ni es ni nunca fue,
y por mucho que ciertos cantamañanas que no tienen ni
pajolera idea de las historias irlandesa y vasca sigan el juego idiota de la patria oprimida. Aquí, ahora, los oprimidos
son otros. Por ejemplo, los dos pobres ecuatorianos de la
T-4, oprimidos por toneladas de escombros.

Y ahora, la pregunta del millón de mortadelos: si
faltan cojones y fundamento histórico, si los heroicos gudaris del mural de Alsasua no son, aquí y ahora —basta ver
sus fotos y leer su correspondencia cuando los trincan—,
sino doscientos tiñalpas incultos y descerebrados, sin otra
ideología que la violencia irracional al servicio de quimeras
difusas e imposibles, ¿cómo es posible que esos fulanos, sin
otra inquietud intelectual que averiguar cuáles son los polos positivo y negativo de las pilas que harán estallar la
bomba o el lado de la pistola por donde sale la bala, hayan
conseguido que toda España esté pendiente de ellos, que
la política nacional sea tan crispada y sucia que hasta los
emigrantes terminen dividiéndose, y que, como en los viejos tiempos, periodistas de Telemadrid sean atacados por
ultrafachas, y lectores con *El País* bajo el brazo se vean
perseguidos al grito de rojos e hijos de la gran puta?

En mi opinión —que comparto conmigo mismo—,
tanto disparate prueba que ETA no es el problema. Que
en realidad es sólo un pretexto para que nuestra ruindad
cainita, nuestra miserable naturaleza, se manifieste de nuevo. Ni siquiera la perversa imbecilidad de los partidos políticos, incluida la permanente mala fe de los nacionalistas,
justifica la situación. ETA y sus consecuencias son sólo un
indicio más de nuestra incapacidad para obrar con rectitud.
Síntomas de la sucia España de toda la vida, enferma de sí
misma; la del rencor y la envidia cobarde; la del por qué él

y yo no; la que desprecia cuanto ignora y odia cuanto envidia; la que retorna pidiendo cerillas y haces de leña, exigiendo cunetas y paredones donde ajustar cuentas; la que sólo se calma cuando le meten dinero en el bolsillo o ve pasar el cadáver del vecino de quien codicia la casa, el coche, la mujer, la hacienda. Al observar el comedero de cerdos en que, con la complicidad ciudadana, nuestra infame clase política ha convertido treinta años de democracia bien establecida, se comprenden muchos momentos terribles de nuestra historia. ETA es sólo una variante analfabeta, una degeneración psicópata más. Sin ETA, con Franco o sin él, con Felipe V o el archiduque Carlos, sin los Reyes Católicos o con la madre que los parió, seguiríamos siendo gentuza que si no extermina al adversario es porque no puede; porque ahora está mal visto y queda feo en el telediario. Pero si retrocediéramos en el tiempo y nos dieran un máuser, un despacho de Gobernación, una toga de juez en juicio sumarísimo, llenaríamos de nuevo los cementerios.

El problema no es ETA. Ni siquiera nuestros miserables políticos lo son. El problema somos nosotros: la vieja, triste y ruin España.

Conjeturas sobre un sable

Soy de los que no encuentran raro el comportamiento disparatado de un niño pequeño. Creo que los ademanes y muecas, las carreras sin objeto aparente, los ruidos y movimientos, volteretas, extrañas miradas y actitudes de esos infatigables locos cariocos no son casuales, sino que responden a impulsos concretos y a razonamientos impecables. Cada vez que asisto a la conversación de un mocoso me asombran la firmeza de sus convicciones, la honradez intelectual y la lógica insobornable que articula su mundo. Un mundo coherente que tiene sus reglas propias. Los incoherentes, los dispersos, los confusos, somos nosotros: los adultos embrollados en turbias inconsecuencias; y que, por haberlos olvidado, desconocemos los códigos tan rectos, tan intachables, que rigen el universo de nuestros cachorros.

Hoy pienso de nuevo en eso, pues camino por la acera observando a un niño que va delante, agarrado a la mano de su madre. Tendrá unos tres años y aún camina con esos andares torpes, en apariencia aleatorios y ensimismados de los críos pequeños: sigue un ritmo de pasos propio y de cadencia indescifrable, pisa esta baldosa, evita aquélla, se aparta tirando de la mano de la madre o hace un quiebro y se coloca detrás. También emite sonidos ininteligibles hinchando los mofletes. Parece, en fin, como todos los malditos enanos, majareta total: unas maracas de Machín dentro de un anorak con los Lunnis estampados. Para rematar la pinta de jenares, camina con un sable de plástico metido entre la cremallera del anorak.

El sable lo lleva con absoluta naturalidad, sin darle importancia, como sólo un niño pequeño o un espadachín profesional pueden llevarlo. Nada incongruente en su aspecto: un crío con sable, de los de toda la vida, antes de que los soplapollas y las soplapollos políticamente correctos nos convencieran de que la igualdad de sexos y el pacifismo se logran haciendo que futuros albañiles, sargentos de la Legión o percebeiros gallegos jueguen a cocinillas con la Nancy Barriguitas.

El caso es que durante un trecho veo caminar al niño con la cabeza baja, mirándose muy atento los pies. Y de pronto, en una especie de arrebato homicida, extrae el sable del anorak y, esgrimiéndolo con denuedo, empieza a asestar mandobles terribles al aire, con tal entusiasmo que al cabo tropieza, trabándose con el arma, sostenido por tirones impacientes de la madre. Inasequible al desaliento, en cuanto recobra el equilibrio vuelve a sacudir sablazos a diestro y siniestro, dirigidos a cuanto transeúnte se pone a tiro. La madre lo reconviene, zarandeándolo un poco, y ahora el tiñalpilla camina un trecho cabizbajo, el aire enfurruñado, arrastrando la punta del sable por la acera. Pero un cartero se acerca de frente, arrastrando su carrito amarillo, y la tentación es irresistible. Así que el enano mortífero alza de nuevo el sable, hace una parada como si se pusiera en guardia, y le tira un viaje al cartero, que da un respingo. El segundo mandoble intenta atizárselo a un chico joven de mochila que viene detrás, pero el otro, con una sonrisa divertida, se aparta de improviso, el sablazo se pierde en el vacío, y el niño, todavía agarrado por la otra mano a su madre, gira en redondo sobre sí mismo y cae medio sentado al suelo. Bronca y confiscación del arma letal. Ahora madre e hijo reanudan camino, mientras éste, lloroso, cautivo y desarmado, mira a los transeúntes con evidente rencor social.

—Quizá su hijo tenga razón —le digo a la señora al ponerme a su altura.

Me mira sorprendida. Suspicaz. Así que sonrío, señalo al enano, que me estudia desde abajo como diciéndose «no sé quién será éste, pero cuando recupere el sable se va a enterar», y añado:

—A lo mejor sólo intenta defenderla.

La madre me observa un instante, aún confusa. Al fin, sonríe a su vez.

—Puede ser —responde.

—Tal como se presenta el futuro, yo le devolvería el sable.

Saludo con una inclinación de cabeza y sigo camino, adelantándome. Al rato, cuando hago alto en un semáforo, me alcanzan de nuevo. Los miro de soslayo y compruebo que el diminuto duelista lleva otra vez el sable de plástico metido en el anorak. Entonces el semáforo se pone en verde y cruzo la calle, riendo entre dientes. A fin de cuentas, concluyo, un sable puede ser tan educativo como un libro. Según quién te lo ponga en las manos.

Tiempo de emperadores desnudos

Es una lástima que a los niños de ahora no les demos a leer con más frecuencia aquellos viejos y extraordinarios cuentos clásicos de Andersen, Perrault o los hermanos Grimm, en vez de tanta imbecilidad cibertelevisiva o de esos relatos políticamente correctos, insultos descarados a la inteligencia infantil, del tipo el pirata Chapapata y la gallina Cucufata, Wolfi el lobo bueno y generoso, la habichuela Noelia y cosas así, con los que algunos profesores y padres se tragan el camelo de que los niños leen y lo que leen les aprovecha.

Frente a tanta chorrada vacía de contenido, historias de toda la vida, hermosas y duras al mismo tiempo como pueden serlo *El patito feo* o *La niña de las cerillas,* y sobre todo *El soldadito de plomo* con su trágico relato de amor, envidia, heroísmo, dignidad y muerte —el cuento que a algunos más nos hizo llorar de niños—, son extraordinarias introducciones para que las criaturas se vayan familiarizando con la vida y sus circunstancias. Para que se vacunen, vaya. O empiecen a hacerlo. Y me refiero a la vida de verdad: la vida real.

Uno de esos cuentos, por ejemplo, *El traje nuevo del emperador,* es una extraordinaria lección para interpretar el presente y prevenir el futuro; una herramienta de lo más eficaz para que nuestras criaturas, por lo menos las más espabiladas, adviertan lo que tenemos, y se preparen ante lo que les viene encima; que en vista del panorama va a ser de agárrate que vienen curvas. En realidad, el cuento del genial Andersen es para niños sólo en apariencia, pues contiene la mejor parábola sobre lo políticamente correcto que he leído nunca: el mejor y más afinado diagnóstico sobre la estupidez, la mentira y la infamia gregaria del mundo cobarde en que vivimos. La ilustre veteranía del relato prueba que la cosa no es de ahora; lo que ocurre es que nunca como hoy tantos millones de imbéciles coincidimos en mostrarnos de acuerdo en aquello en lo que ni siquiera creemos, o vemos. Ése es el aire de nuestro tiempo. Por no hablar de la España de cada día. De cada telediario.

Supongo que recuerdan el asunto. Dos pícaros redomados convencen al emperador de que pueden tejerle un traje con una tela maravillosa que sólo verán los inteligentes, pero que para los tontos será absolutamente invisible. Durante la confección, los ministros y personalidades que asisten al evento no ven la tela, por supuesto, pues tal tela no existe; pero para que nadie los tome por tontos fingen admirarla como algo exquisito y de confección soberbia. El propio emperador, que tampoco es capaz de ver tela ninguna ni por el forro —*«¿Seré idiota, o es que no sirvo para emperador?»,* se pregunta—, permite que le hagan pruebas con toda candidez; y mientras los dos estafadores hacen el paripé de probarle esto y coserle aquello, el muy hipócrita admira ante el espejo las supuestas vestiduras, alabándolas con entusiasmo, y recompensa generosamente a los sastres chungos. Por fin, el día de estreno del traje nuevo, el emperata sale a la calle en solemne procesión, llevándole la cola los cortesanos y pelotilleros de plantilla. Y todos los súbditos, faltaría más, por aquello del qué dirán y el no vayan a creer que yo, etcétera, se deshacen en elogios y alabanzas del traje, poniéndolo de sublime para arriba, sin que nadie se atreva a reconocer que no ve un carajo. Hasta que, por fin, un niño inocente —en ese tiempo aún quedaban algunos— se parte de risa y grita que el emperador va desnudo. Entonces todo cristo cae en la cuenta de la superchería, y los mismos que alababan con descaro el traje se lanzan a la rechifla general: juas, juas, juas. Cosa que por otra parte es muy propia de la infame condición humana, siempre dispuesta a arrastrarte por la calle, como al Chipé, con el mismo entusiasmo con el que diez minutos antes te jaleaba y sacaba a hombros por la puerta grande. Pero lo más ilustrativo del cuento viene luego: cuando el emperador, que cae en la cuenta, al fin, de que ha estado haciendo el panoli, y que su estupidez no se manifiesta en no ver el traje, sino precisamente en pretender verlo, decide que ya no puede volverse atrás, y piensa: *«Pase lo que pase, hay que aguantar hasta el fin»*. Así que, impertérrito, sigue su camino con paso majestuoso, aún más altivo que antes, tieso y desnudo como la madre que lo parió. Y mientras, los ministros, chambelanes y cortesanos, fieles a su puerco oficio, siguen detrás, obedientes, sosteniéndole con todo respeto una cola que no existe.

1490: comandos en Granada

Hoy toca episodio histórico. Es bueno mirar atrás de vez en cuando, en esta España con poca vergüenza y peor memoria, y comprobar que aquí han sucedido muchas cosas interesantes: sucesos que gente normal, segura de sí, convertiría en series de televisión, en películas, en referencia indispensable y signo de identidad para escolares y público en general, en vez de ocultarlas por desidia e ignorancia, por no encajar en lo social y políticamente correcto, o por desmentir el negocio de recalificación nacional de todo a cien que han montado a nuestra costa, atentos sólo a su pesebre, unos cuantos hijos de la gran puta.

Estoy releyendo con inmenso placer, después de muchos años, una biografía de Hernán Pérez del Pulgar, el guerrero sin tacha. Y al llegar al capítulo de su legendaria incursión nocturna del 17 de diciembre de 1490, en Granada, no he podido evitar que el niño asombrado que hace casi medio siglo escuchaba referir esa hazaña se estremeciera en mi interior, como cuando oía recitar a mi padre unos viejos versos de los que nunca supe el autor, pues los aprendí de memoria: *«Amparados en la noche / quince jinetes cabalgan / y Hernán Pérez del Pulgar / es el que primero avanza».*

Menuda historia, y menudo elemento. Curtido en la dura campaña de Granada, última de la Reconquista, caballero apuesto, famoso en la corte de los Reyes Católicos, Hernán Pérez del Pulgar tenía treinta y nueve años y una impecable reputación, consecuente con el lema de su escudo familiar: *«Tal debe el hombre ser, como quiere parecer».*

En aquel tiempo difícil, cuando el diálogo de civilizaciones se hacía al filo de una espada, Pérez del Pulgar era bravo entre los bravos, hasta el punto de que se decía que sus escuderos, gente rústica y fiel hasta la muerte, llevaban *«la cabeza sujeta sólo con alfileres»*. Quince de ellos lo probaron acompañándolo en la más audaz y espectacular incursión bélica —hoy diríamos acción de comandos— que registra la historia de España.

Observemos la escena: cerco de Granada, noche sin luna. Unas sombras silenciosas moviéndose bajo la muralla. Tras planificarlo hasta el último detalle, Pérez del Pulgar y sus escuderos, equipados con ropas negras y armas ligeras, se acercan a la ciudad. Y mientras nueve se quedan guardando los caballos y cubriendo la retirada, su jefe y otros seis se cuelan por el cauce del Darro, acero en mano y el agua por la cintura. Después, guiados por uno de ellos —Pedro Pulgar, moro converso—, callejean a oscuras hasta la mezquita mayor, hoy catedral de Granada. Y allí, en la puerta y con su propia daga, Pérez del Pulgar clava un cartel donde, junto a las palabras *«Ave María»*, dice tomar posesión de ese lugar para la religión católica, en nombre de sus Reyes, y por sus cojones. Tras semejante chulería, los incursores encienden un hacha de cera; y, clavándola en el suelo a fin de que ilumine bien el cartel, rezan de rodillas antes de buscar la Alcaicería para incendiarla. Pero Tristán de Montemayor, el encargado de la cuerda alquitranada para el fuego, la ha olvidado en la mezquita. Cabreadísimo, Pérez del Pulgar lamenta que le haya *«turbado el mayor hecho que se hubiera oído»*, y sacude a Montemayor una cuchillada en la cabeza, mortal si no se interponen los compañeros. Uno de ellos, Diego de Baena, se ofrece a regresar en busca de la mecha, y Pérez del Pulgar le promete, si salen vivos de allí, una yunta de dos bueyes por echarle esos huevos. Pero la suerte se acaba: de vuelta con la lumbre, Baena se da de boca con un centinela moro, al que endiña unas puñaladas antes de poner pies en polvorosa. Entonces se lía el pifostio: gritos del centinela, luces en las ventanas, alarma, alarma. Etcétera. Con toda Granada despierta, el grupo corre a oscuras hacia la muralla. Junto al río, uno de ellos, Jerónimo de Aguilera, cae atrapado en un foso. El compromiso es *«no dejar atrás prenda viva»,* y todos son profesionales: Aguilera pide a sus compañeros que lo maten, pues no quiere caer en manos de los moros. Pérez del Pulgar le tira una lanzada, pero yerra el blanco en la oscuridad. Al fin, como en las películas, con los enemigos encima, logran liberarlo y salir todos por el río, subir a los caballos y largarse al galope, mientras en la ciudad se monta un carajal del demonio y al rey Boabdil, despierto con el escándalo, le dan la noche.

Interesante historia, ¿verdad? Reveladora sobre unos hombres y una época. Y ahora imaginen con qué adjetivos figurarían Pérez del Pulgar y sus quince colegas —si alguien los recordase— en un texto escolar de 2007.

Reciclaje, ayuntamientos y ratas de basurero

Voy a ganarme a pulso una bronca ecológica, incluida mi guerrera del arco iris particular; pero uno está curtido en broncas, adversidades y otros etcéteras, así que asumo las consecuencias sin complejos. Y es ello que acabo de enterarme de que, en la Comunidad de Madrid —supongo que como en otras comunidades, más o menos—, cuatro de cada diez ciudadanos sacan la basura sin separar los materiales orgánicos de los reciclables. O sea: que para buena parte de los madrileños, y supongo, tirando por elevación, de los españoles en general, la variedad de colores que adorna los cubos de basura —envases, papel, materia orgánica y todo eso— no sirve más que para darle variedad cromática al asunto. 62.532 fotografías de contenedores frente a 13.000 edificios capitalinos, en una inspección que ha costado la respetable cifra de 390.000 mortadelos, permiten llegar a la conclusión de que así están las cosas. Y de que los ciudadanos somos unos desaprensivos que nos pasamos por la bisectriz la ecología y las ordenanzas municipales y de la CEE.

Esto último es muy probable. Sin necesidad de inspecciones y conociendo el percal, esa cifra de que sólo no reciclan cuatro de cada diez pavos y pavas me parece demasiado optimista. Y sorprendente, habida cuenta de dónde estamos, y con quién nos las tenemos, en este bebedero de patos donde todo cristo, desde los ministerios de Sanidad o Fomento hasta la concejalía de ruidos y basuras de San Crescencio del Rebollo, con tal de salir en el telediario, vomitan leyes, normativas, disposiciones y ordenanzas hasta aburrir a las ovejas, sin poner luego, por supuesto, los medios adecuados ni hacer el menor esfuerzo para aplicarlas, o para asegurarse de que se aplican sin picaresca ni golferías. Como dice un compadre mío que es medio franchute y medio alemán: «En Espania tenéis más leies que en toda Eugopa gunta, pego nadie las cumple». Así que permitan que les cuente un caso particular, casi íntimo, después de hacer una confesión melodramática y casi chulesca: yo no reciclo. O, para ser más exactos, llevo algún tiempo sin hacerlo. Y voy a contarles por qué.

Desde hace la tira, en mi casa hay cuatrocientos ochenta y seis cubos de basura con colores distintos, en los que siempre se hizo una minuciosa selección de materiales: envases, plásticos, papel, etc., incluso antes de que el ayuntamiento responsable dispusiera en las proximidades el equivalente en contenedores apropiados. De papel, sobre todo, entre correspondencia, folios y borradores descartados, envoltorios de paquetes de libros, revistas, periódicos, folletos y cosas así, se despachaban cada día muchos kilos debidamente apartados, limpios y listos para reciclar. Y todo ocurrió así, con exactitud prusiana y ejemplar ciudadanía, hasta que hace poco llegó a mi conocimiento que un par de miserables traperos que se dicen libreros o intermediarios tienen puesto a la venta parte de todo eso que, en mi virginal inocencia, envié al reciclaje: páginas de textos con correcciones manuscritas, correspondencia privada y hasta invitaciones a tal o cual acto presidencial, real, ministerial, social o literario; de los que, por cierto, debe de haber tarjetones a cientos, pues nunca voy a ninguno. Al principio, cuando logré cerrar la boca abierta por el asombro y después de estar un rato mirándome en el espejo la cara de gilipollas, pensé echarles encima a los responsables todo el peso de la dura lex, sed lex, ya saben. El juez Garzón y todo eso. Pero luego consideré que en España no merece la pena, de momento, legar pleitos a tus nietos. Así que, hechas mis averiguaciones para reconstruir el proceso, y como a fin de cuentas todo aquel papelorio no era sino basura sin importancia, decidí tomarlo con calma y a la expectativa, cual francotirador paciente detrás de la escopeta, en espera de que se presente la ocasión personal de toparme a una de esas ratas de cloaca e incrustarle los borradores de mis obras completas, previamente bien enrollados y a hostias, en el esófago. En cuanto al ayuntamiento de donde vivo y a la empresa contratada responsable, que defraudando mi buena fe —imagino que no sólo hurgarán en mis papeles, sino también en los de otros vecinos—, son incapaces de garantizar el buen uso de mis desechos domésticos, y con su complicidad pasiva —o activa, cualquiera sabe— permiten que mi vida privada sea puesta en pública almoneda, lo que hago ahora es meter toda la basura bien mezcladita, papeles, fideos, aceite de latas de sardinas, tomates pochos y demás, con las siglas QLRVPM pintadas en las bolsas con rotulador: Que Lo Recicle Vuestra Puta Madre.

Esos barcos criminales, etcétera

La peripecia del *Ostedijk* —el holandés que anduvo de Camariñas a Vivero con su carga echando humo— terminó bien. Hubo suerte: soplaba viento sur. Con norte o noroeste duro, el final no habría sido tan feliz ni barato. Aunque barato no sea el término adecuado para los armadores, que irán a los tribunales para averiguar por qué deben pagar ellos cuatro remolcadores que no pidieron, así como el espectáculo taurino musical que se montó en torno a lo que no era sino incidente menor, de los que ocurren todos los días en el mar; pero que, tratándose de costa gallega y española, se convirtió automáticamente en alarma general, pasto de bocazas indocumentados y apertura de telediarios.

Conclusión: seguimos sin aprender, sobre siniestros marítimos, una puñetera mierda. Ni siquiera lo elemental: que no es el alcalde o el ecologista de turno quien debe explicar en la tele lo que ocurre, sino que son Marina Mercante y Salvamento Marítimo, y sobre todo un ministro de Fomento informado y responsable —ni aquel nefasto Álvarez Cascos de antaño ni la malencarada y desagradable Magdalena Álvarez de ahora—, quienes tienen la obligación de dar la cara, en vez de torear a la gente según la música electoral de cada momento. Para eso, claro, hace falta que la ministra y el director de la Marina Mercante se asesoren con quienes conocen el asunto. El problema es que Marina Mercante no está en manos de marinos: los tienen ahí para coger el teléfono, y no para opinar. Y cuando opinan, es para decir lo que su director general o la ministra quieren oír.

Se trata de cobardía política, como de costumbre. Eso convierte cada incidente naval en un espectáculo y un disparate: nadie cuenta las cosas como son. Nadie dice que el tráfico mercante en la costa gallega pasa a 40 millas de ésta, pero que los mismos barcos navegan frente a Ouessant, en Francia, a 15 o 20 millas, y por el canal de la Mancha a menos de una milla del cabo Gris Nez. Nadie dice tampoco que en España, pese a recibir por mar, como el resto del mundo, el noventa por ciento de los productos necesarios para la vida diaria, los intereses marítimos no existen, los armadores han sido criminalizados hasta el insulto, todo barco mercante se asocia con la palabra pirata, y al menor incidente, los políticos y la prensa entran a saco. Eso no ocurre sólo aquí, por supuesto; pero en este paraíso de la demagogia y la estupidez, los efectos son más graves.

Un ejemplo de nuestra hipocresía son los petroleros. Las grandes compañías controlan la extracción y poseen refinerías y gasolineras, pero del transporte se lavan las manos. Sus flotas han desaparecido por tener mala prensa, y ahora es el armador griego Kútrides Tiñálpides, o como se llame, quien se come el marrón. Y así, cada buque, petrolero o no, arrastra una leyenda siniestra, abucheado por quienes se benefician pero no quieren saber nada. Un caso elocuente es el del *Sierra Nava*. Ese barco pertenece a la Marítima del Norte, naviera seria que siempre luchó por mantener el pabellón español en sus barcos, hasta que por falta de apoyo no tuvo más remedio que abanderarlos en Panamá, como todo cristo. Y resulta que el *Sierra Nava*, fondeando en Algeciras donde le indicó la autoridad portuaria, garreó con temporal de levante —cosa que les pasa a los barcos de vez en cuando—, yéndose a la costa con un vertido de gasóleo ni de lejos equiparable al crudo del *Prestige*. En cualquier caso, para establecer responsabilidades están los tribunales. Sin embargo, antes de investigarse nada, cuando llegó allí la ministra Álvarez —que de barcos no tiene ni puta idea, pero iba rodeada de periodistas—, lo primero que dijo fue que a los armadores del *Sierra Nava* les caían 600.000 mortadelos de multa y otros tantos de fianza, por la patilla. Eso antes de que nadie investigara lo ocurrido, para tapar la boca al personal, y por si acaso. Porque en España, todo barco, sin distinguir entre un armador honorable o cualquier desaprensivo que mueva chatarra flotante, es sospechoso sólo por estar a flote. Su capitán, culpable fácil. Y su armador, pirata malvado o primo que paga.

Y ahí seguimos. Con la ministra de Fomento arreglando el mar a la medida de su competencia e intelecto. Dentro de poco, frente a la costa gallega o cualquier otra, un capitán en apuros pedirá de nuevo refugio para su barco, y otra vez empezará el vergonzoso espectáculo. No quisiera verme en los zapatos de ese capitán. Cualquier político español prefiere un barco hundido, lejos, a verlo a flote cerca de un pueblo donde se vota. Hasta son capaces de hundirlo ellos, como al *Prestige*.

El «Chaquetas» y compañía

No tengo ni puta idea de si ese concejal de Alhendín, Granada, al que la Policía enchiqueró hace unos días es culpable o no de habérselo llevado crudo. Ni lo sé ni me importa, porque en Alhendín o en San Cebollo de Villaseca, si no es él, habrá sido otro. A algunos concejales, o políticos, o gente en general dedicada a tan bajuno oficio —bajuno sobre todo en España, precisemos la cosa—, basta con mirarles la cara, o la foto, o el currículum, o el apodo, para hacerse idea de en manos de quién estamos. Acuérdense, por recurrir a un careto conocido, del *Cachuli,* verbigracia, a quien Marbella en pleno estuvo orgullosa de tener durante largo y provechoso tiempo como alcalde, hasta que, oh, prodigio, las vendas cayeron de los ojos, cesaron los aplausos y besos callejeros, y resultó que el tal *Cachuli* era un punto filipino que había abusado de la ingenuidad de tan despistado y honorable vecindario. Etcétera.

Quiero decir, ciñéndome al asunto, que, a efectos de la página que hoy tecleo, el hecho de que ese concejal presuntamente pillado en Alhendín con las manos en el ladrillo pueda ser ladrón por activa, por pasiva, probado, recalcitrante, supuesto o en grado de tentativa, no altera el producto. Una golondrina no hace verano en un país repleto de esos y otros pajarracos. Lo valioso, lo educativo, es la biografía del individuo, que yo diría espléndida, paradigmática, interesantísima para advertir la catadura moral, no de un trincón aislado, sino de toda una clase política criada a la sombra de los ayuntamientos y del lucrativo sistema nacional —lucrativo, claro, para quienes llevan décadas enquistados en él— de que cada perro se lama por su cuenta el ciruelo autonómico: una casta golfa, oportunista, atenta sólo a mantener caliente el negocio, engordada al socaire de la impunidad y la desvergüenza, sin distinción de signos ideológicos, partidos o militancias. Con el matiz de que lo que algunos, elementales y primitivos como somos, esperábamos de la derecha era precisamente eso: mucho trincar y mucho mear agua bendita. Pero de la izquierda —y cuando pienso en el Pesoe digo izquierda por llamarla de alguna manera— esperábamos algunas otras cosas.

Por eso no menciono aquí el nombre del presunto de Alhendín, que da igual porque sólo es uno más, gotita en el océano y todo eso, y además el nombre es de cada uno y del padre y la madre que lo parieron. Lo que interesa, lo significativo, es el apodo. Que es glorioso, perfecto, definitorio, como digo, de un talante político tan español y castizo como los encierros de Pamplona, el jamón ibérico, la hipoteca, o los llaveros con el toro de Osborne, el cedé del Fary y las botas de vino Las Tres Zetas que se venden en las gasolineras: el *Chaquetas*. Con ese mote situándonos al personaje, no hay más que entornar los ojos para imaginar, con escaso margen de error, una fisonomía, una forma de vestir, un modelo de coche, una casa, una mariscada con los compadres mientras circulan sobres bajo la mesa, unos hábitos. Que levante la mano quien no tenga en su pueblo, en su ciudad, en su ayuntamiento, en su Gobierno autonómico, un fulano —o fulana, seamos paritarios— a quien cuadre el apodo. Alguien a quien aplicar el encaje de bolillos biográfico que nuestro amigo de Alhendín ha tejido, tacita a tacita, desde su más tierna juventud: de simpatizante del Partido Comunista a ir a las elecciones con el Centro Democrático y Social, que luego abandonó por un grupo independiente donde obtuvo en 1987 su primera concejalía; de ahí llegó a ser alcalde durante unos meses, hasta que tras serle retirada la confianza por su propia gente se pasó al Pepé, con el que volvió a ser concejal en 1999 de un ayuntamiento en el que, hasta el momento de su problemilla con la Justicia, era nada menos que edil de Urbanismo, teniente de alcalde y concejal de Economía, Hacienda, Personal y Contratación, además de tener —eso afirman los periódicos que se han ocupado del asunto— una asesoría urbanística, y ser consejero de una promotora inmobiliaria en sociedad con la mujer y dos cuñadas del alcalde. Lo único que en su larga, variada y rentable carrera política no ha sido hasta ahora mi primo es militante del Pesoe, aunque también eso hay que matizarlo: trabajó como recaudador del ayuntamiento de Granada durante el mandato del socialista José Moratalla.

Así que lo dicho, oigan. El *Chaquetas*. A mucha honra. Hay apodos que definen no a un individuo, sino a toda una casta miserable: la que manda en esta cochina España. Con nuestro aplauso, o nuestro silencio.

Bandoleros de cuatro patas

Salió el otro día en la tele: un aprisco de ovejas tras la incursión nocturna de una jauría de perros asilvestrados. Impresionaba el desconcierto desolado de los pastores junto a los pobres animales muertos o moribundos, acurrucados con el cuello deshecho, la carne viva y ensangrentada, aún palpitante, al descubierto. Como si en vez de perros se hubiera colado en el corral, por la noche, un grupo de carniceros serbios. Llegaron en la oscuridad, contaba uno de los pastores, excavando con astucia bajo la valla metálica, y se lanzaron a la matanza con evidentes ganas de hacer daño. Por las huellas eran siete u ocho, y dos de ellos fueron acorralados y capturados por la Guardia Civil en el monte cercano, todavía con sangre en el hocico. La cámara los mostraba atados y encerrados en un patio. Uno era grande, amastinado, de mandíbulas poderosas, y alzaba la cabeza con firmeza y desafío, como diciendo «lo haría otra vez en cuanto me soltarais». El otro era un tiñalpilla menudo, paticorto, de ojos grandes y oscuros, que miraba a la cámara con el aire arrepentido y lastimero de un Lute de cuatro patas; al estilo de esos delincuentes que, al pillarlos con las manos en la masa, dicen que roban o matan porque tienen hambre y la sociedad los hizo como son. El destino de ambos reclusos estaba claro: pruebas veterinarias y sacrificio. No pude evitar asociarlos con una pareja de presidiarios convictos en el corredor de la muerte, el duro que mantiene el tipo, y el tímido y asustado que, hasta el final, intenta convencernos de que es inocente. Supongo que a la hora de teclear estas líneas ya estarán muertos.

Me quedó algo de esos perros, sin embargo. Una sensación extraña, incómoda, que me lleva a hablar hoy de ellos. En primer lugar, porque la muerte de ciertos seres humanos me tiene a veces sin cuidado; pero la de un perro no me deja nunca indiferente. Siempre sostuve que esos animales son mejores que las personas, y que cuando uno de nosotros desaparece del mapa, el mundo no pierde gran cosa; a veces, incluso, se libera de un verdugo o de un imbécil. Pero cada vez que muere un buen perro, todo se vuelve más desleal y sombrío. Lo de buenos o malos perros también es relativo. La mayor parte de las veces, lo que separa a uno heroico y bondadoso de otro majara, o asesino, no es más que la confusa y compleja línea que separa a un amo normal de un hijo de la gran puta. Porque los perros son, casi siempre, como los humanos los hacemos.

En eso pienso ahora, con el mastín tipo duro y el chusquelillo de ojos melancólicos nítidos en el recuerdo. No es la primera vez que perros asilvestrados salen en los periódicos o en el telediario. Y siempre me quedo pensando mucho rato en esas jaurías espontáneas, formadas por chuchos supervivientes de las cunetas y las autopistas, que tras verse abandonados por sus amos sobreviven al calor, a la sed, al hambre, a la soledad; y lamiendo sus llagas terminan juntándose, para su fortuna, con otros hermanos de exilio, con otros proscritos que, igual que ellos, pasaron de ser cachorrillos mimados un día de Reyes a presencia molesta en casa de amos irresponsables, para terminar siendo abandonados a su suerte en un mundo difícil para el que nadie los había preparado. Un territorio hostil que ni conocían ni imaginaban.

Por eso, para calmar la tristeza que me produce ese pensamiento y no conmoverme demasiado, prefiero creer que esos perros que, precisos y letales, atacaron el aprisco con objeto de comer un poco y matar mucho, poseen inteligencia suficiente para saber lo que hacían. No quiero pensar en accidente, o azar. Prefiero imaginarlo todo como venganza de un grupo salvaje, de una jauría asesina formada por los que en otro tiempo fueron tiernos cachorros, y ahora, maltratados, abandonados, proscritos por dueños que les dieron un cruel amago de felicidad antes de sumirlos en el estupor y la soledad, atacan y matan sin piedad, por ansia de revancha, por simple sed de sangre, aunque el precio sea acabar luego como los dos colegas del telediario, el mastín y el paticorto, en manos de la Guardia Civil. Que tampoco es mal final, por cierto, después de haber visto arder naves más allá de Orión y todo eso, corriendo libres por los campos, cazando, matando y lo que se tercie —supongo que también habrá perras guapas en esas jaurías—. Ajustando cuentas, en fin, como una partida de bandoleros sin ley ni amo, devueltos a la barbarie, echados al monte por la injusticia y la estúpida maldad de los hombres.

La princesa de Clèves y la palabra «patriota»

Hay un columnista al que leo cada mes en la revista literaria gabacha *Lire*. Se llama Frédéric Beigbeder y no lo conozco personalmente; pero me agradan su ironía, sus puntos de vista, y sobre todo su forma de entender la cultura. Una forma ilustrada, por supuesto, pero lejos de la pedantería intelectual en la que tantos, franceses o no, incurren a menudo. En cuanto a Beigbeder, no siempre comparto sus opiniones; pero es inteligente, y me interesa lo que dice y cómo lo dice. La última página suya que he leído la dedicaba a comentar un juicio despectivo de Nicolas Sarkozy sobre *La princesa de Clèves,* de Madame de La Fayette: novela que, en no demasiadas páginas, relata la historia de una mujer hermosa y triste enamorada de un hombre que no es su marido, y al que renuncia para salvaguardar su honor, incluso después de que el marido haya muerto de pena, creyéndose —sin fundamento— engañado por ella.

Entre otros sentimientos, la mención a *La princesa de Clèves* me despierta recuerdos gratos. La leí a los quince o dieciséis años, en la biblioteca de mi abuela materna; y desde sus primeras líneas —«*Nunca brillaron tanto en Francia la magnificencia y la galantería como en los últimos años del reinado de Enrique II...*»— me conmovió por su elegancia y delicadeza. Virtudes éstas que, según apunta Frédéric Beigbeder con ácida coña, no sirven, a juicio de Sarkozy, para reformar la economía nacional, ni para evitar el desempleo juvenil, ni para mejorar las estructuras del Estado francés. Frente a tan elemental enfoque de la cuestión, Beigbeder subraya en su artículo la grandeza de *La princesa de Clèves*. Se trata, dice, de una bella historia sobre el amor imposible, sobre el deseo y la virtud, escrita con profunda psicología y con prosa de absoluta y eterna belleza. Luego cita el siguiente párrafo: «*Os adoro, os odio; os ofendo, os pido perdón; os admiro, me avergüenzo de admiraros*», y concluye: «*¡Leer este libro lo vuelve a uno patriota! Sólo nuestro país, riguroso y apasionado, podía alumbrar semejante obra maestra. Escuchar esta lengua es escuchar la lengua de la inteligencia*».

Y, bueno. Aparte de que don Nicolas Sarkozy quede como un soplagaitas y un bocazas, del artículo de Beigbeder retengo una frase contenida en el párrafo que acabo de citar: *Leer este libro lo vuelve a uno patriota*. Con pregunta inevitable a continuación: ¿cuáles serían los floridos comentarios del personal si alguien en España tuviera las santas agallas de afirmar, de palabra o por escrito, que tal o cual libro lo vuelve a uno patriota? ¿Imaginan a don Gaspar Llamazares, con su talento para cantar por las mañanas, apostillando la cosa? ¿O al ministro de Asuntos Exteriores de Cataluña, señor Carod-Rovira, diferenciando entre patriotas buenos y patriotas malos? ¿Al apolillado señor Acebes explicándonos qué libros y oraciones pías lo hacen a uno patriota y cuáles no? ¿A don José Blanco, simpático secretario de organización de los que ahora medran y legislan, ilustrándonos sobre lo que él y su peña entienden por patriota?

En contra de lo que puedan pensar algunos cuando lean esto —entre los lectores de *XLSemanal* también hay tontos del ciruelo, como en todas partes—, Frédéric Beigbeder no es de derechas, aunque eso sorprenda a quienes creen que la palabra *patria* sólo sirve para llevar bien el paso de la oca. Matizado eso, ¿son capaces de imaginar ustedes, en España, a un intelectual de cualquier signo, a un escritor, a un político, a un fulano para cuya actividad sea imprescindible poseer unos conocimientos básicos y un sentido razonable de las conexiones de la palabra *cultura* con la palabra *patria,* afirmando con la boca abierta y sin despeinarse que leer tal o cual libro lo vuelve a uno patriota? ¿Que escuchar la lengua española es escuchar la lengua de la inteligencia? ¿Que la lectura del *Quijote,* o de *La Regenta,* o del *Buscón,* o de *Pepita Jiménez,* o de *El sí de las niñas,* o de *Fortunata y Jacinta,* o de *La tierra de Alvargonzález,* o de *El ruedo ibérico,* o de *La familia de Pascual Duarte,* o de *Los santos inocentes,* o de *Vientos del pueblo,* o de *La aventura equinoccial* de Lope de Aguirre, aumenta el número de quienes, según el diccionario de la Real Academia, *«tienen amor a su patria y procuran todo su bien»?*

Pues eso. Que hay días, como hoy, en que le pediría prestados a Frédéric Beigbeder, si se dejara, el nombre, la página y la patria, princesa de Clèves incluida. Hasta a Sarkozy o a Ségolène Royal, fíjense, los cambiaría por cualquiera de aquí. A ciegas.

La venganza de la Petra

El mundo se hunde y nosotros nos enamoramos. Ni los pantalones vaqueros respetan ya estos hijos de la gran puta. Antes era el color lavado o sin lavar, y ahora, el ancho de pata. Tendrían que ver ustedes la cara, mitad conmiseración profesional y mitad coña marinera, con la que me mira el vendedor. «Pues va a ser que no, señor Reverte —dice—. Esta temporada, todos vienen con dos centímetros más, por lo menos». No puede ser, balbuceo con cara de panoli. Llevo el mismo ancho de pata, o de pernera, o como se diga, desde que el cabo Finisterre era soldado raso. Y busco los de siempre: normales, de faena. De toda la vida. «Pues es lo que hay —responde mi interlocutor—. La moda es la moda». Y cuando, hecho polvo, dejo los pantalones y me dispongo a tomar el portante, añade: «Es que es usted un antiguo, señor Reverte».

Total, que salgo a la calle blasfemando de los vaqueros, de la moda y de quienes la inventaron, mirando para arriba a ver si cae fuego del cielo y nos vamos todos a tomar por saco con las patas anchas de los cojones; pero lo que cae es una manta de agua y todos van con paraguas, y cuando miro para abajo sólo veo tejanos de patas anchas, arrastrados, pisándose el dobladillo o el deshilachado, que ésa es otra. Y como el suelo está mojado, sus propietarios van empapados hasta las rodillas, felices de ir chapoteando, chof, chof, con sus pantalones a la moda de la madre que me parió. Sobre todo las propietarias, porque las perneras acampanadas les encantan sobre todo a ellas, cinturas bajas y pata de elefante, favorecidas y elegantes que echas la pota,

amén del companaje para completar figurín. Que parece
mentira que haya mujeres capaces de ponerse prendas que
les caen como una patada en la bisectriz, sólo porque el
modisto de moda necesita trincar cada temporada y Victoria Beckham —esa especie de Ana Obregón vestida de
Sissi Emperatriz por el estilista de Barbie, o viceversa— sale
en el *¡Hola!*

Pero así funciona el asunto, creo. A Roberto Pasta-
flori, a Danti y Tomanti, a Rodolfo Langostino o a cualquier otro modisto puntero, o diseñador, o como carajo se
llame ahora el antaño honorable gremio de la sastrería,
se le ocurre una imbecilidad para epatar en la pasarela de
Milán, verbigracia, que los hombres lleven la bragueta
abierta con calzoncillo de camuflaje multicolor, que las
mujeres usen ropa de minero asturiano y se calcen un pie
con zapato de tacón aguja y el otro con sandalias apaches,
o lo que sea, y no les quepa duda de que, durante los meses
siguientes al desfile correspondiente —páginas de Cultura de los periódicos, ojo—, todo cristo, ellos y ellas, irán,
o iremos, por esas calles con la bragueta abierta dos palmos
lanzando pantallazos fosforito, los pavos, y las pavas con
casco del pozo María Luisa y cojeando a la moda divina
de la muerte, tacón, sandalia, tacón, sandalia, encantados de
habernos conocido. Y si sólo fuera indumento, todavía.
Los arcanos de tales dictaduras, alegremente aceptadas,
son muchos e insondables. Pero ahí están, y vienen de
antiguo. Todo empezó a fastidiarse, sospecho, el día en
que la primera marquesa gilipollas —francesa, supongo,
la Pompadour o una de esas zorras— hizo sentarse a su
mesa, dándoles conversación, a su modisto, a su peluque-
ro y a su cocinero.

También albergo otra sospecha tenebrosa, que tiene
que ver —usando una perífrasis delicada que no alborote
mucho el gallinero— con las distintas aficiones y posturas

de cada cual respecto al acto venéreo. Dicho de otro modo: lo que abunda entre los modistos no es el estilo camionero tipo Russell Crowe, sino más bien el Chica Tú Vales Mucho. Pensaba en eso el otro día, hojeando un reportaje sobre quienes dictan la moda de nuestro tiempo. Las fotos eran reveladoras: Jean-Paul Gaultier con botas de piloto intrépido acordonadas hasta las rodillas, jersey malva y pantalón de reflejos violetas, John Galiano con melena rubia y rizada hasta la cintura, sombrero de gánster, fular blanco y camiseta negra de pico, Valentino peliteñido, clásico y sobrio como la vida misma, Karl Lagerfeld —aparte esa pinta simpática que tiene, el jodío— con botas de montar, cuello duro, una sortija en cada dedo, una calavera en la corbata y una cadena de bicicleta a manera de cinturón. También venían un par de fulanos más cuyos nombres no retuve, uno con gomina amarilla y las rótulas depiladas asomándole por agujeros de los vaqueros, y otro vestido de Isadora Duncan que iba montado en patinete. Para mí, deduje tras mucho mirarlos, lo que son estos fulanos son unos cachondos. En el fondo —y en la forma— odian a las tías. Y se están vengando.

Eran los nuestros

Todavía no he visto *300,* la película de Zack Snyder sobre la batalla de las Termópilas. Pero he seguido con atención la polémica sobre la corrección o incorrección social del asunto, los pareceres encontrados sobre el supuesto retrato artero y malévolo de los orientales persas, y los tópicos sobre el honor y la gallardía de los occidentales espartanos. Ha sido interesante asistir a ese contraste de opiniones entre los partidarios de una visión tradicional del acontecimiento, la prohelénica y heroica, frente a la de quienes se expresan desde un enfoque más orientalista o menos eurocéntrico y lamentan que Jerjes y su gente todavía figuren en la Historia como los malos del episodio.

En el debate no han faltado, naturalmente, las alusiones a la crisis entre los valores de la democracia occidental y los que otras culturas sostienen, las alusiones al islam, etcétera. En el que podríamos llamar *sector crítico* frente a la versión transmitida por las fuentes clásicas, hay opiniones muy respetables, versiones de historiadores que, con el peso de su autoridad y con más o menos eficacia según el talento de cada cual, revisan tópicos, iluminan rincones oscuros, deshacen o cuestionan interpretaciones tradicionales; pero junto a ese análisis serio, académico, se ha dado también, como era de esperar en los tiempos que corren, una intensa agitación del gallinero mediático, empeñado en aplicar al año 480 antes de Cristo los habituales clichés de lo social o políticamente correcto. De manera que junto a ciertos finos analistas, intelectuales de pasta flora, eruditos cutres, tertulianos charlatanes y políticos analfabetos,

sólo ha faltado alguien que denuncie a Leónidas y sus trescientos hoplitas ante el tribunal internacional de La Haya
por militaristas y xenófobos. Que casi. De modo que van
a permitirme, también, opinar al respecto. Eso sí: con un
criterio contaminado por el hecho poco objetivo de haber
leído en su momento —cada cual tiene sus taras— a Heródoto, a Diodoro de Sicilia y a Jenofonte. A lo mejor ése
es mi problema. No hay nada mejor, lo admito, para la
objetividad, la equidistancia y la corrección política que no
haber leído nunca un puto libro.

A ver si lo resumo bien: eran los nuestros, imbéciles.
Aunque siempre sea mentira lo de buenos y malos, lo de
peones blancos y negros sobre el tablero de la Historia, lo
que está claro, películas y paralelismos modernos aparte,
es el color de los trescientos lacedemonios y los setecientos
tespieos que libraron el último combate contra los doscientos mil persas que los envolvieron y aniquilaron en el paso
de las Termópilas. Pese a su militarismo, a las crueles costumbres de su patria, a que los enemigos no eran afemina-
dos o malvados, sino sólo gentes de otras tierras y otros
puntos de vista, los soldados profesionales que peinaron
con calma sus largos cabellos antes de colocarse encima
treinta y cinco kilos de bronce y cerrar filas dispuestos a
cenar en el Hades —Leónidas sólo llevó a los que tenían
en Esparta hijos que conservaran la estirpe—, riñeron aquel
día como fieras, hasta el último hombre, conscientes de
que su hazaña era un canto a la libertad: la demostración
suprema de lo que el ser humano, seguro de lo que defiende, puede y debe hacer antes que someterse.

Y claro que eran héroes. Da igual que los historiadores magnificaran su hazaña, o que los enemigos fuesen
de una u otra manera. Lo que esos espartanos rudos y valientes defendieron bajo la nube de flechas persas —como
bromeó uno de ellos, eso permitía pelear a la sombra— no

era el diálogo de civilizaciones, ni el buen rollito ni el pasteleo para salvar el pellejo poniendo el culo gratis. Enaltecidos por los clásicos o desmitificados por los investigadores modernos, lo indiscutible es que, con su sacrificio, salvaron una idea de la sociedad y del mundo opuesta a cualquier poder ajeno a la solidaridad y la razón. Al morir de pie, espada en mano, hicieron posible que, aun después de incendiada Atenas, en Salamina, Platea y Micala sobrevivieran Grecia, sus instituciones, sus filósofos, sus ideas y la palabra *democracia*. Con el tiempo, Leónidas y los suyos hicieron posible Europa, la *Enciclopedia*, la Revolución Francesa, los parlamentos occidentales, que mi hija salga a la calle sin velo y sin que le amputen el clítoris, que yo pueda escribir sin que me encarcelen o quemen, que ningún rey, sátrapa, tirano, imán, dictador, obispo o papa decida —al menos en teoría, que ya es algo— qué debo hacer con mi pensamiento y con mi vida. Por eso opino que, en ese aspecto, aquellos trescientos hombres nos hicieron libres. Eran los nuestros.

Viejos maestros de la vida

Antes —supongo que ahora es lo mismo, pero menos— debíamos mucho a los viejos zorros de colmillo retorcido y rabo pelado. Llegabas de pringadillo a un sitio u otro, en tus primeras experiencias profesionales, y siempre había alguien de ese oficio o de cualquier otro, un tipo generoso atrincherado aquí o allá, lleno de resabios y lucidez, que te ayudaba a dar los primeros pasos por el campo minado sin otro motivo que tu juventud, tu inexperiencia, tu entusiasmo. Sin nada que ganar en ello por su parte; sólo porque le caías bien o veía en ti, quizá, el reflejo de lo que él un día fue, o de lo que tal vez nunca pudo ser, y tú, más dotado o con mejor suerte, tal vez un día fueras. Como si tu supervivencia futura, tu posible éxito, fuesen también, en cierto modo, los suyos.

Siempre fui afortunado en ese aspecto. En mi juventud, cada vez que dejé la mochila en una silla y dije «buenos días» tuve el inmenso privilegio de encontrar cerca a un veterano que, guasón al principio, con ese tono que sólo confieren el tiempo, la experiencia y las cicatrices, me dijo «arrímate aquí, espabila los oídos y abre bien los ojos». En esos primeros tiempos caminando de un lado a otro, siempre se me dio bien encontrar capitanes Haddock que me llamaran grumetillo; tal vez porque mis ganas de aprender eran sinceras, el respeto no era fingido, y supe pronto que un recluta bisoño y en territorio enemigo, dispuesto a preguntar lo que no sabe, supera en probabilidades de sobrevivir al idiota que, para disimular la ignorancia que arrastra todo novicio por listo que sea o crea ser, se adorna con lo que no tiene, desconociendo lo mucho que puede aprenderse con una sonrisa, una pregunta adecuada seguida de un silencio humilde, una caña de cerveza o un vaso de vino pagados en el momento y lugar oportunos. Obligándote luego, para compensar todo eso, a la insoslayable contrapartida: lealtad y agradecimiento.

No he olvidado a ninguno, aunque la vida nos llevase luego de acá para allá, alejara a unos y liquidase a otros. En los puertos mediterráneos, en las hoy desaparecidas tertulias del café Gijón, en la redacción del viejo diario *Pueblo,* en los hoteles de Beirut, Argel, El Cairo, Nairobi o Managua, en los bares de oficiales de Villa Cisneros, Smara o El Aaiún, tuve siempre la suerte inmensa de que un veterano de algo, de la literatura, del periodismo, de la delincuencia, del mar, de la guerra, de la vida, me proporcionase —a veces sin pretenderlo— información privilegiada y mecanismos eficaces de aprendizaje y supervivencia: Vicente Talón, Chema Pérez Castro, Manolo Cruz, Fernando Labajos, Aglae Masini, el Piloto, mamá Farjallah y tantos otros son sólo algunos nombres de una lista extensa, imposible de resumir aquí. No he olvidado a ninguno; y cada vez que algo sale bien, que escribo un artículo o un libro más o menos afortunado, que llego a puerto sin problemas, que una experiencia o un recuerdo me sirven para interpretar, para asumir, para comprender el mundo en el que vivo y en el que un día moriré, sonrío en mis adentros, agradecido a aquellos con quienes contraje la deuda.

Entre los muchos maestros de quienes aprendí el oficio de reportero, el más antiguo vive todavía: se llama Pepe Monerri. Hoy es un abuelete jubilado, hecho polvo y en dique seco, y no quiero que cierre la última edición, cuando le toque, sin que sepa cómo lo recuerdo, treinta y nueve años después de aquella tarde en que, a la salida del colegio, acudí como siempre a la delegación del diario *La*

Verdad en Cartagena para hacerle compañía y aprender los rudimentos del oficio. Pepe Monerri, un clásico de las redacciones locales en los diarios de provincias de entonces, escéptico, vivo, humano, desenvuelto, endiabladamente listo, me encargó que entrevistase —era la primera entrevista de mi vida— al alcalde de la ciudad, sobre un asunto de restos arqueológicos destruidos. Y cuando, abrumado por la responsabilidad, respondí que entrevistar a un político quizá era demasiado para un novato de dieciséis años, y que tenía miedo de meter la pata haciéndolo mal, el veterano me miró despacio y con mucha fijeza, se echó hacia atrás en el respaldo de la silla, al otro lado de la mesa llena de máquinas de escribir, maquetas, fotos y papeles, encendió uno de esos pitillos imprescindibles que antes fumaban los viejos periodistas, y dijo algo que no he olvidado nunca: «¿Miedo?... Mira, zagal. Cuando lleves un bloc y un bolígrafo en la mano, quien debe tenerte miedo es el alcalde a ti».

Insultando, que es gerundio (I)

Cada vez nos ponen más difícil insultar a la gente. Dirán algunos que no hace falta insultar a nadie, y que cuanto más difícil lo pongan, mejor. Pero dudo que tan edificante argumento sea del todo riguroso. Tal y como anda el mundo, verse insultado —cosa que, por otra parte, a muchos les importa un pimiento— es el único precio que muchos hijos de la gran puta y no pocos tontos del haba acaban pagando a cambio de la impunidad por los estragos que causan. Escueto peaje, a fin de cuentas. Además, para los que somos mediterráneos, o de donde seamos, y se nos calienta con facilidad la boca o la tecla —al arriba firmante más la tecla que la boca, pero cada cual es muy dueño—, ésa es una manera como otra cualquiera de situarse ante las cosas. Háganse cargo: el insulto como punto de vista o como desahogo final, a falta de otras posibles contundencias. *Ultima ratio regum,* etcétera. Ante ciertos ejemplares de la especie humana, a muchos el insulto nos fluye solo, espontáneo, natural como la vida misma. Aunque, en lo que a mí se refiere, y en términos generales, lo cierto es que sólo insulto por escrito. En la vida real, fuera de este gruñón personaje semanal cuyo talante, vocabulario y patente de corso me veo obligado a sostener desde hace casi catorce años —faltaría más, amariconarse a estas alturas—, soy un fulano más bien cortés. Gano mucho con el trato, dice mi editora.

Pero les decía que cada vez se hace más cuesta arriba insultar, y es cierto. Lo socialmente correcto exige encaje de bolillos para manejar el buen, sonoro, rotundo, inapelable, higiénico insulto de toda la vida. Uno ve en la tele a cualquier político español, por ejemplo, sin distinción de careto o ideología; y cuando salta como un tigre sobre el ordenador, dispuesto a expresar con el epíteto oportuno los sentimientos que le inspira, se encuentra hojeando desesperadamente el diccionario de la RAE en busca de algo que no hiera sensibilidades ajenas o produzca, ay, daños colaterales. Cosa cada vez más difícil. Y claro. Eso quita frescura al insulto que nos rozaba los labios, o la tecla. Anula toda espontaneidad y hasta le disipa a uno las ganas de insultar. Y la ilusión.

Calificar a tal o cual individuo de *retrasado mental,* por ejemplo, ya se ha hecho imposible. Si escribo por ejemplo —quedándome corto— que el presidente Bush de los Estados Unidos de América del Norte es un *tarado,* lloverán cartas de asociaciones respetables argumentando, con razón, que uso despectivamente una palabra que incluye casos dolorosos y conmovedoras tragedias humanas. Lo mismo ocurre si utilizo *subnormal, anormal* o *A. Normal,* como en *El jovencito Frankenstein.* El problema, para quienes necesitamos contar cosas o expresar puntos de vista por escrito, es que las palabras y cuanto implican están hechas exactamente para eso; para aplicarlas a la realidad o a la ficción, describiéndolas del modo más eficaz posible. Y se hace muy difícil expresar de otro modo la estupidez, la tontería o la imbecilidad de un individuo al que pretendemos definir como tal. Dirán algunos que bastaría entonces calificarlo de *tonto,* de *idiota* o de *imbécil.* Pero es que esas palabras significan exactamente lo mismo. *Soplagaitas,* por ejemplo, ya me lo han hecho polvo. Un insulto tradicional, clásico. De toda la vida. Un eufemismo, convendrán conmigo, muy aceptable para aplicar a quienes consideramos cualificados en el arte, no siempre fácil, de soplar otros órganos o instrumentos especializados. Lo usé hace tres o cuatro semanas, no recuerdo para qué, y acabo de recibir una carta —se lo juro a ustedes por mis muertos más frescos— de un gaitero asturiano o gallego, de eso no estoy seguro, afeándome la cosa. Una falta de respeto, argumenta. Ofensa para todos los gaiteros y demás. Ya ven. Nada comparable, eso sí, con otra carta recibida hace un par de años, de la que di cuenta en esta misma página, cuando unos vidrieros artesanos me reprocharon el uso de la expresión *sopladores de vidrio* como variante en lo de soplar. Aún me queda en la reserva, es cierto, *soplacirios;* o lo que es más bonito y más rotundo, *sopladores de cirio pascual;* pero mucho me temo que, en cuanto use un par de veces tan bella perífrasis, alguna asociación de sacristanes sin fronteras o congregación pía pondrá el grito en el cielo. Siempre me quedará París, es cierto: recurrir, sin ambages, al rotundo y algo explícito *soplapollas*. Pero tampoco estoy muy seguro de que eso no extienda el círculo de damnificados. O damnificadas.

Insultando, que es gerundio (II)

Les contaba la semana pasada lo difícil que se va poniendo insultar cuando lo pide el cuerpo; incluso aludir despectivamente a algo que detestas o desprecias, y hacerlo sin vulnerar los cada vez más estrechos límites de lo socialmente correcto. Mencionaba los casos reales de lectores gaiteros —todo es compatible en *XLSemanal*— indignados cuando utilizo de modo peyorativo, que es casi siempre, la eufemística palabra *soplagaitas*. O la documentada carta que me dirigió hace un par de años una empresa de artesanos vidrieros afeándome el uso de *sopladores de vidrio*. Y es cierto que así están las cosas. Ya ni *hijo de puta* puedes decir impunemente, pues se revuelven como gato panza arriba las señoras del oficio, o —una madre es una madre, al fin y al cabo— su muy digna descendencia. Para quienes necesitamos describir, contar o interpretar el mundo por escrito, el problema reside en que, si aplicásemos al pie de la letra tan restrictivas interpretaciones, sería imposible utilizar palabras descalificadoras o peyorativas, pues siempre habrá un sector de población incluido en ese término, aunque el significado de uso concreto, y evidente, lo deje fuera del asunto. Decir que Ignacio de Juana Chaos, verbigracia, es un *canalla* y un *psicópata* será discutido por muy poca gente honrada, excepto —y con razón, claro, desde su punto de vista— por aquellos innumerables canallas y psicópatas que no son, como ese mierda de individuo, conspicuo gudari de la patria vasca, miserables asesinos.

Tanta y tan exquisita sensibilidad, tanto sarpullido tiquismiquis por el uso de una de las lenguas más cultas, ricas y complejas del mundo, embota mucho los filos de la eficacia expresiva —y luego quieren algunos que tengamos estilo—. Imagino que a una mala bestia analfabeta que debe farfullar en el Congreso o en el Senado, sin las más elementales nociones de vocabulario imprescindible, gramática u ortografía, por qué aprueba o niega tal o cual presupuesto, o a un concejal que, previo engrase ladrillero, se cambia de partido y vota la recalificación de algo, no les debe de producir esto demasiados quebraderos de cabeza: cuantos más lugares comunes y más política y socialmente correcto sea todo, mejor. Más votos. Pero a quienes vivimos de darle a la tecla y contar cosas a base de perífrasis, retruécanos y cosas así, nos lo están poniendo crudo. Decir que alguien es aburrido, un insufrible *coñazo,* por ejemplo, puede echarte encima, cual panteras desaforadas, a las feminatas que anden buceando en la etimología del palabro. Hasta el adjetivo *histérico,* usado de modo peyorativo, terminará siendo mal visto; pues viene de la palabra griega *ístera,* que significa *matriz.* Y con el machismo opresor hemos topado. Etcétera.

Sin olvidar, claro, los nacionalismos, localismos, paletismos y otros ismos de lo mismo. Que ésa es otra. No ya porque *gallego,* verbigracia, tenga una variante de uso despectivo en algunos lugares de la América hispana —deberían ir los de la Junta correspondiente a reclamar allí, en vez de tocarle los huevos y las matrices a la Real Academia Española—, sino porque, tal como anda el patio, uno está expuesto a todo. Si escribo *tonto del culo* puedo dar pie a protestas, por supuestas alusiones, de algún afectado por la incómoda —y sin duda honorabilísima— dolencia de las hemorroides. Si recurro al viejo insulto de mi tierra, castizo de toda la vida —que tiene incluso variante familiar y cariñosa—, *maricón de playa,* me expongo a que cuanto maricón frecuenta el litoral hispano en temporada veraniega ponga el grito en el cielo y me llame perra. En cuanto a epítetos de uso diario, cada vez que escribo *capullo* lo hago temiendo, de un momento a otro, que alguna cooperativa levantina de criadores de gusanos de seda escriba mentándome a los difuntos. Y cuando digo *tontos del haba* o *tontos del ciruelo* agacho las orejas en el acto, esperando el ladrillazo de alguna cooperativa hortofrutícola, murciana por ejemplo, donde el haba, o más concretamente las habicas tiernas, son como todo el mundo sabe cuestión de orgullo patrio. Y para qué decirles si se me ocurre calificar, por ejemplo, a alguien de *enano:* mental, físico, intelectual o lo que sea. No les quepa duda de que, al día siguiente, el buzón rebosará de cartas enviadas por alguna asociación nacional de enanos, incluida la banda del Empastre y el Bombero Torero, llamándome desaprensivo y fascista. Y hablo casi en serio. O sin casi. Hace tiempo comenté en esta página la carta indignada que, tras calificar de *payaso* a un político, recibí de una oenegé llamada —lo juro por mi santa madre— Payasos sin Fronteras.

El presunto talibán

Me seduce lo fino que hila tanto tonto del culo. La última corrección política elevada al cubo nos la endiñaron hace unos días, contando que en Afganistán han trincado a uno de los que ponen minas como otros aquí plantan tomates. Han pillado al que mató a una soldado española, decía el informativo, citando al ministro Alonso. El *presunto talibán*, matizaba. Yo estaba a medio desayuno, con un vaso de leche en una mano y una magdalena de la Bella Easo en la otra, y casi me ahogo al escucharlo, porque me dio un ataque de risa muy traicionero, glups, y los productos se me fueron por el caminillo viejo. Incluso, muy serios, los periodistas le preguntaban al ministro si iba a *personarse en el juicio*.

Y es que yo imaginaba al individuo: un afgano de los de toda la vida, con barba, turbante, cuchillo entre los dientes y Kalashnikov en bandolera en plan *Alá Ajbar*, hijo de los que destripaban rusos en el valle del Panshir, nieto de los que destripaban ingleses en el paso Jyber, y con la legítima arrastrando el burka por esos pedregales. Presunto que te rilas. Lo suponía de tal guisa al chaval, como digo, sensibles como son los afganos a matices y titulares de prensa, querellándose contra los medios informativos españoles y contra el ministro de Defensa, después de leer *El País, El Mundo* o el *Abc* por la mañana y verse llamado *talibán* a secas y no *presunto talibán*, ya saben, la presunción de inocencia, las garantías jurídicas y todo eso. O semos o no semos. Y al juez Garzón, acto seguido, tomando cartas en el asunto. A ver qué pasa con el hábeas corpus en las montañas de Kandahar. Mucho ojito. Que también los afganos son personas, oyes. Con sus derechos y deberes, y con la democracia export-import marca Acme a punto de cuajar allí de un momento a otro. Todo es sentarse y hablarlo, y para eso llevamos una temporada convenciéndolos de que adopten, como nosotros, el mechero Bic, la guitarra y el borreguito de Norit. Lo de menos es que *talibán* no sea palabra peyorativa, sino que describa un grupo social afgano, armado y mayoritariamente analfabeto, con su manera propia de entender el Corán y de paso la guerra al infiel, etcétera. Aquí y allí todos debemos ser presuntos, oiga. Talibanes y talibanas presuntos y presuntas. Por cojones. Para hacer esta muralla juntemos todas las manos, los subsaharianos sus manos subsaharianas, los talibanes sus blancas manos. Etcétera.

Así que ya saben. Presunto talibán. Una guindita más para el pavo. Además, como todo cristo sabe, en Afganistán no hay guerra, sino presunta situación humanitaria, aunque incómoda, donde se disparan presuntas balas y se ponen presuntas minas y se tiran presuntas bombas. Allí, cuando a un blindado con la bandera del toro de Osborne le pegan un cebollazo o se cae un helicóptero, no se trata de acción de guerra, sencillamente porque ni hay guerra ni niño muerto que valga. Lo que hay es una coyuntura de pazzzzz presuntamente jodida, donde nuestros voluntarios para poner tiritas las pasan un poco putas, eso sí, porque no todos los afganos se dejan poner vacunas de la polio ni dar biberones de buen talante, y porque nuestra maravillosa democracia occidental a la española, los estatutos de la nación plurinacional, las listas de Batasuna, la memoria histórica y demás parafernalia se gestionan allí por vías más elementales. A un afgano le cuentas lo de De Juana Chaos y su presunta novia, y es que no echa gota.

En el presunto Afganistán tampoco hay guerrilleros, por Dios. Decir *guerrillero* tiene connotaciones bélicas, reaccionarias, con tufillo a pasado franquista. Lo que hay son presuntos incontrolados que presuntamente dan por el presunto saco. Nada grave. Por eso cuando allí a un presunto soldado de la presunta España una presunta mina le vuela los huevos —o le vuela el chichi, seamos paritarios— nuestro ministro de Defensa no le concede medallas de las que se dan a quienes palman en combate, que eso de combatir es cosa de marines americanos y de nazis, sino medallas para lamentables accidentes propios de misiones humanitarias y entrañables. Que para eso salen en los anuncios de la tele modelos y modelas buenísimos vestidos de camuflaje pero sin escopeta, diciendo: si quieres ser útil a la Humanidad y trabajar por el buen rollito y la felicidad de los pueblos, y dar besos metiendo la lengua hasta dentro, colega, hazte soldado y ven a Afganistán a repartir aspirinas, que te vas a partir el culo de risa.

Presunto talibán, oigan. Hace falta ser gilipollas.

El vendedor de lotería

Desde que Alfonso, cerillero y anarquista, ya no monta guardia junto a la puerta del café Gijón, no juego a la lotería, ni a nada que tenga que ver con el azar, excepto cuando me acorralan por Navidad y en momentos así. Ahora sólo palmo cada diciembre en algún bar de la esquina, o con los conserjes que esperan emboscados junto al perchero del vestíbulo de la Real Academia, relamiéndose como francotiradores implacables, los malditos, para preguntarme cuántas participaciones quiero. Y no se trata de alergia a gastar viruta, sino de simple falta de fe. A diferencia de algunos conocidos míos, habituales del décimo o del cupón, y aunque uno de mis mejores amigos regenta un negocio de lotería en Burgos y otro vende cupones de la ONCE en la esquina de la librería de El Corte Inglés, en la puerta del Sol, nunca confié en el golpe afortunado que de la noche a la mañana, alehop, soluciona la vida. Ignoro cómo funcionan la bonoloto o el euromillón —ni siquiera sé si son lo mismo—, y carezco de experiencia en marcar o rascar. Si me ponen una quiniela en la mano, no sé qué hacer con ella; entre otras cosas porque, a diferencia de Javier Marías, que es del Real Madrid —cada cual tiene sus perversiones—, tampoco de fútbol tengo la menor idea. De máquinas tragaperras, ni les cuento. Todos esos botones, luces, colores y músicas me agobian lo que no está en los mapas. Juro por el Cangrejo de las Pinzas de Oro que con tales artilugios me siento tan desconcertado y receloso como un político español delante de un libro. Del que sea. De cualquier libro.

Me gustan mucho, sin embargo, los vendedores ambulantes de lotería. Me refiero a los tradicionales, especie que considero en franca extinción. A lo mejor, si me interesan es porque resulta cada vez más raro tropezárselos en su aspecto clásico. Cambian las costumbres de la gente, claro. No somos los mismos. Ni siquiera nos damos los buenos días como hace diez, veinte o treinta años. A veces ni siquiera nos los damos. También cambia el tipo de relación social que hace posible ciertas cosas y descarta otras. A menudo eso ocurre para bien, y a veces para mal. En lo que a vendedores de lotería de toda la vida se refiere, los que callejean ofreciendo sus décimos, hay ciudades, sobre todo hacia el sur de España, donde todavía es posible verlos en su estado puro, habitual, de siempre. En Sevilla y Cádiz conozco a un par de ellos, aplomados profesionales de lo suyo, a los que alguna vez incluso he seguido un trecho, observando con interés casi científico su modo de abordar a los clientes. En Madrid también es posible dar con ciertos ejemplares impecables en los bares taurinos, o que antaño lo fueron, como el Viñapé y algún otro de los que están entre la plaza de Santa Ana y la puerta del Sol. Cuando estoy con una caña en la barra y los veo entrar, casi me pongo en posición de firmes. Palabra. Me gusta el modo antiguo, mezcla de familiaridad y respeto, con que se dirigen al personal, sus décimos por delante, sin molestar nunca. Prudentes y con ojo avezado, experto, sabiendo a quién y cómo. Actúan sin descomponerse, cual si tomaran prestadas las maneras de las fotos de toreros que hay en las paredes, junto al cartel de tal o cual feria de San Isidro. Perfectos en lo suyo, profesionales, sin tutear jamás, aceptando una negativa con la misma dignidad con la que puede aceptarse una honrada propina. A fin de cuentas, son ellos quienes le hacen un favor al cliente.

El otro día encontré a uno de esos vendedores de lotería donde menos lo esperaba: el pequeño y venerable bar-restaurante La Marina, junto al puerto pesquero y la lonja de Torrevieja. Estaba yo comiendo huevas a la plancha cuando lo vi entrar con sus décimos, silencioso, el aire grave. Iba despacio de mesa en mesa, sin molestar a nadie. Decía buenas tardes, aguardaba cinco segundos e iba a otra mesa. Algunos comensales ni se molestaban en levantar la cabeza del plato. Al fin se detuvo a mi lado. Era un fulano serio, agitanado. Vestía chaqueta, corbata y zapatos relucientes. También se tocaba con sombrero, lucía anillo grueso de oro en la mano con la que mostraba la lotería y llevaba el bigote recortado, muy formal. Cinco cigarros habanos asomaban por el bolsillo superior de su chaqueta. La estampa y las maneras resultaban irresistibles, así que dije: «Deme un décimo». Lo cortó solemne, cobró, le pedí que conservara el cambio, se tocó el ala del sombrero y dijo: «Gracias, caballero». Luego se fue andando muy erguido y muy despacio. Impasible. Torero.

No recuerdo lo que hice con el billete de lotería, ni dónde lo guardé. Qué más da. Comprenderán ustedes que eso era lo de menos.

Fantasmas de los Balcanes

Llevo mucho tiempo sin querer saber nada del asunto. Me refiero a Bosnia, Croacia y todo aquello. Cada vez que en la tele aparece una noticia sobre el particular, cambio de canal o me largo. Eso incluye a mis amigos de entonces. Cuando estoy con Márquez, Jadranka o algún otro, procuro evitar los intercambios de recuerdos. Lo mismo ocurre cuando alguien me propone dar charlas o escribir artículos sobre eso. La palabra *Balcanes* es incompatible con mi ecuanimidad. Todavía se me dispara la memoria, y la mala leche, cuando una de aquellas viejas imágenes, foto, reportaje de televisión, comentario de radio, se cruza en mi camino. Me quedo luego sombrío, callado, mirando alrededor con rencor y con una especie de angustia desesperada, casi agresiva. O sin casi.

No exagero. La cosa llega al extremo de que el simple hecho de oír cerca una lengua eslava, que me recuerde el serbio aunque sólo sea de lejos, me hace ponerme tenso, nubla mis ojos y mi memoria. Me enfurece. Arrastra recuerdos siniestros, controles bajo la lluvia, cruel brutalidad, fosas comunes, gente degollada en campos de maíz, gentuza con Kalashnikov, psicópatas impunes. Materializa fantasmas que deseo olvidar, y con ellos la desesperación de entonces, la amargura impotente, las ganas, que conservo, no de lamentarme, sino de hacer daño y de matar, de buscar venganza. No por mí, que sigo vivo y coleando, sino por aquellos a los que nadie vengó. Por los muertos de un tiro en la nuca, por Jasmina, por Grüber, por la morgue del hospital de Sarajevo, por la matanza de Vukovar, por la gente fugitiva y asesinada en bosques cubiertos de nieve, por las mujeres violadas como animales en burdeles para soldados borrachos. Esa farsa de La Haya, esos juicios con cuentagotas, tan equidistantes, calculados, protocolarios, no me calman una puñetera mierda. Lo siento. Me cisco en esa justicia, en todas las justicias cuando llegan tarde, como suelen, y con la puntita nada más. Milosevic, que ya está criando malvas, e incluso Karadzic y Mladic, si alguna vez los trincan, no son sino una infinitesimal parte del tinglado. En los Balcanes, los hijos de puta eran decenas de miles. A fin de cuentas, quienes metían las manos en la sangre, hasta los codos, éramos nosotros mismos, sin freno. Era la simple y sucia condición humana.

Hoy escribo este artículo para maldecir a Lola, una amiga del Círculo de Lectores, que el otro día me envió un libro que yo no tenía la menor intención de leer, *Postales desde la tumba,* escrito por un bosnio que fue intérprete —y a eso debió salvar su vida— de los cascos azules holandeses durante la matanza de Srebrenica. Cuando vi el título arrojé el libro a un rincón; pero al rato no pude evitar echarle un vistazo. Al cabo me puse a leer a trozos, envuelto en la vieja nube negra que siempre creo haber dejado atrás, pero que cada vez regresa de nuevo. Y bueno. Ningún bien me hizo encarar otra vez la abyecta cobardía de los holandeses ante los carniceros serbios, los tres mil prisioneros asesinados en Srebrenica tras la caída de la ciudad, la torpe indecisión de Naciones Unidas, la sonrisa injustificada, cobarde, del presunto negociador Javier Solana —prodigio de incompetencia que hoy sigue al frente de la política exterior de la Unión Europea—, al que toda mi vida, y la suya, recordaré lavándose las manos en los telediarios o dándose besitos en la boca con los carniceros serbios, mientras quienes estábamos allí, grabando sangre y mierda, contábamos los muertos de cada día, con imágenes a las que ese paniaguado inútil oponía declaraciones huecas, afirmando con solemne gravedad de tonto del haba que, pese a las apariencias, los serbios se mostraban receptivos y razonables y que el asunto estaba en buenas manos. Y así día tras día, año tras año, mientras caían las bombas, se mataba y se violaba ante los ojos de una Europa miserable que nada hizo hasta que —tiene huevos quién paró la cosa— los Estados Unidos de Clinton decidieron, por fin, dar un puñetazo sobre la mesa.

Y fíjense. Ni siquiera teclear esto me ha desahogado un carajo. Por eso digo que maldito sea el libro y quien me lo mandó. Me ha hecho pasar la noche en mala duerme-vela, recordando otra vez la cara de un bosnio de Srebrenica —ustedes pudieron verlo como yo, en la tele— al que un serbio preguntó, mientras lo filmaba en vídeo y se escuchaban los tiros de quienes ya asesinaban a sus compañeros: «*¿Tienes miedo?*». Y el hombre, a punto de morir, tras una breve duda, temblándole la voz, respondió: «*¿Cómo no voy a tener miedo?*».

El taxi maldito

Le hago la señal al taxi al ver su lucecita verde y el cartel de *Libre,* y un segundo después compruebo que hay otra persona en el asiento contiguo al conductor: una joven rubia. Demasiado tarde para dejar que el vehículo siga adelante, pues se detiene. No es frecuente, pero ocurre: subir a un taxi a cuyo conductor acompaña, durante parte del trayecto, un pariente, novia, esposa o lo que sea. No es agradable, pero tampoco hay mucho que objetar. Rechazarlo sería descortés. Así que, resignado, abro la portezuela, doy los buenos días y me acomodo en el asiento posterior. «A Felipe IV, número 4», apunto. Luego abro el catálogo de una librería de viejo que acabo de recibir. *«Azaña, Manuel. La invención del Quijote y otros ensayos. 20 €»,* empiezo a leer. El taxi arranca.

A los quince segundos comprendo que he cometido un error. Por los altavoces suena un bakalao estremecedor, pumba, pumba, que retumba en mi caja torácica. El taxista es joven, de la variedad macarra madrileña en versión posmoderna, tatuajes y actitudes incluidas, que conduce a base de frenazos bruscos y golpes de volante, saltándose carriles mientras me zarandea de un lado para otro. Por si fuera poco, está encabronado con su novia, que es la rubia que va en el asiento de al lado, delante de mí, con el pelo largo agitándose a un palmo de mi nariz a causa del viento que entra por la ventanilla abierta. «Te digo que no passsa nada», repite él una y otra vez, mientras la torda le pone morros y lo llama cabrón por lo bajini. «Y a esa tía —añade el taxista, sin especificar nombres—

le voy a dar dos hostias por bocazas». A tales alturas, el drama humano que se desarrolla a cuatro palmos de mis orejas impide que me concentre en el catálogo. «*Conyers, Frank. Manual del tintorero y quitamanchas. 25 €*», leo distraído. De pronto, el taxista hace otra maniobra brusca, frena, acelera, me doy contra el asiento de la rubia y pasamos por centímetros entre un autobús municipal y un mensaka en moto. «No tengo ninguna prisa», le digo con rintintín —o como se diga— al taxista, que ya me tiene algo acojonado. «¿Qué?», responde el fulano, mirándome por el retrovisor. «Dice que no corras tanto, gilipollas», le aclara la pava, flemática. «¿De qué vas, tía?», inquiere hosco el fitipaldi, mirándome de nuevo por el retrovisor como si me atribuyera toda la responsabilidad de la crisis. Me sumerjo de nuevo en el catálogo, o lo intento. «*Marañón, Gregorio. Raíz y decoro de España. 40 €.*» Hay que joderse, me digo. Hay que joderse.

Quince frenazos, ocho golpes de volante y veintisiete zarandeos más tarde, con el bakalao haciendo pumba, pumba, un tímpano descolgado y el otro flojo, y mientras la discusión entre la rubia y su prójimo sube de tono —ahora mencionan a un tal Paco y a la madre de ella, que por lo visto se llama Encarni y vive en Leganés—, una maniobra absolutamente infame de mi taxista favorito hace que el conductor de una furgoneta increpe áspero a mi primo el bielas. Desde mi privilegiado lugar de observación asisto, casi en primera línea de fuego, al intercambio verbal entre el taxista y el furgonetero, que tiene un aspecto inmigrante del tipo Machu Picchu de toda la vida. «¡Vete a cagar, panchito!», sugiere el castizo. «¡Hijoputa!», responde bravo y sin achantarse el otro, que ya domina con soltura —todo es ponerse a ello— la dialéctica nacional. El taxista hace amago de bajarse, pero la rubia lo contiene. Arrancamos de nuevo. Otro acelerón. «*Mussolini, Benito. La revolución fascista. 35 €.»* El catálogo se me cae al suelo. Al duodécimo frenazo tras el incidente de la furgoneta, bailan las letras y hace un calor que se muere la perra. Tiene huevos: empiezo a sentir náuseas, yo que presumo de no haberme mareado nunca y comerme, en la mar procelosa, temporales crudos y sin pelar. Mientras lucho por no largar la pota y arrimo la cara a la ventanilla abierta para que me dé el aire, el pelo de la rubia, agitado por el viento —seguimos circulando a toda leche mientras ellos discuten a grito pelado—, me roza las napias con muchas cosquillas. Estornudo como un descosido, hasta dislocarme el esternón. Y no llevo encima un maldito clínex. «¿Resfriado?», interroga la rubia, volviéndose solícita. «Alergia», respondo moqueando, a punto de echarme a llorar.

Frenazo. Fin de trayecto, gracias a Cristo. «Felipe IV, caballero.» Les arrojo el precio de la carrera y salgo del taxi de estampía, cual morlaco desde toriles, cayendo en los brazos acogedores de un conserje de la RAE. Y con chirrido de neumáticos —llevándose el catálogo, que con las prisas he olvidado en el asiento—, el taxista arranca y se pierde con su churri, haciendo pumba, pumba, tras el casón del Buen Retiro.

Aquí no se suicida nadie

Hablo de memoria, pero creo recordar que, hace unas semanas, a un ministro de Sanidad chino lo fusilaron por corrupto; y otro japonés, tras ser pillado de marrón, se hizo el harakiri en plan grosero, ahorcándose antes de que la Policía le dijera estás servido. Ambos episodios se prestan a comentarios e interpretaciones según el punto de vista de cada cual. En lo que respecta al chino, hay quien verá el asunto con la indignación del que se opone a la pena de muerte, y hay quien opinará que, puestos a meter en algún sitio doce balas de AK-47, las asaduras de un ministro corrupto son lugar adecuado. Yo no voy a pisar ese jardín. Me limitaré a decir que, aunque me parece mal la pena de muerte en términos generales —en casos particulares y personales ya hilo más fino—, el fusilamiento de un ministro de Sanidad corrupto no me quita el sueño, ni en China ni en Leganés; que me disculpen los usuarios de mecheros Bic y el borreguito de Norit. Lo que me desvela, poniéndome una mala leche espantosa, es la impunidad que nuestra confortable y humanitaria España brinda a tanto sinvergüenza, sea ministro o sea gorrilla de aparcamiento junto a la Giralda —y que me perdonen los gorrillas por mezclarlos con esa turbia compañía—. Eso me lleva a hablarles del otro difunto. Del japonés. Porque imaginen el caso. Mikedo Kontodo, o como se llame el fulano, se entera de que lo suyo va a hacerse público, y de que el telediario contará con pelos y señales cómo se lo llevó crudo con terrenos recalificados en Osaka, se conchabó con los yakuzas, trincó comisiones fraudulentas hasta del dibujante de Heidi, y se gastó la viruta con geishas y lumis vestidas de colegialas con calcetines, que eso allí los pone a todos como Yamahas. Así que nuestro primo Mikedo, que tuvo un antepasado samurái en Okinawa, otro en Tsushima y otro con los Cuarenta y Siete Ronin, decide que el deshonor es demasiado para su cuerpo serrano. Así que, para rehabilitarse él y su familia ante la sociedad a la que defraudó, dice *Banzai,* se pone el kimono, se calza media botella de sake para que no le tiemble el pulso, y como rajarse las tripas le da repelús —hasta los japoneses se están amariconando ya— decide ahorcarse en el jardín, entre bonsáis, antes que verse en boca del vulgo, como la Lirio.

Y ahora tráiganse la cosa para España. E imaginen, si tienen huevos, a ese concejal de Urbanismo, a ese alcalde, a ese diputado, a ese ministro o ministra, enterándose de que va a saberse lo suyo con el constructor Fulano, las prevaricaciones, cohechos y corruptelas diversas, el lío con una guarra de *Aquí hay tomate,* los setecientos viajes en avión oficial para comprar ropa en Londres, o la grabación de sus conversaciones íntimas con Josu Ternera diciéndole: *«Porque sin ser tu marío, ni tu novio, ni tu amante, soy el que más te ha querío. Con eso tengo bastante».* Imagínense todo eso, como digo, y al pavo o la pava de turno apesadumbrados por el oprobio, dudando entre soga, veneno o puñal, como en los dramas de Tamayo y Baus. Qué dirán, cielo santo, mis compañeros de partido, y mis votantes, y mis hijos, y los hijos de mis hijos. Y mis ancestros. Tierra, trágame. Adiós, mundo cruel. Etcétera.

¿Verdad que no se lo imaginan ustedes ni hartos de morapio? Pues yo tampoco, y eso que vivo de echarle imaginación a las cosas. Si un político español se entera de que mañana airean su cuenta en Gibraltar, los ladrillos de su compadre o las bolsas de basura con billetes de quinientos euros de su legítima, encoge los hombros, se fuma un puro y marca el teléfono de una sauna de ucranianas. Que venga Ivanka a relajarme, que estoy algo tenso. Entonces vas y le explicas lo del japonés: aquel caballero decidió salvar su honor con esto y lo otro. Samurái, ya sabe. Gente así. ¿No seguiría usted su ejemplo, más que nada para desinfectar el paisaje? Anímese, hombre. Apenas duele. Honor y demás parafernalia. Entonces el fulano, tapando el teléfono con la mano, pregunta de qué vas, Tomás, y te recomienda eches un vistazo a los últimos resultados electorales: pese a los procesos que tiene abiertos por corrupción urbanística, trata de blancas y conducir sin carnet, en su pueblo acaban de reelegirlo por mayoría absoluta. Esto es España, listillo, remata. Que eres un listillo. Aquí estamos en familia; todos somos presuntos de algo, así que no pasa nada. Cuervo no come cuervo. En el peor de los casos, un juicio, fotos y titulares de prensa, algo de talego, y después a disfrutar. Que son dos días. Entre nosotros, chaval: ese japonés era un poquito gilipollas.

La hostería del Chorrillo

Estoy sentado en una terraza, leyendo junto al viejo puerto del castillo del Huevo, en Nápoles. Y me digo que los libros sirven, entre otras cosas, para amueblar paisajes. Llegas a tal o cual sitio, aunque nunca antes hayas estado allí, y las páginas leídas permiten ver cosas que otros, menos afortunados o previsores, no son capaces de advertir. Un islote despoblado y rocoso del Mediterráneo, por ejemplo, es sólo un pedrusco seco cuando quien lo contempla desconoce las peripecias de Ulises y sus compañeros. Sin Lampedusa y su *Gatopardo,* Palermo no sería más que una calurosa e incómoda ciudad siciliana. Quien viaja a México ignorando los textos de Bernal Díaz del Castillo o de Juan Rulfo, no sabe lo mucho que se pierde. Y no es lo mismo pasear por Oviedo, o por Buenos Aires, con o sin *La regenta,* Roberto Arlt y Borges en el currículum.

Con Nápoles me ocurre exactamente eso. Amo esta ciudad pese a su carácter ruidoso, sucio y caótico. Y la amo no sólo por su bellísima bahía, sus islas próximas y el mar venerable al que se asoma, sino por las imágenes y lecturas acumuladas durante toda mi vida: Curzio Malaparte, Totò, Stendhal, el duque de Rivas, Sofía Loren, Benedetto Croce, Giuseppe Galasso y tantos otros. Pero sucede que, aparte todo eso, en Nápoles no soy extranjero; ningún español lo es. Desde Alfonso V de Aragón y durante trescientos cincuenta años, nuestra presencia fue intensa y constante, sobre todo en los siglos XVI y XVII, cuando esta ciudad y su entorno eran tan españoles como Andalucía, Vizcaya o Cataluña. Aquí estuvo Francisco de Quevedo con su amigo el duque de Osuna; y de este puerto, bajo las cuatro torres negras de Castelnuovo, salieron las galeras españolas para corsear en el mar de Levante, combatir la piratería turca y vencer en Lepanto. Soldados embarcados en esas galeras —uno de ellos se llamaba Miguel de Cervantes— dejarían cumplida constancia en memorias, relaciones y escritos. Todos, además, hablaron de Nápoles con cálida añoranza: clima templado, hermoso país, dinero de botines para gastar, ventorrillos de Chiaia, mujeres guapas, mancebías de la vía Catalana, tabernas del Mandaracho y del Chorrillo. Ciudad magnífica, la llamaron: pepitoria del orbe y escenario de su dorada juventud, cuando España era todavía la potencia más poderosa de Europa, tenía a medio mundo agarrado por el pescuezo y estaba en guerra con el otro medio.

Así, visitar esta ciudad es pasear también por la historia de España. Hasta el dialecto napolitano quedó trufado de españolismos espléndidos: *mperrarse, mucciaccia, mantiglia, fanfarone, guappo.* Las iglesias están empedradas de lápidas funerarias con nombres de gobernantes, religiosos y soldados españoles, y en cada esquina despunta un recuerdo, un nombre, una referencia inalterada, directa: calle del Sargento Mayor, Trinidad de los Españoles, Santiago de los Españoles, vía Toledo, vía Catalana, calle de Cervantes, Barrio Español... Este último, que todavía se llama así, *Quartieri Spagnoli,* es un conjunto de calles que durante el virreinato albergó las posadas y casas particulares donde vivían los tres mil soldados de la guarnición. Recorrer despacio sus calles adornadas con hornacinas de vírgenes y santos supone moverse aún por aquellos viejos siglos. Y si a uno lo acompañan las lecturas idóneas, el itinerario se convierte en deliciosa incursión por el pasado y la memoria. Eso incluye también guiños personales, pues me es imposible pasar por la esquina de la calle San Matteo con el Vico della Tofa sin recordar que allí imaginé la posada de Ana de Osorio, donde el capitán Alatriste e Íñigo Balboa se alojaron en 1627, cuando servían en el tercio de Nápoles. Y sin las relaciones de los veteranos soldados españoles —ahora me refiero a las auténticas—, la vía del Cerriglio, situada en otro lugar de la ciudad, no sería hoy más que una calle fea y desangelada; pero allí estuvo la famosa hostería del Chorrillo, frecuentada por la más ruda soldadesca del virreinato: pícaros, buscavidas, valentones y otras joyas de la chanfaina hispana. Visitarla con el eco de Alonso de Contreras, Miguel de Castro, Jerónimo de Pasamonte o Diego Duque de Estrada en la memoria, subir esquivando inmundicias por la estrecha —y muy sucia— calle de los escalones de la Piazzeta, permite detenerse, cerrar los ojos, escuchar y advertir cuánto late todavía en sus viejos rincones; vislumbrar las sombras entrañables que se mueven alrededor, hablándote al oído de lo que Nápoles fue, de lo que tú mismo fuiste, y de lo que somos. Entonces compadeces a quienes son incapaces de amueblar el mundo con libros.

Aguafiestas de la Historia

Empieza a ser irritante la fiebre de revisionismo histórico-científico que, en los últimos tiempos, todo cristo aplica a reliquias, objetos varios y demás parafernalia memoriosa. Quienes, como el arriba firmante, fuimos criados en el culto al mito, la visita al museo, el recuerdo familiar del tatarabuelo y cosas así, no podemos abrir últimamente un periódico o ver la tele sin que nos tiren los palos del sombrajo. Porque lo cierto es que no está quedando títere con cabeza. La ciencia —bombas atómicas y doctor Mengele aparte— es sin duda fuente de innumerables bienes para la Humanidad doliente; pero también, cuando se pone estupenda, termina convirtiéndose en una incómoda mosca cojonera.

Antes, con lo del carbono 14, todavía salvábamos los muebles. Ahora, en cuanto bajas la guardia, aparece un investigador probando, tras aplicar al objeto en cuestión los más modernos avances técnicos, holografías parafásicas, escáneres informáticos de amplio espectro y otros artilugios diabólicos, que los huesos de Santa Romualda, virgen y mártir, conservados desde hace siglos en el relicario correspondiente, son en realidad costillas de cabrito lechal datadas, como muy tarde, cuando la guerra de Cuba; que el trozo de la Vera Cruz que trajo de las cruzadas el Capitán Trueno es madera de eucalipto, árbol que no creció en Palestina hasta el siglo XIX; que el copón de Bullas, veneradísimo por todo murciano en edad de blasfemar, ni es copón ni es de Bullas; o que el prepucio de San Aniceto, obispo, es en realidad una corteza de gorrino frita y momificada. Y la verdad es que no paran. Empezaron con la murga de la Sábana Santa, y ahí la tienen: ni para escribir bestsellers sirve ya. Lo último, por lo visto, es que la astilla fósil del arca de Noé que se guarda en el museo arqueológico de Gotham City la encontraron en un sitio donde no ha llovido en la puta vida.

Y es que, puestos ya a violentar lo más sagrado, ni siquiera se respetan los grandes mitos. Hasta al fiambre chamuscado de Juana de Arco, alias la Doncella de Orleáns, le han metido mano los gabachos, o se la van a meter. No sé bien cómo anda la cosa, pero seguro que, al final, lo de doncella era sólo una forma de decirlo. Lo mismo pasa, según fuentes de toda solvencia, con el sextante de Cristóbal Colón, el Kalashnikov de Saladino y la última caja de Durex que usaron Indíbil y Mandonio. Todas son, aunque parezca increíble, reliquias de jujana. Sólo se salvan, de momento, los huesos de Francisco de Quevedo, que los expertos acaban de bendecir en Villanueva de los Infantes. Y me alegro por don Paco. No quiero ni pensar que fueran los de Góngora.

Es razonable, de todas formas, el deseo de liquidar ciertos embustes. Éstos sirvieron a menudo para fomentar la incultura y la superstición, teniendo a la gente —eso todavía ocurre— agarrada por las pelotas. Pero no se puede mochar parejo. ¿Qué más da, por ejemplo, que la espada del Cid Campeador, a la que el Ministerio de Cultura español ha puesto los pavos a la sombra, sea auténtica o no lo sea? *Se non è vero* —sostiene el viejo dicho alemán— *è ben trovato*. Si durante varios siglos la Tizona fue admirada como tal, dejémosla estar. Ningún daño hace a un niño contemplar, con sus compañeros de colegio, el acero que empuñó el Cid o el rifle de Pancho Villa. Los pueblos también necesitan mitos y leyendas para ir tirando, para componer imaginarios colectivos, para acreditar lo que son con lo que fueron, o pudieron ser. Iluminar cada rincón en penumbra de esa Historia menuda, útil para apuntalar la otra, no siempre es un servicio a la sociedad. Muchas ambiciones, vanidades y mala intención pueden camuflarse, también, tras la supuesta búsqueda de la verdad que llevan a cabo ciertos paladines del gremio. Pues no siempre esa verdad nos hace libres, ni más cultos ni sabios. Hay verdades nobles y verdades nefastas, hay mentiras infames y mentiras espléndidas, y también muchas formas de barajar unas y otras. Algunos de nosotros —y eso no significa necesariamente que seamos tontos— precisamos creer, o fingir que creemos, en los trescientos de las Termópilas, la Pepa del año 12, el naranjero de Durruti o el virgo incorrupto de Helena de Troya, como otros necesitan una vida más allá de la muerte, que Dios se materialice en la hostia que alza el sacerdote, o que San Jenaro proteja a los devotos si su sangre se licúa en el día y a la hora previstos. Por eso hay que aplicar el método con extrema prudencia. Puestos a desmontar fraudes, podríamos quedarnos todos desnudos y a la intemperie. Que levante la mano quien no tenga un hueso falso en el relicario.

El día que cobraron los gabachos

Hoy toca batallita, porque es buena fecha. El 19 de julio de 1808, a un ejército francés de 20.000 fulanos que se retiraba desde Andújar hacia Despeñaperros lo hizo polvo, en Bailén, una fuerza de tropas regulares y paisanos españoles. Y como aquél fue el primer desastre napoleónico en Europa, y también la primera vez que un ejército imperial capituló por la patilla, hoy me apetece recordarlo. Más que nada, porque ni siquiera estoy seguro de que el asunto figure todavía en los libros del cole. Se trata de una batalla, con gente haciéndose pupa; todo lo contrario, en fin, del diálogo de civilizaciones y el buen rollito macabeo, acostumbrados como estamos a confundir Historia con reacción, memoria con guerra civil del 36, pacifismo con izquierda, guerra con derecha y militares con fascistas. Pero la cosa no es nueva. Los complejos y la soplapollez no son exclusivos de ningún partido político. Hace décadas que para los sucesivos titulares y titularas de Cultura y de Educación españoles, las batallas tienen mala prensa. Da igual que sin ellas la Historia sea incomprensible. Mejor olvidarlas, para no contaminar de violencia militarista a nuestros futuros analfabetos. Además, en innumerables batallas y durante ocho siglos, aquí —era lo que había— se escabecharon moros. Figúrense. Genocidio, etcétera. Santiago y cierra España. Para qué les voy a contar.

Pero bueno. Estupideces aparte, lo de Bailén fue un puntazo. Y oigan. Si hay quien jalea goles del Madrid, o del Barça, por qué no aplaudir la goleada aquella. No fue una final de liga, pero sí un partido de infarto. Nadie le había dado nunca una somanta como ésa a los dueños de Europa. Y se la dimos. O se la dieron los que hace ahora ciento noventa y nueve años aguantaron toda una mañana, frente al pueblecito de Bailén, las acometidas del ejército gabacho del Petit Cabrón. Aunque luego nuestra fanfarria patriotera le echara demasiados adornos al asunto, lo cierto es que aquello no fue un prodigio de competencia militar, ni por parte franchute ni por la nuestra. Hubo coraje y sacrificio por ambos bandos, con cuarenta grados a la sombra y sin una gota de agua que llevarse al buche. Pero también hubo errores, confusiones, desaciertos e improvisaciones. Incluso la fase principal de la batalla, la defensa del pueblo y los cerros cercanos por parte de las dos divisiones del general Reding, se debió a que éste incumplió órdenes y estaba donde no debía estar. Pero hubo suerte. Y huevos. La tarde del 18 de julio, con el general Castaños detrás, llegaron a Bailén los franceses, que entre otras glorias llevaban el botín obtenido en el saqueo de Córdoba. Allí encontraron el paso hacia Despeñaperros y Madrid cortado por 18.000 cenutrios que les tenían muchas ganas. A las 8 de la mañana, después de tres horas de sacudirse estopa, los españoles sostenían sus posiciones pese a varios reveses parciales y a las cargas de dragones y coraceros enemigos, que los acuchillaban y obligaban a defenderse a tiros y bayonetazos, en campo raso y sin refugio donde guarecerse. Dos horas después, bajo un sol abrasador, enloquecidos de sed, los franceses habían atacado ya con todas sus tropas, sin lograr abrirse camino. Y a las 12 del mediodía, un último ataque masivo gabacho, encabezado por tres mil trescientos marinos de la Guardia Imperial, llegó hasta los cañones españoles, y allí se quedó. Siete años antes de Waterloo —«¡*La Garde recule!*»— la Guardia se comió, en Bailén, un marrón como el sombrero de un picador.

Si quieren ustedes ahondar en el asunto, déjense caer por una librería; y más ahora que, gracias a la recalcitrante estupidez del ex presidente Aznar, el Museo del Ejército de Madrid lo han hecho trizas, llevándose a Toledo los restos del naufragio. De los libros clásicos que conozco, los más completos me parecen *Bailén,* de Mozas Mesa, y *Capitulation de Baylen,* de Clerc; y entre los modernos considero excelentes los dos volúmenes de *Bailén 1808: El águila derrotada,* de Francisco Vela. Pero si el asunto los pone, lo mejor es que cojan el coche y den una vuelta por el viejo campo de batalla. Ha cambiado mucho, pero todavía es posible seguir las huellas de aquella jornada. Y si van la semana que viene, mejor, pues Bailén celebra el aniversario por todo lo alto. Aunque, para apasionados y otros frikis, el plato fuerte son las recreaciones históricas que allí representa anualmente la Asociación Napoleónica Española. La de este año fue en marzo, creo, y la próxima será en octubre de 2008. Eso prueba que en España aún es posible ganar batallas. Al menos, frente a la imbecilidad de tanto cantamañanas que confunde pacifismo con desmemoria.

Mujeres como las de antes

Muchas veces he dicho que apenas quedan mujeres como las de antes. Ni en el cine, ni fuera de él. Y me refiero a mujeres de esas que pisaban fuerte y sentías temblar el suelo a su paso. Mujeres de bandera. Lo comento con Javier Marías saliendo del hotel Palace, donde en el vestíbulo vemos a una torda espectacular. «Aunque ordinaria», opina Javier. «Creo que no lo sabe», apunto yo. Seguimos conversando carrera de San Jerónimo arriba, en dirección a la puerta del Sol. Es una noche madrileña animada, cálida y agradable, que nos suministra abundante material para observación y glosa. Yo me muevo, fiel a mis mitos, en un registro que va de Ava Gardner y Debra Paget a Kim Novak, pasando por la Silvana Mangano de *Arroz amargo;* y Javier añade los nombres de Donna Reed, Rhonda Fleming, Jane Russell y Angie Dickinson, que apruebo con entusiasmo. Coincidimos además en dos señoras de belleza abrumadora, aunque opuesta: Sophia Loren y Grace Kelly. Al referirnos a la primera, Javier y yo emitimos aullidos a lo Mastroianni propios de nuestro sexo —no de nuestro género, imbéciles— que vuelven superfluo cualquier comentario adicional. Haciendo, por cierto, darse por aludidas, sin fundamento, a unas focas desechos de tienta que pasan junto a nosotros vestidas con pantalón pirata, lorzas al aire y camiseta sudada; creyendo, las infelices, que nuestro «por allí resopla» va con ellas. Respecto a Grace Kelly, dicho sea de paso, me anoto un punto con el rey de Redonda —me encanta madrugarle en materia cinéfila, pues no ocurre casi nunca—, porque él no recuerda la secuencia del pasillo del hotel en *Atrapa a un ladrón,* cuando doña Grace se vuelve y besa a Cary Grant ante la puerta, de un modo que haría a cualquier varón normalmente constituido dar la vida por ser el señor Grant.

Pero no sólo era el cine, concluimos, sino la vida real. Los dos somos veteranos del año 51 y tenemos, cine aparte, recuerdos personales que aplicar al asunto: madres, tías, primas mayores, vecinas. Esas medias con costura sobre zapatos de aguja, comenta Javier con sonrisa nostálgica. Esas siluetas, añado yo, gloriosas e inconfundibles: cintura ceñida, curva de caderas y falda de tubo ajustada hasta las rodillas. Etcétera. No era casual, concluimos, que en las fotos familiares nuestras madres parezcan estrellas de cine; o que tal vez fuesen las estrellas de cine las que se parecían muchísimo a ellas. Hasta las niñas, en el recreo, se recogían con una mano la falda del babi y procuraban caminar como las mujeres mayores, con suave contoneo condicionado por la sabia combinación de tacones, falda que obligaba a moverse de un modo determinado, caderas en las que nunca se ponía el sol y garbo propio de hembras de gloriosa casta. En aquel tiempo, las mujeres se movían como en el cine y como señoras porque iban al cine y porque, además, eran señoras.

Con esa charla hemos llegado a la calle Mayor, donde se divisa por la proa un ejemplo rotundo de cuanto hemos dicho. Entre una cita de Shakespeare y otra de Henry James, o de uno de ésos, Javier mira al frente con el radar de adquisición de objetivos haciendo bip-bip-bip, yo sigo la dirección de sus ojos que me dicen no he querido saber pero he sabido, y se nos cruza una rubia de buena cara y mejor figura, vestida de negro y con zapatos de tacón, que camina arqueando las piernas, toc, toc, con tan poca gracia que es como para, piadosamente —¿acaso no matan a los caballos?—, abatirla de un escopetazo. Nos paramos a mirarla mientras se aleja, moviendo desolados la cabeza. *Quod erat demostrandum,* le digo al de Redonda para probarle que yo también tengo mis clásicos. Mírala, chaval: belleza, cuerpo perfecto, pero cuando decide ponerse elegante parece una marmota dominguera. Y es que han perdido la costumbre, colega. Vestirse como una señora, con tacón alto y el garbo adecuado, no se improvisa, ni se consigue entrando en una zapatería buena y en una tienda de ropa cara. No se pasa así como así de sentarse despatarrada, el tatuaje en la teta y el piercing en el ombligo, a unos zapatos de Manolo Blahnik y un vestido de Chanel o de Versace. Puede ocurrir como con ese chiste del caballero que ve a una señora bellísima y muy bien puesta, sentada en una cafetería. «Es usted —le dice— la mujer más hermosa y elegante que he visto en mi vida. Me fascinan esos ojos, esa boca, esa forma de vestir. La amo, se lo juro. Pero respóndame, por favor. Dígame algo». Y la otra contesta: «¿Pa qué?... ¿Pa cagarla?».

El espejismo del mar

Hace muchos años que leo revistas náuticas, sobre todo inglesas y francesas. No hablo de revistas de yates de lujo para millonetis, sino de publicaciones para marinos: *Yachting, Bateaux, Voiles,* o las especializadas en asuntos profesionales, historia y arqueología, como la espléndida *Le Chasse Marée,* entre otras. También leo las españolas, por supuesto. Aunque éstas, más que leerlas, las hojeo. La diferencia entre *leer* y *hojear* se explica con el comentario que me hizo el director de una de esas revistas cuando coincidimos en un puerto. Por qué tanto barco nuevo y obviedades de pantalán, pregunté, y tan poca información útil para quienes navegan. Mi interlocutor se encogió de hombros. Una revista también es un negocio, dijo. Necesita la publicidad. Y a los anunciantes españoles no les gusta ver sus productos entre zozobras y tragedias. ¿Y a los lectores?, pregunté. A ellos, respondió, tampoco. El mar se vende como un lugar placentero, idílico, donde todo cuanto ocurre es agradable. El mar auténtico no interesa en España. Aquí fastidian los aguafiestas.

Y así seguimos, un verano más. No es que me parezca mal que haya revistas cuya función consista en ser catálogos publicitarios de marcas náuticas y registros de competiciones deportivas. Todo es necesario e interesante. Pero hay un aspecto del mar, a mi juicio el más auténtico, que no tiene que ver con las gafas de diseño, el calzado de moda, la vela de carbono sulfatado y la moto náutica del año, sino con las experiencias y realidades a las que deben enfrentarse los navegantes si las cosas vienen torcidas. Me refiero a todo aquello que, cuando toca tomar el tercer rizo, achicar una vía de agua o verse de noche sin motor y a barlovento de una costa peligrosa, ayuda a mantener el barco a flote. A salvar el pellejo propio y el de la tripulación que está a tu cargo.

Todo eso suele estar ausente en las revistas náuticas españolas. Casi todas sus páginas las dedican éstas a publicidad abierta o encubierta: nuevas embarcaciones, electrónica, regatas domésticas, ropa y utensilios náuticos que a veces poco tienen que ver con el mar de verdad, que es más duro y simple que todo eso. En cuanto a la parte práctica, cada año se repiten hasta la saciedad los mismos asuntos obvios: cómo arranchar para la invernada, usar el radar, reducir la mayor, encender una bengala o inflar el anexo. Respecto a rutas y experiencias marineras, éstas se limitan a enumerar, con fotos maravillosas, los restaurantes y las caletas de ensueño de una costa turística, o a contarnos cómo Mari Pepa y Paco viajaron por el Caribe haciéndose fotos y pescando langostas enormes. Y cuando excepcionalmente figura en portada un reportaje titulado: *¡Temporal de mar y viento, peligro!*, y lo buscas con interés, esperando aprender algo útil sobre temporales, resulta que se trata de los gráficos y mapas de siempre, explicando cómo se forma una borrasca y los efectos meteorológicos de ésta. Y claro. Tienes eso delante, y al lado el *Voiles* o el *Yachting* del mismo mes, cuyos sumarios —donde tampoco faltan boutiques náuticas, regatas, veleros y motoras de moda— incluyen documentadísimos artículos, nada teóricos, sobre el uso del radar en el canal de la Mancha o cómo localizar y obstruir una vía de agua, detallados derroteros con los bajos y puntos peligrosos de tal y cual costa, o extensos relatos náuticos: desde cuadernos de bitácora hasta *Ochocientas millas sin timón, Helisalvamento en un temporal, Vía de agua nocturna en el golfo de Vizcaya* o *Hundidos por un ferry.* Asuntos de los que cualquier marino lúcido extrae consecuencias valiosas, enseñanzas que, cuando llegue el momento —y en el mar ese momento siempre llega—, servirán para salir adelante, prever o solucionar problemas.

Pero, bueno. Cada cual tiene las revistas náuticas que desea. Y las que merece. Para comprobar lo que respecto al mar deseamos y merecemos los españoles, basta comparar las portadas de nuestras revistas con las guiris. En las francesas y anglosajonas suelen figurar veleros, de regatas o crucero, cuyos tripulantes —y ahora díganme que es por el clima— van metidos en trajes de agua o navegando con aspecto serio, con titulares como *El barco se hundió bajo mis pies* o *Arribada nocturna: evitemos las trampas*. Entre las revistas españolas —sobre las italianas ya ni les cuento— lo común es la foto de una motora a toda leche por un mar azul, con una pava en bikini tomando el sol, orlada con los nombres de los diez nuevos barcos —todos maravillosos, claro— que se promocionan en el interior, y por titulares como *Preparando las vacaciones, Televisión a bordo* y *Fondeos en Ibiza.* Y claro. Así está Ibiza.

La librera del Sena

Cada cual tiene su París, naturalmente. El mío incluye algunos museos, restaurantes y cafés, los soportales del Palais Royal, la casa de Victor Hugo en la plaza de los Vosgos, la estatua del mariscal Ney —bravo entre los bravos— junto a La Closerie des Lilas, el león junto al que pasaron los republicanos españoles de la División Leclerc, el Pont des Arts, la rue Jacob —allí están mis editores gabachos—, algún anticuario al que soy fiel desde hace casi cuarenta años, una veintena de librerías y los buquinistas del Sena. Esos puestos de libros viejos son mi recuerdo más remoto, la primera e inolvidable certeza que tuve, siendo un chiquillo, de que al fin estaba en el París de Dumas, Stendhal, Balzac, Sue, Féval, Chateaubriand, Hugo y Maupassant. Las orillas del Sena ya no son lo que fueron, por supuesto. Los añejos libros, revistas y grabados han cedido el sitio a reproducciones burdas, postales y recuerdos para turistas; aunque, con tiempo y paciencia, puede desenterrarse a veces algo pintoresco. Hace años que no compro nada allí, pero siempre dedico un rato a pasear entre Notre-Dame y el Louvre, observando los puestos y a la gente detenida ante ellos. En ocasiones creo reconocerme, al otro lado del tiempo, en algún jovencito flaco de mochila al hombro al que veo husmear, con emoción de cazador inexperto, vocacional, en alguno de los puestos que ofrecen algo a quienes todavía buscan y sueñan.

También ella sigue allí, donde siempre. Ahora debe de rondar los cincuenta y ocho, o los sesenta. La he visto envejecer en cada una de mis visitas a esta ciudad, en cada paseo junto al Sena. La primera vez que la vi era yo un muchacho casi imberbe, y ella una atractiva muchacha de cabello rojizo que, a la hora de comer, sustituía a su padre en el puesto de libros. Me parecía tan guapa e interesante que siempre me quedaba por allí, observándola de lejos, fascinado por el aplomo con que se movía, su seguridad en la forma de ordenar los cajones, de atender a los clientes. A veces pasaba muy cerca, junto al puesto, y me detenía a mirar tal o cual libro, sintiendo fijos en mí sus ojos, que eran de un singular color gris azulado. Se me pegaba la lengua al paladar. No me atrevía a cambiar con ella más que algún saludo formal, a preguntar el precio de tal o cual libro, a pagarlo y decir gracias mientras me alejaba. Me parecía inalcanzable, sacerdotisa de un mundo que yo veneraba. Hija de un buquinista, calculen. Guardiana de los fantasmas de mis viejos clásicos, cuyos nombres relucían en letras doradas alineados en el cajón. En París, nada menos. Y tan guapa.

Pasó el tiempo. Entre viaje y viaje la vi crecer, y yo también lo hice. Leí, anduve, adquirí aplomo, conocí otras orillas del Sena. Cada vez que volvía a esa ciudad la encontraba allí, atendiendo a los clientes o sentada en una silla, leyendo, ante el tenderete. Por supuesto, ni se fijaba en mí. Un día el padre murió, o se jubiló, pues no volví a verlo. Ahora era siempre ella la que abría los cajones sobre las once de la mañana y los cerraba al atardecer. Ni siquiera me reconocía de una vez a otra. Bonjour, bonsoir. Así pasaron unos quince años. Y al fin, cierto atardecer, después de comprar un libro y sin pretenderlo —así ocurren estas cosas—, me quedé conversando con ella. Algo sobre la edición Garnier de Dumas, que yo buscaba. Cerró el puesto, cogió su bicicleta, caminamos por la orilla del río y nos detuvimos algo más lejos. Se mostró locuaz. Demasiado. Y sentados en la mesita de una terraza frente al Louvre, mientras ella hablaba sin parar, comprendí que no tenía nada que ver con la muchacha grave y silenciosa que yo había imaginado durante años. Me pareció esquinada, superficial. Y no demasiado inteligente. Hablaba de dinero y clientes con una frivolidad asombrosa. También me contó algo de su vida, divorcio incluido. Y cuando llegó el momento de pausa incómoda en que los ojos preguntan «y ahora, qué», sonreí cortés, miré el reloj, pagué los cafés y la acompañé hasta el semáforo. Después caminé por la orilla del Sena, junto a los puestos cerrados, sintiendo desvanecerse una vieja sombra de juventud.

De aquella tarde han pasado más de veinte años. Ella sigue junto al Sena: unas veces el tenderete está cerrado, y otras la veo de lejos, desde la acera opuesta. Ya nunca me paro allí. La última vez estuve un momento frente al escaparate de un anticuario, en cuyo cristal podía ver su reflejo. Era una tarde gris y de pocos clientes. Leía, sentada. Imposible reconocer en ella a la muchacha de cabello rojizo. Tampoco reconocí al hombre que la miraba desde el cristal.

Sobre borrachos y picoletos

Tengo un amigo que es picoleto de los de toda la vida. Guardia Civil caminera o como se diga ahora, si es que se dice. Rural, me parece. En Extremadura. Quiero decir que no va en moto, ni es de los que Tráfico relega a la pasiva e indigna tarea de esconderse tras una curva a ver si le hacen una foto a alguien; y si ese alguien paga una multa tres meses después —da lo mismo a quién atropelle o desgracie hoy— el Estado trinca su viruta y respira satisfecho. Precisamente de eso, tomando una caña hace unos días, se quejaba mi amigo. Mucho radar en autovía y autopista, mucha campaña recaudatoria de Tráfico, mucho anuncio en la tele y mucho marear la perdiz, decía. Pero eficacia y medios reales que eviten tragedias concretas, un carajo. Por ejemplo: si vamos de servicio y observamos a un conductor que lleva una tajada de campeonato, no tenemos ni medios ni autoridad para comprobarlo. Sólo podemos decirle quieto ahí, y llamar al equipo de Atestados de Tráfico. Ellos vienen, realizan la prueba de alcoholemia, se sanciona si corresponde, y si el fulano va muy para allá, se lleva al juez y ya está. ¿Me sigues, colega? Bueno, pues no. Esto no es lo que ocurre realmente. Y te voy a decir por qué.

En ese momento —supongo que para darle suspense, porque es lector de novelas policíacas, y les ha cogido el tranquillo—, mi amigo el cigüeño pide otras dos cañas y espera a que las pongan sobre el mostrador. Entonces bebe un sorbo, me mira al fin, y sigue. El porqué, añade, es muy simple. En mi zona no hay más que un equipo de Atestados, que no da abasto. Puedes creértelo. Y como siempre hay cosas más gordas que un conductor pasado de copas, imagínate. La pareja dos o tres horas con el prójimo, esperando, mientras a éste se le pasa la jumera y se cabrea poquito a poco; los hay que hasta piden un abogado. Y nosotros allí, parados sin poder atender otras incidencias, con los colegas mentándonos a la madre por el walki; y, encima, aguantando impertinencias del trompa. Que, según como la lleve, puede quemarte la sangre no imaginas cómo. Conclusión: vas por ahí rezando para no encontrarte con esa clase de conductores, aunque suene triste. Y si no tienes más remedio que parar a uno, al fin terminas recurriendo a alguna argucia legal para depositarle el vehículo y apartarlo un rato de la circulación, sancionándolo por algo que quite puntos del carnet. Para entendernos: jugándote el culo con maniobras orquestales en la oscuridad, a veces eficaces pero nunca deontológicas.

Conclusión —prosigue el guardia, con el labio superior manchado de espuma cervecera—: o eludes tu deber, o te la juegas. Con lo fácil que sería dotar a las patrullas de etilómetros sencillos, sin tanta parafernalia ni trámite, y que una simple comprobación de síntomas, estilo norteamericano, fuera suficiente para levantar a uno de esos asesinos en potencia dos palmos del suelo y cantarle las cuarenta. Si hay alcohol, el que sea, pues para adelante, en vez de tanta gilipollez de etilómetros de precisión, análisis de sangre y garantías que no sé qué carajo garantizan, excepto la impunidad del borracho. Como si no se le fuera a uno el coche por miligramo más o miligramo menos, ni se viera con claridad cuándo un tipo echa el aliento y te funde la visera de la teresiana. Y luego está lo de las sanciones, que es de risa. Con lo simple que sería una legislación más realista y dura: al que conduce sin carnet, trena. Al que atropella a otro estando mamado, trena. Pero de verdad, de larga duración. Y si el infractor es inmigrante, expulsión

automática del país una vez cumplida la condena. Porque
ésa es otra: de cómo van algunos de colocados al volante, con
lo que les gusta soplar a ciertos americanos, no tiene huevos
de hablar nadie en público. Con el resultado de que aquí
todos somos muy tolerantes y muy propensos a garantizar
el derecho de cualquiera a ponerse ciego, muy demagogos
y muy tontos del culo, hasta que uno se salta la mediana y
nos mata a *nuestra* mujer embarazada y a *nuestros* niños.
Entonces sí. Entonces pedimos mano dura.

Tras decir todo eso, mi amigo el picolo se queda
pensativo, apoyado en la barra. Le propongo otra birra pero
dice que no, que ya vale. Y mueve la cabeza —lo de la
mujer embarazada sé que lo ha dicho porque tiene a la suya
preñada de cuatro meses—. De pronto me mira y añade:
«¿Sabes cómo se combate de verdad el alcohol en la carretera?... Haciendo que cada vez que un cabrón mamado
ve a la Guardia Civil, se cague vivo. Pero vete a decirle eso
a un político».

Cortos de razones, largos de espada

Eres joven y guipuzcoano, según deduzco por tu carta y el remite. Escribes como lector reciente de la última aventura de nuestro amigo Alatriste, contándome que es el primer libro de la serie que cae en tus manos. Te ha gustado mucho, dices, excepto el hecho *«poco riguroso»* y *«poco creíble»* de que una galera española estuviera tripulada por soldados vizcaínos que combatían al grito de *Cierra, España;* en referencia a la *Caridad Negra,* que en los últimos capítulos combate a los turcos, en las bocas de Escanderlu, llevando a bordo a la compañía del capitán Machín de Gorostiola. Y añades, joven amigo —lo de joven es importante—, que eso no disminuye tu entusiasmo por la historia que has leído; pero que el episodio de los vizcaínos te chirría, pues parece forzado. *«Metido con calzador —son tus palabras— para demostrar que los vascos (y no los vascongados, don Arturo) estábamos perfectamente integrados en las fuerzas armadas españolas, lo que no era del todo cierto».*

Son las siete últimas palabras del párrafo anterior las que me hacen, hoy, escribir sobre esto; la triste certeza de que realmente crees en lo que dices. Te gusta la novela, pero lamentas que el autor haga trampas con la Historia real; la auténtica Historia que —eso no lo cuentas, pero se deduce— te enseñaron en el colegio. Así que, con buena voluntad y con el deseo de que yo no cometa errores en futuras entregas, me corriges. Debería, a cambio, escribirte una carta con mi versión del asunto. El problema es que nunca contesto el correo. No tengo tiempo, y lo siento. Esta página, sin embargo, no es mala solución. La lee gente, y así quizá evite otras cartas como la tuya. De paso, extiendo mi respuesta a la cuadrilla de embusteros y sinvergüenzas de los sucesivos ministerios de Educación, de la consejería autonómica correspondiente, de los colegios o de donde sea, que son los verdaderos culpables de que a los diecisiete años, honrado lector, tengas —si me permites una expresión clásica— la picha histórica hecha un lío.

Machín de Gorostiola es un personaje ficticio, como su compañía de infantería vizcaína. En efecto. Pero uno y otros deben mucho al capitán Machín de Munguía y a los soldados de su compañía, «*la mayor parte vascongados*», que, según una relación del siglo XVI conservada en el Museo Naval de Madrid, pelearon como fieras durante todo un día contra tres galeras turcas, en La Prevesa. En cuanto a lo de *Cierra, España,* ni es consigna franquista ni del Capitán Trueno. Quien conoce los textos de la época sabe que, durante siglos, ése fue usual grito de ataque de la infantería española —en su tiempo la más fiel, sufrida y temible de Europa—, que en gran número, además de soldados castellanos y de otras regiones, estaba formada por vizcaínos; pues así, vizcaínos, solía llamarse entonces a los vascos en general, «*a veces cortos de razones pero siempre largos de bolsa y espada*». Y guste o no a quien manipuló tus libros escolares, amigo mío, con sus nombres están hechas las viejas relaciones militares, de Flandes a Berbería, de las Indias a la costa turca. Los oprimidos vascos fuisteis —extraño síndrome de Estocolmo, el vuestro— protagonistas de todas las empresas españolas por tierra y mar desde el siglo XV en adelante. Ése fue, entre otros muchos, el caso de los capitanes de galeras Íñigo de Urquiza, Juan Lezcano y Felipe Martínez de Echevarría, del almirante Antonio de Oquendo, su padre y su hijo Miguel, o de tantos otros embarcados en las galeras del Mediterráneo o en la empresa de Inglaterra. Las relaciones de Ibarra, Bentivoglio, Benavides, Villalobos o Coloma sobre las guerras del Palatinado y Flandes, los asedios, los asaltos con el agua por la cintura, las matanzas y las hazañas, las victorias y las derrotas, hasta Rocroi y más allá incluso, están salpicadas de tales apellidos, sin olvidar las guerras de Italia: en Pavía, por ejemplo, un rey francés fue capturado por un humilde soldado de Hernani, en el curso de una acción sostenida por tenaces arcabuceros vascos. Y te doy mi palabra de honor de que aquel día todos gritaron, hasta enronquecer, *Cierra, España:* voz que, en realidad, no tenía significado ideológico alguno. Sólo era un modo de reconocerse en el combate y animarse unos a otros —eran tiempos duros— diciéndole al enemigo de entonces, fuera el que fuera: *Cuidado, que ataca España.*

Así que ya ves, amigo mío. No inventé nada. El único invento es el negocio perverso de quienes te niegan y escamotean la verdadera Historia: la de tu patria vasca —*«La gente más antigua, noble y limpia de toda España»*, escribía en 1606 el malagueño Bernardo de Alderete— y la de la otra, la grande y vieja. La común. La tuya y la mía.

Sombras en la noche

Pasada la medianoche, la costa se reduce a una línea oscura, cercana. La noche es cerrada, sin luna, y el viento muy fuerte tensa la cadena del ancla. En el curso de un pequeño incidente de los que abundan en el mar, el patrón de un velero que se encuentra cerca amarra su neumática al mío, pide ayuda, sube a bordo y permanece allí mientras intentamos solucionar su problema. Al cabo de una hora embarca de nuevo, desaparece en la noche y se marcha sin que durante el rato que hemos permanecido juntos nos hayamos visto la cara el uno al otro, pues todo se ha llevado a cabo sin luz, en una oscuridad casi absoluta. Ni siquiera hemos dicho nuestros nombres. Durante todo ese tiempo hemos sido, el uno para el otro, sólo una voz y una sombra.

Me quedo reflexionando sobre eso sentado en cubierta mientras, sobre mi cabeza y la pequeña luz de fondeo encendida en lo alto del palo, las estrellas, increíblemente nítidas y numerosas para quien sólo acostumbre a observarlas en el cielo de las ciudades, giran muy despacio del este al oeste, cumpliendo su ritual nocturno alrededor del eje de la Polar. En otro tiempo, me digo, cuanto acaba de ocurrir no tenía nada de extraño, pues los hombres estaban acostumbrados a relacionarse en la oscuridad. Las ciudades carecían de alumbrado público o éste era mínimo: no existía la luz eléctrica, quinqués, velas, candiles, antorchas y fuegos diversos tenían una duración limitada y no siempre estaban disponibles, y tras la puesta del sol era muy pequeña la porción iluminada de vida que el ser humano podía permitirse. Casi todo ocurría entre tinieblas o dependía de la claridad de la luna, como en las magníficas primeras líneas de la novela ejemplar cervantina *La fuerza de la sangre*. A menudo, viajeros, campesinos, ciudadanos, amigos y enemigos, se relacionaban sin verse el rostro: sombras, siluetas negras que entraban y salían en las vidas de los otros sin otra consistencia que una voz, el roce de una ropa, ruido de pasos, la risa o el llanto, el contacto amigo u hostil de una mano, un cuerpo, un arma, el tintineo metálico de una moneda. La visión del mundo y de los semejantes tenía que ser, por fuerza, muy diferente a la que hoy proporcionan la luz, los continuos focos puestos sobre todo, el frecuente exceso de información, destellos y colores que nos rodea. Y muy distinta la huella dejada en cada cual por aquellas sombras y voces anónimas que se movían en la oscuridad.

También mi memoria está llena de esas sombras, me digo. El incidente de esta noche remueve otro tiempo de mi propia vida: campos, selvas, desiertos, ciudades devastadas, lugares donde la oscuridad era consecuencia de situaciones extremas o regla obligada para conservar la salud; y allí, al caer la noche, lo más que podían permitirse quienes me rodeaban era el fugaz destello de una linterna, a escondidas, o la brasa de un cigarrillo oculta en el hueco de la mano. Mirando hacia atrás, caigo esta noche en la cuenta —nunca antes había pensado en eso— de que durante aquellos años fueron muchos los seres humanos con los que me relacioné de ese modo. Gente que de una forma u otra resultó decisiva en mi vida, en mi trabajo, en mi supervivencia, y de la que sin embargo sólo retuve un sonido, unas palabras, un olor, una advertencia, una presencia amistosa u hostil, el chasquido metálico de un arma, el breve haz de una linterna en mi cara, la punta roja de un cigarrillo iluminando unos dedos o la parte inferior de un rostro, bultos negros en agujeros y refugios, llantos de niños, gemidos de mujeres, lamentos o maldiciones de hombres, formas oscuras o siluetas recortadas sobre un estallido o un incendio, sombras que sólo dejaron su trazo en mi recuerdo, amigos ocasionales cuyo rostro nunca vi, como los jóvenes milicianos que me gritaron «¡Corre!» una noche del año 1976, en Beirut, mientras retrocedían entre fogonazos, disparando para cuidar de mí; o la voz y las manos del soldado bosnio que ayudó a taponar dos venas de mi muñeca izquierda —yo sentía manar la sangre tibia, dedos abajo— seccionadas en la Navidad de 1993 por un vidrio en Mostar, sobre cuyas pequeñas cicatrices paso ahora los dedos, recordando.

Sopla el viento en la jarcia, bajo las estrellas. Recortada sobre la línea de costa adivino la silueta del otro velero, que bornea fondeado cerca, y pienso que su patrón me recordará como yo a él: un barco sin luz en el mar, una sombra negra y algunas palabras. Entonces sonrío en la oscuridad. No es una mala forma, concluyo, de que lo recuerden a uno.

Entrámpate, tío

Acabo de toparme en el correo con una publicidad bancaria que me ha puesto de una mala leche espantosa. Muchos de ustedes la conocerán, supongo. Se trata de un folleto destinado a los usuarios de una de esas tarjetas de crédito jóvenes, o como se llamen, Bluecard, o Greentarjeta, o Yellowsubmarine, que ahí no me he fijado mucho. Pero la tarjeta es lo de menos. De lo que se trata es de que el banco en cuestión, que para la cosa de recaudar viruta tiene tan poca vergüenza como el resto de los bancos y bancas que en el mundo han sido, plantea a sus jóvenes clientes una oferta de crédito tan descaradamente abyecta que, si no fuera porque el tal Solitario de los huevos no es más que un miserable sin escrúpulos y un payaso, casi aplaudiría uno que siguiera reventando ventanillas a alguna de tales entidades. No sé si me explico.

«Domicilia tu nómina y vete de viaje», es el reclamo inicial que encabeza el folleto, junto a la foto de una parejita jovencísima y feliz. Nada que oponer a eso, naturalmente. Aunque no exista, desde mi punto de vista, relación directa entre el hecho de domiciliar la nómina y subirse acto seguido a un tren, barco o un avión, uno podría seguir el consejo sin grandes objeciones. El mosqueo viene líneas más abajo, cuando el folleto añade *«Londres, Roma, Berlín, París... Llévate un bono de 300 euros para viajar a esa ciudad que siempre has soñado conocer»*. Y aquí, la verdad, el asunto se enturbia un poco. En estos tiempos de educación para la ciudadanía —permitan que me tronche— y teniendo en cuenta que los destinatarios del folleto son gente muy

joven, resulta poco edificante que la primera sugerencia a quien domicilia su primera nómina, lejos de aconsejarle ahorrar para un futuro más o menos próximo, consista en cepillarse alegremente esta nómina y las siguientes, en viajes alentados por el cebo del bono de marras, aunque éste financie parte del periplo.

Pero ésa es sólo la introducción, o proemio. Lo bonito viene luego. *«Hasta 30.000 euros* —pone con letras gordas— *para lo que tú quieras».* Y suena tentador, me digo al leerlo. Si yo fuera joven imberbe y domiciliara mi nómina en tan rumbosa entidad bancaria, tendría asegurado un creditillo que, bien mirado, no deja de ser una pasta. Tal como está el patio, 30.000 mortadelos dan para que una parejita tierna, necesitada y con sentido común —30.000 × 2 = 60.000— pueda organizarse un poco mejor en la línea de salida. Lo malo es que, algo más abajo, cae mi gozo en un pozo. Porque *«lo que tú quieras»,* o sea, lo que un joven de hoy necesita con más urgencia, a juicio del departamento de créditos del banco en cuestión, es *«¿Un coche nuevo, una moto, un ordenador, el viaje de tu vida?».* Dicho de otra manera: lo bueno de domiciliar la nómina para un joven de veintipocos años, o para una pareja de esa edad que decida plantearse una vida en común, no reside en que así puede uno amueblar la casa, comprar un coche para el trabajo —el folleto habla de *«coche nuevo»,* no de uno a secas— o adquirir lo necesario para encarar la perra vida. Niet. Lo verdaderamente bonito del invento es que, entregándole la nómina a un banco, puedes entramparte como un gilipollas para los próximos diez años de tu existencia, a fin de comprarte una moto o irte a beber piña colada las próximas navidades al Caribe, como Leonardo di Caprio. Guau. Pero no todo queda ahí, colega. Faltaría más. Porque encima, si domicilias tu nómina y te echas encima el pufo —el primero de muchos, qué ilusión— del crédito a diez años para el imprescindible coche nuevo, tu banco, que es generoso que te rilas, permite que además trinques nada menos que una Wii —*«Con su revolucionario mando inalámbrico descubrirás una forma diferente de jugar»*, puntualiza el folleto— casi sin enterarte. Sólo al pequeño costo de otro pufillo adicional: un año pagando una cantidad mensual que ni siquiera llega a 20 euros, tío. Pagando sólo, fíjate, la ridícula cantidad de 19,50 euros al mes. El non plus. Y claro. A ver quién va a ser tan idiota como para no embarcarse en el chollo: vacaciones, coche nuevo, moto, ordenador, y encima poder matar zombis con la Wii casi gratis, o sea. ¿Hay quien dé más? Con eso y un bizcocho, la vida resuelta hasta mañana a las ocho. Por la cara.

Hace mucho tiempo que no llamaba hijo de puta a nadie en esta página. Se lo prometí a mi madre, a mi confesor y a una señora de Úbeda que me paró por la calle para darme la bronca. Pero hay días en que el impulso resulta más poderoso que las buenas intenciones.

Hijos de puta. Hijos de la grandísima puta.

Ava Gardner Nunca Mais

Se han cabreado ciertas erizas por mi artículo del otro día, quejándome de que apenas se ven señoras como las de antes: mozas de bandera a cuyo paso temblaba el suelo y se cortaban las respiraciones masculinas. Decía yo que, en vez de Sophias Lorenes, Graces Kellys y otras espléndidas hembras homologadas como tales, lo habitual hoy es toparse con adefesios patosos, lorzas sudorosas y fulanas ordinarias, espatarradas y con chanclas. Y a mis primas les ha sentado mal, sobre todo lo de las lorzas. Además de llamarme machista, neonazi, cabrón con pintas y ciscarse en mis muertos, alguna pregunta qué tengo contra las gordas. Etcétera. Eso me lleva a la conclusión de que no han captado el fondo del asunto, así que voy a explicarlo más claro, por si catorce años de perífrasis y circunloquios impiden entenderme cuando cuento algo. Más que nada, por mi lenguaje oscuro. Además, Javier Marías, a quien mencionaba en el artículo, cuenta que a él también lo están inflando a hostias, sin comerlo ni beberlo. Y pide una rectificación: está de acuerdo con toda la nómina de señoras citadas, incluidas Kim Novak, Donna Reed y Rhonda Fleming; pero él nunca habló de Jane Russell.

El error básico está en considerar que, cuando describo a una morsa con pantalón pirata ceñido, lorzas relucientes de grasa y camiseta sudada, me refiero al contenido, y no al continente. Quien deduzca burla o desprecio hacia las individuas abundantes es, literalmente, tonto del haba. De entrada, se equivocan las mujeres seguras de que a los hombres nos gustan las churris esmirriadas, tipo Calista

Floja o Paulina Rubio. A ver si no confundimos las cosas. Ésas le gustan a Galiano —que se viste de torero—, al simpático muchacho Lagerfeld y a alguno más, hipócritas aparte. En materia carnal —lo intelectual y lo afectivo son otra cosa—, la mayor parte de los varones normalmente constituidos, por mucha literatura y mucho alpiste que echen al canario, prefiere una señora de rompe y rasga, en cuyas gloriosas caderas no se ponga el sol. Y es lógico. También, a fin de cuentas, lo que de verdad hace que a una hembra le tiemblen las piernas —se pongan las feministas como se pongan— no son los quesitos desnatados que van de malotes, ni los charlatanes lánguidos, sino los hombres cuajados con resabios del cazador y el guerrero que fueron hace siglos. Los que dejan las sábanas arrugadas debajo de una.

No se trata, por tanto, de gordas y flacas. Como afirma el título de una película, las mujeres de verdad tienen curvas. La cuestión reside en el empaquetado. Lo que no puede pretender una pava metida en kilos —y conozco a algunas que son señoras espléndidas— es meterse en una camiseta tres tallas más pequeña, ponerse un pantalón pirata que deje la raja del tanga al descubierto y rebose chicha por los flancos, no ducharse en dos días, y que encima la llamen guapa. Y si a eso añadimos la ordinariez que tanto abunda, la mala educación, la ausencia absoluta de maneras y la imitación de cuanta retrasada mental aparece en la tele dándoselas de señora, el resultado es inevitable: desagradables tocinos sin fronteras que se creen divinas de la muerte, marmotas domingueras que no saben ponerse tacones cuando lo intentan, y tías vestidas, los días de boda, con vestido largo a las diez de la mañana, como si vinieran de cerrar un puticlub de los de antes.

Para acabar, otro argumento: el de la eriza que escribe preguntando por qué diablos, si pasa el día en el curro, vuelve hecha polvo y trae a los niños del cole, tiene que vestirse de Ava Gardner en vez de ir cómoda. Aparte de la dudosa comodidad de vestir embutida como una morcilla, la respuesta es simple: no tiene por qué. Nadie la obliga, y lo de doña Ava es sólo una forma de hablar. Pero que no me exija respeto con su camiseta ceñida y sucia, su tripa al aire, su impúdico mal gusto y su desvergüenza, como tampoco me gusta el fulano de axilas sudadas, piernas peludas y chanclas que encuentro en la calle. Vestidos para matar o para ver la tele en casa, se trata de buenas maneras, nada más. En varones o hembras, esas maneras sólo pueden darse por tres motivos: genética, educación o esfuerzo personal. La plataforma Ava Gardner Nunca Mais permitirá, al menos, que quienes conocemos a mujeres capaces de combinar trabajo, casa y cole de los niños con saber cruzar las piernas, usar tacones cuando se tercia, llevar un vestido, o quitárselo, las prefiramos al resto. A una señora digna de ese tratamiento debería bastarle una tarjeta de boda como la que una amiga mía envió este verano a sus invitados: *«Caballeros, sin corbata. Señoras, como Dios manda»*.

El hispanista de la No Hispania

Henry Kamen regresa al ruedo ibérico. Y, como cada vez que saca algo del horno, el historiador inglés afincado en Cataluña, donde algunos le aplauden y ríen mucho los chistes, aplica bálsamo Bebé al culito del nacionalismo paleto que tanto lo estima. En el último libro, Kamen detalla sus últimos descubrimientos sobre la inexistente realidad nacional de España; que, como todo el mundo sabe, fue inventada a medias por Felipe V y el general Franco. Esta vez, don Henry sostiene que hasta el siglo XX no hubo cultura nacional española, que ésta floreció en los exilios, fue tardía y cutre, y que lo que hubo desde Séneca, Quintiliano, Pomponio Mela o Marco Valerio Marcial hasta hoy, incluidos Isidoro de Sevilla, Berceo, Cervantes, Gracián, Velázquez, Quevedo, Goya, Moratín, Galdós o Machado, ni fue nacional, ni fue cultura, ni fue nada. Sólo verduras de las eras.

Se preguntarán ustedes por qué no le tira un viaje a Henry Kamen algún historiador profesional, en lugar de un simple novelista aficionado a leer libros. También me lo pregunto yo. Sorprende el silencio de los corderos, en esta España Que Nunca Existió donde, sin embargo, abundan quienes le pondrían a Kamen los pavos a la sombra. Pero allá cada cual. Yo me bato por motivos personales: de vez en cuando, en entrevistas y artículos, Kamen menciona mi nombre. Me halaga, pero tengo una reputación que mantener. Empiezas dejando que un inglés te toque los huevos, y nunca se sabe. Y más tratándose de mi compadre Diego Alatriste, a quien alude don Henry cuando afirma:

«Tengo una singular batalla con Pérez-Reverte, que obedece a que él escribe en torno a la glorificación legendaria de una España que nunca existió».

Pero Kamen patina. No se trata de gloria, sino de épica: materia no exclusiva de la delgada línea roja, fusileros irlandeses, mercenarios gurjas, lanceros bengalíes o la madre que los parió, cuyo patriotismo o carácter nacional nunca cuestiona Kamen, tan aficionado a desmontar los de otras naciones. Como historiador, don Henry conoce nombres y fechas: 1492, las Navas de Tolosa, Pavía, Otumba, Trafalgar, Bailén o Cavite; incluidos Tolón, Tenerife, Cartagena de Indias, Buenos Aires y otros lugares donde los ingleses, pese a su motivación patriótica indiscutible y a su brillante cultura nacional anterior al siglo XX, se llevaron una enorme mano de hostias. Y en lo que a glorificación se refiere, precisemos que en las historias de Alatriste no se trata de eso, sino de todo lo contrario. A lo mejor es que el artista habla de oídas, pues lo desafío a demostrar que su España es más sórdida o descarnada que la que ven los ojos de Diego Alatriste. La palabra gloria no cuadra a esta nación, no por antigua menos infeliz, ingrata y miserable, ni a tanta bandera manipulada por tenderos sin escrúpulos e historiadores a sueldo. Sólo un imbécil puede confundir glorificación pomposa o patriotería barata con el acto de narrar desde la Historia y la memoria, como si en las bibliotecas españolas sólo figurase la colección del Guerrero del Antifaz. Henry Kamen no es un imbécil, pero vive en España —él diría en Cataluña— de dar coba a los que sí lo son. Por eso no huele a honrado el pan que come. Decir que España no existe como nación secular ni como cultura nacional es imitar a Jacques de Thou; quien, el mismo año en que se publicaba la segunda parte del *Quijote*, negaba que en España hubiese cultura, fuera de Nebrija y el Pinciano. Así, negar lo innegable es ignorar, por la cara, la

Ispania de Estrabón, la *Spania* de Artemidoro y la *Hispania* de Tito Livio; y más allá del simple —o no tanto— concepto geográfico, también es negar la monarquía hispano-visigoda, el concilio de Toledo, el *«Yo són I chomte d'Espanya que apela hom lo chomte de Barcelona»* de la *Crónica* de Bernat Desclot, los *«Quatre reis que ell nomená d'Espanya, qui son una carn e una sang»* de Ramón Muntaner, los privilegios otorgados a *«la nación española»* en Brujas, la Pragmática de Guadalupe, las referencias a España en los textos hostiles de Guicciardini y Maquiavelo, el Salón de Reinos del Buen Retiro de Madrid, la pugna del tomismo con el luteranismo, el padre Mariana, la Pepa del año 12, los cuernos del toro de Osborne y cuanto colguemos en ellos por delante y por detrás.

Otra cosa es que España sea un putiferio lleno de envidia, incompetencia y mala fe, donde en vez de Estado —ahí tiene razón don Henry— tenemos un infame bebedero de patos. Pero eso lo sabemos de sobra. No hace falta que nos lo diga un hispanista inglés, instalado bajo ubérrima sombra mientras sus agradecidos patrocinadores le trastean con entusiasmo la entrepierna. Y viceversa.

La compañera de Barbate

Una vez, hace ya algunos años, estuve a punto de darme de hostias con un periodista de la prensa guarra porque me llamó compañero. Salía de cenar con una supermodelo francesa —absolutamente tonta del culo, por cierto— que estaba a punto de rodar una película sobre una historia mía, y un fotógrafo al acecho en la puerta del restaurante quiso inmortalizar el momento, no porque yo fuese carne de *¡Hola!,* sino porque la pava lo era, y mucho. Que me sacaran a su lado no me hacía feliz, pero tampoco cortaba mi digestión. Son gajes del oficio. Lo que me quemó el fusible fue que, ante mi mala cara y poca disposición a colaborar, el paparazzo me dijese: «Parece mentira, tú que has sido compañero». Ahí me tocó, como digo, la fibra. Y siguió un pequeño incidente que podríamos resumir en mi comentario final: «Yo era un buitre cabrón como tú, pero un buitre cabrón honrado. Nunca anduve fisgando coños, y a ti nunca te vi en Beirut o en Sarajevo. Así que no hemos sido compañeros en la puta vida».

Me acordé el otro día de eso, viendo la tele. Un temporal de levante había tumbado un pesquero a quince millas de Barbate, llevándose a siete u ocho tripulantes, y las familias aguardaban en el puerto para averiguar los nombres de los supervivientes. Había allí un centenar de personas angustiadas e inmóviles, mujeres, hijos, hermanos, padres y compañeros, esperando noticias con la entereza resignada y silenciosa de la gente de mar. Entre ellos se movía en directo una reportera de televisión, y las palabras *se movía* son exactas. No es que esa reportera se limitara, como se espera de su oficio, a informar sobre la tragedia con aquellas atribuladas familias como fondo, o muy cerca. A fin de cuentas, tal es el canon: una cosa sobria, elocuente, respetuosa, a tono con las trágicas circunstancias y el ambiente. Pero ocurría todo lo contrario. De acuerdo con las actuales costumbres de la frívola telebasura, la reportera bailaba, casi literalmente, entre aquella pobre gente, yendo de un lado a otro con saltarín entusiasmo. En vez de informar sobre la desaparición de unos marineros arrastrados por el mar, parecía hallarse, muy suelta y a gusto, en un plató de sobremesa, en el estreno de una película o en una pantojada cualquiera del Qué Me Cuentas o el Corazón De Entretiempo.

Les juro a ustedes que yo no daba crédito. No es ya que la torda fuese vestida y maquillada como quien sale de la redacción dispuesta a darle el canutazo a Jesulín de Ubrique, a Carmen Martínez-Bordiú o a Rappel en tanga de leopardo. No es, tampoco, que el tono de su información, en vez de contenido y respetuoso como exigía el drama de esa gente —entre la que había una docena de viudas y huérfanos—, fuese chillón, superficial y marchoso en plan yupi, coleguis, como para darle vidilla al directo y animar a los telespectadores a enviar mensajes para ganar un viaje a Cancún. Es que, además, aquella prometedora joya del periodismo a pie de obra iba metiendo la alcachofa de corro en corro sin el menor pudor. Mas no crean ustedes que la desanimaban silencios o negativas expresas, ni se echaba atrás ante quienes le volvían la espalda negándose a hablar, como ocurrió con un tripulante que había tenido la suerte de no embarcar en el pesquero perdido: hasta tres veces tuvo que decir, el hombre, que no quería comentar nada de nada. Porque, fiel a las maneras impuestas en los últimos tiempos por el infame callejeo de la telemierda, la periodista no se desanimaba ante silencios o negativas expresas, sino todo lo contrario: parecía dispuesta a que esa misma tarde la ficharan, a toda costa, para el Cuate qué Tomate. Crecida en la adversidad, inasequible al desaliento, seguía moviéndose de acá para allá en busca de testimonios vivos para justificar el directo, como si en vez de en un velatorio marino se encontrase acosando a cualquier pedorra y a su macró en el aeropuerto de Málaga. Y el momento culminante llegó cuando, tras localizar a alguien dispuesto a decir ante la cámara que su hermano estaba vivo y a salvo, la reportera casi dio saltitos de alegría, compartiendo a voces la felicidad de aquella familia como si acabara de tocarles el gordo de Navidad. Todo eso, a dos palmos de las caras hoscas de todas aquellas viudas, huérfanos y parientes cuyo décimo salía sin premio.

Pero, la verdad. Lo que más me sorprendió fue que nadie le arrancara a aquella reportera dicharachera de Barrio Sésamo la alcachofa de la mano, y se la encajara en la bisectriz. Será que la tele impone mucho, o que la gente humilde es muy sufrida. Sí. Debe de ser eso.

Esa alfombra roja y desierta

Tengo un par de amigos que hacen películas con mis novelas, y eso me mantiene en contacto con el mundo del cine. Me refiero al cine por dentro, claro, no como espectador. Para ver pelis no necesito ni amigos ni gaitas: me compro una entrada y una bolsa de palomitas —de pequeño eran pipas— o un deuvedé, y punto. Hasta ahora han hecho siete u ocho sobre historias mías, y algo más hay de camino. Unas fueron bien, y otras no. De las dos últimas, mis compadres no se quejan. A mí, en realidad, lo de la taquilla no me afecta; excepto porque, ya que son amigos quienes se la juegan, deseo que les vaya bien y ganen pasta. Lo personal ya es otra cosa. Algunas de esas películas me gustaron mucho, otras me gustaron menos, y alguna hubo sobre cuya palabra *Fin* juré romperle las piernas a su director si alguna vez me topaba con su careto. Quiero decir con todo esto que lo del cine me suena. Que llevo tiempo en contacto y conozco el paño. Por eso me parto de risa cuando oigo a alguien del gremio hablar de industria cinematográfica española, solidaridad de actores, directores y productores, la nueva ley sobre el asunto y otros camelos.

Recuérdenme un día de éstos que cuente con detalle cómo se hacen las películas en España, de dónde sale la pasta, y cómo es posible que películas infames, que ni llegan a estrenarse, hayan metido viruta en el bolsillo de algunos productores espabilados, de los que se hacen fotos en la toma de posesión de todos y cada uno de los titulares de Cultura, sean del Pepé o del Pesoc. Recuérdenme también que refiera algunas anécdotas sabrosas sobre las palabras *beneficio industrial,* sobre cómo se repartió en los últimos años la tarta de las televisiones, sobre los dos o tres listos que mataron la gallina de los huevos de oro, y sobre cómo algunos golfos apandadores, combinando la candidez de ministros y ministras que no tenían ni puta idea de cine con la complicidad amistosa o engrasada de algún crítico cantamañanas, presentaron como obras maestras bodrios infumables, haciendo desertar al público de las pantallas españolas. Recuérdenme, también, que refiera algunas bonitas historias sobre las palabras *envidia* y *poca vergüenza* en torno al rodaje de cualquier película ambiciosa de alto presupuesto que apunte a la taquilla, invariablemente torpedeada por el habitual grupillo de tiburones de la *industria,* con el argumento de oiga, y qué hay de lo mío. O dicho de otro modo: si la pasta de las ayudas va a una sola película importante, quién financiará las chorraditas infumables de las que yo vivo, y con las que trinco pasta antes de rodar un solo plano, con lo que luego me da igual estrenarlas o no.

Recuérdenme también, ya puesto a hacer amigos, que les cuente algo sobre la conmovedora solidaridad de la gente del cine, directores y actores incluidos. Que les detalle por qué, mientras que en Cannes, Toronto, Venecia o Hollywood los guiris acuden en masa a arropar no sólo sus películas, sino las de otros, a hacer bulto y dar glamour a algo que es negocio para todos, a los estrenos en España sólo van los actores de la película y el director —y no siempre—, y resulta imposible un desfile de alfombra roja como los espectadores y el público esperan, de esos que tanto contribuyen a que el cine siga siendo fábrica de imaginación e ilusiones. En vez de los deslumbrantes vestidos y elegancia de mujeres bellas, hombres apuestos en smoking, caras conocidas que dan magia y prestigio a una película y a la industria en general, animando al público y la taquilla, aquí sólo van a un estreno los cuatro gatos de la peli con algún familiar y amigo; vestidos, por supuesto, como viste el cine español para sus cosas: de trapillo cutre y tejanos rotos, porque una chaqueta o una corbata son prendas fascistas. El caso es que en España nadie va a ver la película de otro, ni apoya con su presencia lo que, hoy por ti y mañana por mí, debería ser esfuerzo común y mutuo beneficio. Ni siquiera para eso se ponen de acuerdo. Para comprobarlo, fíjense en las pocas caras conocidas que acuden a cada estreno. Observen la fiesta de los Goya, o el festival de San Sebastián. Quiénes salen en las fotos y quiénes ni asoman por allí. En España, el glamour colectivo del cine murió hace tiempo. Aquí cada perro se lame su cipote, la mayor parte de actores y directores se ignora, desprecia u odia entre sí —eso, cuando no se desprecia, ignora y odia al mismo tiempo—, y lo único que importa a los productores es comprobar, el lunes siguiente a cada estreno, que su película ha ido bien y que las de los otros se han pegado un cebollazo de muerte.

Industria, la llaman todavía. No te fastidia.

La sombra del vampiro

A menudo llegan cartas pidiendo que recomiende un libro para jóvenes. Algo que los anime a leer. En literatura, la palabra *jóvenes* resulta ambigua y peligrosa, de modo que no suelo meterme en ese tipo de jardines. Cada cabeza es un mundo aparte. Por lo demás, creo que, salvo contadas excepciones, lo que establece la diferencia entre un libro para jóvenes y otro para adultos es la edad de quien lo lee. Unos textos encuentran a su lector en el momento adecuado, y otros no. *El conde de Montecristo*, por ejemplo, puede fascinar lo mismo a un joven de quince años que a un abuelo de setenta. Y no sabría decir cuándo es más placentero y provechoso leer *La línea de sombra*, *El guardián entre el centeno*, *La cartuja de Parma*, *Moby Dick* o *La montaña mágica*.

Hay una novela, sin embargo, con la que tengo la certeza de ir sobre seguro, pues no conozco a ninguno de sus lectores, jóvenes o adultos, que no hable de ella con entusiasmo. Con su título ocurre como con tantas obras maestras: el cine lo hizo todavía más popular, devorándolo, y al fijarlo en el imaginario colectivo desvinculó el mito de la fuente original. Pero ese libro extraordinario sigue ahí, en librerías y bibliotecas, en buen y sólido papel impreso, esperando que manos afortunadas lo abran y se estremezcan con su invención perfecta, su belleza y su trama sobrecogedora. La novela se llama *Drácula* y fue escrita —a máquina, innovación técnica absoluta en aquel momento— por su autor, Bram Stoker, hace ciento diez años.

Drácula es de una modernidad que apabulla. Para construirla, Stoker se zambulló en leyendas medievales, supersticiones y brumas balcánicas, vampirismo y hombres lobo, sin que nada de eso entorpeciese con erudiciones inoportunas, a la hora de escribir, la limpia eficacia de su historia, a la que aplica una factura técnica complicada, impecablemente resuelta, que ya quisieran para sí muchos de los que, a estas alturas del tiempo y la literatura, pretenden romper o reinventar las reglas del juego. La historia, que empieza cuando el joven inglés Jonathan Harker viaja a Transilvania para negociar una venta con un aristócrata local, se fragmenta en cartas, diarios íntimos, recortes de prensa, grabaciones fonográficas e incluso el espeluznante diario de a bordo —pieza maestra dentro de la obra maestra— del capitán de un navío, el *Deméter,* que con su perro negro ocupa por mérito propio un lugar en la nomenclatura de barcos legendarios y misteriosos de la gran literatura de todos los tiempos.

Además, están los personajes. Complejos, humanos hasta el dolor, inhumanos hasta la crueldad objetiva y fría, los seres que pueblan *Drácula* mantienen al lector pegado a sus páginas: las dos amigas atrapadas por una atracción fatal, la desnudez fetichista de sus pies —¡cómo insiste en eso el autor!— cuando se entregan al terrible seductor, la violación-vampirización de Lucy, la impotente lucidez de Van Helsing, el sacrificio del compañero generoso, la dramática empresa de los tres amigos y su estaca en el corazón, la fanática fe del miserable y leal loco Renfield en su maestro-mesías, a prueba de manicomios... Y, por encima de todos, desde que una mano fuerte, fría como la nieve, estrecha la del joven Harker en el castillo de los Cárpatos, la extraordinaria e implacable sombra que planea sobre la novela: ese espléndido conde Drácula, cuya engañosa ancianidad y bigote blanquecino quedaron borrados para siempre, en la iconografía clásica del mito —160 adaptaciones cinematográficas—, por la magnífica palidez engominada de Bela Lugosi, la elegancia aristocrática de Christopher Lee, la escalofriante cortesía de Frank Langella y todas las derivaciones, variantes o sucedáneos generados en torno; desde bodrios infames para la tele hasta obras maestras como el mítico, genial, *Vampiros* del maestro John Carpenter.

Y es que, por encima de todo eso, *Drácula* es una novela magnífica que a ningún lector deja indiferente. *«La mejor del siglo»*, afirmaba de ella Oscar Wilde en 1897; y con Don Juan y Fausto, según André Malraux, *«los únicos mitos creados por los tiempos modernos»*. Un pedazo de libro, vamos. De los que enganchan —literalmente— por el pescuezo. Así que, señora, caballero, profesor de literatura o quien diablos sea usted, permítame una sugerencia: si esa lastimosa criatura suya no abre nunca un libro, cómprele *Drácula,* o hágaselo leer y comentar en clase. A usted, de paso, tampoco le vendría mal. Échele un vistazo, y ya me contará. Tan seguro estoy de eso que, si no funciona, yo mismo le devuelvo su dinero.

Patriotas de cercanías

Hay una clase de cartas, entre las que me escriben los lunes, cuya virulencia supera, incluso, la de las feministas galopantes de género y génera y la de las pavas con indigencia intelectual, incapaces unas y otras de entender nada que no responda al canon obvio de ese mundo virtual que se han montado y que tanto aplauden, para evitarse problemas, ciertos tontos del haba. Yo tengo un par de ventajas. Por una parte, ese canon artificial me importa un carajo. Por la otra, hace cuatro o cinco años escribí una novela sobre mujeres, machismo y algunas cosas más, y a su contenido —corrido de los Tigres del Norte adjunto— me remito cuando vienen diciendo que les toco la bisectriz.

En cualquier caso, como digo, ese correo femenil desprovisto de humor, inteligencia y maneras no es lo que más chisporrotea. Lo más plus de lo plus llega cada vez que me introduzco, saltarín, en los jardines nacionalistas. Ahí de verdad que sí. Ahí es donde paletos espumajeantes y tontos de campanario —no siempre son sinónimos, aunque a menudo lo parezcan— sacan lo mejor de sí mismos, y de sus argumentos, para ciscarse en mis muertos. En mis muertos españoles, naturalmente. Eso me pone en situación delicada, pues como saben quienes me leen desde hace tiempo, mi concepto de España y de los españoles, desde Indíbil y Mandonio hasta ayer por la tarde, no puede ser más incómodo y descorazonador. No sé cuántas veces habré escrito en esta página, en los últimos doce o trece años, *país de mierda* o *país de hijos de la gran puta;* conceptos éstos que, por cierto, también generan su propio correo específico, esta vez del sector Montañas Nevadas. Pero mis astutos corresponsales patriachiqueros no se dejan engañar, porque son muy listos, e incluso bajo tales exabruptos detectan un españolismo de fuego de campamento, brazo en alto y en el cielo las estrellas, de ese que tanto les gusta practicar a ellos en versión propia, o que tanto necesitan en otros para justificar su trinque, su mala fe o su imbecilidad.

Esta clase de cartas llega, indefectiblemente, cada vez que menciono asuntos históricos, a los que tengo cierta afición. Y no deja de tener su gracia. Uno puede desayunarse cada mañana viendo en los periódicos y la tele cómo gudaris y otros paladines cataláunicos, celtas, euskaldunes, andalusíes o de donde sean, incluso cretinos bocazas peinados de través como el coqueto y casposo Iñaki Anasagasti, meten el dedo, removiéndolo, en cuanto ojo encuentran a mano, con tal de joder un poquito más, o se limpian las babas con cualquier bandera que no sea la de su parcelita. Pero que a los demás no se nos ocurra, por Dios, hablar de Historia, ni de España, ni de nada, ni siquiera en términos generales, que no coincida exactamente con lo expuesto en el escaparate de su negocio. Hasta ahí podíamos llegar. Algunos, incluso, son inteligentes. O lo parecen. Ésos, más allá del rebote elemental, suelen descolgarse con una contundencia, una seriedad pseudocientífica y unos aires de autoridad tales que hasta al cartero de *XLSemanal,* que es un pedazo de pan, lo hacen picar de vez en cuando. Son capaces de desmentir, sin empacho, cuanto se ponga por delante. Veinticinco siglos de memoria documentada, bibliotecas, viejas piedras y paisajes no tienen la menor importancia frente a la historia local reescrita por mercenarios de pesebre, que es la única que les importa. Mal acostumbrados por gobernantes expertos en succionar entrepiernas a cambio de votos, a los patriotas de cercanías les sienta fatal que alguien les lleve la contraria a estas alturas del desmadre, cuando gracias a la cobardía, la incultura y la estupidez de la infame clase política española todo parece estar, por fin, al alcance de su mano. Quisieran esos pseudohistoriadores de tebeo que, cada vez que llega una de sus cartas refutando con argumentos de hace tres días lo que gente docta e inteligente tardó siglos en acumular, probar y fijar, yo me levante de la mesa, vaya a mi biblioteca, y ante los veinte mil libros que hay en ella, ante las catedrales, los castillos, los acueductos romanos, las iglesias visigodas y los museos, ante los documentos históricos conservados en los archivos de toda España y de medio mundo, diga: «Mentís como bellacos. Acaba de poneros patas arriba mi primo Astérix con dos recortes de periódico, cuatro cañonazos de Felipe V y las obras completas de Sabino Arana».

Encima, oigan, algunos amenazan con no leerme nunca más, o juran que no volverán a hacerlo en el futuro. Para castigarme por españolista, por facha y por cabrón. Y qué quieren que les diga. Que sin lectores así puedo pasarme perfectamente. Que vayan y lean a su puta madre.

Iker y el escote de Lola

Mi amigo Iker —yo no los elijo, que conste— se apoya en la barra del bar de Lola, pide la caña ritual y expone su versión del asunto. A los diecisiete años ha pasado la selectividad y tenido una novia guiri, y todavía le sorprende que, cuando hablaban de política, las cosas estuvieran claras para ella. ¿Rico o de clase media, piel rosa y barrio de *Mujeres desesperadas*?: Partido Republicano. ¿Minoría, clase baja, paria de la tierra, abortista o eutanásico?: Partido Demócrata. O algo así. Aquí es más difícil, se lamenta Iker. Si eres de los que piensan que la Conferencia Episcopal estaría mejor donde el siglo XVIII puso a los jesuitas, no tienes otra que votar a Alicia en el País de las Maravillas y asumir que España es concepto discutido y discutible. Si crees que Educación para la Ciudadanía es un delirio de mentecatos, debes aplaudir la picha hecha un lío que el portavoz Acebes pasea por los telediarios desde el 11-M y tragar ladrillo envuelto en banderas españolas. Y si toca periferia histórica, la cosa consiste en adaptarse a cada versión local de la palabra *patriota* subtitulada con clientelismo y demagogia, o *Rompe el sistema*, *Hazte rojo* y *Puta sociedad*, en lengua vernácula, claro, para no asustar a los turistas. Mientras, los Corteingleses, las Fenaques, las Zaras y las tiendas de compra y tira, colega, están llenos a rebosar y todo cristo necesita de todo a todas horas. A ver cómo encaja eso con la crisis hipotecaria de la que nadie desea enterarse, con las familias sin un duro para material escolar de sus hijos, aburridos de votar antes de tener edad para hacerlo, y cuya máxima aspiración intelectual es una moto, o escuchar reguetón a tope en su cuarto en vez de leer, o convertir, ellas, su cuarto en la casita de Bratz y decir me he puesto ciega hasta el culo, tía.

Todo eso larga mi joven amigo entre la primera y la segunda cañas, mientras yo, de codos en la barra —esta vez sin Javier Marías, pero inasequible al desaliento—, le miro el escote a Lola. Que es un escote como los de antes. Entonces Iker se limpia la espuma de la boca y hace la pregunta del millón de mortadelos: ¿Y ahora, qué? ¿Sólo nos queda encerrarnos con nuestros libros, como esos republicanos cultos del 36 o esos alemanes y austriacos que veían llegar la tormenta y negaban con la cabeza diciendo «no es esto, no es esto» ante el jolgorio y el vivalafiesta general?... Es que nos han metido en una trampa, señor Reverte. Sólo te dejan opciones que no deseas, como esos partidos tercera vía que parecen la segunda parte coreana de *Titanic*. Por una parte me niego a vivir en un mundo gobernado por turistas de Código da Vinci y tontasdelculo del Hay Tomate. Por la otra, quiero seguir votando, y exigiendo. Quiero estar en la calle, leyendo el periódico cada día. Quiero seguir ilusionado, enamorado, ciudadano, con sangre en las venas. ¿Qué han hecho ustedes con nosotros, señor Reverte? Déjeme que se lo diga: nos han jodido vivos.

Lola, que seca vasos, escucha en silencio. Mi abuelo —prosigue Iker— me ha contado cientos de veces sus historias del 36 al 39. Era como escuchar a Alatriste: honor, tiros, mujeres, traiciones. Hoy, mi abuelo, como muchos otros veteranos de *ya sabes qué* —lo de Guerra Civil sólo se podía decir en mi instituto si eras rojo demagogo con gafas circulares o facha nostálgico del 23-F—, está en una residencia y todo le importa un carajo. Ni lee los diarios. Y no quiero acabar así. Me asusta envejecer en esta imbécil España con tanta tristeza como mi abuelo. Y por cierto —añade Iker apurando el vaso—: eso de que aquí o allá

vivimos con miedo, oprimidos por éste o aquél, es mentira. Como lo de los quemafotos, que son cuatro. Los demás
vemos *Los Serrano,* tapeamos en los bares, desprecintamos
un condón cuando podemos. Cosas así. La guerra del Pesoe contra el Pepé, lo de Ibarretxe con Madrid nos importa
menos que la lucha de Gandalf contra el Balrog. Y quíte-
selo de la cabeza: en las escuelas vascas, catalanas o gallegas
apenas hay adoctrinamiento nacionalista. No hace falta.
Esto es España, oiga. Eso ya mata dos pájaros de un tiro.
Aparte los cuatro exaltados, nueve de cada diez hablamos
como el más chulo de Leganés, vemos *Gran Hermano,*
alucinamos con Enrique Iglesias y tenemos de maestros a
funcionarios interesados por cobrar a fin de mes y no sufrir
daños físicos durante las clases. Todos somos demasiado
vagos para que nos adoctrinen. ¿Capisci? Y a mí me toca
por primera vez votar en marzo. Por eso, señor Reverte,
cuando el islamismo radical, las hipotecas y los mierdas de
nuestros políticos nos metan en una movida gorda, si me
da tiempo le juro que me voy a reír como un puto enfermo.
No sé si me explico. Gracias por esas cervezas, amigo. Y por
las tetas de Lola.

Inocentes, pero menos

Tendemos a confundir inocencia con ignorancia. Pensaba en eso el otro día, viendo en la tele los estragos que cuatrocientos litros de agua por metro cuadrado pueden hacer en la estupidez y el desinterés del ser humano por las realidades físicas del mundo real en el que vive. Creemos que metiendo maquinaria y cemento podemos mover montañas, alterar cauces de ríos y cambiar el paisaje a nuestro antojo, vulnerando impunemente las leyes naturales. Nos consideramos, arrogantes, a salvo de todo, hasta que un día el Universo se despereza, bosteza un poco y pega cuatro zarpazos al azar. Entonces resulta que el coqueto paseo marítimo de Benicapullos de la Marineta, que costó una tela, hay que demolerlo porque corta el paso a las aguas embravecidas que vuelven a correr por donde siempre corrieron desde hace siete millones de años; y que la urbanización de adosados, construida en la orilla misma del río Manolillo, se va a tomar por saco llevándose los coches, los bajos de las casas, a las abuelitas jubiladas y cuanto encuentra por delante. Luego, claro, la culpa la tiene el Pesoe, o el Pepé, o el alcalde, o Protección Civil. Los demás nos manifestamos llorando, o cabreados, pero sin culpa de nada. Exigimos indemnizaciones al Estado para recomponer nuestras vidas, y nos lamentamos porque la razón y el telediario nos asisten. Somos víctimas inocentes.

Sin embargo, siempre hubo diluvios y volcanes. Las playas de tal o cual sitio son idílicas precisamente porque, segura de que allí cada cierto tiempo el mar pega un sartenazo, la gente se iba a vivir a otra parte, por si acaso. Los maremotos, por tanto, no son culpables de nada. Ni los terremotos. Ni lo que sea. Siempre estuvieron ahí, y hasta los animales salvajes buscaban su guarida en otros pastos. De pronto, en los últimos treinta años, o cien, o los que sean, hemos decidido, porque nos conviene, que una riada, un *tsunami* o una erupción de lava son fenómenos posibles, pero improbables. Así que, oiga. Ya sería mala suerte. Por una ola gigante cada siglo y medio, por una Nueva Orleáns cada cinco, no vamos a desperdiciar la playa tal o la parcela cual, que piden ladrillo a gritos. Así que llenamos de pisos el Vesubio, reconstruimos San Francisco en el mismo sitio, y situamos quince mil plazas hoteleras en una playa que está a treinta kilómetros en línea recta del volcán submarino más próximo. Y venga vuelos de bajo coste, mojitos de ron y mariachis. Con todos muy felices, claro, y fotos para la familia, y los niños jugando en playas vírgenes de arena blanca, hasta que un día el mar y el azar dicen: hoy toca. Y adiós muy buenas, chaval. Más fiambre para el telediario. O sea. Más víctimas inocentes.

Antes, al menos, había excusa. O justificación. No siempre éramos culpables de los efectos letales de nuestra ignorancia, porque la sabiduría no estaba al alcance de todos. Estudiar era difícil, y los cuatro canallas con corona o sotana que manejaban el cotarro eran incultos o procuraban, en bien de su negocio, que la chusma lo fuera. El hombre ignoraba que el mundo es un lugar peligroso y hostil donde al menor descuido te saltas el semáforo; o lo sabía, pero no contaba con medios para evitar el daño. Sin embargo, hace tiempo que esa excusa no vale, al menos en lo que llamamos Occidente. De Pompeya a las playas asiáticas, de Troya a las Torres Gemelas, el imbécil occidental —ustedes y yo— dispone de treinta siglos de memoria escrita que se pasa por el forro de los huevos. Tenemos colegio obligatorio, televisión e Internet, y nunca hubo tanta información circulando. Quien no sabe es porque no quiere saber. Ahora somos deliberadamente ignorantes porque resulta más cómodo y barato mirar hacia otro lado y creer que nunca va a tocarnos a nosotros. Hasta que toca, claro. Hasta que el piso que compramos sin fijarnos en que estaba en el cauce de un río seco se nos llena de agua. Hasta que el viaje basura de quince euros, que contratamos con una compañía cutre para sentirnos millonarios tres días bebiendo piña colada mientras nos llaman Buana o Sahib, nos deja tirados en el aeropuerto. Hasta que la hipoteca que nos atamos al cuello, sin averiguar antes si cuando todo se vaya al diablo podremos pagarla, nos revienta en la cara y nos deja en la puta calle. Entonces, sí. Entonces somos víctimas inocentes, pedimos compasión, ayuda internacional y soluciones a cargo de los presupuestos del Estado, y exigimos responsabilidades a la compañía aérea, y a la cadena hotelera, y al Gobierno, y a Dios, mientras agitamos en alto nuestros inútiles billetes de avión, nuestras letras que no podemos pagar, nuestras casas inundadas y nuestros muertos.

La moneda de plata y el tigre del Norte

Pongo la moneda de plata encima de la mesa y Jorge Hernández la mira sin comprender al principio. «Te la debo desde hace dos siglos y medio», digo. Jorge la agarra y la estudia, aún desconcertado, dándole vueltas entre los dedos. Es una pieza de ocho reales, de plata mejicana, acuñada en 1769. «Ya es hora de que vuelva a su dueño», aclaro. Entonces Jorge, al fin, comprende y sonríe. Híjole. La plata de Tasco, o de por allí. Me da un abrazo. «Será muy valiosa», dice. Yo me encojo de hombros. «De ti depende —respondo—. Vale lo que tú quieras que valga».

Estamos comiendo en un restaurante de Madrid. A Jorge no se le nota huella ninguna de las cuatro horas que pasó anoche en un escenario de Madrid, con sus hermanos pequeños, los Tigres del Norte: el grupo norteño más famoso del mundo, pionero del narcocorrido y de la canción social de la frontera, cuya inmortal *Contrabando y traición* —la historia de Camelia la Tejana— empezó un género musical que hoy es cumbre del folclore mejicano, fenómeno cultural capaz de conseguir que Jorge y sus hermanos llenen de público el Estadio Azteca, o congreguen en sus conciertos al aire libre a cien mil personas que corean sus canciones porque las saben de memoria. Yo también las coreé anoche en Madrid. Estuve entre el público, a mis años y con la mili que llevo a cuestas, gritando «Sinaloa» en las pausas musicales, voceando la letra de *Pacas de a kilo*, de *Jefe de Jefes*, *La reina del Sur*, *La mesera* o *Somos americanos*, entre los aficionados españoles y la comunidad de México en Madrid, algunos de cuyos miembros vestían, para la ocasión, sombreros y botas de piel de iguana, y agitaban banderas de su país, emocionados hasta la locura cuando Jorge, con su acordeón, sombrero alzado en la mano, cantaba aquello de: «*Indios de dos continentes / mezclados con español / somos más americanos / que el hijo de anglosajón*».

Me gusta escuchar a Jorge —es muy inteligente y narra como nadie, por eso canta novelas de tres minutos— cuando confirma, con el tono sencillo de la buena gente de su tierra, que pese a treinta años de éxitos y dinero no ha olvidado su infancia de niño pobre en Rosa Morada, Sinaloa, donde empezaba el colegio el 20 de septiembre porque el 15 sólo iban los chamacos que podían pagarse el uniforme. Cuando cuenta cómo aprendió a tocar el acordeón buscando en él las notas que hacía sonar en la guitarra. Cuando recuerda que empezó a cantar con ocho o nueve años por cantinas y burdeles, a veinticinco centavos canción, entre mesas manchadas de mezcal y tequila donde borrachos y putas fueron su primer público —ellas lo escondían bajo sus faldas cuando llegaba la policía—, hasta que una serie de azares y coincidencias lo pusieron en el camino que había de llevarlo al éxito de masas, a vender millones de discos y a ser imitado hasta la exageración por cientos de grupos norteños —algunos también excelentes— que fueron naciendo al socaire de los Tigres cuando éstos se convirtieron en maestros indiscutibles del género. Y mientras observo a Jorge Hernández comer despacio y mojar apenas los labios en la copa de vino, considero lo singular que resulta encontrar a alguien tan leal todavía a lo que en otro tiempo fue, incluido el niño que cantaba en las cantinas, y que aún pueda reconocerse ese niño en el hombre que ahora, en el escenario, bajo los focos, conserva la humilde calidez humana que permite a una superestrella del folclore mejicano convertir su trabajo en espectáculo de comunión con un público enfervorizado, que sube al escenario a hacerse fotos con sus ídolos, mientras éstos recogen, obedientes, cada uno de los papelitos con peticiones que les entregan en pleno concierto, las leen en alto sin dejar de tocar y cantar, y procuran satisfacerlas. «Con mucho gusto, *Carga ladeada,* cómo no... Para ustedes, con nuestro cariño, *La puerta negra,* claro que sí... Con mucho gusto, *También las mujeres pueden.*»

«Ha sido un largo camino, Jorge.» Se me queda mirando y asiente, dándole vueltas entre los dedos a la moneda de 1769. «Largo y pagándolo todo —responde—. Sin más deuda que con mis amigos». «Y con el público», apunto yo. «De él hablo —responde, suave— cuando digo mis amigos». Después, los dos echamos un vistazo a los periódicos, que traen fotos a toda página del concierto de anoche, y Jorge pone, sonriente, el dedo sobre unas líneas de un artículo: «*Interpretaron la mítica* Reina del Sur, *inspirada en una narcotraficante real, canción de la que Pérez-Reverte tomó algunas ideas para su novela*». «No te molestará, ¿verdad?», comenta. Muevo la cabeza, y sonrío, feliz. «¿Molestarme? Todo lo contrario, amigo. Me encanta. Así es como se construyen las leyendas.»

Fantasmas entre las páginas

No tengo ex libris, y nunca quise tenerlo. El ex libris, como saben ustedes, es una etiqueta o pegatina impresa que se adhiere a una de las guardas interiores de los libros de una biblioteca, para identificar a su propietario. *«Soy de Fulano de Tal»*, suele decir la leyenda, o recoge algún lema —*«Nunca estoy menos solo que cuando estoy solo»*, por ejemplo— que a menudo viene acompañado de una ilustración, motivo o escudo. Es costumbre bonita y antigua, y algunos ex libris son tan hermosos que hay quien los colecciona. Alguna vez un amigo artista se ofreció a hacerme uno, pero nunca acepté. Tengo mis ideas sobre la propiedad de libros y bibliotecas, y están relacionadas con lo efímero del asunto. He visto muchos libros arder, biblioteca de Sarajevo incluida, y comprado demasiados libros viejos como para hacerme ilusiones al respecto. Si es cierto que todo en esta vida lo poseemos sólo a título de depósito temporal, los libros son un recordatorio constante de esa evidencia. Creo que pretender amarrarlos a la propia existencia, al tiempo limitado de que dispone cada uno de nosotros, es un esfuerzo inútil. Y triste.

Quizá sea ésa, la palabra *tristeza*, la que mejor define el asunto. Como comprador y poseedor contumaz de libros usados, cazador de ojo adiestrado y dedos polvorientos en librerías de viejo y anticuarios, nunca puedo evitar que, junto al placer feroz de dar con el libro que busco o con la sorpresa inesperada, al goce de pasar las páginas de un viejo libro recién adquirido, lo acompañe una singular melancolía cuando reconozco las huellas, evidentes a veces, leves otras, de manos y vidas por las que ese libro pasó antes de entregarse a las mías. Como un hombre que, incluso contra su voluntad, detecte en la mujer a la que ama el eco de antiguos amantes, nunca puedo evitar —aunque me gustaría evitarlo— que el rastro de esas vidas anteriores llegue hasta mí en forma de huella en un margen, de mancha de tinta o de café, de esquina de página doblada, anotada o intonsa, de objeto que, abandonado a modo de marcador entre las hojas, señala una lectura interrumpida, quizá para siempre.

Y en efecto, *tristeza* es la palabra. Melancolía absorta en las vidas anteriores a las que el libro que ahora tengo en las manos dio compañía, conocimiento, diversión, lucidez, felicidad, y de las que ya no queda más que ese rastro, unas veces obvio y otras apenas perceptible: un nombre escrito con tinta o la huella de una lágrima. Vidas lejanas a cuyos fantasmas me uniré cuando mis libros, si tienen la suerte de sobrevivir al azar y a los peligros de su frágil naturaleza, salgan de mis manos o de las de mis seres queridos para volver de nuevo a librerías de viejo y anticuarios, para viajar a otras inteligencias y proseguir, de ese modo, su dilatado, mágico, extraordinario vagar.

Por eso, como digo, no tengo ex libris. Rindo culto a los fantasmas, pero no deseo ser uno de ellos. Las estirpes se acaban, los mundos se extinguen, y tarde o temprano llega siempre el tiempo de los ropavejeros y los bárbaros. No quiero que mi nombre, mi lema, mi frágil vanidad de propietario sean causa de que, pasado el tiempo, alguien abra un libro polvoriento o chamuscado y descubra allí mi nombre como en la lápida de una tumba; donde, por cierto, tampoco deseo figurar jamás: *«Soy —fui— de Fulano de Tal».* Por eso, del mismo modo que conservo con celo ritual cualquier reliquia de anteriores propietarios, dejando allí donde la encuentro la hoja o el pétalo seco de flor, la carta doblada, el dibujo, la tarjeta postal, en lo que a mí se refiere procuro, como quien borra con cuidado las huellas de un asesinato, eliminar todo rastro. Por desgracia, alguno es indeleble: dedicatorias de amigos, subrayados y cosas así. Pero el resto de evidencias procuro destruirlas con impecable eficacia. Situándome con paranoia de asesino minucioso ante cada libro que abandono en un estante para cierto tiempo —tal vez para siempre—, reviso antes sus páginas retirando cuanto allí dejé durante la lectura: cartas, tarjetas de embarque, notas, facturas, tarjetas de visita. Sin embargo, cuando tras la última ojeada considero limpia la escena del crimen y estoy a punto de cerrar la puerta a la manera de un médico de Rogelio Ackroyd dispuesto a enfrentarse al detective, no puedo evitar una sonrisa contrariada y cómplice. Sé que, pese a mis esfuerzos, un buen rastreador, un lector adiestrado como Dios manda, cualquiera de los nuestros, como diría el buen y viejo abuelo Conrad, sabrá reconocer en pistas sutiles —una nota escrita a lápiz y borrada luego, una mancha de lluvia o agua salada, una marca de tinta, sangre o vida— la huella de mis manos. El eco de mi existencia anónima en esas páginas que amé, y que me recuerdan.

20, 15, 750

Veinte años en la calle, celebran hoy quienes desde hace quince me albergan. Y pues de aniversarios estamos, acabo de calcular que éste es mi artículo número setecientos cincuenta. En lo que a mí se refiere voy a ahorrarles a ustedes hacer balance extenso del asunto, porque hace casi un año, con motivo del número 1.000 de *XLSemanal,* ya dediqué folio y medio a contar por qué sigo aquí dando la brasa: porque me lo paso de muerte dando escopetazos —*¿Acaso no matan a los caballos?,* novela de Horace McCoy llevada al cine bajo el título *Danzad, danzad, malditos*—, porque hay cartas entrañables de lectores que me obligarían a seguir frecuentando mi particular e imaginario bar de Lola aunque se me fueran las ganas, y porque la gente que me publica esta página ha demostrado con creces, durante esos largos y movidos quince años, una lealtad a toda prueba. Y cuando digo a toda prueba quiero decir exactamente eso: libertad en plan tú mismo y ahí está el Código Penal, y lealtad a prueba de damnificados vociferantes, publicitarios o anunciantes sedientos de sangre, políticos de Cómo Permitís Que Ese Cabrón, paletos de campanario, neohistoriadores de pesebre, falangistas de correaje, comisarios de checa de Bellas Artes, meapilas de Camino Verde Que Va a La Ermita, imbéciles de género y génera, y feminatas desaforadas con la pepitilla seca o hecha un lío. No sé si me explico. Ni si olvido algo.

Lo que me gustaría hoy, ya puestos a dedicar esta página, como me han sugerido, a celebrar el cumpleaños feliz, es dedicar un saludo de agradecimiento a quienes trabajan en el envés de la trama, y también a los compañeros con quienes comparto, o compartí en tiempos pretéritos, el trabajo en esta revista dominical, colorín o como se llame. A estos últimos, los de ahora, los conocen ustedes, pues basta con pasar las páginas para encontrar sus nombres, incluido el del cartero que me sufre. Así que también se los ahorro. Resulta estupendo, gratificante y educativo compartir papel con casi todos, incluido Paulo Coelho, que pese a sus esfuerzos místicos no ha logrado todavía hacerme ver la luz; pero lo mismo cualquier día uno de sus artículos me enciende la bombilla y me voy al Tíbet. Nunca se sabe. Otros colegas ya no teclean aquí, pero con algunos llegué a pasar buenos ratos echando pan a los patos. No puedo olvidar, entre ellos, a Ángeles Caso, a Marina Mayoral, a Antonio Muñoz Molina y sobre todo a Javier Marías, el perro inglés con quien precisamente la vecindad de página fraguó una amistad pintoresca, singular, que perdura aunque cada uno de nosotros curre ahora en diferentes pastos. La mejor prueba de esa amistad reside en el hecho insólito de que, cuando yo escribo aquí un artículo que desagrada a alguien, las hostias se las lleva él. Lo que, dicho sea de paso, me encanta. Los amigos están para eso. Para buscarles la ruina.

En cuanto al envés de la trama, como les decía, el agradecimiento es obligado. Si aquellos de ustedes a quienes apetece ver con qué se descuelga cada domingo el amigo —o no amigo— Reverte han podido hacerlo durante setecientas cincuenta semanas consecutivas, sin faltar ni una sola pese a viajes, vacaciones y demás, es porque un equipo de gente estupenda, algunos de cuyos nombres nunca aparecen impresos en estas páginas, se ocuparon de que así fuera. Profesionales rigurosos, lo mismo amigos fieles que asalariados con pundonor profesional, todos ellos se mantuvieron en contacto por fax o Internet para facilitarme los envíos, ajustaron textos, los administraron celosamente cuando llegaban cinco o diez de golpe porque yo pensaba desaparecer una temporada, detectaron erratas por mí inadvertidas, las corrigieron in extremis cuando los telefoneaba para decir: oye, acabo de acordarme de que en la línea tal he escrito *subnormal* con uve. Y cosas así. De esa fiel infantería anónima no olvido ni a los que se fueron ni a los que están: Antonio José, Mercedes Baztán, Rufi, Juan José Esteban, Diego Bagnera y los demás. Buenos chicos, magníficos periodistas. Sin ellos, esta página sería imposible.

Y, bueno. Eso es más o menos lo que quería apuntar hoy: que dos décadas son edad honorable, digna de ser celebrada. En cuanto a la tarta de cumpleaños, decir que ojalá dentro de otros veinte años sigamos viéndonos todos aquí, juntos y con mecheritos en alto, me parece una gilipollez. Así que no lo digo. Yo, desde luego, no tengo la menor intención de acudir a la cita. Ni a ésa, ni a ninguna otra. Eso no es obstáculo, u óbice, para desear que *XLSemanal,* o como diablos se llame para entonces —ya saben, toda esa murga de la renovación periódica y el diseño—, doble con absoluta felicidad la edad venerable que hoy festeja. Es un honor escribir aquí. Palabra.

La estupidez también fusiló a Torrijos

Bueno, pues más vale tarde que nunca. Pero cuánto tiempo perdido, mientras tanto, y qué injusto olvido, y qué vergüenza. Con esto último me refiero al palmoteo de algunos charlatanes de la intelectualidad oficial tras la recuperación para el público, gracias a la magnífica ampliación del museo del Prado, de la gran pintura histórica que, durante mucho tiempo, esa misma gente contribuyó a que se mantuviera escamoteada, proscrita, marcada con el hierro infame de lo reaccionario, lo anticuado, lo casposo. Por culpa de la peña de soplacirios que en todo tiempo y época pretende secuestrar en beneficio propio la palabra *cultura,* varias generaciones de españoles se han educado lejos de una soberbia colección de obras maestras del siglo XIX, que se mostraban poco o nada y no se recomendaban en absoluto porque estaban mal vistas: menos a causa de su contenido político o histórico —ésa es la excusa de ahora— que por su hiperrealismo y factura clásica, monumental, tan opuestos al canon que las tendencias, los gustos impuestos por los mandarines de lo bello y periculto, dictaban como indiscutible hasta hace dos días.

Es cierto que el franquismo, como hizo con tantas cosas, contaminó también con su mala índole, cinismo y fanfarria patriotera la pintura romántico-histórica del XIX, animándola además con un cine histórico que todavía hoy sonroja visionar. Aunque no hay mal que por bien no venga: gracias a tanta trompeta y banderazo, mi generación tuvo la oportunidad de familiarizarse con esa pintura en los libros del cole, donde *El testamento de Isabel II, Juana la Loca* o *La campana de Huesca* figuraban como ilustraciones. Pero su descrédito social posterior no responde sólo a causas políticas. En tal caso, *El fusilamiento de Torrijos y sus compañeros,* que como símbolo de la vileza y el cainismo que España lleva en su puerca simiente es, en mi opinión, mucho más conmovedor y terrible que el *Guernica* de Picasso, no habría permanecido marginado durante treinta años de democracia. El desprecio con que la obra maestra de Antonio Gisbert y la pintura histórica en general han sido fusiladas durante buena parte del siglo XX, la ceja enarcada de tanto campanudo pontífice cultural ante esa clase de lienzos, insultados hasta el escupitajo con sus etiquetas de realistas, románticos o aburridamente clásicos —honor, amor, muerte y demás chorradas—, responden menos a razones ideológicas que a la artificial oposición clasicismo-modernidad mediante la que ciertos cantamañanas con voz y voto prohibían, a quien apreciaba una obra de Juan Gris o de Picasso, manifestar la misma admiración por Madrazo o por Vicente López. Era más un asunto de moda, de tendencia, de cátedra, de parcelita cultural, en suma, que de política.

Y sin embargo, óiganlos estos días. O léanlos. Ahora que la ampliación del museo del Prado hace al fin justicia a Moreno Carbonero, a Emilio Sala, a Casado del Alisal o a Rosales, hisopándolos de modernidad, los mismos gilipollas que hasta ayer sonreían despectivos ante la simple mención de *La expulsión de los judíos,* el *Cincinato* o *La rendición de Granada,* sosteniendo sin pestañear que de Velázquez a Goya, de Goya sólo a Picasso y tiro porque me toca, se proclaman de pronto expertos entusiastas de una pintura que, por supuesto, conocen de toda la vida y que es —ha sido siempre, afirman impávidos— imprescindible. Y es que, en realidad, para esos charlatanes que nunca pierden ningún tren porque se suben a todos en marcha, capaces incluso, cuando averiguan por dónde irá la vía, de correr delante de la locomotora, no es cuestión de que la pintura histórico-romántica del XIX dignifique el nuevo museo del Prado. Es éste, o más bien su actualidad mediática, que les ofrece suculentos pastos en columnas, tertulias y suplementos culturales, lo que para ellos convierte en obra maestra cualquier cosa que se meta dentro: pintura histórica, grafitis del metro o maceta con geranios. Y ahora, esos imperdonables oportunistas —los mismos que babean con Clint Eastwood, por ejemplo, después de treinta años llamándolo fascista— aplauden, graves y doctos, la *Muerte de Lucrecia* o la *Lectura de Zorrilla* con el turbio entusiasmo y sapiencia impostada del advenedizo dispuesto, no a hacerse perdonar o admitir, sino a imponerse arrogante, una vez más, sobre los honrados fieles de toda la vida. A los que, por supuesto, vienen dispuestos a dar lecciones.

En cualquier caso, esto es sólo una anécdota. Los cuadros se exponen al público, por fin, con todos los honores. Vayan al nuevo y extraordinario museo del Prado, si gustan, y echen un vistazo a esas venerables maravillas. Comprueben lo que nos hemos estado perdiendo por culpa de cuatro imbéciles.

Abordajes callejeros y otras situaciones

«Soy el hombre más cortés del mundo —sostiene Heinrich Heine en sus *Cuadros de viaje*—. No he sido grosero nunca, incluso en esta tierra llena de insoportables bellacos que vienen a sentarse al lado de uno, a contarle sus cuitas e incluso a declamarle sus versos...». Aunque esa cita figura como epígrafe en una de mis primeras novelas, no llego a tanto. Pero es cierto que, sin tener la delicadeza de don Enrique, nunca soy descortés con nadie que me aborde por la calle, en un café o en donde sea, declamación de versos incluida. Cada vez, haciéndome cargo de las circunstancias, cierro el libro que leo o interrumpo la conversación que mantengo, me pongo en pie si la situación lo exige, saludo y firmo lo que haga falta. Hasta con nombre ajeno, cuando me confunden con otro. Sin pegas. También me hago cientos de fotos con esos malditos teléfonos móviles con cámara que ahora todo cristo lleva encima. Por supuesto, si alguien trae una novela mía, la dedico con gusto y sincero agradecimiento. Todo eso también lo hago cuando me interrumpen ocupado en otras cosas, incluso aunque no esté de humor para la vida social. Pues todo hay que decirlo: la peña, en su espontánea buena voluntad, no siempre es capaz de calcular la oportunidad del abordaje. Una cosa es que te digan que son lectores tuyos y que firmes la servilletita del café, y eso ocurra cuando estás solo y relajado en un lugar tranquilo, leyendo el periódico. Otra, que pretendan hacerse fotos contigo llamando la atención en un sitio donde quieres pasar inadvertido, o mientras una mujer te pide el divorcio, o cuando un amigo te cuenta que tiene cáncer y le queda un telediario. Por ejemplo. Aun así, trago. O suelo tragar. Es precio de la vida y del oficio. Además, la gente —ser lector de libros ya es un filtro razonable— suele ser comedida, y a menudo agradable.

A veces, sin embargo, la inoportunidad desarma tu cortesía. Una vez, en Valencia, tuve que decirle que no —sonriendo cortés y sin detenerme— a una señora que exigía autógrafo y conversación mientras yo iba con mucha prisa porque llegaba tarde a una cita de trabajo, y se quedó atrás, llamándome de todo. En otra ocasión, un amable turista encajó mal que me negara a fotografiarme con flash a su lado frente al altar mayor de la catedral de Granada, sin que mi explicación —«Éste no es lugar adecuado»— lo convenciera en absoluto. Aun así, sólo una vez mandé al individuo literalmente a hacer puñetas. Ocurrió hace poco, en la calle Mayor de Madrid. Yo estaba parado en la acera, hablando por teléfono, y un transeúnte daba vueltas alrededor, esperando a que terminase para decirme algo. Como mi conversación se prolongaba, el hombre, impaciente, empezó a darme toquecitos en el hombro. Lo miré, sonreí, hice un ademán indicando el teléfono y seguí mi conversación. El tipo esperó unos treinta segundos y volvió a tocarme el hombro. Dejé de hablar y lo miré inquisitivo. «Tú eres Reverte, ¿verdad?», dijo entonces el fulano. Compuse otra sonrisa de excusa —esta vez me salió algo crispada—, seguí hablando por teléfono, y el prójimo, tras esperar un poco más, volvió a tocarme en el hombro. «Te sigo mucho», dijo. Ahí fue, lo admito, donde ya no pude contenerme: «Pues deje de seguirme —dije— y váyase a hacer puñetas».

En cualquier caso, nada de eso puede compararse con lo que me ocurrió hace algún tiempo, en el hoy desaparecido Gran Bar de Cartagena. Había entrado un momento en los servicios de hombres, yendo a situarme cara

a la pared, donde uno se sitúa en tales lugares. El mingito-
rio vecino, separado del mío por un pequeño panel de
mármol, estaba ocupado por un individuo, y allí nos ali-
viábamos ambos, codo con codo, cada uno ocupado en su
asunto. De pronto, a media faena, el fulano se volvió a
mirarme y exclamó: «¡Anda la hostia, si es Pérez-Reverte!».
Imaginen mi situación. Aun así, con cierta presencia de
ánimo, hice lo que pude: sin desatender la delicada operación en que me hallaba, sonreí y, algo cortado, dije buenos
días. Mi vecino de toilette debía de ser un lector entusiasta,
porque, no satisfecho con el intercambio verbal, se aplicó
unas sacudidas monumentales en el instrumento para acabar pronto, dijo «tanto gusto» y me tendió, por encima del
panel de mármol, una mano franca. No sé qué habrían
hecho ustedes en mi lugar. Yo tenía ambas manos ocupadas,
por supuesto, donde pueden imaginar. Pero en la estrechez
de aquello, no había escapatoria. Además, la sonrisa del
fulano era feliz, resplandeciente de puro sincera. De verdad
se alegraba de verme allí. Así que, resignado, liberé la dies-
tra lo mejor que pude, y con ella estreché la de aquel hijo
de puta.

Los presos de la Cárcel Real

Hoy vamos de historieta histórica, si me permiten. Merece la pena. En los últimos tiempos, y por razones de trabajo, me he visto entre libros y documentos bicentenarios, de esos que a veces estremecen y otras te dejan una sonrisilla cómplice cuando proyectas, sobre la prosa fría del documento, imaginación suficiente para revivir el asunto. El de hoy se refiere al dos de mayo de 1808, cuando Madrid estaba en plena pajarraca insurreccional contra las tropas francesas. Es rigurosamente verídico, aunque parezca esperpento propio de una película de Berlanga. Y es que, a veces, también la España negra tiene su puntito.

Todo empezó con una carta escrita a media mañana, cuando la ciudad era un tiroteo de punta a punta, la gente sublevada peleaba donde podía, y la caballería francesa cargaba contra paisanos armados con navajas en la puerta del Sol y la puerta de Toledo. La carta iba dirigida al director de la Cárcel Real de Madrid —situada junto a la plaza Mayor, hoy sede del Ministerio de Asuntos Exteriores— por Francisco Xavier Cayón, uno de los reclusos, y estaba escrita en nombre de sus compañeros: «*Abiendo advertido el desorden que se nota en el pueblo y que por los balcones se arroja armas y munisiones para la defensa de la Patria y del Rey, suplica, bajo juramento de volber a prisión con sus compañeros, se les ponga en libertad para ir a esponer su vida contra los estranjeros*». Entregada al carcelero jefe Félix Ángel, la solicitud llegó a manos del director. Y lo asombroso es que, en vista del panorama y de que los presos, ya artillados de hierros afilados, tostones y palos, estaban montando una bronca de órdago, se les dejó salir a la calle bajo palabra. Tal cual.

Ahora imagínense el cuadro. Sin mucho esfuerzo, porque la Historia conservó los pormenores del episodio. De los noventa y cuatro reclusos, treinta y ocho prefirieron quedarse en el talego, a salvo con los boquis, y cincuenta y seis caimanes se echaron al mundo. Eran, claro, lo más fino de cada casa: gente del bronce y de puñalada fácil, chanfaina de los barrios crudos del Rastro, Lavapiés y el Barquillo, brecheros, afufadores, jaques de putas, Monipodios, Rinconetes, Cortadillos, Pasamontes y otras prendas, incluido un pastor de cabras que había dado unas cuantas mojadas a un tabernero por aguarle el morapio. Y, bueno. Como digo, salieron. De estampía. Lástima de foto que nadie les hizo. Porque menuda escena. Ignoro cuántas ermitas visitaron de camino aquellos ciudadanos para entonarse de uvas antes de la faena; pero unos franchutes, que manejaban en la plaza Mayor un cañón con el que hacían fuego hacia la calle de Toledo, vieron caerles encima una jábega de energúmenos morenos, patilludos, tatuados y vociferantes, que a los gritos de «¡Viva el rey!» y «¡Muerte a los gabachos!» se los pasaron literalmente por la piedra de amolar, dándole ajo a siete. En pleno escabeche, por cierto, se incorporó a la peña otro preso del talego del Puente Viejo de Toledo, que se había abierto sin ruegos ni instancias, por la cara. Se llamaba Mariano Córdova, era natural de Arequipa, Perú, y tenía veinte años. Venía buscando gresca y se les unió con entusiasmo. Ya se sabe: Dios los cría.

El zafarrancho de la plaza Mayor duró un rato, y tuvo su aquel. Los presos dieron la vuelta al cañón de los malos y le arrimaron candela a un escuadrón de caballería de la Guardia Imperial que cargaba desde la puerta del Sol. Al cabo, faltos de munición, inutilizaron el cañón y se desparramaron por las callejuelas del barrio, cachicuerna en mano, buscándose la vida. Entre carreras, navajazos y descargas francesas, palmaron el peruano Córdova y el ilustre manolo del barrio de la Paloma Francisco Pico Fernández. Su compañero Domingo Palén resultó descosido de asaduras y acabó en el Hospital General, y dos presos más se dieron por desaparecidos y, según los testigos, por fiambres. Pero lo más bonito, lo pintoresco del colorín colorado de esta singular historia, es que, de los cincuenta y dos restantes, sólo uno faltó al recuento final. Entre aquella noche y la mañana del día siguiente, cincuenta y un cofrades regresaron a la Cárcel Real, solos o en pequeños grupos. Me gusta imaginar a los últimos llegando al alba —alguno visitaría antes a la parienta, supongo— exhaustos, ensangrentados, provistos de armas y despojos de franceses, con los bolsillos llenos de anillos, monedas gabachas, dientes de oro y otros detallitos, tras haber hecho concienzudo alto en cuantas tabernas hallaron de camino. Con una sonrisa satisfecha y feroz pintada en el careto, supongo. Cincuenta y un presos de vuelta, y sólo uno declarado prófugo. Cumpliendo como caballeros, ya ven. Gente de palabra.

Corsés góticos y cascos de walkiria

No soy muy aficionado a la música, excepto cuando una canción —copla, tango, bolero, corrido, cierta clase de jazz— cuenta historias. Tampoco me enganchó nunca la música metal. Me refiero a la que llamamos *heavy* o *jevi* aunque no siempre lo sea; pues ésta, que fue origen de aquélla, es hoy un subestilo más. Siempre recelé de los decibelios a tope, las guitarras atronadoras y las voces que exigen esfuerzo para enterarse de qué van. Las bases rítmicas, el intríngulis de los bajos y las cuerdas metaleros, escapan a mi oído poco selectivo. Salvo algunas excepciones, tales composiciones y letras me parecieron siempre ruido marginal y ganas de dar por saco, con toda esa parafernalia porculizante de Satán, churris, motos y puta sociedad. Incluidas, cuando se metían en jardines ideológicos, demagogia de extrema izquierda y subnormalidad profunda de extrema derecha. Etcétera.

Sin embargo, una cosa diré en mi descargo. De toda la vida me cayeron mejor esos cenutrios largando escupitajos sobre todo cristo que los triunfitos relamidos, clónicos y saltarines, tan rubios, morenos, rizados y relucientes ellos, tan chochidesnatadas ellas, con sus megapijerías, sus exclusivas de tomate y papel cuché, y toda esa chorrez envasada en plástico y al vacío. Al menos, concluí siempre, los metaleros tienen rabia y tienen huevos, y aunque a veces tengan la pinza suelta y hecha un carajal, éste suele ser de cosas, ideas, fe o cólera que les dan la brasa y los remueven, y no de cuántas plazas será el garaje de la casa que comprarán en Miami cuando triunfen y puedan decir vacuas gilipolleces en la tele como Ricky, como Paulina, como Enrique.

Pero de lo que quiero hablarles hoy es de música metal. Ocurre que en los últimos tiempos —a la vejez, viruelas— he descubierto, con sorpresa, cosas interesantes al respecto. Entre otras, que esa música se divide en innumerables parcelas donde hay de todo: absurda bazofia analfabeta y composiciones dignas de estudio y de respeto. Aunque parezca extraño y contradictorio, la palabra *cultura* no es ajena a una parte de ese mundo. Si uno acerca la oreja entre la maraña de voces confusas y guitarras atronadoras, a veces se tropieza con letras que abundan en referencias literarias, históricas, mitológicas y cinematográficas. Confieso que acabo de descubrir, asombrado, entre ese caos al que llamamos música metal, a grupos que han visto buen cine y leído buenos libros con pasión desaforada. Ha sido un ejercicio apasionante rastrear, entre estruendo de decibelios y voces a menudo desgarradas y confusas, historias que van de las Termópilas a Sarajevo o Bagdad, incluyendo las Cruzadas, la conquista de América o Lepanto. Como es el caso, verbigracia, de Iron Maiden y su *Alexander the Great*. La mitología —Virgin Steele, por ejemplo, y su incursión en el mundo griego y precristiano— es otro punto fuerte metalero: Mesopotamia, Egipto, la *Ilíada* y la *Odisea*, el mundo romano o el ciclo artúrico. Ahí, los grupos escandinavos y anglosajones que cantan en inglés copan la vanguardia desde hace tiempo; pero es de justicia reconocer una sólida aportación española, con grupos que manejan eficazmente la fértil mitología de su tierra: Asturias, País Vasco, Cataluña o Galicia. Tampoco el cine es ajeno al asunto; las películas épicas, de terror o de ciencia ficción, *La guerra de las galaxias, Blade Runner, Dune,* las antiguas cintas de serie B, afloran por todas partes en las letras metaleras. Lo mismo ocurre con la literatura, desde *El señor de los anillos* hasta *La isla del teso-ro* o *El cantar del Cid.* Todo es posible, al cabo, en una música donde el grupo Magma canta en el idioma oficial del planeta Kobaia —que sólo ellos entienden, los jodíos— mientras otros lo hacen en las lenguas de la Tierra Media. Donde Mago de Oz alude —*La cruz de Santiago*— al capitán Alatriste y Avalanch a Don Pelayo. Donde los se-govianos de Lujuria lo mismo ironizan sobre la hipocresía de la Iglesia católica en cuestiones sexuales que largan letras porno sobre Mozart y Salieri o relatan, épicos, la revuelta comunera de Castilla. Y es que no se trata sólo de estram-bóticos macarras, de rapados marginales y suburbanos, de pavas que cantan ópera chunga con corsé gótico y casco de walkiria. Ahora sé —lamento no haberlo sabido antes— que la música metal es también un mundo rico y fascinan-te, camino inesperado por el que muchos jóvenes españo-les se arriman hoy a la cultura que tanto imbécil oficial les niega. El grupo riojano Tierra Santa es un ejemplo obvio: su balada sobre el poema *Canción del Pirata* consiguió lo que treinta años de reformas presuntamente educativas no han conseguido en este país de ministros basura. Que, en sus conciertos, miles de jóvenes reciten a voz en grito a Espronceda, sin saltarse una coma.

Permitidme tutearos, imbéciles

Cuadrilla de golfos apandadores, unos y otros. Refraneros casticistas analfabetos de la derecha. Demagogos iletrados de la izquierda. Presidente de este Gobierno. Ex presidente del otro. Jefe de la patética oposición. Secretarios generales de partidos nacionales o de partidos autonómicos. Ministros y ex ministros —aquí matizaré ministros y ministras— de Educación y Cultura. Consejeros varios. Etcétera. No quiero que acabe el mes sin mentaros —el tuteo es deliberado— a la madre. Y me refiero a la madre de todos cuantos habéis tenido en vuestras manos infames la enseñanza pública en los últimos veinte o treinta años. De cuantos hacéis posible que este autocomplaciente país de mierda sea un país de más mierda todavía. De vosotros, torpes irresponsables, que extirpasteis de las aulas el latín, el griego, la historia, la literatura, la geografía, el análisis inteligente, la capacidad de leer y por tanto de comprender el mundo, ciencias incluidas. De quienes, por incompetencia y desvergüenza, sois culpables de que España figure entre los países más incultos de Europa, nuestros jóvenes carezcan de comprensión lectora, los colegios privados se distancien cada vez más de los públicos en calidad de enseñanza, y los alumnos estén por debajo de la media en todas las materias evaluadas.

Pero lo peor no es eso. Lo que me hace hervir la sangre es vuestra arrogante impunidad, vuestra ausencia de autocrítica y vuestra cateta contumacia. Aquí, como de costumbre, nadie asume la culpa de nada. Hace menos de un mes, al publicarse los desoladores datos del informe

Pisa, a los meapilas del Pepé les faltó tiempo para echar la culpa de todo a la Logse de Maravall y Solana —que, es cierto, deberían ser ahorcados tras un juicio de Núremberg cultural—, pasando por alto que durante dos legislaturas, o sea, ocho años de posterior Gobierno, el amigo Ansar y sus secuaces se estuvieron tocando literalmente la flor en materia de Educación, destrozando la enseñanza pública en beneficio de la privada y permitiendo, a cambio de pasteleo electoral, que cada cacique de pueblo hiciera su negocio en diecisiete sistemas educativos distintos, ajenos unos a otros, con efectos devastadores en el País Vasco y Cataluña. Y en cuanto al Pesoe que ahora nos conduce a la Arcadia feliz, ahí están las reacciones oficiales, con una consejera de Educación de la Junta de Andalucía, por ejemplo, que tras veinte años de Gobierno ininterrumpido en su feudo, donde la cultura roza el subdesarrollo, tiene la desfachatez de cargarle el muerto al «retraso histórico». O una ministra de Educación, la señora Cabrera, capaz de afirmar impávida que los datos están fuera de contexto, que los alumnos españoles funcionan de maravilla, que «el sistema educativo español no sólo lo hace bien, sino que lo hace muy bien» y que éste no ha fracasado porque «es capaz de responder a los retos que tiene la sociedad», entre ellos el de que «los jóvenes tienen su propio lenguaje: el chat y el sms». Con dos cojones.

Pero lo mejor ha sido lo tuyo, presidente —recuérdame que te lo comente la próxima vez que vayas a hacerte una foto a la Real Academia Española—. Deslumbrante, lo juro, eso de que «lo que más determina la educación de cada generación es la educación de sus padres», aunque tampoco estuvo mal lo de «hemos tenido muchas generaciones en España con un bajo rendimiento educativo, fruto del país que tenemos». Dicho de otro modo, lumbrera: que después de dos mil años de Hispania grecorromana, de Quintiliano a Miguel Delibes pasando por Cervantes, Quevedo, Galdós, Clarín o Machado, la gente buena, la culta, la preparada, la que por fin va a sacar a España del hoyo, vendrá en los próximos años, al fin, gracias a futuros padres felizmente formados por tus ministros y ministras, tus Loes, tus educaciones para la ciudadanía, tu género y génera, tus pedagogos cantamañanas, tu falta de autoridad en las aulas, tu igualitarismo escolar en la mediocridad y falta de incentivo al esfuerzo, tus universitarios apáticos y tus alumnos de cuatro suspensos y tira p'alante. Pues la culpa de que ahora la cosa ande chunga, la causa de tanto disparate, descoordinación, confusión y agrafía, no la tenéis los políticos culturalmente planos. Niet. La tiene el bajo rendimiento educativo de Ortega y Gasset, Unamuno, Cajal, Menéndez Pidal, Manuel Seco, Julián Marías o Gregorio Salvador, o el de la gente que estudió bajo el franquismo: Juan Marsé, Muñoz Molina, Carmen Iglesias, José Manuel Sánchez Ron, Ignacio Bosque, Margarita Salas, Luis Mateo Díez, Álvaro Pombo, Francisco Rico y algunos otros analfabetos, padres o no, entre los que generacionalmente me incluyo.

Qué miedo me dais algunos, rediós. En serio. Cuánto más peligro tiene un imbécil que un malvado.

Dos chicos y una moto

Es de noche y llueve desde hace unos minutos sobre la sinuosa carretera de Madrid a El Escorial. Clap, clap, clap, hacen los limpiaparabrisas mientras conduzco con precaución. Es sábado por la noche, el tráfico de subida hacia la sierra es intenso, y las gotas de agua y el asfalto mojado reflejan destellos de faros. Al salir de una curva, los míos iluminan a dos chicos jóvenes montados en una motillo. Van inclinados hacia adelante bajo la lluvia, con los cascos puestos y pegados al lado derecho de la carretera, mientras los coches pasan cerca, salpicándolos con turbonadas de agua. Es zona de urbanizaciones, la moto es pequeña, y al dar la luz larga confirmo que los chicos deben de tener diecisiete o dieciocho años y no van equipados para la carretera. Se trata, deduzco, de dos muchachos haciendo un trayecto corto. Seguramente viven en las cercanías y se dirigen a casa de un amigo, o a uno de los multicines o complejos recreativos próximos. El aguacero los sorprendió subiendo el puerto, y avanzan lo mejor que pueden, pegado el que va de paquete a la espalda del compañero, con la resolución insensata y valerosa de su extrema juventud. Jugándose literalmente la vida a las diez de la noche, a oscuras en una carretera, bajo la lluvia, para llegar a tiempo a la cita con los compañeros de clase, la pandilla de amigos —palabra mágica— o el par de chicas con las que están citados en la hamburguesería o el cine. Y mientras, disponiéndome a adelantarlos, pongo el intermitente a la izquierda para advertir de su presencia a los coches que vienen detrás de mí, pienso que no me gustaría ser hoy la madre o el padre que vieron salir a esos chicos de casa, oyeron el tubo de escape de la moto alejándose, y ahora escuchan golpear la lluvia en los cristales.

Sin duda me hago viejo, pienso. Demasiado. Por alguna extraña razón, esos dos muchachos en la motillo, tozudamente inclinados bajo la lluvia, me remueven los adentros. Hace demasiado tiempo que dejé atrás líneas de sombra y demás parafernalia moza; pero aún recuerdo lo que puede sentirse a lomos de una moto que avanza trazando curvas en la oscuridad, impulsado, como esa pareja de frágiles jinetes nocturnos, por la amistad, el amor, el deseo de aventura, la irreflexiva osadía de la juventud firme, arriesgada, segura. Y es noche de sábado, nada menos. El tiempo que hay por delante está preñado de promesas. No hay lluvia, ni carretera negra, ni turbonadas de agua pulverizada al paso de coches indiferentes que enfríe el entusiasmo de dos jóvenes de diecipocos años que cabalgan resueltos a zambullirse expectantes, gozosos, en cuanto los aguarda. En la plena vida. Tal vez, mientras la lluvia azota las viseras bajadas de sus cascos y el agua les empapa cazadoras y pantalones, presienten la música que oirán dentro de un rato, oyen la risa leal de los amigos, ven ante sí los ojos de muchachas que esta noche los mirarán a los ojos para confirmarles que el mundo es un lugar maravilloso. Quizá porque van al encuentro de todo eso los dos chicos siguen adelante sin arredrarse, con su pequeña moto. Son jóvenes, sufridos, valientes. Y se creen eternos. Inmortales.

Mientras paso a su lado, adelantándolos entre ráfagas de lluvia, los miro de soslayo y les deseo suerte. Ojalá, pareja de impávidos pardillos, lleguéis sanos y salvos allí adonde os dirijáis, y el calor de los amigos os seque las ropas mojadas, la piel fría y las manos heladas. Que valga la pena lo que estáis pasando. Que la hamburguesa esté en su punto, la cocacola lo bastante fría, las palomitas crujan, la película sea tan buena como os dijeron, la chica sonría como esperáis y se deje besar esta noche por fin, o bien os acometa y bese ella, que tanto monta. Que podáis volver a casa sobre un asfalto seco y con la gasolina suficiente para que la motillo no os deje tirados, y que los padres que ahora miran angustiados el reloj sientan el inmenso alivio de oír abrirse la puerta de la calle o vuestros pasos en el pasillo al regresar. Que todo eso os pertenezca para siempre, y que esta valerosa determinación, dos muchachos solos en la noche subiendo un puerto peligroso, inclinados tenazmente bajo la lluvia, no os abandone nunca en otras carreteras. Amén.

Con tales pensamientos termino de adelantar, pongo el intermitente a la derecha y sigo adelante mientras queda atrás, en el retrovisor, el faro solitario de la pequeña moto. Dos chicos irresponsables, tontos y valientes, me digo perdiéndolos de vista. Ojalá lleguen a donde van. Ojalá lleguen todos.

2008

Una foto en la frontera

Guardo entre mis papeles una vieja portada del diario *Abc*. Se trata de una foto hecha en el Sáhara el 5 de noviembre de 1975, víspera de la Marcha Verde. En la foto, tomada a través de las alambradas de la frontera norte, cerca de Tah, se ve un Land Rover con varios soldados encima. *«Miembros de la Policía Territorial del Ejército español patrullan la zona fronteriza»*, dice el pie. La imagen es un poco borrosa por el efecto del sol en el desierto, y la distancia. En la parte trasera del vehículo, un territorial salta fusil en mano y otro mira a lo lejos, hacia el fotógrafo que, desde el lado marroquí, toma aquella foto con teleobjetivo. Esa portada la conservo porque el soldado que mira hacia las alambradas no es un soldado: soy yo con veintitrés años, vestido con el uniforme que mis amigos de la Territorial me prestaban para que pudiera acompañarlos camuflado en sus patrullas, sin que el cuartel general de El Aaiún, que tenía prohibido a los reporteros el acceso a esa parte de la frontera, se enterase de nada. Pronto supimos que el control de periodistas no era simple rutina. Por órdenes del Gobierno —a Franco le quedaban dos semanas de vida— se había montado aquel paripé fronterizo, los campos de minas y demás, para justificar la entrega del Sáhara a Marruecos. No querían testigos rondando cerca. Algunos lo hicimos, pese a todo, contándolo lo mejor que pudimos y nos dejaron. Gracias, entre otras cosas, a aquel uniforme prestado por los territoriales, cuyo *elzam* —el turbante de tela color arena— todavía conservo treinta y dos años después, cuidadosamente doblado en un cajón.

Hoy quiero hablarles de un tipo corpulento que aparece de espaldas en esa portada del *Abc,* sentado junto al conductor del Land Rover. Se llamaba Diego Gil Galindo y era capitán de la Policía Territorial del Sáhara. También era uno de mis héroes. Después de algunos problemas que tuve con las autoridades militares locales, que no podían expulsarme pero sí quitarme el alojamiento oficial y otras facilidades operativas, él y sus compañeros me habían adoptado como quien se hace cargo de un perro abandonado. Por ese tiempo vivía clandestinamente en su cuartel, salía de patrulla con ellos y transmitía mis crónicas a hurtadillas, por el teléfono del bar de oficiales. Todos cuidaron de mí hasta el final, correspondiendo generosos a una estrecha relación fraguada desde el primer día en que, joven reportero del diario *Pueblo,* aterricé en El Aaiún. Durante nueve meses ellos fueron mis amigos, mis padres y mis hermanos; y a su lealtad debo exclusivas en primera página, experiencias intensas y episodios singulares; alguno de los cuales, fiel a las reglas, no publiqué jamás. Eso incluyó desde incursiones clandestinas en Marruecos —esas playas con marea baja a la luz de la luna— a historias personales, como la noche en que el teniente Albaladejo, un tipo duro de los de toda la vida, le partió la cara a un canario borracho cuando éste quiso apuñalarme por una mujer en el cabaret El Oasis mientras yo me defendía torpemente, acorralado contra la pared, con una cazadora enrollada en el brazo izquierdo. También incluyó las lágrimas del capitán Gil Galindo —aquel hombretón de casi dos metros lloraba desconsolado, como una criatura— la última vez que recorrimos El Aaiún, entregado a las tropas marroquíes, mientras él repetía, una y otra vez: «Qué vergüenza, gollete —siempre me llamaba gollete, niño, en hassanía—... Qué vergüenza».

Diego Gil Galindo murió hace unos días. Me llamó su hija para decírmelo. Estando en las últimas quiso que telefonearan a sus amigos para desearles Feliz Navidad. Entre ellos incluyó mi nombre, aunque en treinta y dos años sólo habíamos vuelto a vernos una vez, durante apenas cinco minutos de agridulce nostalgia de aquel Sáhara que tanto amamos y que ya no existe. Cuando hace unos días recibí el mensaje, el antiguo capitán de la Territorial ya había muerto. Me contó su hija que supo irse como había vivido: mirando el último salto cara a cara, estoico, sereno, con los redaños donde siempre los tuvo: en su sitio. Que un cura fue a verlo, y al terminar Diego le dijo: «¿Ya estoy listo para irme, padre?», y luego fue a Dios callado y humilde, como buen soldado. Él creía en esas cosas, así que deseo que haya llegado a donde quería: a esa orilla donde sólo llegan los hombres valientes. Espero que ahora esté en el bar de oficiales de allí, apoyado en la barra con los viejos camaradas: López Huertas, Fernando Labajos y los otros. Los muertos y los que morirán. Y que, cuando todos se hayan reunido de nuevo, salgan a nomadear por la Eternidad, bajo la Cruz del Sur, recorriendo los grandes desiertos sin fronteras. Ojalá también esta vez me reserven un *elzam,* una manta y un sitio en el Land Rover.

Robin Hood no viaja en avión

Estoy loco por que pongan AVE a todas partes, Ceuta y Melilla incluidas, para no pisar más un aeropuerto en mi puta vida. Cada vez que debo subir a un avión, cosa que evito siempre que puedo, me levanto con el mal talante de cuando era pequeño y no quería ir al colegio. Los amaneceres son más grises, los días más sombríos, el trayecto en taxi se hace demasiado corto. Sólo de pensar en lo que me espera, llevo encima una mala leche espantosa. Estoy harto de controles, de incomodidades, de humillaciones en nombre de mi propia seguridad. Para quienes solemos volar sólo con equipaje de mano, disponerlo para la carrera de obstáculos que supone acceder a un avión se convierte en una pesadilla. Hace tiempo que viajo sin la navaja suiza que me acompañó toda la vida, y hasta un lápiz de plata con el que subrayo los libros me da problemas en los controles. Todo para nada, pues vivimos en un inmenso camelo: la paranoia gringa llevada al límite por una Europa cantamañanas que se lo traga todo sin rechistar. No hay mejor prueba de lo idiota del sistema que el cuchillo y el tenedor de acero que en clase ejecutiva entregan con la bandeja de la comida tras haberte despojado previamente, en el control de tierra, de las horquillas del pelo y el cortaúñas. Como si los terroristas y los malos viajaran sólo en clase turista.

Hemos llegado al extremo de convertir —con la sumisión cómplice de todos nosotros convertidos en obediente rebaño— los controles de seguridad en espacios surrealistas, teatro de las situaciones más absurdas e indignas: frascos, tubos de dentífrico, cremas carísimas que van allí mismo a la basura, gente obligada a caminar descalza, fulanos que hacen cola en mangas de camisa y sujetándose los pantalones para que no se les caigan, por si pita el cinturón... A eso hay que añadir el maldito factor humano: la estólida condición de algunos empleados de seguridad y de algunos pasajeros. De vigilados y de vigilantes. Hace unos meses les contaba a ustedes lo que me ocurrió en el aeropuerto de Roma con la reproducción de un *maiale* —un pequeño submarino de plomo de la Segunda Guerra Mundial— y una guarda de seguridad de encefalograma plano. Pero no creo que el cociente intelectual del pasajero que el otro día pasó delante de mí el control de Barajas fuese más alto que el de aquella pava: viajaba con doscientos pendientes y aretes en las orejas y la nariz, veinte anillos con calaveras en las manos, ocho o diez collares de acero, una cadena de moto a guisa de cinturón y unas botas enormes con suela de medio palmo, llenas de herrajes, chapas y refuerzos metálicos. Y encima se mosqueó cuando le hicieron desmontar el mecano —llenó de ferretería una bandeja hasta arriba— después de que fundiera los circuitos del detector de metales. Que se puso a dar bocinazos y casi a echar humo en cuanto mi primo asomó las napias.

Pero lo mejor de lo último lo presencié hace dos días en el aeropuerto de Barcelona, y les juro que parecía una encerrona de cámara oculta. Un chico joven que venía de algún país exótico traía un arco en la mano: muy bonito, artesanal. Un arco del Amazonas o de por allí. Yo iba detrás, y mientras esperaba turno en el control, observé que el vigilante de seguridad estudiaba el arco, indeciso. Luego miraba al chico, y otra vez el arco. «Esto no puedes llevarlo», dijo al cabo. El chico preguntó por qué, y el otro aclaró: «Es demasiado grande, y además es un arma». Durante quince segundos, el chico miró al otro como digiriendo la cosa. «Es un arco», dijo al fin. «Eso es —respondió el vigilante con implacable lógica—. Y un arco es un arma». El chico reflexionó durante otros diez segundos. «Pero no llevo flechas», repuso. Mientras yo intentaba imaginarlo secuestrando un avión al grito de *«Alá Ajbar»* con un arco y unas flechas, el vigilante hizo un gesto ambiguo, como diciendo: «Vete a saber lo que podrías usar como flechas». En ésas, como había mucho pasaje esperando y nos amontonábamos en el control, se acercó un guardia civil, y el vigilante le explicó el problema. La imagen del picoleto perplejo, arco en mano, meditando sobre cómo aquella arma letal podía convertirse a bordo de un avión en arma de destrucción masiva —podía dispararle un yogur caducado al piloto, concluí al fin, o estrangular a una azafata con la cuerda—, no se me olvidará mientras viva. Al cabo, movió la cabeza. «Ni tirachinas, ni arcos, ni armas arrojadizas —zanjó—. Tienes que facturarlo». El chico puso cara de angustia. «Es que mi avión sale dentro de media hora», arguyó. El guardia civil lo miró impasible. «Pues espabila», dijo. Y mientras veía al chico correr desesperado camino de los mostradores, arco en mano, pensé: mierda de tiempos. Robin Hood no podría viajar en avión.

Siempre hay alguien que se chiva

Me chocó un poco que, después de un atentado de ETA en Vizcaya, cierto responsable político local comentara, dolido: «Alguien del pueblo se chivó». Lo sorprendente, a mi juicio, no es que eso ocurra en un pueblo vizcaíno o en cualquier otra parte, sino que a estas alturas a alguien le sorprenda, todavía, que la gente se chive. Dicho de otra manera, que el personal largue por la mojarra, se berree del prójimo, dé el soplo, el cante, el culebrazo. Que un chota, un mierda emboscado, una rata de alcantarilla, un hijo —o hija, seamos paritarios— de la gran puta, oculto tras los visillos del piso de arriba o la casa de enfrente, delate al vecino, al amigo, a quien se ponga por delante. Después de todo, delatar al prójimo es sólo una práctica más de la infame condición humana.

Miremos alrededor. Ya en el colegio algunos apuntan maneras que luego perfeccionarán en la vida adulta, pródiga en coyunturas adecuadas. Pero no siempre son chivatazos con beneficio directo. Es cierto que el dinero, la ideología, el ajuste de cuentas o la enemistad particular tienen mucho que ver. El chivato señala al enemigo confiando en que otros hagan el trabajo que él no se atreve a hacer, o no puede. Pero otras veces —me atrevería a decir que la mayor parte de ellas—, se mueve por razones más íntimas y oscuras. Por impulso irresistible, quiero decir. Sin necesidad evidente. El instinto de supervivencia, por ejemplo. O de grupo. Creo que el hombre delata a causa de su cobarde naturaleza social. Planteada la cosa en términos antropológicos, no aprecio gran diferencia técnica entre el escolar que se chiva al maestro de que fulanito hizo esto o aquello, y el vecino que le cuenta al heroico gudari de la pistola a qué hora saca Mengano a pasear al perro. Todo es cuestión de circunstancias.

Como latino mediterráneo que soy, tiendo a creer que berrearse del vecino es más propio de latitudes frías y ordenadas, como la arquetípica viejecita londinense que llama a la policía porque un perro le mea en el portal, o esos honrados alemanes que responden «¿Adolf? ¿Qué Adolf?» cuando les preguntas qué hacían en el No-Do llorando emocionados cuando pasaba el Führer, o esos ejemplares ciudadanos austriacos que devolvían, a golpes y patadas en el culo, a los republicanos españoles que se fugaban de Mauthausen. Uno tiene cierta propensión a creer eso; a consolarse pensando que aquí, ibéricos individualistas, cada perro se lame su badajo. Y resulta que no. A lo mejor es verdad que nosotros denunciamos menos por instinto gregario y reverencia al poder constituido, como ocurre en otros climas. Pero no es menos cierto que el trabajo, la competencia profesional, la ambición, el rencor, la envidia que nos abona el patio, equilibran la balanza. A ver qué se habrá creído ese cabrón, etcétera. Basta un vistazo a los libros de Historia para comprobar que la cosa no es de ahora; que chivarse es ejercicio viejo nuestro, con mucha solera. Aquí delatamos durante el franquismo como delatábamos durante la Guerra Civil, lo mismo en zona nacional que en zona roja: nunca faltó un chivato para el teniente Castillo ni otro para Calvo Sotelo, sin complejos. Con paredón de por medio, tanto monta. Aquí delatamos a Torrijos y a su gente igual que apuntamos antes a los franceses quiénes eran patriotas, y a los patriotas quiénes eran afrancesados. Delatamos al Santo Oficio a judaizantes, moriscos, herejes y sodomitas, e hicimos corro, encantados y festivos, alrededor de sus hogueras. Delatamos a Viriato, y delatamos a la madre que nos parió cuando se puso a tiro. Y cuando no lo hicimos por ideología o por dinero, que también, fue por sólido, redondo, recio odio al delatado. Porque fíjense: dudo que en esa bonita especialidad de odiar nos gane nadie. Si un alemán, por ejemplo, delata atento a la ley y el orden, lo usual es que el español lo haga gratis, por la cara. Por ganas de joder, vamos. Por amor al arte. Imaginen a nuestra ruin clase política —el País Vasco es ejemplo limitado y unidireccional, pero sirve de muestra— en una situación general donde señalar con el dedo cueste al adversario la vida. Como hace setenta años. ¿Los imaginan, verdad?... Yo también los imagino.

Sin embargo, desde mi punto de vista, lo peor no es el chivato, sino todos esos numerosos, probos, excelentes ciudadanos que, cuando el delatado huye despavorido llamando a puertas que no se abren, se quedan mirando el televisor, quietos, sordos, mudos y ciegos, porque la cosa, en apariencia, no va con ellos. Y al día siguiente, al encontrarse al chivato en el bar de la esquina, en la calle o en el portal —aquí nos conocemos todos—, saludan o sonríen, cobardes, como si nada supieran de lo ocurrido. Y es que hay algo aún más infame que las ratas y sus secuaces: los muchos miserables que intentan congraciarse con ellos.

Dos banderas en Tudela

A Carlos le gusta la Historia, como a mí. Es de los que, cuando el runrún del tiempo levanta rumor de resaca en la orilla, se toma una caña por los que dejaron huellas que orientan nuestra memoria, nuestra lucidez y nuestra vida. Por eso esta noche Carlos y yo nos encontramos en el bar de Lola, oyendo música tranquila, mirándole a la dueña el escote mientras hablamos de aniversarios. Hace un par de meses, mi amigo estuvo en Tudela, donde el ayuntamiento —«a veces hasta hace bien las cosas», apunta Carlos— conmemoró como es debido el 199 aniversario de una batalla en la que cuarenta mil españoles —navarros, aragoneses, andaluces, valencianos y murcianos—, bajo el mando del general Castaños, se batieron durante seis horas con treinta y cinco mil franceses dirigidos por el general Lannes, que tenía muchas ganas de quitarle al ejército imperial la espinita de Bailén.

«Nos dieron hasta en el carnet de identidad», murmura mi compadre mientras Lola nos sirve otra caña y de fondo, bajito, suena la voz de Joaquín Sabina diciendo que hay mujeres que tocan y curan, que besan y matan. Y yo asiento en silencio, resignado, porque conozco el episodio tudelano y sé que transcurrió muy a la española, entre celos, imprevisión, indisciplina, desacuerdos y mala fe, con cada jefe actuando por su cuenta, sin concierto para la defensa ni para el ataque. Sólo hubo reacción, y mal coordinada, cuando las avanzadas francesas ya entraban en Tudela y se oían disparos de fusilería por las calles; de manera que la batalla empezó a las nueve de la mañana, a mediodía parecía favorable a los españoles, y a media tarde nuestra infeliz carne de cañón, tras haberse batido, eso sí, con mucho valor y decencia, rompía las filas con la caballería francesa detrás, sableándola a mansalva.

Bebiendo hombro con hombro, Carlos y yo hacemos un brindis a la memoria de toda aquella pobre gente, aquellos militares y paisanos llevados al matadero, corriendo a la desesperada por el inmenso olivar de Cardete para franquear los veintidós kilómetros que los separaban de la salvación, hasta Borja o Tarazona, dejando atrás tres mil compañeros entre muertos, heridos y prisioneros, mientras los vencedores saqueaban Tudela. «Buena gente a la que recordar», murmura Carlos; y Lola, que no suele meterse en estas cosas pero las escucha siempre con interés y simpatía, asiente con la cabeza mientras seca los vasos. Sabina dice ahora, al fondo, que hay mujeres en cuyas caderas no se pone el sol; y Carlos, tras observar un momento las de Lola —en las de ella tampoco se pone—, me cuenta que el pasado 23 de noviembre, en Tudela, el ayuntamiento invitó a varias asociaciones de recreación histórica francesas y españolas, para conmemorar la fecha. Y que todo fue estupendo y educativo, y que los niños y los no tan niños contemplaban interesados, preguntando por esto y aquello, a los jinetes polacos del ejército imperial, a los levantinos de la División Roca —bravos en aquella batalla hasta que ya no pudieron más— con sus banderas y su pobre armamento, a los voluntarios de Aragón con sus calzones claros y sus plumas en el sombrero, y a todos los demás. «Una lección viva de Historia», resume Carlos, que llevó a sus hijos pequeños. «De esas que dan ganas de correr a los libros para enterarte bien de qué pasó, y por qué.»

Y luego, el epílogo, cuenta mi amigo. Eso tampoco podía faltar, claro. Y explica muchas cosas en la España de 1808 y en la de hoy. Porque en plena celebración, cuando Carlos estaba con sus hijos en la plaza de Tudela, sentado en una terraza, tuvo lugar allí el acto de izado de las banderas de los contendientes. Subió primero al mástil la tricolor gabacha, a los sones de *La Marsellesa;* y un matrimonio francés y cincuentón que estaba en la mesa contigua, plano de la ciudad desplegado y mirando la recién restaurada catedral, se puso en pie al oír los compases de su himno nacional. Sonó luego la *Marcha Real* mientras se izaba la bandera española, y el matrimonio francés siguió en pie, respetuoso, mientras todos los españoles allí presentes continuaban sentados, a lo suyo, charlando como si nada.

Recordando aquello, mi amigo tuerce la boca y mira la pared, el aire fatigado —también yo siento ese mismo cansancio, compruebo de pronto; un hartazgo impotente, rancio, abrumador—. «¿Y tú qué hiciste?», pregunta Lola desde el mostrador. Casi adivino lo que Carlos va a decir, antes de que lo diga:

«Avergonzado, me puse despacio en pie, y al verme hizo lo mismo algún otro... Éramos tres o cuatro, como mucho. Y mirando con mucha envidia al matrimonio francés, pensé: nos han vuelto a ganar.»

El turista apático

Estoy sentado en la terraza de un café de la plaza de San Marcos, en Venecia, mirando a la gente que hace cola para subir al campanario, desde donde hay una vista espléndida de esta ciudad singular. Eso de la vista espléndida lo digo por boca de terceros, pues nunca he subido allá arriba. Hace trece años —desde que me jubilé de reportero dicharachero de Barrio Sésamo— que paso aquí cada Nochevieja. Conozco bien la ciudad, pero sigo sin saber cómo se ve Venecia a vista de gaviota. Nunca subí al campanile ni a donde los caballos, arriba, en la catedral. Ni creo que lo haga. No soy muy de alturas, e incluso algunas bajuras siguen sin darme frío ni calor: cero grados. Quiero decir con esto que soy un turista más bien apático, de los que coleccionan pocas fotos. O ninguna.

Jamás subí a la torre Eiffel, por ejemplo. En Gizeh siempre me quedé sentado a la sombra de la Esfinge, fumando un cigarrillo, mientras veía desplomarse a lo lejos, rodando pirámides abajo, a turistas osados y sudorosos que añadían el infarto de miocardio a sus bonitos recuerdos viajeros. Lo mismo hice en Teotihuacan, en Notre-Dame, en Samarra, en Nueva York y en cuantos lugares recuerdo. Únicamente en Waterloo recorro siempre todo el campo de batalla y subo hasta el león; pero háganse cargo: se trata de Waterloo. Por otra parte, no es cuestión de trepar o no trepar. Viajo desde hace cuarenta años, pero hay ciudades y lugares donde conozco, pese a frecuentarlos de toda la vida, sólo algunos hoteles, cafés, restaurantes o librerías, unas calles, un puente o un paisaje. En París apenas salgo de la orilla izquierda, en Florencia me muevo entre el río y un par de plazas, en Buenos Aires pocas veces me alejo del café La Biela, ni en Culiacán del mercadito Buelna o la cantina La Ballena. Las incursiones fuera del territorio habitual me dan pereza. Hay monumentos famosos que nunca vi, museos que nunca visité, paisajes que nunca admiré; mientras que otros podría dibujarlos de memoria, detalle a detalle, si tuviera mano. Como dice uno de los marinos de *La carta esférica* —y disculpen que me cite, pero viene al caso—: *«Bajé a tierra en Panamá y sólo llegué hasta el primer bar».*

Creo que esa apatía parcial viene de mis tiempos de reportero, cuando viajar era un trabajo y no una actividad relacionada con el ocio. Era frecuente, entonces, llegar a una ciudad, ir al hotel, trabajar en la zona concreta del conflicto, enviar las crónicas y regresar cuando aquello dejaba de ser noticia, sin tiempo para otra cosa. Tengo la memoria llena de trozos de ciudades que conocí de ese modo: San Salvador, Beirut, Nicosia, Teherán, Yamena, Managua, Jartum, Bagdad, Sarajevo... Casi todas figuran en mis recuerdos reducidas a lugares concretos, bares, hoteles, cafés, tugurios, calles y plazas que a veces corresponden a paisajes sombríos, desprovistos de gente y de vida. En esta memoria incompleta de ciudades y lugares, no siempre hay visión de conjunto, referencias artísticas, monumentales o turísticas. Eso imprime una especie de carácter, supongo. Una forma de mirar. Resignación ante lo que ves, lo que puedes ver y lo que nunca verás. Ante lo que ya te da igual ver o no. Supongo que uno —ése al menos es mi caso— establece su territorio en cada sitio: sus referencias estables, acogedoras, seguras. Aquello que controla, que conoce. Ámbito donde la sorpresa o la incertidumbre se reducen hasta límites razonables. Donde no se pisan minas. Después, creo, llevas contigo esa forma de ver las

cosas al resto de tu vida, a los lugares en apariencia orde-
nados y tranquilos. Y estableces allí el mismo esquema, la
misma visión del espacio propio. Supongo que sí. Creo que
eso es lo que me pasa.

Además, resulta cómodo en los tiempos que corren.
Ahora que la cultura se ha hecho democrática y todos tenemos derecho a orinar amontonados en su portal, y el
nivel Maribel de ésta se calcula en función de los ocho
segundos que el visitante permanece ante *La batalla de San
Romano,* del número de autocares aparcados ante la columna Trajana o de la longitud de las colas de turistas que, por
decreto, desfilan este año ante los Goya del museo del
Prado, la ausencia de ambición turística puede ser, incluso, satisfactoria y práctica. Te sientas en el rincón escogido,
lees, piensas, miras. Da igual no verlo todo. En vez de correr de un lado a otro, empujando a la gente cámara en
mano, procuras exprimir discretamente el rincón que elegis-
te o te cayó en suerte, agotándolo hasta la última pincelada
o la última piedra. No hay museo, real o metafórico, que
pueda visitarse en una hora. Ni siquiera en una vida. Y a
menudo las mejores salas, los mejores lugares, están vacíos.
Así, además, no te empujan y subes pocos escalones. Te
cansas y te cabreas menos.

Haciendo nuevas amigas

La ventaja de vivir en España es que a veces me dan hecha esta página, o casi. Hoy se la brindo a la Plataforma Andaluza de Apoyo al Lobby Europeo de Mujeres, a cuya presidenta, Rafaela Pastor, debo el asunto. Diré de paso que escribo *presidenta* porque está impuesto por el uso —por eso figura en los diccionarios— y también por ese agradecimiento del que antes hablaba; en realidad *presidenta* es a *presidente* lo que *amanta* es a *amante;* y que yo recuerde ahora, sólo *parturienta* es de verdad *parturienta* y no *parturiente,* pues las únicas que paren son las hembras, mientras que *amante, contribuyente, paciente* o *presidente,* por ejemplo, son palabras de género neutro, o como se diga ahora —aquí sí es correcto decir género y no sexo, pues hablamos de palabras, no de personas—. Pero bueno. Igual todo esto es muy complicado para doña Rafaela. Así que para no darle quebraderos de cabeza, iré al grano. Y el grano es que la antedicha, en nombre de la plataforma que preside, exigió hace unos días que la Real Academia Española incluya en el diccionario las palabras *miembra* y *jóvena,* con este singular argumento de autoridad: «*Si tenemos que destrozar el lenguaje para que haya espacios de igualdad, se deberá hacer*». Y además, dos huevos duros.

Pero lo más bonito del aquí estoy de doña Rafaela se refiere al latín, al que acusa de originar buena parte de los males que afligen a las mujeres en España. El latín es machista y culpable, sostiene apuntando con índice acusador. El español actual viene, según ella, de una lengua forjada en una época «*en que las mujeres eran tratadas como esclavas y eran los hombres los que decidían y concentraban todo el poder».* Sobre el árabe —que también tuvo algo que ver en nuestra parla— doña Rafaela no se pronuncia: sería racismo intolerable en boca de una feminata andalusí. Es sólo la lengua de Virgilio y de Cicerón la que, a su juicio, *«nos supone un lastre, ya que validamos nuestra sociedad mirando siempre al pasado».* Lo curioso es que, a continuación, la señora —dicho sea lo de señora sin *animus iniuriandi*— admite que ni sabe latín ni maldita la falta que le hace. Sobre la historia de Roma, de quiénes eran esclavos y quiénes no lo eran, tampoco parece saber más que de español o de latín; pero en política, como en Internet, cualquier indocumentado afirma cualquier cosa, y no pasa nada. Es lo bueno que tienen estos ambientes promiscuos. Cuantos más somos, más nos reímos.

Lo más estupendo y moderno es la conclusión de doña Rafaela: hace falta una represión *«a través de inspecciones sancionadoras»* de quienes no ajusten su lenguaje a la cosa paritaria, a las leyes de igualdad estatal y andaluza, y a ese prodigio de inteligencia y finura lingüística que es el Estatuto de Andalucía. En cuyo contenido político, por cierto, no me meto; pero cuya pintoresca redacción, que incurre en los extremos más ridículos, debería avergonzar a todos los andaluces —y andaluzas— con sentido común. O sea: para que España sea menos machista, cada vez que yo me siento a teclear esta página, por ejemplo, debería tener a un inspector de lenguaje sexista sentado en la chepa, dándome sonoras collejas cada vez que escriba *señora juez* en vez de *señora jueza* —que la RAE incluya algo en el diccionario no significa que sea lo más correcto o recomendable, sino sólo que también se usa en la calle—; o me haga pagar una multa si no escribo novelas paritariamente correctas: un guapo y una guapa, un malo y una mala, un homosexual y una lesbiana, una parturienta y un parturiento.

Y sobre todo, el latín. Ahí está, sí, la fuente de todos los males, a juicio de doña Rafaela y su hueste. Tolerancia cero, oigan. Incluso menos que cero. Ni un elogio más a esa lengua que, incluso muerta, sigue haciendo tanto daño. Porque cada vez que a una mujer la despiden del trabajo en Manila por estar embarazada, la culpa es del latín. Cada vez que una mujer taxista le grita a otra conductora —lo presencié en Madrid— «¡Mujer tenías que ser!», la culpa es del latín. Cada vez que hay una ablación de clítoris en Mogadiscio, la culpa es del latín. Cada vez que un hijo de puta acosa o viola a su empleada en San Petersburgo, la culpa es del latín. Cada vez que un capullo meapilas se arrodilla ante una clínica de Londres con los brazos en cruz para protestar contra el aborto, la culpa es del latín. Cada vez que un marido llega a casa borracho, en Yakarta, y golpea a su mujer, la culpa es del latín. Cada vez que una conocida lesbiana le pega una paliza en Vigo a la mujer que es su pareja, la culpa es del latín. Si los académicos no hubieran estudiado latín, la Real Academia Española estaría llena de miembras, y el diccionario lleno de jóvenas. Y a las imbéciles, con mucha propiedad, las llamaríamos imbécilas.

«Amo a deharno de protocolo»

Hay un director de negocios del sector Movistar de Telefónica —evitaremos el nombre, para no ensañarnos con la criatura— que me escribe de vez en cuando y a quien no conozco de nada. Quiero decir que nunca hemos ido juntos al colegio, ni frecuentado los mismos restaurantes con amigos comunes, ni trabajado en el mismo periódico, ni en la tele. Tampoco creo que nos hayan presentado nunca. Es posible, eso sí, que compartamos aficiones; que le gusten los libros viejos, y las películas de John Ford, y el mar, y las señoras a las que uno puede llamar señoras sin necesidad de estar conteniéndose la risa. Es posible todo eso; e incluso que, en el fondo, él y yo seamos dos almas gemelas, que en la barra del bar de Lola o en cualquier sitio parecido pudiéramos calzarnos unas cañas filosofando sobre esto o sobre lo otro. Pero eso no lo sabremos nunca. Por otra parte, ni siquiera sus cartas son personales. Si lo fueran, si las palabras que me dirige y firma tratasen de asuntos particulares entre él y yo, lo que estoy escribiendo tendría menos justificación. Cada cual elige su tono, y ese director de negocios de Telefónica podría, quizás, usar los términos que le viniesen en gana para dirigirse a mí. Pero no es así. Sus cartas son formales, profesionales. De empresa que presta sus servicios al cliente que los usa y disfruta. Para entendernos: yo pago y él cobra. Y sin embargo, fíjense, va ese gachó y me tutea: «*Estimado cliente. Nos complace comunicarte...*».

Dirán algunos de ustedes que qué más da. Que los tiempos cambian. Pero me van a permitir que no esté de acuerdo. Los tiempos cambian, por supuesto; y a menudo más para bien que para mal. Pero una cosa es una cosa, y otra cosa es otra cosa. A lo mejor lo que pasa es que algunos directores de negocios de Telefónica, sus asesores y sus publicitarios, relacionan eso del teléfono móvil y toda la panoplia con gente joven en plan colegui, o sea, mensaje y llamada desde el cole con buen rollito, subidón y demás, a qué hora quedamos para el botellón, tía, etcétera. Pero resulta que no. Que el teléfono móvil no sólo lo utiliza la hija quinceañera del director de negocios de marras, sino también dignas amas de casa, abuelitos venerables, académicos de la Historia, comandantes de submarino, patriarcas gitanos y novelistas de cincuenta y seis años con canas en la barba. Algunos, tan antiguos de maneras que tratamos escrupulosamente de usted a la gente mayor, y a los desconocidos, y a los taxistas y a los camareros y a los dependientes —empleados de Telefónica incluidos—, como a cualquiera que por su trabajo nos preste un servicio, aunque se trate de gente jovencísima. Hablar de usted a la gente en general supone respeto, convivencia, educación y delicadeza. Por eso el tuteo rebaja y molesta a muchos destinatarios, entre los que, es evidente, me cuento. Cosa distinta es recurrir al tuteo —*Permitidme tutearos, imbéciles,* por ejemplo— de forma deliberada, buscando la ofensa. Eso de insultar ya es cosa de cada cual, y cada cual tiene sus métodos. Pero dudo que insultarme sea intención del director de negocios de Telefónica que me envía las putas cartas.

En fin. Resulta muy reveladora de cómo andan las cosas una conversación que sorprendí hace poco en una cafetería de Madrid. Un camarero emigrante hispanoamericano, recién llegado de su patria y en el primer día de trabajo, alternaba desconcertado el tuteo y el usted dirigiéndose a los clientes. Se le veía indeciso entre las maneras aprendidas allá —donde suele hablarse nuestra lengua con la mayor educación del mundo— y las formas, ásperas y bajunas, manejadas en España. Al cabo, un compañero le aconsejó: «Aquí, de usted a todo el mundo. En la calle, lo que te pida el cuerpo».

En el extremo opuesto de tan sensato camarero, recuerdo también a una ministra nacional pidiendo a los periodistas que la tutearan. «Amo a deharno de protocolo», dijo la prójima; ignorando que en Francia, por ejemplo, a un periodista que no llama *monsieur le ministre* a un ministro pueden echarlo de la sala de prensa a patadas en el culo. Pero que una ministra española olvide la dignidad de su cargo —que no es suyo, sino de la nación a la que representa— no significa que esto sea una peña de compadres. Aunque a veces lo parezca en los tiempos que corren, no todos guardamos puercos juntos, allá en nuestra tierna infancia. Cosa que, ojo, digo parafraseando a los clásicos. Me apresuro a puntualizar eso antes de que la oenegé Porqueros y Porqueras sin Fronteras —apuesto lo que quieran a que también hay una— me llene de cartas airadas el buzón. O sea, que me limito a citar. Que conste. Y aún matizo más: dicho sea con todo respeto, añado, para los que guardan puercos.

La mujer del chándal gris

Lo malo que tiene esto de montártelo de gruñón cada domingo es que, de pronto, estás sentado observando a la gente en una terraza de la plaza mayor de Gomorra, o de Sodoma, o de donde sea, tomándote una caña mientras miras hacia arriba con sonrisilla atravesada, esperando que empiece a llover napalm, y de pronto pasan un Lot o un justo cualquiera y, en plan aguafiestas, te fastidian el espectáculo. Eso, más o menos, fue lo que me ocurrió hace un par de días cuando estaba en la plaza de España de Madrid, antigua montaña del Príncipe Pío, intentando situar con un amigo el sitio exacto donde, a las cuatro de la madrugada de un 3 de mayo, los marinos de la Guardia Imperial gabacha le dieron matarile a cuarenta y tres madrileños. Estaba en eso, como digo, parado al sol —hacía un frío del carajo— mirando el paisaje y queriendo adivinar, bajo éste, las referencias urbanas y el punto de vista donde Goya se situó, y nos situó a los espectadores, para pintar su cuadro.

En ésas veo llegar ante un semáforo, cuyo paso de peatones está a punto de pasar a rojo, a un ancianete tembloroso que caminando con dificultad, apresurado, inicia el cruce con pasitos tan cortos que nunca lo llevarán al otro lado antes de que los automóviles se le echen encima. Por un momento considero interrumpir la conversación y socorrer al abuelo; pero me encuentro relativamente lejos y comprendo que no llegaría a tiempo —tampoco es cosa de salir corriendo descamisado como Clark Kent—, que las ocho o diez personas que hay a un lado y a otro del paso de peatones tampoco van a mover un dedo, y que el osado vejete tendrá que valerse con el único recurso de su baraka, carambola o no carambola, y la humanidad de los conductores —pocas veces excesiva en Madrid— que lo dejen cruzar, o no, antes de ir a lo suyo.

Entonces llega la aguafiestas. El semáforo de peatones acaba de pasar a rojo, y yo tengo preparado un *hijos de la gran puta* mental en obsequio de quienes miran, impasibles, cómo el abuelo intrépido está a punto de convertirse en escabeche de jubilata. En ese momento, del grupo parado en el lado opuesto de la calle se adelanta una mujer menuda, de pelo negro, vestida con un chándal gris y zapatillas deportivas, que lleva una bolsa de El Corte Inglés en una mano. Dirigiéndose al encuentro del abuelo, esa mujer lo toma por el brazo; y luego, haciendo ademanes en solicitud de paciencia a los conductores, lo acompaña hasta dejarlo a salvo en la acera, ante las miradas indiferentes de cuantos allí aguardan sin inmutarse. Pero lo que me llama la atención no es el episodio en sí, sino la extraordinaria ternura, el afecto insólito y dulce con que esa mujer ha cogido del brazo al vejete desconocido para conducirlo, tranquila y paciente —parecía tener todo el tiempo del mundo, y ponerlo a disposición del anciano—, hasta dejarlo a salvo.

La mujer ha vuelto a su acera, donde, mientras el abuelo se aleja, espera a que el semáforo de peatones cambie de nuevo a verde. Cruza entonces, con los otros peatones. Puedo observarla mejor cuando pasa por mi lado, y entonces advierto un par de cosas. El chándal gris se ve ajado, modesto. Ella debe de tener treinta y tantos años y es —me lo había parecido de lejos, pero no estaba seguro— una inmigrante sudamericana, bajita y morena, con cara de india sin gota de sangre española y el pelo largo, muy negro y brillante. Procede, sin duda, de un país de esos donde la miseria y el dolor son tan naturales como la vida y la muerte. Donde el sufrimiento —eso pienso viéndola alejarse— no es algo que los seres humanos consideran extraordinario y lejano, sino que forma parte diaria de la existencia, y como tal se asume y afronta: lugares dejados de la mano de Dios, donde un anciano indefenso es todavía alguien a respetar, pues su imagen cansada contiene, a fin de cuentas, el retrato futuro de uno mismo. Lugares donde la vejez, el dolor, la muerte, no se disimulan, como aquí, maquillados tras los eufemismos y los biombos. Sitios, en suma, donde la vida bulle como siempre lo hizo, la solidaridad entre desgraciados sigue siendo mecanismo de supervivencia, y la gente, curtida en el infortunio, lúcida a la fuerza, se mira a los ojos lo mismo para matarse —la vida es dura y no hay ángeles, sino carne mortal— que para amarse o ayudarse entre sí.

Por eso, concluyo viendo alejarse a la emigrante con su arrugada bolsa y su ajado chándal gris, esa mujer acaba de ayudar al abuelete: por puro instinto, sin razonar ni esperar nada a cambio. Por impulso natural, supongo. Automático. Acaba de llegar a España, y ningún sufrimiento le es aún ajeno. Todavía no ha olvidado el sentido de la palabra *caridad*.

Subvenciones, maestros y psicopedagilipollas

Me sigue sorprendiendo que se sorprendan. O que hagan tanto paripé, cuando en realidad no les importa en absoluto. Ni a unos, ni a otros. Y eso que todo viene seguido, como las olas y las morcillas. La última —estudio internacional sobre alumnos de Primaria, o como se llame ahora— es que el número de alumnos españoles de diez años con *falta de comprensión lectora* se acerca al 30 por ciento. Dicho en parla normal: uno de cada tres críos no entiende un carajo de lo que lee. Y a los 18 años, dos de cada tres. Eso significa que, más o menos en la misma proporción, los zagales terminan sus estudios sin saber leer ni escribir correctamente. Las deliciosas criaturas, o sea. El báculo de nuestra vejez.

Pero tranquilos. La Junta de Andalucía toma cartas en el asunto. Fiel a la tradicional política, tan española, de subvenciones, ayudas y compras de voto, y además le regalo a usted la Chochona, la manta Paduana y el paquete de cuchillas de afeitar para el caballero, a los maestros de allí que «*se comprometan a la mejora de resultados*» les van a dar siete mil euros uno encima de otro. Lo que demuestra que son ellos quienes tienen la culpa: ni la Logse, ni la falta de autoridad que esa ley les arrebató, ni la añeja estupidez analfabeta de tanto delincuente psicopedagógico y psicopedagocrático, inquilino habitual, gobierne quien gobierne, del Ministerio de Educación. Los malos de la película son, como sospechábamos, los infames maestros. Así que, oigan. A motivarlos, para que espabilen. Que la pretendida mejora de resultados acabe en aprobados a mansalva para trincar como sea los euros prometidos —una tentación evidente—, no se especifica, aunque se supone. Lo importante es que las estadísticas del desastre escolar se desplacen hacia otras latitudes. Y los sindicatos, claro, apoyan la iniciativa. Consideren si no la van a apoyar: ya han conseguido que a sus liberados, que llevan años sin pisar un aula, les prometan los siete mil de forma automática, por la cara. Y más ahora que, de aquí a tres años, con los nuevos planes de la puta que nos parió, un profesor de instituto ya no tendrá que saber lengua, ni historia, ni matemáticas. Le bastará con saber cómo se enseñan lengua, historia y matemáticas. Y más si curra en España: el único país del mundo donde los profesores de griego o latín enseñan inglés.

Así, felices de habernos conocido, seguimos galopando alegremente, toctoc, tocotoc, hacia la nada absoluta. Todavía hay tontos del ciruelo —y tontas del frutal que corresponda— sosteniendo imperturbables que leer en clase en voz alta no es pedagógico. Que ni siquiera leer lo es; ya que, según tales capullos, dedicar demasiado tiempo a la lectura antes de los 14 años hace que los chicos se aíslen del grupo y descuiden las actividades comunes y el buen rollito. Y eso de ir por libre en el cole es mentar la bicha; te conviertes en pasto de psicólogos, psicoterapeutas y psicoterapeutos. Cada pequeño cabrón que prefiere leer en su rincón en vez de interactuar adecuadamente en la actividad plástico-formativo-solidaria de su entorno circunflejo, por ejemplo, torpedea que el día de mañana tengamos ciudadanos aborregados, acríticos, ejemplarmente receptivos a la demagogia barata, que es lo que se busca. Mejor un bobo votando según le llenen el pesebre, que un resabiado culto que lo mismo se cisca en tus muertos y vete tú a saber.

El otro día tomé un café con mi compadre Pepe Perona —«Café, tabaco y silencio, hoy prohibidos», gruñía—, que pese a ser catedrático de Lengua Española exige que lo llamen maestro de Gramática. Le hablé de cuando, en el cole, nos disponían alrededor del aula para leer en voz alta el *Quijote* y otros textos, pasando a los primeros puestos quienes mejor leían. «¿Primeros puestos? —respingó mi amigo—. Ahora, ni se te ocurra. Cualquier competencia escolar traumatiza. Es como dejar que los niños varones jueguen con pistolas y no con cocinitas o Nancys. Te convierte en xenófobo, machista, asesino en serie y cosas así». Luego me ilustró con algunas experiencias personales: una universitaria que lee siguiendo con el dedo las líneas del texto, otro que mueve los labios y la cabeza casi deletreando palabras... «El próximo curso —concluyó— voy a empezar mis clases universitarias con un dictado: *Una tarde parda y fría de invierno. Punto. Los colegiales estudian. Punto. Monotonía de lluvia tras los cristales.* Después, tras corregir las faltas de ortografía, mandaré escribir cien veces: *Analfabeto se escribe sin hache;* y luego, lectura en voz alta: *En un lugar de la Mancha, etcétera».* Lo miré, divertido. «¿Lo sabe tu rector?» Asintió el maestro de Gramática. «¿Y qué dice al respecto?» Sonreía mi amigo, malévolo y feliz, encantado con la idea; y pensé que así debió de sonreír Sansón entre los filisteos. «Dice que me van a crucificar.»

El hombre que atacó solo

Hace tiempo que no les cuento ninguna historieta antigua, de esas que me gusta recordar con ustedes de vez en cuando, quizá porque apenas las recuerda nadie. Me refiero a episodios de nuestra Historia que en otro lugar y entre otra gente serían materia conocida, argumento de películas, objeto de libros escolares y cosas así, y que aquí no son más que tristes agujeros negros en la memoria. Hoy le toca a un personaje que, paradójicamente, es más recordado en los Estados Unidos que en España. El fulano, malagueño, se llamaba Bernardo de Gálvez, y durante la guerra de la Independencia americana —España, todavía potencia mundial, luchaba contra Gran Bretaña apoyando a los rebeldes— tomó la ciudad de Pensacola a los ingleses. Y como resulta que, cuando me levanto chauvinista y cabrón, cualquier español que en el pasado les haya roto la cornamenta a esos arrogantes chulos de discoteca con casaca roja goza de mi aprecio histórico —otros prefieren el fútbol—, quiero recordar, si me lo permiten, la bonita peripecia de don Berni. Que fue, además de político y soldado —luchó también contra los indios apaches y contra los piratas argelinos—, hombre ilustrado y valiente. Sin duda el mejor virrey que nuestra Nueva España, hoy México, tuvo en el siglo XVIII.

Vayamos al turrón: en 1779, al declararse la guerra, don Bernardo decidió madrugarles a los rubios. Así que, poniéndose en marcha desde Nueva Orleáns con mil cuatrocientos hombres entre españoles, milicias de esclavos negros, aventureros y auxiliares indios, cruzó la frontera de

Luisiana para invadir la Florida occidental, tomándoles a los malos, uno tras otro, los fuertes de Manchak, Baton-Rouge y Natchez, y cuantos establecimientos tenían los súbditos de Su Graciosa en la ribera oriental del Misisipí. Al año siguiente volvió con más gente y se apoderó de Mobile en las napias mismas del general Campbell, que acudía con banderas, gaitas y toda la parafernalia a socorrer la plaza. En 1781, Gálvez volvió a la carga y estuvo a pique de tomar Pensacola. No pudo, por falta de gente y recursos —los milagros, en Lourdes—; así que regresó al año siguiente desde La Habana con tres mil soldados regulares, auxiliares indios y una escuadra de transporte apoyada por un navío, dos fragatas y embarcaciones de guerra menores.

La operación se complicó desde el principio: a los españoles parecía haberlos mirado un tuerto. Las tropas desembarcaron y empezó el asedio, pero los dos mil ingleses que defendían Pensacola —el viejo amigo Campbell estaba al mando— se atrincheraban al fondo de la bahía, protegida a su vez por una barra de arena que dejaba un paso muy angosto, cubierto desde el otro lado por un fuerte inglés, donde al primer intento tocó fondo el navío *San Ramón*. Hubo que dar media vuelta y, muy a la española, el jefe de la escuadra, Calvo de Irazábal, se tiró los trastos a la cabeza con Gálvez. Cuestión de celos, de competencias y de cada uno por su lado, como de costumbre. Calvo se negó a intentar de nuevo el paso de la barra. Demasiado peligroso para sus barcos, dijo. Entonces a Gálvez se le ahumó el pescado: embarcó en el bergantín *Galveztown*, que estaba bajo su mando directo, y completamente solo, sin dejarse acompañar por oficial alguno, arboló su insignia e hizo disparar quince cañonazos para que los artilleros guiris que iban a intentar hundirlo supieran bien quién iba a bordo. Luego, seguido a distancia sólo por dos humildes lanchas cañoneras y una balandra, ordenó marear velas con la brisa y embocar el estrecho paso. Así, ante el pasmo de todos y bajo el fuego graneado de los cañones ingleses, el bergantín pasó lentamente con su general de pie junto a la bandera, mientras en tierra, corriendo entusiasmados por la orilla de la barra de arena, los soldados españoles lo observaban vitoreando y agitando sombreros cada vez que un disparo enemigo erraba el tiro y daba en el mar. Al fin, ya a salvo dentro de la bahía, el *Galveztown* echó el ancla y, muy flamenco, disparó otros quince cañonazos para saludar a los enemigos.

Al día siguiente, con un cabreo del catorce, el jefe de escuadra Calvo de Irazábal se fue a La Habana mientras el resto de la escuadra penetraba en la bahía para unirse a Gálvez. Y al cabo de dos meses de combates, en *«esta guerra que hacemos por obligación y no por odio»*, según escribió don Bernardo a su adversario Campbell, los ingleses se tragaron el sapo y capitularon, perdiendo la Florida occidental. Por una vez, los reyes no fueron ingratos. Por lo de la barra de Pensacola, Carlos III concedió a Gálvez el título de conde, con derecho a lucir en su escudo un bergantín con las palabras *«Yo solo»;* aunque en justicia le faltó añadir: *«y con dos cojones».* En aquellos tiempos, los reyes eran gente demasiado fina.

Esos simpáticos muertos vivientes

La verdad es que cada uno se lo pasa lo mejor que puede, y en eso no me meto. Faltaría más. Especialmente en lo de vivir emociones intensas. Hay quien disfruta como un gorrino en un charco atado a una cuerda elástica y tirándose de un puente, quien corre en Fórmula Uno, quien les empasta las caries a los tiburones en los cayos de Florida y quien se lo pasa bárbaro dándose, metódica y rítmicamente, martillazos en los huevos. Cada uno tiene su manera de segregar adrenalina, y me parece bien. Siempre y cuando, por supuesto, cuando luego se rompe la cuerda, derrapa el bólido, el tiburón te dice ojos negros tienes o el martillazo te deja mirando a Triana, no vayas reclamando daños y perjuicios, y con tu pan te lo comas. Las emociones, en principio, son libres.

Por eso, supongo, nada tengo que objetar a que trescientos jóvenes aficionados a las películas gore, muertos vivientes, cementerios y casquería con motosierra —afición tan legítima como otra cualquiera— organicen una Marcha del Orgullo Zombie rebozados de carne podrida, borbotones de sangre, ojos colgando, muñones sanguinolentos y cosas así. Al grito de «Sangre, sangre, dame más sangre», los de la Marcha Zombie —lo correcto, por cierto, sería zombi, sin esa innecesaria *e* gringa— se pasearon el otro día por Madrid, y así me los topé en el paseo del Prado: fulanos bailando con el pescuezo rebanado o con un destornillador incrustado en un parietal, pavas con media cara que parecía arrastrada por el asfalto, muñones sanguinolentos y demás parafernalia del escabeche. Todo divertido a más no poder, oigan. De troncharte y no echar gota. O como se diga.

Tanto me divertí con el espectáculo, que todavía me estoy riendo. Se me parten los higadillos acordándome. Un chute, lo juro. Divino de la muerte. Me desternillo acordándome de mis zombis particulares, que no necesitan que los maquillen con sangre chunga porque el producto natural lo ponen ellos, por la patilla. Me lo paso de miedo cuando estoy un rato pensando, o me despierto de noche, y vienen a hacerme compañía en su Marcha del Orgullo Zombi particular. No pueden imaginar ustedes lo que disfruto yo, y lo que disfrutan ellos. Ahí querría ver a los aficionadillos del paseo del Prado. A ver quién es capaz de competir con una bomba en un cine de Bagdad o un morterazo en el mercado de Sarajevo. Los desafío a todos a competir con mi amigo el comandante Kibreab y sus sesos desparramados sobre un hombro, tirado en el suelo de la plaza de Tessenei, en abril de 1977. O con el fastuoso maquillaje natural de la guerrillera desnuda por la onda expansiva de una granada y con las tetas hechas filetes por la metralla, en el Paso de la Yegua, Nicaragua, 1979. También sería difícil imitar la gracia del negro macheteado en junio de 1988 en Moamba, Mozambique. O la del fulano de Hezbollah hecho un amasijo de carne y tripas en su coche alcanzado por un misil israelí cerca de Tiro, en 1990. O, para terminar y no extenderme mucho, el salero zombi de los treinta y ocho croatas que en septiembre de 1991 vimos Hermann Tertsch, Márquez y yo mismo degollados en los maizales de Okuçani, Croacia: cadáveres muy canónicamente gore todos ellos —habrían hecho un brillante papel en la Marcha del Orgullo Zombi—, a los que no imaginan ustedes con cuánta gracia les colgaba la cabeza con la garganta abierta cuando los levantaban del suelo para enterrarlos. Es que me acuerdo, oigan, y me parto. Tan simpático todo, fíjense. Tan divertido.

Estoy lejos de ser el único que puede aportar carnaza fresca a la fiesta, no se crean. Vayan y pregúntenle a Gerva Sánchez, por ejemplo, cuántos muñones sangrantes y sin sangrar, con minas y sin minas, ha fotografiado a lo largo de su vida profesional. O a Alfonso Rojo, Miguel de la Fuente, Paco Custodio, Fernando Múgica y Ramón Lobo, veteranos miembros de la vieja y extinta tribu, que todavía se despiertan a veces preguntándose en dónde diablos están. Lo del Orgullo Zombi tiene que traerles bonitos recuerdos, supongo. Muchas imágenes divertidas y simpáticas. Seguro que les pasa como a mí: les preguntas por el hospital de Sarajevo —chof, chof, hacía el suelo encharcado de rojo cuando lo pisabas— después de un día de buena cosecha de francotiradores y artilleros serbios, y seguro que se rulan de risa. Como habrían hecho, sin duda, Julio Fuentes, Miguel Gil Moreno, Anguita Parrado, el cámara Couso, Juantxu y los demás que ya no están aquí para rularse. A cinco litros de sangre por cabeza, calculen el flash. Los imagino a todos bailando por el paseo del Prado, a los compases de *No es serio este cementerio*. Qué guay, tíos. De verdad. Menudo subidón.

El cómplice de Rocambole

Hacía muchos años que no pensaba en él. Fue ayer, hojeando una vieja edición de *Las aventuras de Rocambole*, cuando recordé a aquel compañero de clase. Sólo estuvimos juntos un curso, y nunca llegamos a cambiar más de dos o tres palabras. Hace tanto de aquello que he olvidado su nombre. Ocurrió hace unos cuarenta y cinco años, más o menos. Segundo de bachillerato, colegio de los maristas de Cartagena. Un episodio extraño, sin duda. Todavía hoy me intriga.

Yo era un lector metódico, voraz. Un bibliópata de doce años. Leía a velocidad de vértigo cuanto caía en mis manos, con el auxilio de la imaginación y la energía de la infancia. Cada libro era una aventura. Luego, durante días, imitaba lo que había leído, sintiéndome personaje vivo de aquel libro. Mis juegos los organizaba en torno a eso. Pasaba así de arponear ballenas a bordo del *Pequod* —unas sillas dispuestas en el jardín— a naufragar entre caníbales junto al perro Jerry o batirme en duelo con Biscarrat y los otros esbirros del cardenal. Cuando le llegó el turno a Rocambole, las novelas de Ponson du Terrail se avivaron en mi imaginación con una película vista sobre el personaje: bolsa de pipas, collares de perlas y guante blanco. Así que, durante dos o tres semanas, decidí convertirme en ladrón elegante. En un cuaderno escolar copié y coloreé varias sotas de corazones, recorté cada naipe, y con ellos en el bolsillo emprendí, alegremente, mi breve carrera criminal.

Recuerdo a cuatro de mis víctimas. Una fue mi abuelo, en cuyo escritorio, tras desvalijarlo de un cortaplumas con la virgen del Pilar en las cachas de nácar, dejé la sofisticada firma delictiva de mi sota de corazones. El resto de los golpes los di en el colegio. A un amigo llamado Bolea le guindé un bloque de plastilina del pupitre, poniendo en su lugar mi naipe simbólico. El golpe del que más orgulloso estuve, y lo sigo estando, fue el que le di al Poteras, un hermano marista al que odiaba —el sentimiento era mutuo— con toda mi alma. El Poteras me había sorprendido en clase leyendo *El motín de la Bounty* —pertenecía a la biblioteca de mi padre— y lo confiscó, guardándolo bajo llave en el cajón de su mesa. Así que, durante un recreo, entré en el aula, descerrajé el cajón, recuperé al capitán Bligh y dejé, a cambio, la sota con mi huella infernal. Yo era un ladrón sofisticado, astuto y con nervios de acero, compréndanlo. Implacable. Habría dado cualquier cosa por llevar frac, chistera y bastón. Aunque, en realidad, supongo que sí. Que los llevaba.

La otra historia ocurrió días después del caso *Bounty*. Un compañero cometió el error de llevar a clase un bonito bolígrafo y dejarlo en su pupitre durante el recreo. Así que, llegado el momento idóneo, el astuto Rocambole, *«enarcada una ceja displicente y con una sonrisa desdeñosa y viril aleteándole en los labios»*, subió al aula, escamoteó el boli y dejó su naipe como testigo. Vueltos a clase, el desvalijado puso el grito en el cielo, pues Rocambole, en exceso seguro de sí mismo, se puso a escribir con el cuerpo del delito y con mucho descaro, a la vista de su víctima. Alertada la autoridad competente —el inevitable Poteras— la situación se volvió incierta para el osado *voleur,* que sentado en su pupitre aguantaba el interrogatorio sin derrotarse, aunque empezando a flaquear bajo la presión —coscorrones y bofetadas: eran otros tiempos— de las fuerzas del orden.

Fue entonces cuando un compañero de clase, niño hosco y sin amigos con quien Rocambole no había cambiado jamás una palabra —era hijo de un marino destinado en Cartagena, y sólo estuvo aquel curso—, levantó una mano y, con absoluto aplomo, afirmó ante la clase que él me había visto antes con ese bolígrafo, y podía confirmar que era mío. Hubo un silencio, luego un intento de protesta por parte del niño desvalijado, que la autoridad acalló dando por zanjado el incidente —«ya pillaré en otra a este pequeño cabrón», debió de pensar el Poteras—, y Rocambole conservó el objeto delictivamente adquirido, aprendiendo, de paso, una interesante lección sobre la vida: no siempre el crimen tiene su castigo. En cuanto a mi espontáneo benefactor, ni él ni yo mencionamos nunca el asunto, aunque entre ambos se anudó un extraño lazo hecho de silencios. Siguió siendo un niño hosco, antipático y sin amigos, pero yo tenía con él una deuda de lealtad indestructible. Me habría gustado socorrerlo en una pelea o algo así, pero era de los que no se peleaban. Nos sentábamos cerca para comer el bocadillo en los recreos, aunque no hablásemos nunca, y al salir de clase caminábamos juntos, carteras a la espalda, hasta la esquina donde nos separábamos sin despedirnos. Acabó aquel curso y no volví a verlo más.

Vida de este capitán

Como saben los veteranos de esta página, Javier Marías y el arriba firmante tenemos una vieja relación fraguada en *XLSemanal* antes de que él se trasladara con la tecla a otra latitud y longitud. De esa amistad proviene mi título de *fencing master* de la pintoresca corte de Redonda; de la que Javier tuvo a bien honrarme, en su momento, con el no menos pintoresco título de duque de Corso, que cargo con la resignación adecuada y con cuanto garbo puedo. Lo que algunos de esos lectores no saben es que el reino de Redonda también lleva a cabo una singular labor editorial, rescatando libros interesantes y raros, difíciles de encontrar en el mercado editorial español. Diremos en honor de mi compadre que editar esos libros le cuesta un huevo de la cara, pues las ventas nunca compensan los gastos. Pero cada cual tiene sus oscuras pasiones. Otros invierten en la Bolsa, coleccionan patos de Lladró, o se van de putas.

Es el caso que hoy no tengo más remedio que darle cuartelillo en esta página, por la cara, a la editorial del reino de Redonda, porque el maldito perro inglés me ha liado con uno de tales libros, pidiéndome el prólogo. Casi nunca hago eso —*non sum dignus* de tales jardines, y doctores tiene la Iglesia—, excepto cuando se trata de un amigo íntimo que me pone *entre la espalda y la pared,* como dirían algunos de los muchos analfabetos que viven —de modo vergonzoso, pero como califas— de la política en España. Y esta vez Javier me acorraló sin escapatoria posible: se trataba de prologar, compartiendo papel con el ya clásico ensayo de Ortega y Gasset sobre el personaje en cuestión, la *Vida* del capitán Alonso de Contreras: uno de mis héroes más conspicuos desde que me asomé, por primera vez, a su fascinante, aventurera y espadachinesca biografía; hasta el punto de que a ese personaje —entre muchos otros hombres y libros, cierto, pero a él de modo especial— debe en parte la vida mi viejo amigo Diego Alatriste.

Y créanme, bajo esa palabra de honor a la que, por lo visto, ya nadie acude en nuestra España bajuna y embustera: al mencionar aquí la *Vida de este capitán Alonso de Contreras,* el favor no se lo hago a quien lo edita, sino a quienes gracias a él podrán leerlo. No por mi prólogo, claro, que resulta perfectamente prescindible, sino por el ensayo de Ortega y, sobre todo, por el texto extraordinario de las memorias del veterano soldado español del siglo XVII: no hay novela de aventuras comparable a esa vida narrada con estremecedora naturalidad, sin asomo de pretensión literaria. Una vida profesional pasada sobre las armas, que constituye, puesta por escrito, un documento único sobre aquel espacio ambiguo e impreciso que fue el Mediterráneo de su tiempo: frontera móvil de aventura, horror y prosperidad, patio trasero de Oriente y Occidente donde se conocía todo el mundo, recinto interior de potencias ribereñas que allí ajustaron cuentas mezclando carne, acero, sangres y lenguas, renegando, negociando y combatiendo entre sí con la tenacidad memoriosa, mestiza y cruel de las viejas razas.

De un tirón, el capitán Contreras escribió su vida sin pretensiones de que el laurel de la fama póstuma le adornase el retrato. Era un soldado profesional recordando; nada más. Y esa honradez narrativa resulta lo más asombroso de su historia. Va sin rodeos al grano, describe acciones, temporales, lances de mujeres, peripecias cortesanas, duelos, abordajes, crueldades, venturas y desventuras, con la naturalidad de quien ha hecho de todo eso su vida y oficio, dispuesto a dejar atrás una mezquina y triste patria asfixiada por reyes, nobles y curas; probando suerte en mares azules, bajo cielos luminosos, jugándose el pellejo entre corsarios, renegados, esclavos, soldados, presas y apresadores, con la esperanza de conseguir medro, botines y respeto:

«El capitán mandó que todos los heridos subiesen arriba a morir, porque dijo: Señores, a cenar con Cristo o a Constantinopla.»

Contreras escribe así: escueto y sobrio, sin bravuconadas, con espontaneidad y conocimiento íntimo de la materia. Sin adornos. Ninguna aurora de rosáceos dedos, onda azul o espuma nacarada mejoraría su relato breve y simple de un abordaje sangriento al amanecer, del yantar compartido durante una tregua con el turco que mañana será de nuevo enemigo, del lance a cuchilladas en un callejón oscuro. Alonso de Contreras fue un tipo duro en tiempos duros, y su relato resuena en esta España de hoy, tan comedida, prudente y políticamente correcta, como un tiro de arcabuz en mitad de una prédica de San Francisco de Asís. Nos hace reflexionar sobre lo que fuimos, y sobre lo que somos. Nos divierte, nos aterra y nos emociona. Y ésas son razones más que de sobra para leer un buen libro.

En legítima venganza

La cosa iba de niñas, estafadores, impunidades delictivas y cosas así, y alguien dijo: «Lo inadmisible es la justicia entendida como venganza». Luego me miró con la certeza imbatible de quien tiene la Verdad y la Humanidad sentadas en un hombro, como el loro del pirata. No dije nada, pues hace tiempo descubrí lo inútil de las discusiones: cada uno finge escuchar al otro mientras prepara argumentos para la siguiente réplica. Así que, para ahorrar saliva y esfuerzo, suelo dejar que hablen los demás. Después ya me las arreglo para decir lo que tenga que decir, en mis novelas, o aquí mismo. Es cierto que, a veces, ante la demagogia de todo a cien, no me puedo aguantar e imito al conde de Montecristo. Juas, juas, hago. Sin argumentos, razones ni nada. Risa por la cara. Luego doy la vuelta y me largo. A leer, por ejemplo. Dirán algunos que eso es fascismo dialéctico, y que todas las ideas son respetables. Pero se equivocan. Ninguna gilipollez es respetable. Lo único respetable es el derecho de cada cual a expresar cualquier gilipollez. Tan respetable como, acto seguido, el derecho de los otros a llamarlo gilipollas.

Hoy quiero hablarles de justicia y venganza. Punto de vista subjetivo, claro; sometido a error y parcialidades varias. Resultado de cincuenta y siete años de vida, algunos viajes y libros, y no fraguado en el buenismo idiota —y suicida— de quienes creen vivir en el bosquecito de Bambi. La cosa se resume en una pregunta: ¿Qué tiene de malo la venganza?... Ya sé que en la sociedad occidental esa palabra tiene mala prensa. Hay que perdonar a los que ofenden, alumbrar su camino, reinsertarlos pronto y demás. Pero olvidamos algo: el sentimiento de venganza, de reparación personal, está en nuestro instinto. Viene, supongo, del tiempo en que salíamos de la cueva para buscarle una chuleta de mamut a la familia. En mi opinión, la venganza —en sus formas antiguas o modernas— no es mala. Resulta higiénica para la salud mental, y frustra mucho verse privado de ella. Lo que ocurre es que, para que la sociedad no sea un continuo e incómodo navajeo, los hombres resolvimos confiar al Estado el monopolio de nuestros ajustes de cuentas. Ofendidos, queriendo venganza y reparación de quienes nos ofendieron, cedemos ese impulso natural a la institución que nos rige y representa; y a ésta corresponde resarcirnos del daño recibido, alejar o anular el peligro social que el ofensor pueda suponer, y satisfacer, castigando adecuadamente a éste, nuestro lógico, instintivo, atávico deseo de venganza. No es casual que sean precisamente los grupos marginales, que no creen en la sociedad o comparten sus códigos, los que procuran siempre tomarse la venganza por su mano. O que, en las películas, nos guste y tranquilice que al final muera el malo.

Y es que el problema, a mi juicio, surge cuando el Estado se revela incapaz de corresponder al compromiso. De cumplir con su obligación. Viene entonces la frustración de quienes se ven sin reparación, indefensos ante el mal causado. De quienes ven al asesino pasear impune por la calle, al estafador disfrutar de su dinero, al violador salir el fin de semana para repetir exactamente lo que lo puso entre rejas. De quienes ven sus deseos bloqueados en la maraña de incompetencia, burocracia, desidia, demagogia y mala fe que caracteriza a toda sociedad humana. Y además, como guinda, deben tragarse el discurso mascado por quienes ahondan cada vez más, por ignorancia, estupidez o cálculo interesado, el abismo entre la teoría y la realidad.

Entre vida real y vida ideal. Y el de los simples que se lo tragan. El de los ciudadanos razonables y civilizados que dicen odiar el delito pero compadecer y ayudar al delincuente: discurso que queda chachi en la tele, en el editorial de periódico o en el café con los amigos, pero que se esfuma cuando sale tu número. Cuando roban en *tu* casa, asaltan en *tu* calle o violan a *tu* hija.

Sólo una sociedad firme y segura de sí, dura con los transgresores —e implacable con los vigilantes de los transgresores cuando cruzan la raya—, hace innecesaria la venganza personal. Una sociedad capaz de protegerse con justicia y serenidad, pero sin complejos. Sin mariconadas de telediario. Cuando no es así, las leyes hechas para proteger a la gente honrada se vuelven contra ella misma. La atan de manos, convirtiéndose en escudo de sinvergüenzas, depredadores y bestias sin conciencia. Frustran la esperanza de los ofendidos y les hacen lamentar, a veces, verse privados de la posibilidad de satisfacer ellos mismos el ansia legítima de venganza que el Estado timorato, torpe, ineficaz, no resuelve en su nombre. Puestos a eso, uno acaba prefiriendo —y ahí está el verdadero peligro— un calibre doce, posta lobera, dejadme solo y pumba, pumba. Lo demás, en última instancia, es retórica y son milongas.

Lo que sé sobre toros y toreros

Hace cosa de un mes, por una de esas emboscadas que a veces te montan los amigos, anduve metido en pregones y otros fastos taurinos sevillanos. Fue agradable, como lo es todo en esa ciudad extraordinaria; y quedé agradecido a la gente de la Maestranza, amable y acogedora. Pero todo tiene sus daños colaterales. Ayer recibí una carta desde una ciudad donde cada año, en fiestas, matan a un toro a cuchilladas por las calles, preguntándome con mucha retranca cómo alguien que se manifiesta contrario a la muerte de los animales en general, y a la de los toros en particular, habla a favor del asunto. También me preguntan, de paso, cuánto trinqué por envainármela. Y como resulta que hoy no tengo nada mejor que contarles, voy a explicárselo al remitente. Con su permiso.

En primer lugar, yo nunca cobro por conferencias ni cosas así; considérenlo una chulería como otra cualquiera. Las pocas veces que largo en público suelo hacerlo gratis, por la cara. Y lo de Sevilla no fue una excepción. En cuanto a lo de los toros, diré aquí lo que dije allí: de la materia sé muy poco, o lo justo. En España, afirmar que uno sabe de toros es fácil. Basta la barra de un bar y un par de cañas. Sostenerlo resulta más complejo. Sostenerlo ante la gente de la Maestranza habría sido una arrogancia idiota. Yo de lo único que sé es de lo que sabe cualquiera que se fije: animales bravos y hombres valientes. El arte se lo dejo a los expertos. De las palabras *bravura* y *valor*, sin embargo, puede hablar todo el mundo, o casi. De eso fue de lo que hablé en Sevilla. Sobre todo, del niño que iba a los toros de la mano de su abuelo, en un tiempo en que los psicoterapeutas, psicopedagogos y psicodemagogos todavía no se habían hecho amos de la educación infantil. Cuando los Reyes Magos, que entonces eran Reyes sin complejos, aún no se la cogían con papel de fumar y dejaban pistolas de vaquero, soldaditos de plástico, caballos de cartón y espadas. Hasta trajes de torero, ponían a veces.

Aquel niño, como digo, se llenó los ojos y la memoria con el espectáculo del albero, ampliando el territorio de los libros que por aquel tiempo devoraba con pasión desaforada: la soledad del héroe, el torero y su enemigo en el centro del ruedo. De la mano del abuelo, el niño aprendió allí algunas cosas útiles sobre el coraje y la cobardía, sobre la dignidad del hombre que se atreve y la del animal que lucha hasta el fin. Toreros impasibles con la muerte a tres centímetros de la femoral. Toreros descompuestos que se libraban con infames bajonazos. Hombres heridos o maltrechos que se ajustaban el corbatín mirando hacia la nada antes de entrar a matar, o a morir, con la naturalidad de quien entra en un bar y pide un vaso de vino. Toros indultados por su bravura, aún con la cabeza erguida, firmes sobre sus patas, como gladiadores preguntándose si aún tenían que seguir luchando.

Así, el niño aprendió a mirar. A ver cosas que de otro modo no habría visto. A valorar pronto ciertas palabras —valor, maneras, temple, dignidad, vergüenza torera, vida y muerte— como algo natural, consustancial a la existencia de hombres y animales. Hombres enfrentados al miedo, animales peligrosos que traían cortijos en los lomos o mutilación, fracaso, miseria y olvido en los pitones. El ser humano peleando, como desde hace siglos lo hace, por afán de gloria, por hambre, por dinero, por vergüenza. Por reputación.

Pero ojo. No todo fue admirable. También recuerdo las *charlotadas,* por ejemplo. Ignoro si todavía se celebran esos ruines espectáculos: payasos en el ruedo, enanos con traje de luces, torillos atormentados entre carcajadas infames de un público estúpido, irrespetuoso y cobarde. Nada recuerdo allí de mágico, ni de educativo. Quizá por eso, igual que hoy aprecio y respeto las corridas de toros, detesto con toda mi alma las sueltas de vaquillas, los toros embolados, de fuego, de la Vega o de donde sean, las fiestas populares donde un animal indefenso es torturado por la chusma que se ceba en él. Los toros no nacen para morir así. Nacen para morir matando, si pueden; no para verse atormentados, acuchillados por una turba de borrachos impunes. Un toro nace para pelear con la fuerza de su casta y su bravura, dando a todos, incluso a quien lo mata, una lección de vida y de coraje. Por eso es necesario que mueran toreros, de vez en cuando. Es la prueba, el contraste de ley. Si la muerte no jugase la partida de modo equitativo, el espectáculo taurino sería sólo un espectáculo; no el rito trágico y fascinante que permite al observador atento asomarse a los misterios extremos de la vida. Sólo eso justifica la muerte de un animal tan noble y hermoso. Ahí está, a mi juicio, la diferencia. Lo demás es folclore bestial, y es carnicería.

Hombres como los de antes

No siempre quienes frecuentan el bar de Lola son tíos. A veces se cuela alguna torda canónica, segura y brava, de las que entran taconeando —o no— con la cabeza alta; y cuando un desconocido les dice hola, nena, sugieren que llame nena a la madre que lo parió. Hace un par de semanas entró María: cuarenta largos y una mirada de esas que cortan la leche del café que te llevas a la boca, o deshacen en el vaso la espuma de tu cerveza. «¿Y qué hay de los pavos?», me soltó a bocajarro. «¿Qué hay de esos tiñalpas ordinarios marcando paquete y tableta de chocolate que parecen salidos de un casting de *Operación Triunfo,* o de esos blanditos descafeinados y pichafrías que pegan el gatillazo y se pasan la noche llorándote en el hombro y llamándote mamá?»

Eso fue, exactamente, lo que me preguntó María apenas se acodó en la barra, a mi lado. Y como me pilló sin argumentos —estaba distraído mirándole el escote a Lola, que fregaba vasos tras el mostrador—, me agarró de un brazo, llevándome a la ventana. «Observa, Reverte», dijo señalando a un cacho de carne de hamburguesería que pasaba vestido con chanclas y camiseta andrajo de marca, los pantalones cortos caídos sobre las patas peludas, rotos y con la bragueta abierta y el elástico de los calviklein asomándole bajo los tocinos tatuados. Luego señaló a otro que pasaba con una mano en un pezón de su novia y el móvil en la otra. «Fíjate», dijo. «Fulano indudablemente buenorro, cuerpazo sin deformaciones de bocatería; pero ha decidido ponerse pijoguapo de diseño y te partes, colega. Y no te pierdas el meneíto leve del culo, aprendido de la tele. Antes imitaban a Humphrey Bogart y ahora imitan a Bustamante. ¿Cómo lo ves? Te apuesto lo que quieras a que si la novia tropieza, o lo que sea, lo oímos cagarse en la hostia y decirle a la churri: joder, tía, ¿vas ciega o qué? Casi me tiras el Nokia.»

Volvemos a la barra, María enciende un cigarrillo y me mira de soslayo, guasona, mientras pide una caña para mí y un vermut para ella —«Con aceitunas, por favor»—. Luego me echa despacio el humo en la cara y pregunta, para emparejar con Ava Gardner y compañía, dónde están ahora aquellos pavos con registros que iban de Clark Gable a Marlon Brando. Aquel blanco y negro, o technicolor, donde lo más ligero que una se echaba al cuerpo era el toque ligeramente suave y miope del James Dean de *Gigante*. Porque daba igual que en la vida real —el cine era el cine, etcétera— alguno tocara al mismo tiempo saxofón y trompeta; el rastro que dejaban era lo importante: Rock Hudson siempre correcto, servicial y enamorado. El torso de Charlton Heston en *El planeta de los simios*. Los ojos de Montgomery Clift en aquella estación de Roma, donde estaba para comérselo. O, pasando a palabras mayores, Burt Lancaster revolcándose en la playa con Deborah Kerr, Cary Grant en el pasillo del hotel con Grace Kelly, Gary Cooper a cualquier edad y en donde fuera o fuese, y algún otro capaz de descolocar a una hembra como Dios manda y hacerle perder los papeles y la vergüenza. Robert Mitchum en *Retorno al pasado,* por ejemplo. «¿*Ubi sunt,* Reverte?»

Y no me vengas, añade María mordisqueando una aceituna, con que eran cosa del cine. También en la vida real resultaban diferentes. «Esos hombres que antes se habrían tirado por la ventana que ir sin chaqueta y mostrar cercos de sudor, ¿los imaginas saliendo a la calle en chanclas o chándal, con gorra de béisbol en vez de sombrero que poder quitarse ante las señoras?... Añoro esos cuerpos gloriosos de camisa blanca y olor a limpio, o a lo que un hombre deba oler cuando, por razones que no detallo, no lo está. No era casual, tampoco, que en las fotos familiares nuestros padres fueran clavados a Gregory Peck, o que hasta el más humilde trabajador pareciese cien veces más hombre que cualquiera de los mingaflojas que hoy arrasan entre las tontas de la pepitilla que se licúan con Bruce Willis, con *Gran Hermano* o con tanta mariconada. ¿Qué iba a hacer hoy Sophia Loren con uno de estos gualtrapas? Hasta los niños de antes, acuérdate, procuraban caminar con desenvoltura, espalda recta y aire adulto, para dejar claro que sólo los pantalones cortos les impedían ser señores y llevarnos de calle a las niñas. Hablo de hombres de verdad: masculinos, educados, correctos en el vestir, silenciosos cuando la prudencia o la situación lo requerían; torpes, tímidos a veces, pero fiables como rocas, o pareciéndolo. Aunque te miraran el culo. Hombres con reputación de tales, que te hacían temblar las piernas con una mirada o una sonrisa. Señores a los que, como tú sueles decir, era posible llamar de ese modo sin tener que aguantarse las carcajadas; a diferencia de ahora, que en los rótulos de las puertas de los servicios llaman *caballero* a cualquiera.»

Los peces de la amargura

Es raro que recomiende una novela actual. Ni siquiera las de los amigos, excepto rarísimas excepciones. En primer lugar leo muy pocas. Las novelas las carga el diablo, y cada cual tiene sus gustos. No soy fiable en eso. Otra cosa son novelas de antes, clásicos y asuntos así; cosas que a uno le parecen poco conocidas, o injustamente olvidadas. También, muy rara vez, un autor joven o nuevo que me deslumbra, como ocurrió en su momento con *Las máscaras del héroe* de Juan Manuel de Prada, o cada vez que Roberto Montero, alias Montero Glez, saca libro nuevo —acaba de publicar su premiada *Pólvora negra*—. A veces algún lector me pide una lista de títulos; pero procuro escurrir el bulto, en especial cuando se trata de novela posterior a la primera mitad del siglo XX, excepto Anthony Burgess, Le Carré, Pynchon, O'Brian y alguno más. Todos guiris, como ven. En España, mis labios están sellados. O casi. Por una parte, no estoy muy al tanto. Por la otra, no me gusta ser responsable de nada. Ni de lo bueno, ni de lo malo. Bastante tengo encima con lo mío.

Hoy, sin embargo, debo saltarme la norma. Y lo hago porque ni conozco al autor ni creo que me lo tropiece nunca. Se llama Fernando Aramburu, es más o menos de mi quinta, vasco de San Sebastián, y creo que vive en Alemania. Todo esto lo sé por la solapa del libro, que salió hace año y medio, pero que me regaló ayer mi compañero de la Real Academia Carlos Castilla del Pino. Se titula *Los peces de la amargura,* y lo hojeé más por cortesía que por otra cosa. Pensaba dedicarle media hora pero me lo zampé en una tarde, hasta la última página, tras haberme revuelto doscientas veces, conmovido e inquieto, en la butaca. Luego me levanté pensando: «Mañana me toca escribir artículo, y así de caliente tengo dos opciones: desahogar esta mala leche, y que algunos lectores vascongados se acuerden de mis muertos, o escribir un artículo hablando de este puto libro». Así que ya ven. Me decido por el libro.

Son varias historias escritas de forma muy limpia, sin adornos. Al grano. Prosa seca y cortada, casi documental. Todas ocurren en el País Vasco, en pueblos o ciudades. Vida doméstica que allí es cotidiana: un padre que se aferra a los peces de su acuario para soportar la desgracia de su hija mutilada en atentado terrorista, la madre de un joven preso de ETA, la mujer de un policía municipal hostigada en un pueblo, el compañero de juegos que luego lo será de atentados, la cobardía vecinal ante el que ha sido marcado como enemigo de la patria vasca... No son historias contadas desde un solo punto de vista. Todo cabe en ellas: los motivos y las sinrazones, los verdugos y las víctimas cuyos papeles pueden trocarse en un momento. La memoria y el presente, el miedo, la vileza, la desesperanza, la derrota, la supervivencia. Sobre las doscientas cuarenta y dos páginas del libro —ya he dicho que se lee en una tarde— planea todo el tiempo una sombra densa de tristeza. De la amargura que contiene el título de esta obra singular.

Créanme: no hay discurso de político, información de prensa, análisis de experto, obra monumental por volúmenes, telediario ni retórica alguna que logre transmitir de forma tan contundente, estremecedora, el hecho de haber vivido y vivir la realidad vasca. La de verdad. La que nunca hay cojones para expresar en voz alta. No la simpática de boina, tapeo y partida en el bar, ni la idílica rural de valles y colinas verdes, ni la oficial de discursos mirando al tendido. *Los peces de la amargura* cuenta la verdad de un mundo, de una tierra y de una gente con miedo, con odio, con cáncer moral en el alma. De algo a lo que el silencio de tantos años, el paraguas de las complicidades cruzadas, la cobardía y la infamia, siempre presentes y nunca desnudas, no han hecho sino pudrir y enquistar como un absceso. Sin que le tiemble el pulso, desgranándolo con mucha calma página a página, el autor nos habla precisamente de todo aquello de lo que allí no se habla, no se debe mirar y no se toca: el miedo de una esposa, el silencio de una madre, la desesperación de la ausencia, la impotencia de la víctima, el veneno de los obtusos y los malvados, la ausencia de caridad de los fanáticos, la infame ruindad cobarde, insolidaria, que nos caracteriza a la mayor parte de los seres humanos.

No sabía mucho hasta ahora, como digo, de Fernando Aramburu ni de este libro —no hay tiempo ni ganas para todo—, excepto que su autor es escritor solvente y respetado por algunos de mis amigos. Tampoco sé si le caigo bien o mal, o si ha leído alguna de mis novelas. Me importa un rábano. Pero merece esta página más que yo. Por eso hoy se la dedico. Para que conste.

Ocho hombres y un cañón

He pensado muchas veces, y algunas lo he escrito, que los españoles no somos los de antes. Para bien y para mal. Casi siempre, más para bien que para mal; aunque en ciertos aspectos la peña haya perdido virtudes que, como en todas partes, son arrastradas por el tiempo, el confort, los cambios en la educación y la maldita tele. A los que nos gusta la gente con su toquecito espartano, la vieja estampa del español sobrio y duro, hecho lo mismo a la sequía y al pedrisco que a los infames gobiernos y desgracias que la vida le echa encima desde los tiempos de Indíbil y Mandonio, nos produce simpatía y una cierta ternura. Sin que por eso nos ciegue la pasión, claro. Algunos opinamos que, en esta vieja y rezurcida piel de toro, el número de hijos de puta por metro cuadrado es superior al de otros países de parecidas latitudes o longitudes. Lo dará la tierra, supongo. El clima, quizás. Un país seco y difícil como éste, con el currículum que tiene en la chepa, es normal que tenga tan mala leche.

Quiero decir con esto que, si en España cada cual tiene su patriotismo —caspa nacionalista paleta, nostalgia imperial, matices intermedios o ausencia absoluta de todo ello—, el mío es una especie de solidaridad vaga y agridulce; un sentimiento melancólico hecho de viajes, de libros, de viejas piedras y de años infantiles escuchando, con paciencia y respeto, la memoria —por suerte amplia y liberal— de mis abuelos. Mi patriotismo, en resumen, es la certeza de que la gente con la que comparto suelo, lengua —cuando me dejan— e historia, remó junta en la misma galera, sufrió idéntica miseria bajo reyes imbéciles, obispos siniestros y funcionarios corruptos, y se dejó la piel, cuando no hubo más remedio, en hazañas increíbles o empresas infames, según salía el naipe de la baraja. Hazañas y empresas casi todas inútiles, por cierto. Cada vez que abro un libro de Historia habría preferido ser inglés, o francés. A veces, hasta italiano —allí tienen, al menos, sentido del humor—. Pero esto es lo que hay. Cada cual baila con la que le toca.

Debo confesar que hace unas semanas me sentí patriota, a mi manera. O me rozó el puntito. Estaba en la exposición que hemos montado en Madrid sobre el Dos de Mayo, que seguirá abierta hasta septiembre. Unos trabajadores desmontaban y volvían a montar un cañón de artillería que pesa más de media tonelada. Eran chicos duros, obreros madrileños hechos al trabajo manual, serio, de verdad. Tan parecidos a un metrosexual de mantequita suave como un cisne maricón a un pato de infantería. Gente de manos encallecidas y brazos fuertes, jóvenes todos, que arrimaban el hombro con la alegre energía de la gente vigorosa y sana cuando emprende algo por lo que le pagan bien o le interesa mucho. La tarea los divertía, pues no siempre hay oportunidad de que el curro consista en montar una pieza de artillería de 1808. La cureña y el pesado tubo de bronce estaban en el suelo, y había que levantar una y colocar encima el otro. No había otra que hacerlo a pulso, entre los ocho que eran. Hablamos de traer a más gente, pero ellos decidieron que no, que podían hacerlo solos. Y a ello se pusieron.

La faena fue larga y difícil, peligrosa a veces. La realizaron todos a una, animándose entre sí con el tono que pueden ustedes imaginar entre gente joven y de buen humor, bromeando con el pesado cañón, con Napoleón y con los franceses, mientras acompañaban la operación con comentarios y chulerías castizas propias de los barrios de Madrid. Y viéndolos esforzarse una y otra vez, apretados los dientes, dejándose allí los riñones hasta que lograron su objetivo, algo fanfarrones, tenaces, recios y masculinos como lo fueron siempre los tíos de toda la vida, no pude menos que pensar que si en ese mismo instante, doscientos años atrás, a esos jambos les hubiesen dicho hay franceses en la calle dando por saco y ahí tenéis unas navajas, colegas, era facilísimo imaginarlos saliendo afuera en grupo, alentándose unos a otros, a sacarles las asaduras. Por España o por sus cojones, tanto da. Y es que eran ellos, concluí. Los mismos fulanos, en otro tiempo y en otras circunstancias. Fusilados o sin fusilar. De pronto resultaba tan fácil reconocerlos que me estremecí en los adentros; y a pesar de mis resabios —pesa mucho haber sido puta antes que monja—, no pude menos que sonreír, conmovido. Se secaban el sudor de la frente y bromeaban entre sí, orgullosos del esfuerzo, mirando satisfechos el cañón puesto sobre la cureña. Esos ocho hombres jóvenes no sabían que en ese momento eran mi patria. Y que el mejor homenaje a la gente que salió a pelear a la calle doscientos años antes, acababan de hacerlo ellos.

Los perros de la Brigada Ligera

Insistir, a estas alturas, en que aprecio en general más a los perros que a los hombres es una obviedad que no remacharé demasiado. He dicho alguna vez que si la raza humana desapareciera de la faz de la tierra, ésta ganaría mucho en el cambio; mientras que sin perros sería un lugar más oscuro e insoportable. Cuestión de lealtad, supongo. Hay quien valora unas cosas y quien valora otras. Por mi parte, creo que la lealtad incondicional, a prueba de todo, es una de las pocas cosas que no pueden comprarse con retórica ni dinero. Tal vez por eso, la lealtad en hombres o en animales siempre me humedece un poquito las gafas de sol.

Todo esto viene a cuento porque acabo de darle un repaso a *El Valle de la Muerte,* un ensayo de Terry Brighton sobre la carga de la Brigada Ligera durante la guerra de Crimea. Aquello, más conocido por *la carga* entre los que están en el ajo, es asunto que algunos frikis de la materia —los periodistas Jacinto Antón y Willy Altares, mi compadre Javier Marías, yo mismo y algún otro— cultivamos, desde hace muchísimos años, como materia de reflexión y tertulia, sobre todo a la hora de comparar la leal actuación de los lanceros, dragones y húsares ingleses aquel 25 de octubre de 1854, dejándose el pellejo bajo la artillería rusa, con la criminal incompetencia de los mandos británicos que ordenaron el ataque, notorio entre las grandes imbecilidades militares de la Historia.

La historia es conocida: cinco regimientos de caballería británicos cargaron de frente contra una batería rusa, a través de un valle de kilómetro y medio de largo, batido a la ida y a la vuelta por fusileros y artillería. De seiscientos sesenta y seis hombres volvieron a sus líneas heridos o ilesos, muchos a pie y todos bajo fuego enemigo, trescientos noventa y cinco. Hasta la suerte de sus caballos se conoce: de los pobres animales que montaron los ingleses, galopando entre el estallido de las granadas o sueltos luego por el valle enloquecidos y sin jinete, murieron trescientos setenta y cinco. Ni siquiera los famosos versos de Tennyson, que varias generaciones de escolares aprendieron de memoria —*«Media legua, media legua, / media legua más allá...»*—, pueden embellecer el asunto. Fue una carnicería en el más exacto sentido de la palabra.

Pero de lo que quiero hablar hoy es de perros. Porque lo que pocos saben es que, ese día, dos perros cargaron también contra los cañones rusos. Se llamaban *Jemmy* y *Boxer*, y eran, respectivamente, las mascotas del Undécimo y del Octavo regimientos de húsares. Los dos canes habían acompañado a sus amos desde sus cuarteles de Inglaterra, y estaban en el campamento británico cuando se ordenó a la Brigada Ligera formar para la carga. Así que, como tantas otras veces en desfiles y maniobras, los dos fieles animales acudieron a colocarse junto a las patas de los caballos de los oficiales, dispuestos a marchar al mismo paso, sin obedecer las voces de los soldados que les ordenaban apartarse de allí. Después sonó la corneta, empezó la marcha al paso, luego al trote, y cuando, bajo intenso fuego de artillería, se pasó al galope y sonó el toque de carga, con las granadas reventando, hombres cayendo por todas partes, estruendo de bombazos y caballos destripados o sin jinete, *Jemmy* y *Boxer* siguieron corriendo imperturbables, junto a sus amos, en línea recta hacia los cañones rusos.

Parecerá increíble para quien no conozca a los perros. Esos chuchos cruzaron todo el valle de Balaclava entre un diluvio de fuego —*«Hasta las fauces negras de la Muerte, / hasta la boca misma del Infierno»*— y permanecieron junto a los húsares, o lo que quedaba de ellos, mientras éstos acuchillaban a los artilleros enemigos y morían entre los cañones. Después regresaron despacio, al paso de los caballos maltrechos que traían a los supervivientes, junto a hombres desmontados o heridos que caminaban y caían exhaustos, entre el tiroteo ruso y los disparos de quienes remataban a sus caballos moribundos antes de seguir a pie. Tres largos kilómetros de ida y vuelta. *Jemmy* y *Boxer* hicieron la carga junto a los primeros caballos de la brigada y regresaron a las líneas inglesas con el primer hombre montado de sus respectivos regimientos que volvió a éstas: ileso *Boxer*, sin un rasguño; herido *Jemmy* por una esquirla de metralla en el cuello. Y ambos, acabada la campaña, regresaron a Inglaterra y murieron viejos, honrados y veteranos, en su cuartel.

Ni Tennyson ni poeta alguno hablaron nunca de ellos, ni en el poema famoso ni en ningún otro maldito verso. Por eso he contado hoy su historia. Para decirles que por el Valle de la Muerte, cargando contra los cañones con la Brigada Ligera, también corrieron dos buenos perros valientes.

Vístete de novia, y no corras

Me van a volver diabético, entre tanto gilipollas. Nunca hubo tal cantidad de soplacirios en la política, el sindicalismo, la cultura, el feminismo, la sociedad. Empieza a alterarme la salud tanto buen rollo y buenas intenciones, tanta mermelada a todas horas, tanta propuesta de besarnos masivamente en la boca para que las cosas vayan bien, tanta certeza de que con demagogia y corderitos de Norit triscando saltarines por el prado conseguiremos una España, un mundo, un universo mejor y más justo. Eso está bien para los jóvenes, cuya obligación antropológica, por edad y hormonas, es batirse en defensa de todo eso y de algunas cosas más. En tales lides se desbrava uno, y con el derroche de energía, si sobrevives a ello, y con la estiba que la realidad sacude en el morro, al final terminas madurando, camino de la serenidad, la experiencia y el razonable respeto a ti mismo, a lo que fuiste, eres y acabarás siendo. Ni más ni menos que la vida, en suma. El trámite obligatorio.

Por eso me hace echar la pota el comportamiento y discurso de tanto simple, de tanto cantamañanas y de tanto golfo apandador entrado ya en experiencia y años. Toparte en cada telediario, en cada programa de radio, en cada titular de prensa, con simplezas propias de colegas de bachillerato dichas por pavos con canas en la barba, o por tordas con edad de ser abuelas, lleva a la inevitable conclusión de que, o estamos rodeados de retrasados mentales, o se trata de que los resortes sociales han sido secuestrados por una legión de embusteros y sinvergüenzas. Aunque también puede ocurrir que todo sea lo mismo: con frecuencia, un tonto al que nadie pone límites termina convirtiéndose, por puro hábito del ejercicio, en resabiado y contumaz sinvergüenza. Y más cuando, como ocurre ahora con triste frecuencia —antes sólo ocurría con la política—, es posible hacer de cualquier ideología un rentable medio de vida.

No se trata sólo de España, claro. Lo nuestro es simple contagio. El mundo —el occidental, al menos— apunta por ahí: cantamañanismo como espíritu universal. Eso, con la que está cayendo; aunque tal vez la que está cayendo —y la que va a caer— provenga precisamente de que, cada vez más, los resortes que mueven la vida y la sociedad están en poder de perfectos tontos del haba en el sentido parmenidiano —me parece que era ése— del asunto: redondos, compactos y sin poros. Hasta no hace mucho, teníamos el consuelo de saber que, en el fondo, nadie se creía de verdad lo que circulaba como moda o tendencia; más o menos lo que pasa en Italia con la política. El problema es que ahora ya no es así. Ahora, la gente empieza a creérselo todo en serio. Y a actuar en consecuencia. En la sociedad actual, la línea más corta entre dos puntos es la estupidez. Y la dictadura que, a la larga, nos impone.

Hay un símbolo reciente de todo eso. Pensaba en ello hace un momento, cuando empecé a teclear estas líneas: Pippa Bacca, la artista italiana de treinta y tres años que hace dos meses decidió viajar, vestida de novia y haciendo autostop, por algunos de los lugares más peligrosos del planeta, en nombre de la paz, para demostrar, decía, que *«cuando uno confía en los demás recibe sólo cosas buenas»*. Lo del traje nupcial, ojo al dato, era *«metáfora de un matrimonio con la tierra y con la paz, del blanco y del femenino»;* y lo del autostop, *«ponerse en manos de otros viajeros y fiarse de la gente».* Con tales antecedentes, a lo mejor a alguien le sorprende que, a poco de empezar el viaje, Pippa Bacca fuese violada y estrangulada en la frontera entre Turquía y Siria por un fulano con antecedentes penales. A otros, que somos unos cabrones suspicaces y mal pensados, no nos sorprende en absoluto. A los sitios peligrosos se los llama así precisamente porque hay peligro. Y el principal peligro se llama ser humano, sobre todo cuando nos empeñamos en creer que los valores que predicamos en nuestras confortables salitas de estar, discursos políticos y tertulias de la radio y la tele, son los mismos que manejan un talibán cabreado con un Kalashnikov, un africano hambriento con un machete, o cualquier hijo de puta con pocos escrúpulos y ganas de picarle el billete a una señora. Por ejemplo.

Dice el recorte de prensa que tengo sobre la mesa que a esa pobre chica la mató un turco desaprensivo. Pero, en mi opinión, el recorte se columpia. La mató la estupidez. La suya y la de la sociedad occidental, cada vez más idiota y suicida, que la convenció de que el mundo, en el fondo, es un lugar simpático que sólo necesita un traje de novia para convertirse en el bosquecito de Bambi.

Una cerveza con Alejandra

Es ella quien me reconoce cuando paso cerca de la esquina donde, en apariencia, se gana la vida. Pronuncia mi nombre, me vuelvo de soslayo para decir buenas tardes y seguir mi camino, y la identifico en el acto. «Alejandra», digo, parándome sorprendido. Parece feliz de que recuerde su nombre y me estampa dos besos en la cara. Eso me pone perdido de maquillaje, pero no me importa. Celebro sinceramente verla después de tanto tiempo. Era una buena persona, recuerdo. Con un punto decidido y tierno. Una chica alta y guapa, muy desenvuelta. Sólo cuando la mirabas detenidamente —las manos, la nuez del cuello— advertías que no era chica del todo. O que aún no lo era, aunque estaba en camino de ello.

Le digo que está guapísima y me llama embustero. Es cierto que el tiempo no la favoreció. La edad marca ahora sus rasgos masculinos, las manos grandes. En cierta ocasión conversamos durante toda una noche ante la cámara que nos seguía por Madrid, hablando de la vida, del amor, de la soledad. El reportaje se llamaba *Canción triste de la calle Luna*. Alejandra era entonces un travelo morenazo, de bandera. Esa noche nos hicimos amigos. Luego, a veces, iba al programa *La ley de la calle,* que hacíamos en Radio Nacional, a acompañarnos a Manolo el policía, a Ruth la lumi, a Juan el rey del tándem, y a Ángel Ejarque, ex boxeador y trilero profesional: mi colega, que lo sigue siendo. Mi plas. Y de ese modo, entre garimbas, humo de cigarrillos y largas madrugadas, supe cosas de Alejandra que ahora me vienen a la memoria. Cosas que me contó

—yo utilizaba bien el verbo *escuchar* como herramienta profesional— como se las habría contado a un amigo íntimo, o a un cura.

Me dice que no puedo irme así, que me invita a tomar algo. De modo que entramos en un bar de esos que antes me gustaban y que todavía me siguen gustando: tabernero legañoso, fotos de Di Stéfano, Puskas y Gento en la pared, y borracho habitual acodado en la barra. Allí, ante un vino y una cerveza, ponemos al día todos estos años. O más bien los pone ella, pues compruebo que no sabe nada de mí. Alejandra ni pisa una librería, ni lee un periódico, ni ve otra cosa en la tele que algún trozo de telediario y los programas del corazón. De pronto se me queda mirando.

—Me operé al fin —dice—. ¿Te acuerdas?

Respondo que sí. Que me acuerdo. Era el sueño de su vida. Cuanto ganaba pateando aceras lo guardaba para eso. Y luego, decía, un hombre bueno que me quiera. Ahora me cuenta que la operación no salió del todo bien, que tuvo problemas. Le digo que lo lamento mucho, pero que espero consiguiera al menos lo que tanto deseaba: aquello de lo que hablaba noche tras noche. Se queda un rato seria, pensativa, y al cabo sonríe y saca del bolso un carnet de identidad. Claro que lo conseguí, dice. Aquí me tienes: Alejandra tal y tal. Mujer de arriba abajo.

—Pagaste el precio —apunto con afecto.

Se me queda mirando sin decir nada. Después sonríe de nuevo, triste. La suya es una sonrisa lejana y cansada. No la que yo recuerdo.

—Vaya si lo pagué —responde al fin—. Y todavía lo pago.

Luego bebe un sorbo de vino, se echa el pelo atrás y pregunta por los otros: mi gente de entonces. Le cuento algo, por encima. A Ruth se la tragó la noche, Juan murió,

Manolo es una estrella de la tele, Ángel trabaja en una empresa de seguridad, honrado a carta cabal... La vida, Alejandra. Los días y los años pasan para todos.

—En la tele se olvidaron de ti, ¿verdad?... Ya no te veo nunca en guerras ni sitios así.

Lo ha dicho con sincera conmiseración. Apenada por mi suerte. Para no defraudarla me encojo de hombros, con la modestia adecuada.

—Ahora escribo libros.

Igual habría podido decirle que fabrico jaulas de alambre para grillos. Me observa, compasiva.

—Ah... ¿Y qué tal te va con eso?

—Pues no mal del todo... Me gano la vida.

—Oye, qué bien. No sabes lo que me alegro.

Salimos a la calle y caminamos despacio hasta su esquina, donde nos despedimos con otros dos besos mientras una pareja de intrigados policías municipales nos observa de lejos. Antes de marcharme dudo un momento: quizá debería sacar del bolsillo la cartera, pero temo ofender a Alejandra. De pronto la veo mirarme a los ojos, casi adivinando mi intención.

—Conseguí operarme —dice, brusca.

Y sonríe digna y segura, como hace dieciocho o veinte años. Como una señora.

Miembras y carne de miembrillo

A la ministra española de Igualdad y Fraternidad, Bibiana Aído, que pasará a los anales de la estupidez nacional por lo del miembro, la miembra y la carne de miembrillo, le han dado en las últimas semanas las suyas y las del pulpo, así que no quiero ensañarme. Podría, puesto a resumir en dos palabras, llamarla tonta o analfabeta. Supongo que, ateniéndonos a su estólida contumacia cuando fue llamada al orden por gente respetable y docta, a esa ministra podrían irle como un guante ambos epítetos. Pero no lo creo. Quiero decir que no tengo la impresión de que Bibiana Aído sea tonta ni analfabeta. Por lo menos, no del todo. O lo justo. Lo que pasa es que está muy mal acostumbrada.

Bibiana Aído, que es de Cádiz, procede de esa nueva casta política de feministas crecida en Andalucía a la sombra del régimen chavista; que así, dándoles cuartelillo, las tiene entretenidas y goteando agua de limón. Esas pavas, que han convertido una militancia respetable y necesaria en turbio modo de vida y medro, no tienen otra forma de justificar subvenciones y mandanga que rizar el rizo con piruetas cada vez más osadas, como en el circo. La lengua española, que en este país miserable ha resultado ser arma política útil en otros ámbitos, les viene chachi. Por eso están embarcadas en una carrera de despropósitos, empeñándose, cuatro iletradas como son, en que cuatrocientos millones de hispanohablantes modifiquen, a su gusto, un idioma donde cada palabra es fruto de una afinada depuración práctica que suele ser de siglos, para adaptarlo por la cara a sus necesidades coyunturales. A su negocio.

Lo que pasa es que, en el cenagal de la política española, cualquier cosa viene de perlas a quienes buscan votos de minorías que, sumadas, son rentables. Sale baratísimo. Sólo hay que destinar unas migajas de presupuesto y darle hilo a la cometa. Así andan las Bibianas de crecidas, campando a su aire en una especie de matonismo ultrafeminista de género y génera donde, cualquiera que no trague, recibe el sambenito de machista. Y así andamos todos, unos por cálculo interesado y otros por miedo al qué dirán. Los doctos se callan con frecuencia, y los ignorantes aplauden. Incluso hay quienes, después de cada nueva sandez, discuten el asunto en tertulias y columnas periodísticas, considerando con gravedad si procede decir piernas cuando se trata de extremidades en una mujer, y piernos cuando se trata de un hombre. Por ejemplo.

En todo esto, por supuesto, la Real Academia Española y las veintiuna academias hermanas de América y Filipinas son enemigo a batir. Según las feminatas ultras, las normas de uso que las academias fijan en el Diccionario son barreras sexistas que impiden la igualdad. Lo plantean como si una academia pudiera imponer tal o cual uso de una palabra, cuando lo que hace es recoger lo que la gente, equivocada o no, justa o no, machista o no, utiliza en su habla diaria. «La Academia va siempre por detrás», apuntan como señalando un defecto, sin comprender que la misión de los académicos es precisamente ésa: ir por detrás y no por delante, orientando sobre la norma de uso, y no imponiéndola. Voces cultas, y no sólo de académicos —Alfonso Guerra se unió a ellas hace poco—, han explicado de sobra que las innovaciones no corresponden a la RAE, sino a la sociedad de la que ésta es simple notario. En España la Academia no inventa palabras, ni les cambia el sentido. Observa, registra y cuenta a la sociedad cómo esa misma sociedad habla. Y cada cambio, pequeño o grande, termina siendo inventariado con minuciosidad notarial, dentro de lo posible, cuando lleva suficiente tiempo en uso y hay autoridades solventes que lo avalan y fijan en textos respetables y adecuados. De ahí a hacerse eco, por decreto, de cuanta ocurrencia salga por la boca de cualquier tonta de la pepitilla, media un abismo.

Así que tengo la obligación de advertir a mis primas que no se hagan ilusiones: con la Real Academia Española lo tienen crudo. Ahí no hay demagogia ni chantaje político que valga. Ni Franco lo consiguió en cuarenta años —y mira que ése mandaba—, ni las niñas capricho del buen rollito fashion lo van a conseguir ahora. En la RAE somos así de chulos. Y lo somos porque, desde su fundación hace trescientos años, esa institución es independiente del poder ejecutivo, del legislativo y del judicial. Su trabajo no depende de leyes, normas, jueguecitos o modas, sino de la realidad viva de una lengua extraordinaria, hermosa y potente que se autorregula a sí misma, desde hace muchos siglos, con ejemplar sabiduría. De forma colegiada o particular, a través de sus miembros —que no miembras—, siempre habrá en esa Docta Casa una voz que, con diplomacia o sin ella, recuerde que, en el Diccionario, la palabra *idiotez* se define como «hecho o dicho propio del idiota».

Un facha de siete años

Me interpela un lector algo —o muy— dolido porque de vez en cuando aludo a España como *este país de mierda*. El citado lector, que sin duda tiene un sentimiento patriótico susceptible y no mucha agudeza leyendo entre líneas, pero está en su derecho, considera que me paso varios pueblos y una gasolinera. Le extraña, por otra parte, y me lo comunica con acidez, que alguien que, como el arriba firmante, ha escrito algunas novelas con trasfondo histórico, y que además parece complacerse en recuperar episodios olvidados de nuestra Historia en esta misma página, sea tan brutal a la hora de referirse a la tierra y a los individuos que de una u otra forma, le gusten o no, son su patria y sus compatriotas.

La verdad es que podría, perfectamente, escaquearme diciendo que cada cual tiene perfecto derecho a hablar con dureza de aquello que ama, precisamente porque lo ama. Y que cuando abro un libro de Historia y observo ciertos atroces paralelismos con la España de hoy, o con la de siempre, y comprendo mejor lo que fuimos y lo que somos, me duelen las asaduras. Aunque, la verdad, ya ni siquiera duelen. Al menos no como antes, cuando creía que la estupidez, la incultura, la insolidaridad, la ancestral mala baba que nos gastamos aquí, tenían arreglo. La edad y las canas ponen las cosas en su sitio: ahora sé que esto no lo arregla nadie. España es uno de los países más afortunados del mundo, y al mismo tiempo el más estúpido. Aquí vivimos como en ningún otro lugar de Europa, y la prueba es que los guiris saben dónde calentarse los huesos.

Lo tenemos todo, pero nos gusta reventarlo. Hablo de ustedes y de mí. Nuestra envilecida y analfabeta clase política, nuestros caciques territoriales, nuestros obispos siniestros, nuestra infame educación, nuestras ministras idiotas del miembro y de la miembra, son reflejo de la sociedad que los elige, los aplaude, los disfruta y los soporta. Y parece mentira. Con la de gente que hemos fusilado aquí a lo largo de nuestra historia, y siempre fue a la gente equivocada. A los infelices pillados en medio. Quizá porque quienes fusilan, da igual en qué bando estén, siempre son los mismos.

Pero me estoy metiendo en jardines complejos, oigan. El que quiera tener su opinión sobre todo eso, acertada o no, pero suya y no de otros, que lea y mire. Y si no, que se conforme con *Operación Triunfo,* con *Corazón Rosa* o con *Operación Top Model,* o como se llamen, y le vayan dando. Cada cual tiene lo que quiere tener. Ya saben. Por mi parte, como todavía me permiten y pagan este folio y medio de terapia personal cada semana —es higiénico morir matando—, me reafirmo un día más en lo de *país de mierda.* Y lo voy a justificar hoy, miren por donde, con una bonita anésdota anesdótica. Una de tantas.

Verán. Un niño de siete años, sobrino de un amigo mío, observando hace poco que varios de sus amigos llevaban camisetas de manga corta con banderas de varios países, la norteamericana y la de Brasil entre ellas —algo que por lo visto está de moda—, le pidió al tío de regalo una camiseta con la bandera española. «Van a flipar mis amigos, tito», dijo el infeliz del crío. Según cuenta mi amigo, el sobrinete bajó al parque como una flecha, orgulloso de su prenda, con la ilusión que en esas cosas sólo puede poner una criatura. A los diez minutos subió descompuesto, avergonzado, a cambiarse de ropa. El tío fue a verlo a su habitación, y allí estaba el chiquillo, al filo de las lágrimas y con la camiseta arrugada en un rincón. «Me han dicho que si soy facha o qué», fue el comentario.

Siete años, señoras y caballeros. La criatura. Y no en el País Vasco, ni en Cataluña, ni en Galicia. En la Manga del Mar Menor, provincia de Murcia. Casualmente, y sólo una semana después de que me contaran esa edificante historia infantil, otro amigo, Carlos, gerente de un importante club náutico de la zona, me confiaba que ya no encarga polos deportivos para sus regatistas con el tradicional filetillo de la bandera española en las mangas y en el cuello. «En las competiciones con clubs de otras autonomías —explicó— están mal vistos».

Dirán algunos que, tal y como anda el asunto, podríamos mandar a tomar por saco ese viejo trapo y hacer uno distinto. Al fin y al cabo sólo existe desde hace dos siglos y medio. Podríamos encargarle una bandera nueva, más actual, a Mariscal, a Alberto Corazón, a Vittorio o a Lucchino. O a todos juntos. Pero es que iba a dar igual. Tendríamos las mismas aunque pusiéramos una de color rosa con un mechero Bic, un arpa y la niña de los Simpson en el centro; y en las carreteras, el borreguito de Norit en vez del toro de Osborne. El problema no es la bandera, ni el toro, sino la puta que nos parió. A todos nosotros. A los ciudadanos de este país de mierda.

Nuestros aliados ingleses

Esta semana que viene toca de nuevo conmemorar batallita. Y no se trata de una cualquiera: en Bailén, el 19 de julio de 1808, dos meses y medio después del Dos de Mayo, a las águilas de Bonaparte les hicieron cagar las plumas. Por primera vez en la historia de Europa, un ejército napoleónico tuvo que rendirse después de un partido de infarto, en el que nuestra selección nacional —tropas regulares, paisanos armados y guerrilleros— aguantó admirablemente los dos tiempos y la prórroga. También es verdad que fue la única vez que ganamos la copa, pues luego los franceses nos dieron siempre las del pulpo; o ganamos, cuando lo hicimos, con ayuda de las tropas inglesas que operaban en la Península. Si algo demostramos los españoles durante toda la campaña fue que para la insurrección y el dar por saco éramos unos superdotados, pero que a la hora de ponernos de acuerdo y combatir organizados no había quien nos conciliara. Paradojas de la guerra: por eso los gabachos nunca pudieron ganar. Acostumbrados a que alemanes o austriacos, por ejemplo, después de derrotados en el campo de batalla, se pusieran a sus órdenes con la policía y todo, preguntando muy serios a quién había que meter en la cárcel por antifrancés, no comprendían que los españoles, derrotados un día sí y otro también, no terminaran de rendirse nunca; y encima, en los ratos de calma, se incordiaran y mataran entre ellos mismos.

Al hilo de todo esto, un historiador británico se lamentaba hace poco de que aquí conmemoremos el bicentenario de aquella guerra con poco agradecimiento al papel que las tropas inglesas tuvieron en ella; ya que fueron éstas las que proporcionaron ejércitos disciplinados y coordinaron, con Wellington, las más decisivas operaciones. Y tiene razón ese historiador. En batallas y asedios, Bailén y los sitios aparte, la contribución británica fue decisiva. Lo que pasa es que de ahí a que los españoles deban agradecerlo, media un trecho. En primer lugar, los ingleses no desembarcaron para ayudarnos a sacudir el yugo francés, sino para establecer aquí una zona de continuo desgaste militar para su enemigo continental. Además, y salvo ilustres excepciones, su desprecio y arrogancia ante el pueblo español que se sacrificaba en la lucha fueron constantes, compartidos por la mayor parte de los historiadores británicos de entonces y de ahora. Por último, las tropas inglesas en suelo español se comportaron, a menudo, más como enemigas que como aliadas, cebándose en la población civil. Eso, manifestado ya durante la desastrosa retirada del general Moore en La Coruña, se evidenció en los saqueos de Ciudad Rodrigo, Badajoz y San Sebastián.

Y no hablo de trincar unas monedas y un par de candelabros. Historiadores españoles contemporáneos como Toreno y Muñoz Maldonado, por aquello de la delicadeza entre aliados, pasan por el asunto de puntillas; pero los mismos ingleses —Napier, Hamilton, Southey— lo cuentan con detalle. Sin olvidar la memoria local de los lugares afectados, donde todavía recuerdan los tristes días de la liberación británica. En Ciudad Rodrigo, por ejemplo, la toma de la ciudad a los franceses fue seguida de una borrachera colectiva —extraño, tratándose de ingleses—, asesinatos, saqueo de las casas de quienes salían a recibir alborozados a los libertadores, y violación de todas las señoras disponibles. Wellington atribuyó los excesos a que era la primera vez que sus tropas liberaban una ciudad española, y estaban poco acostumbradas; pero la cosa se repitió, aún peor, en la toma de Badajoz, donde diez mil ingleses borrachos saquearon, violaron y mataron españoles durante dos días y dos noches, y culminó en San Sebastián, donde al retirarse los franceses y salir los vecinos a recibir a los libertadores, éstos se entregaron a una orgía de violencia, saqueos y violaciones masivas que no respetó a nadie. Luego vino el incendio de la ciudad: de seiscientas casas, de las que sólo sesenta habían sido destruidas durante el asedio, quedaron cuarenta en pie. Habría sido ahí muy útil la feroz disciplina que, más tarde, Wellington impuso a las tropas que lo acompañaron en la invasión de Francia, cuando fusilaba sin contemplaciones a todo español que cometía algún exceso como revancha contra los franceses.

Puestos a eso, la verdad, simpatizo un pelín más con los gabachos. Al menos ellos saqueaban, mataban y violaban porque eran enemigos, tomando al asalto ciudades donde hasta los niños te endiñaban un navajazo. Los súbditos de Su Graciosa son harina de otro costal: iban a lo suyo y los españoles les importaban un carajo. Así que, en lo que a mí se refiere, que a Wellington y las tropas inglesas los homenajee en Londres su puta madre.

Putimadrid la nuit

En una ciudad normal —según tengo entendido—, cuando uno quiere intercambios carnales de tipo mercenario, o sea, pagando, y es forastero o no conoce el percal, sube a un taxi y dice: «Al barrio de las putas, hágame usted el favor». Y de camino, si el taxista es un tío enrollado, te ilustra sobre las mejores esquinas, los antros adecuados para tomar algo, e incluso recomienda que una vez metido en faena preguntes por Greta, por Ivonne, por Makarova o por la casa de madame Lumumba, que son limpias y de confianza. Detalles útiles y cosas así. Luego, al llegar a la zona de lanzamiento, le das una propina al taxista, te buscas la vida, y al que Dios se la dé, que San Pedro se la bendiga. Lo de siempre.

En Madrid, capital de las Españas, es distinto. Una ventaja de esta ciudad es que te ahorras el taxi. Quien desee irse de putas las encuentra con facilidad en el centro mismo, a cualquier hora. Incluso quien no tiene la menor intención de tocar ese registro, se las tropieza con una frecuencia pasmosa. Basta dar una vuelta por el corazón turístico y comercial de la urbe para observar un surtido panorama. Eso no ocurre en otras capitales de Europa, donde, por el qué dirán o por lo que sea, el puterío se limita a calles tradicionales y discretas, alejadas de las grandes vías de tránsito peatonal. No ya porque el comercio venéreo tenga un punto vergonzoso y bajuno —que lo tiene— ni porque la gentuza que suele pulular en torno sea todo menos ejemplar, sino por razones de pura estética urbana. No recuerdo, salvo error u omisión, haber visto nunca las aceras del bulevar Saint-Germain, el Chiado lisboeta o las inmediaciones de la plaza Navona, por ejemplo, llenas de lumis. En Madrid, sin embargo, sus equivalentes están hasta los topes. Y la verdad: queda feo. Cada cosa es cada cosa. Como dicen en Culiacán, Sinaloa, cada chango en su mecate.

No tengo nada contra las lumis, ojo. Alguien tiene que parir a ciertos políticos de los que mojan en nuestras diecisiete salsas y nos animan el telediario. Lo que pasa es que, a veces, la situación puede ser incómoda. La otra noche paseaba, después de cenar, con unos amigos guiris camino de su hotel en la Gran Vía. Y subiendo de la puerta del Sol junto a los cines de la calle principal del centro de Madrid, entre la basura y suciedad acumulada por todas partes, pasamos revista a un variopinto surtido puteril —todo de importación— comparado con el cual, aquellas busconas nacionales de antaño, tan arregladas ellas, con su bolso y su cigarrillo en los labios fríos como la Lirio, apoyadas en el quicio de la mancebía, parecían condesas de Romanones, o por ahí. Las señoras que venían en el grupo de mis amigos, que al principio miraban el paisaje entre curiosas y sorprendidas, terminaron por acojonarse, sobre todo a causa del ganado masculino que circulaba cerca, incluidos los fulanos que se empeñaban en darnos tarjetitas sobre pornotiendas y puticlubs *ad hoc* situados, supongo, en las cercanías.

El caso es que, a medio paseo, una de las guiris, Silvie, que es gabacha, me preguntó: «¿Siempre es esto así, tan elegante?». Y no tuve más remedio que confirmarle que sí, y que no sólo de noche. Que también de día, la vieja prostitución antes limitada a la cercana calle de la Ballesta hace tiempo desbordó los límites para desparramarse por las cercanías de la puerta del Sol, sin que el ayuntamiento pueda o quiera impedirlo, aunque a los vecinos y comerciantes se los llevan los diablos. «¿Y no hay normas que regulen esto?», preguntó Silvie, toda ingenua. Entonces tuve que emplear unos diez minutos de paseo —a razón de una puta presente cada quince segundos— para explicarle que esto es España, niña. La democracia más avanzada y puntera de Europa. ¿Lo captas? El pasmo del mundo y de Triana, o sea. ¿Nunca oíste hablar de la Alianza de Putilizaciones? Cualquiera que estorbe a una extranjera, por ejemplo, el libre ejercicio de su chichi en donde le apetezca a ella y a su chulo, es un xenófobo y un fascista. Es algo parecido —añadí— a lo de aquel mendigo español que antes tuvimos que esquivar porque estaba tirado en el suelo, cortándonos el paso en la acera. Si un guardia le pide que circule, la gente increpará al guardia, y con razón, por abuso de autoridad. Y lo mismo hasta le dan de hostias. Al guardia.

Después de escuchar aquello, Silvie no volvió a abrir la boca. Yo adivinaba sus pensamientos: una ciudad en la que nadie puede controlar el lugar donde cualquiera campa por sus respetos es una auténtica bazofia; pero cada cual tiene las ciudades que se curra. Advertí que eso era lo que estaba pensando. Aunque, por suerte, no lo dijo. Silvie es una chica educada. Me habría puesto en un compromiso.

El psicólogo de la Mutua

Lo bueno —divertido, al menos— de vivir, como vivimos, en pleno disparate, es que el esperpento resulta inagotable, y cada día hay nuevas sorpresas. Unas sorpresas que, por frecuentes, terminan formando parte del paisaje, y al cabo acabamos todos aceptándolas como la cosa más natural del mundo. Así, al final, los únicos que terminan pareciendo marcianos despistados en la tomatina de San Apapucio del Canto, o de donde sea, son los que no tragan. Los que se extrañan o se descojonan del invento. Y a ésos se les mira con recelo, claro. De qué van estos listos, oiga. A ver qué se creen. Los marginales.

La última me la acaban de endiñar por teléfono. Ring, ring, buenos días, señor Pérez. Le habla Olga. ¿Es usted el titular, señor Pérez?... Ya saben. Una de esas listas de clientes que algún hijo de puta de Telefónica vendió hace tiempo al mejor postor, y a causa de la cual, periódicamente, me llaman para darme la murga con ofertas tentadoras como la que nos ocupa. Hoy es un fastuoso seguro de vida, señor Pérez. Para que su familia no pase agobios si usted fallece, etcétera. El non plus ultra del asunto, señor Pérez. Lo incluye todo, fíjese. Incluso, y ahí está nuestra innovación revolucionaria, señor Pérez, un psicólogo o psicóloga. Al llegar a ese punto, a lo del psicólogo o psicóloga, al señor Pérez se le escapa, algo malintencionada tal vez, la inevitable pregunta: ¿Psicólogo para qué, oiga? No capto la relación. Y es entonces cuando llega la deliciosa respuesta: «Para ayudar a la familia a sobrellevar el trance».

Y, bueno. La verdad es que de psicólogos no ando mal provisto. Sin ir más lejos, una de mis cuñadas —lectora fiel, por cierto, de esta página— es profesora de Psicología en la Universidad de Alicante, y de eso sabe algo. Si enviudo, por ejemplo, siempre puedo llamarla para que me consuele, si se deja. Y si enviuda mi legítima, imagino la terapia: «Te libraste de ese pelmazo, etcétera». Como ven, lo tengo más o menos controlado. Aun así, de no ser porque llego muy justo a fin de mes, les juro que me habría apuntado al seguro que me proponía la tal Olga, sólo por el gustazo de imaginarme de cuerpo presente, entre cuatro cirios y con mis deudos y deudas enlutados y enlutadas llorando alrededor y alrededora —mediterráneo como soy, siempre soñé con un velatorio clásico, a la siciliana—, diciendo qué bueno era y siempre se van los mejores, ya saben, lo que se dice en esos casos; y mi viuda y mis vástagos y vástagas alrededor del féretro con su orfandad recién estrenada, espantándome las moscas; y yo allí, tieso como la mojama, con mi traje de los domingos, mi camisa blanca, mi corbata y mi insignia de académico en la solapa, que sólo me faltan dos puros en el bolsillo y una entrada de los toros para parecer camino de la Maestranza, en feria de abril, a ver torear a Curro Romero. Y en eso, justo cuando el cura empieza a dar hisopazos y largarme el gorigori, suena el timbre de la puerta, ding-dong, y alguien dice hola, buenas. Soy el psicólogo o psicóloga del seguro de vida y vengo a hacerme cargo del asunto. Ya saben ustedes. La terapia.

Claro que también puede ser al revés. Que quien palme sea mi legítima, y estemos allí todos llorando a lágrima viva y yo mesándome el cepillo del pelo que me queda, tirado como un perro en la alcoba o en el suelo del tanatorio, que tanto da. Y en ésas, mis niños y niñas, acompañados de vecinos y vecinas y parientes y parientas, entran

y me dicen: «Papi, que está aquí el psicólogo del seguro».
Y yo, destrozado por el dolor, exclamo: «Al fin, al fin»,
mientras me levanto como puedo, dejo a la muerta y, tam-
baleante, voy a caer en los brazos del psicólogo —o de la
psicóloga— y le confío espontáneamente, como a un hermano o hermana putativo o putativa, mi soledad, y mi
viudez, y mi angustia vital; y luego reúno a mis pobres
cachorrillos y cachorrillas y todos juntos, abrazados y con
lágrimas en los ojos, nos agrupamos con el psicólogo o
psicóloga como ovejitas y ovejitos obedientes en torno al
pastor, igual que si acabáramos de bajarnos de un cayuco
subsahariano o de una patera magrebí, mientras el antedicho o la antedicha nos aconseja sabiamente sobre cómo
encajar el trauma, señor Pérez, y de paso nos comunica
cuánta pasta trincaremos por el óbito reciente. Que eso
ayuda mucho. Y cuando, utilizando su hábil psicología
—adviertan el inteligente juego de palabras—, acaba de
convencernos, y mis criaturas, aliviadas al fin, gritan gozo-
sas: «¡Mamá está en el cielo, pero la vida sigue, yupi, yupi,
yupi, a la bim, bom, ba!», yo miro al psicólogo o psicóloga
a los ojos o a las ojas y le digo: «Verdaderamente, sin el
seguro de vida de la Sepulvedana Acme, nunca habría podido sobreponerme a todo esto».

«Hola, Manolo, mucho barato»

Hay un bonito ejercicio visual, interesante cuando estás de viaje y con poco que hacer. Sentado, por ejemplo, en la terraza del bar frente al museo nacional de Kioto, o bajo el reloj del ayuntamiento de Praga, o en el Pont des Arts, camino del Louvre: en cualquier lugar por donde transiten grupos de turistas dirigidos por un guía que levanta en alto, sufrido y profesional, una banderita, un pañuelo al extremo de un bastón, o un paraguas. El asunto consiste, observando aspecto y comportamiento de los individuos, en establecer de lejos su nacionalidad.

Hay grupos con los que, aplicando estereotipos, no se falla nunca. Pensaba en eso hace unos días, en Roma, viendo a unos sacerdotes altos y guapos, en mangas de camisa negra de cuello clergyman, con jerseys elegantes de color beige colgados de los hombros y zapatos náuticos marrones. Atentos pero con aire un poco ausente, como si su reino no fuera de este mundo. La conclusión era obvia: curas de Boston para arriba, Nueva Inglaterra o por allí. Contrastaban con otro grupo próximo: rubicundos varones con aire jovial de campesinos endomingados, legítimas cloqueando aparte, de sus cosas, e hijas jovencitas siguiéndolos con desgana, vestidas con pantalones de caja muy baja y ombligos al aire, acribillados de piercings. No había necesidad de oírles hablar gabacho para situarlos en la Francia rural profunda. Creo que hasta exclamaban: «¡Por Toutatis!».

Cuando se tiene el ojo adiestrado, un primer vistazo establece la nacionalidad de cada lote. Hasta de lejos, cuando podría confundírseles con adolescentes bajitos, a los japoneses se les reconoce porque siguen al guía —por lo general, chica joven y también japonesa— con una disciplina extraordinaria: nunca tiran nada al suelo ni se suenan los mocos, fotografían todos desde el mismo sitio y al mismo tiempo, e igual hacen cola una hora y media bajo la lluvia para subirse a una góndola en Venecia, que para beber sangría en un tablado flamenco de La Coruña. Todos llevan, además, bolsas de Louis Vuitton.

Identificar a los ingleses es fácil: son los que no hablan otro idioma que el suyo y llevan una lata de cerveza en cada mano a las nueve de la mañana. En cuanto a los gringos de infantería, clase media y Medio Oeste, se distinguen por sus andares garbosos, las apasionantes conversaciones a grito pelado sobre el precio del maíz en Arkansas, y en especial por esa patética manera que tienen ellos, y sobre todo ellas, cuando son de origen blanco y anglosajón, de hacerse los simpáticos condescendientes con camareros, vendedores y otras clases subalternas de los países visitados. Queriendo congraciarse con los indígenas como si los temieran y despreciaran al mismo tiempo: mucha risa y palmadita en la espalda, pero sin aflojar —que es lo que importa a los interesados— un puto céntimo. Si ve usted a una gilipollas rubia y sonriente haciéndose una foto en Estambul entre dos camareros con pinta de rufianes que le soban cada uno una teta, no tenga duda. Es norteamericana.

A los alemanes también está chupado situarlos. Hay mucho rubio, las pavas son grandotas, todos caminan agrupados y en orden prusiano, se paran exactamente donde deben pararse, la mitad suelen ir mamados a partir de las seis de la tarde, y cuando viajan por Europa algunos padres explican a los niños pequeños, no sin tierna emoción filial: «Mirad, hijos míos, este pueblo lo quemó el abuelito en el año cuarenta y uno, este monumento restaurado lo demolió en el cuarenta y tres, este barrio lo limpió de judíos el tío Hans en el cuarenta y cinco».

Pero los inconfundibles somos los españoles: hasta los negros nos ven llegar y saludan, antes de que abramos la boca: «Hola, Manolo, mucho barato». Somos los que, después de regatear media rupia a un vendedor callejero, dejamos propinas enormes en bares y restaurantes. Los que afirmamos impávidos que, frente a un Ribera del Duero, los vinos de Toscana o de Burdeos son como el Don Simón en tetrabrik. Somos los que, después de comprar en una tienda a base de «yes», «no» y «tu mach espensiv», salimos diciendo: «Aquí no saben ni inglés». Somos los que fotografiamos, interese o no, todo lugar donde haya un cartel prohibiendo hacer fotos. Para identificarnos no hay error posible: un guía hablando solo, y alrededor, dispersos y sin hacerle caso, los españoles comprando recuerdos, sentados en un bar a la sombra, haciéndose fotos en otros sitios o echando una meadilla detrás de la pirámide. Y cuando, después de hablar quince minutos en vano, el pobre guía reúne como puede al grupo para seguir camino, siempre hay alguien que viene de comprar postales, mira el Taj Mahal y pregunta: «¿Y esto qué es?».

Océanos sobre la mesa

Me gustan mucho los modelos de barcos a escala, y durante cierto tiempo los construí yo mismo. Algunos siguen en casa, en sus vitrinas: un bergantín de líneas afiladas como las de un cuchillo, una elegante urca llamada *Derflinger,* el *Galatea,* el *Elcano,* el *San Juan Nepomuceno,* la *Bounty* —naturalmente— y algún otro. También hay medios cascos barnizados en sus tableros, un gran modelo de arsenal del navío *Antilla* que usé para la novela *Cabo Trafalgar,* la sección transversal del *Victory* con palo mayor incluido, y un diorama, con todos los accesorios y las portas abiertas, de la batería inferior de una fragata de 44 cañones. Aunque conozco cada uno de esos barcos de memoria, sigo contemplándolos con extremo placer, recreándome en sus detalles mientras recuerdo las muchas horas pasadas con ellos; la lentitud del trabajo minucioso y paciente, lijando tracas, curvándolas húmedas con el calor, clavándolas en las cuadernas, modelando las piezas de cubierta, tejiendo de proa a popa la compleja telaraña de la jarcia.

Hacer aquello no era sólo realizar un trabajo artesano y ameno, sino también, y sobre todo, navegar por los mares que habían surcado esos barcos. Suponía moverse con la mente por los libros, los paisajes y las historias de las que eran protagonistas. Borrar el resto del mundo, distanciándolo hasta olvidarme de él por completo. Recuerdo la paz de tantas noches, de tantas madrugadas entre café y humo de cigarrillos, cuando aquellas maderas, cabos y velas que tomaban forma entre mis dedos cobraban vida propia, se enfrentaban en mi cabeza a los vientos, las corrientes y los temporales. Y el orgullo intenso, extremo, tras meses de trabajo, de anudar el último cabito o dar la pincelada definitiva de barniz y retroceder un poco, quedándome largo rato inmóvil para contemplar el resultado final. Y qué curioso. Siempre tuve unos dedos torpes e inhábiles para el bricolaje. Soy lo más patoso del mundo: incapaz de dar cuatro martillazos a un clavo sin aplastarme un dedo. Y ya ven. Ahora miro esas maquetas y me pregunto cómo pude hacerlas; de dónde diablos saqué la pericia precisa. Amor, supongo. Amor al mar, a los viejos planos y grabados, a la madera barnizada y al metal bruñido. Amor a lo que esos barcos representaban. A su historia: los mares que cruzaron y los hombres que los tripularon, subiendo a las vergas oscilantes a gritar su miedo y su coraje entre temporales y combates. Sí. Supongo que se trataba de eso. Que de ahí obtuve la habilidad y la paciencia necesarias.

Imagino que esto explica, en parte, el inmenso respeto que tengo por quienes hacen trabajos artesanos a la manera de siempre. A los que todavía trabajan sin prisas, poniendo lo mejor de sí mismos; recurriendo a las viejas técnicas manuales que tanto dignifican la obra ejecutada. Dejando su impronta inequívoca en ella. En estos tiempos de tanto apretar botones, de máquinas sin alma, de pantallas electrónicas, de visto y no visto, de tenerlo todo hecho, comprable y listo para usar y tirar, me inspiran admiración sin límites esos orfebres, encuadernadores, luthiers, pintores de soldaditos de plomo, carpinteros o alfareros que, para ganarse la vida o por simple afición, mantienen el antiguo vínculo de la mente lúcida con el pausado trabajo manual. Con el orgullo legítimo de la obra concienzuda, perfecta, bien hecha. Con lo singular, hermoso, útil y noble que siempre es capaz de crear, cuando se lo propone, el lado bueno del corazón humano.

Ya no puedo hacer maquetas de barcos. La vida me privó del tiempo y de las circunstancias necesarias. Aquellas noches silenciosas entre dos reportajes, trabajando a la luz del flexo entre maderas, libros y planos antiguos, hace tiempo que se transformaron en jornadas de trabajo profesional dándole a la tecla. En la artesanía de contar historias. Ahora mi tiempo libre, cuando lo tengo, se lo lleva el mar de verdad: eso gané y perdí con los años y las canas. Conservo, sin embargo, la afición por los modelos de barcos a escala: siguen llamándome la atención en museos, colecciones privadas, anticuarios, revistas y tiendas especializadas. A veces entro en alguna de estas tiendas y acaricio, como antaño, las tracas dispuestas en sus estantes, los rollos de cabo para jarcia, las piezas modeladas, las cajas magníficas, bellamente ilustradas con el modelo del barco en la tapa, que tantos meses de placer y trabajo contienen para los felices aficionados que se enrolen a bordo. Hace días pasé un melancólico rato ante una caja enorme: modelo para construir del *Santísima Trinidad:* uno de los muchos barcos —cuatro puentes y 140 cañones— que siempre quise hacer y nunca hice. Casi un par de años de trabajo, calculé a ojo. Como una novela de esas cuyo momento pasa, y sabes que ya no escribirás nunca.

Mi propio Manifiesto (I)

A ciertos amigos les ha extrañado que el arriba firmante, que presume de cazar solo, se adhiriese al Manifiesto de la Lengua Común. Y no me sorprende. Nunca antes firmé manifiesto alguno. Cuando leí éste por primera vez, ya publicado, ni siquiera me satisfizo cómo estaba escrito. Pero era el que había, y yo estaba de acuerdo en lo sustancial. Así que mandé mi firma. Otros lo hicieron, y ha sido instructivo comprobar cómo en la movida posterior algún ilustre se ha retractado de modo más bien rastrero. Ése no es mi caso: sostengo lo que firmé. No porque estime que el manifiesto consiga nada, claro. Lo hice porque lo creí mi obligación. Por fastidiar, más que nada. Y en eso sigo.

No es verdad que en España corra peligro la lengua castellana, conocida como español en todo el mundo. Al contrario. En el País Vasco, Galicia y Cataluña, la gente se relaciona con normalidad en dos idiomas. Basta con observar lo que los libreros de allí, nacionalistas o no, tienen en los escaparates. O viajar por los Estados Unidos con las orejas limpias. El español, lengua potente, se come el mundo sin pelar. Quien no lo domine, allá él. No sólo pierde una herramienta admirable, sino también cuanto ese idioma dejó en la memoria escrita de la Humanidad. Reducirlo todo a mero símbolo de imposición nacional sobre lenguas minoritarias es hacer excesivo honor al nacionalismo extremo español, tan analfabeto como el autonómico. Esta lengua es universal, enorme, generosa, compartida por razas diversas mucho más allá de las catetas reducciones chauvinistas.

La cuestión es otra. Firmé porque estoy harto de cagaditas de rata en el arroz. Detesto cualquier nacionalismo radical: lo mismo el de arriba España que el de viva mi pueblo y su patrona. Durante toda mi vida he viajado y leído libros. También vi llenarse muchas fosas comunes a causa del fanatismo, la incultura y la ruindad. En mis novelas históricas intento siempre, con humor o amargura, devolver las cosas a su sitio y centrarme donde debo: en el torpe, cruel y desconcertado ser humano. Pero hay un nacionalismo en el que milito sin complejos: el de la lengua que comparto, no sólo con los españoles, sino con cuatrocientos millones de personas capaces, si se lo proponen, de leer el *Quijote* en su escritura original. Amo esa lengua-nación con pasión extrema. Cuando me hicieron académico de la RAE acepté batirme por ella cuando fuera necesario. Y eso hago ahora. Que se mueran los feos.

Quien afirme que el bilingüismo es normal en las autonomías españolas con lengua propia, miente por la gola. La calle es bilingüe, por supuesto. Ahí no hay problemas de convivencia, porque la gente no es imbécil ni malvada, ni tiene la poca vergüenza de nuestra clase política. La Administración, la Sanidad, la Educación, son otra cosa. En algunos lugares no se puede escolarizar a los niños también en lengua española. Ojo. No digo escolarizar sólo en lengua española, sino en un sistema equilibrado. Bilingüe. Ocurre, además, que todo ciudadano español necesita allí el idioma local para ejercer ciertos derechos sin exponerse a una multa, una desatención o un insulto. De cumplirse el propósito nacionalista, quien dentro de un par de generaciones pretenda moverse en instancias oficiales por todo el territorio español, deberá apañárselas en cuatro idiomas como mínimo. Eso es un disparate. Según la Constitución, que está por encima de estatutos y de pasteleos, cualquier español tiene derecho a usar la lengua que desee, pero sólo está obligado a conocer una: el castellano. Lengua común por una razón práctica: en España la hablamos todos. Las otras, no. Son respetabilísimas, pero no comunes. Serán sólo locales, autonómicas o como queramos llamarlas, mientras los países o naciones que las hablan no consigan su independencia. Cuando eso ocurra, cualquier español tendrá la obligación, la necesidad y el gusto, supongo, de conocerlas si viaja o se instala allí. En el extranjero. Pero todavía no es el caso.

Y aquí me tienen. Desestabilizando la cohesión social. Fanático de la lengua del Imperio, ya saben. Tufillo franquista: esa palabra clave, vademécum de los golfos y los imbéciles. La puta España del amigo Rubianes. Etcétera. Así que hoy, con su permiso, yo también me cisco en las patrias grandes y en las chicas, en las lenguas —incluida la mía— y en las banderas, sean las que sean, cuando se usan como camuflaje de la poca vergüenza. Porque no es la lengua, naturalmente. Ése es el pretexto. De lo que se trata es de adoctrinar a las nuevas generaciones en la mezquindad de la parcelita. Léanse los libros de texto, maldita sea. Algunos incluso están en español. Lo que más revienta son dos cosas: que nos tomen por tontos, y la peña de golfos que, por simple toma y daca, les sigue la corriente. Pero de ellos hablaremos la semana que viene.

Mi propio Manifiesto (y II)

La semana pasada se acabó la página cuando les comentaba cómo ni el Gobierno central ni algunos gobiernos autonómicos garantizan el libre uso del castellano, o español, en la Administración, Sanidad o Educación de toda España. Franquismo al revés: antes era el español forzoso para todo, y ahora es la lengua local la obligatoria. Cuando los nacionalistas buscaban parcelita, la palabra bilingüismo era mágica: daban el alma por rotular también en catalán, gallego o vascuence. Ahora proclaman sin disimulo el ideal de una nación monolingüe, aunque no encaje en la realidad de la calle. Pese a que su mala fe es evidente, aún hay palmeros y cómplices afirmando que eso es progresista; y denunciarlo, resabio imperial. Y mientras tanto imbécil —en el más honrado de los casos— mira al tendido o lleva el botijo, cuatro golfos oportunistas han convertido las respectivas lenguas, valiosas herramientas culturales y de comunicación, en filtro sectario para excluir a los no afines y promocionar en el trabajo y la sociedad a su clientela exclusiva. Marginando la excelencia profesional a favor de la lingüística, como si contara más el idioma que la habilidad de quien opera con un bisturí. Tal es el sentido de la sobada *cohesión* social: hablar sólo una lengua *propia* como si la común, el español, no lo fuese. Empeño legítimo, por cierto, para un catalán, un vasco o un gallego nacionalistas; pero injusto para quien no lo es. En una España llena de naturales e inmigrantes que van de una autonomía a otra buscando trabajo, es un disparate negarles el único idioma que permite comunicarse en todo el territorio nacional —y también fuera de él— con soltura y libertad.

En esta canallada política nadie tiene la exclusiva. Los graves cantamañanas del Pepé, reunidos hace mes y pico en San Millán de la Cogolla para proclamar su apoyo a la lengua española, podían haberlo hecho con más eficacia y menos demagogia durante los ocho años que estuvieron en el poder. Entonces, la peña del amigo Ansar tragó de todo. Como tragará en el futuro, por mucho que ahora subscriba el manifiesto de la Lengua Común o el de la Lirio, la Lirio tiene, tiene una pena la Lirio. Así que, en mi opinión, Mariano Rajoy puede meterse la adhesión donde le quepa. Por culpa de tanto oportunista, al final siempre terminan vendiéndonos la lengua española como enfrentamiento entre derecha e izquierda; cuando, en realidad, los políticos de derechas tienen tanta desvergüenza como los de izquierdas. Es cosa del puerco y común oficio.

En cuanto a los que se llenan la boca de República o Guerra Civil, cuya realidad tanto manipulan, hay que recordarles que la mayor parte de quienes lucharon por esa República no lo hicieron para darles un cortijo con lengua propia a cuatro mangantes, sino para que una España de ciudadanos fuese más culta, libre y solidaria. Uno comprende que la derecha, con su desvergüenza innata, vaya y venga envuelta en toda clase de farfollas trompeteras. A fin de cuentas, su discurso es, a escala nacional, el que los nacionalistas mantienen a escala cutre. En cuanto a la izquierda, algunos llevamos treinta años preguntándonos qué pito toca en ese apoyo suicida al nacionalismo, que no fue de izquierdas nunca: situar ahí a Arzalluz, Ibarretxe o Pujol es un desatino indecente. Como dijo Juan Marsé: «En la postguerra me putearon los padres y en la democracia sus hijos. Pero siempre me putearon los mismos».

Hay menos injusticia, afirmaba Montaigne, en que te roben en un bosque que en un lugar de asilo. Es más infame que te desvalijen quienes deben protegerte. Pensé en eso oyendo al presidente Zapatero referirse al Manifiesto de la Lengua Común, cuando expresó su esperanza de que la derecha «no se apropie del idioma español como hizo con la bandera». Todavía estoy dándole vueltas a si lo del presidente es candidez o cinismo. La derecha se apropió de la bandera española porque, desde la Transición, la izquierda se la regaló gratis, negándose a utilizarla hasta veintitantos años después: los mismos que ha tardado el Pesoe en pronunciar la palabra *España*. Y al final, entre unos y otros, han conseguido lo mismo que con la bandera. Lo que ya pasa en algunos colegios: que al niño que habla en español lo llamen facha.

Por eso me adherí al manifiesto. Confirma mi decisión el recular de los cobardes, el silencio de los corderos y el runrún de los tontos: los equidistantes que siempre acaban favoreciendo al verdugo. Me reafirma la furia de los caciques paletos y los escupitajos de mala fe de quienes tienen la osadía de llamar nostálgicos del franquismo, e incluso extrema derecha —lo han hecho consejerías de cultura autonómicas y miembros del Gobierno—, a firmantes como Miguel Delibes, Carlos Castilla del Pino, José Manuel Sánchez Ron, Luis Mateo Díez, Álvaro Pombo, Margarita Salas, o yo mismo. Luego algunos se extrañan de que me cisque en su puta madre.

Es simpático, el imbécil

Hace muchos años, cuando algún cantamañanas intentaba hacerse socialmente grato con zalemas y sonrisas, un familiar muy cercano y muy querido solía comentar aparte, en tono ecuánime, dirigiendo a veces una sonrisa cortés al interesado: «Es simpático, el imbécil». Me ha recordado eso la última campaña de consejos automovilísticos en autopistas y autovías españolas. Había allí mensajes razonables, por supuesto. Informativos y útiles. Pero uno de ellos me hizo recordar la frase familiar. El mensaje era *«Gracias por no correr»*. Cada vez que lo veía en un paso elevado o una curva, me acordaba de aquello. Son simpáticos, me decía. Los imbéciles.

Es como para echar la pota, creo, lo mucho que a la autoridad competente, sea la que sea, le gustan esas cosas: gracias por no correr, por no robar, por no matar a nadie. Gracias por ser buen chico, como nosotros. Por ser una criatura chachi y solidaria, a tono con los tiempos. Por eso funcionan tales simplezas, supongo, y nos adaptan a ellas la política y la vida. Incluso hay quien vive de eso: de que parezca que las cosas realmente son así y es posible vivir en una permanente gilipollez; creyendo que dar las gracias por no correr, por ejemplo, basta para que todos seamos mejores y nos queramos más. Para justificar un sueldo, o veinte millones de votos. Gracias por no correr, gracias por no conducir mamado, gracias por no reventar al prójimo, gracias por no asesinar a nadie hoy. Por jugar con nosotros al buen rollito, colega. Por no pasar de ciento veinte kilómetros por hora. Tan agradecidos estamos, oyes, que en el próximo control de la Guardia Civil, los Picoletos sin Fronteras te van a dar un beso en la boca. Smuac. Por bueno, chaval. Por obediente. Y luego se van a poner a cantar y a bailar contigo en mitad de la carretera, igual que en *Siete novias para siete hermanos,* mientras los demás conductores pasan alegres como en los finales de comedia sentimental americana, sonríen solidarios y tocan el pito, felices, chorreando mermelada.

Pues no, oigan. Discrepo. En lo que a mí se refiere, cuando voy por la carretera con un ojo en el velocímetro y otro en los innumerables hijos de puta que pasan a ciento ochenta, no quiero que los paneles me den las gracias por no correr ni por ninguna otra maldita cosa. Nadie va más despacio por eso. Lo que necesito, si se me calienta el acelerador, es que alguien con autoridad, en los paneles o en donde sea, me advierta de que si meto la gamba me va a crucificar en cinemascope. Sin piedad. No quiero sonrisitas, guiños y achuchones afectuosos, sino que me pongan las cosas claras. *«Si corres, te vas a romper los cuernos»,* por ejemplo, da poco lugar a equívocos. *«No te pases un gramo, que te lo pesan»,* es otra posibilidad. Sin excluir *«Como vayas rápido, te metemos el carnet por el ojete», «Recuerda que tu futura viuda todavía está potable»* o *«Como te pillemos borracho vas a jiñar las plumas, cabrón».* Cosas así, vamos. Directas. Elocuentes.

Y es que, oigan. Nada más cursi y empalagoso que el Estado cuando se pone en plan simpático, o lo pretende. Porque el Estado no puede ser simpático nunca. Lo suyo es recaudar, reprimir, organizar. Dar por saco. El Estado es el mal necesario, a menudo en manos de golfos innecesarios. Intrínsecamente antipático hasta las cachas. Así que no veo por qué sus ministerios, direcciones generales o quien sea, deben componer sonrisitas cómplices a mi costa. En lo que al arriba firmante se refiere, el Estado puede meterse el paternalismo amistoso en la bisectriz. Cada uno en lo suyo, qué diablos. Respetar las limitaciones de velocidad no es algo que un panel de Tráfico deba agradecerme. Es mi seguridad y la de otros. Si cumplo, soy un fulano prudente y razonable. Si no, soy un irresponsable, un cretino y un desalmado, acreedor a un funeral prematuro o a que me sacudan en la cresta con todo el peso de la ley. Punto.

En un mundo ideal, tipo cuento de hadas, todo eso estaría de perlas. Valses de la *Cenicienta*, ya saben. Eres tú el príncipe azul. Pero éste es el mundo real. La peña sólo respeta al prójimo cuando no cuesta esfuerzo ni dinero; en lo otro va a lo suyo. No hay más eficaz apelación a la conciencia de un ciudadano que prevenirlo por el artículo catorce: si delinques, te molemos a hostias. Lo demás es demagogia, buenismo idiota y milongas. Y además es mentira. Las gracias por no correr pueden y deben dárselas los conductores unos a otros en la carretera. Ellos sí, naturalmente. Pero una Dirección General de Tráfico, o quien sea, no tiene por qué. Que se ocupe de sus asuntos y nos evite frasecitas chorras que insultan la inteligencia de quien las lee. Lo que tienen que hacer los Estados y los gobiernos, y aquel a quien corresponda, no es derrochar cariñitos, sino eficacia: guardias civiles que inspiren respeto y radares que trituren carnets. Machacar al infractor, como es su obligación, y ahorrarnos simpatías imbéciles.

Una foto analgésica

Hay una fotografía que me gusta mucho. La tengo delante mientras le pego a la tecla. Fue tomada en París el 26 de agosto de 1944, al día siguiente de la liberación de la ciudad por la 2.ª División Blindada del general Leclerc, donde figuraban antiguos combatientes republicanos españoles. El día anterior, la división había entrado en la ciudad llevando en cabeza a la Novena Compañía —la Nueve—, tan llena de compatriotas nuestros que varios de sus vehículos tenían pintados los nombres de *Brunete, Ebro, Belchite, Teruel, Guernica, Don Quijote* y *Guadalajara;* y en los partes de combate con las órdenes que el capitán de la Nueve, Raymond Dronne, dio ese día a sus unidades de vanguardia, figuran los nombres de los jefes de algunas de éstas: Montoya, Moreno, Granell, Bernal, Campos y Elías.

La foto a que me refiero es típica de la Liberación: arco de Triunfo, vehículos con soldados y la multitud entusiasmada. El semioruga que se ve en el centro de la imagen se llama *Guernica* y lleva a bordo a siete soldados: cinco de pie, el conductor y otro que va a su lado, también de pie. De los siete, este último es el único que no lleva puesto el casco. Es bajito —les llega a los otros, altos y apuestos, casi por los hombros—, lleva la camisa arremangada, y en vez de mirar al frente impasible y marcial como sus compañeros, mira a la gente con una gran sonrisa y un pitillo en la boca. Con esa foto suelo bromear, poniéndosela delante a los amigos: «Ejercicio de agudeza visual. Adivina quién es el español».

Hay fotos que queman la sangre y fotos analgésicas. Ésta es de las últimas. Cuando el telediario, el titular de periódico, la mirada que diriges alrededor o el espejo mismo te recuerdan con demasiada precisión en qué infame sitio vives, de qué peña formas parte y qué pocas esperanzas hay de que este patio de Monipodio llegue a ser algún día un lugar solidario, culto, limpio y libre, esa foto y algunas otras cosas por el estilo, que uno guarda en esa imaginaria lata de galletas parecida a la que usaba de niño para guardar tesoros —canicas, cromos, un tirachinas, una navaja de hoja rota, un soldadito de metal—, ayudan a soportar las ganas de echar la pota. Permiten mirar en torno buscando, más allá del primer y desolador vistazo, al fulano bajito y sonriente que, ajeno al protocolo solemne, mira a la gente, orgulloso, feliz de protagonizar tan espléndida revancha, cinco años después de haber pasado los Pirineos con el puño en alto, y en él quizá, apretado, un puñado de tierra española.

No sé cómo se llamaba el soldado del *Guernica*. Sólo sé que fue uno de los que cantaron *¡Ay, Carmela!* por las calles de París —el capitán Dronne lo cuenta en sus memorias— tras llegar hasta allí desde Argelia y el Chad, y luego siguieron peleando en Francia, Alsacia y Alemania hasta Berchtesgaden, la residencia alpina de Hitler. Él y los otros, que se echaron al monte al invadir Francia los alemanes o se alistaron en la Legión Extranjera, combatiendo en Narvik, Bir Hakeim, Montecassino, Normandía y la Selva Negra, llenando Francia de lápidas donde todavía hoy se lee *Aux espagnols morts pour la liberté,* consuelan la memoria cuando uno piensa en el modo miserable en que la Segunda República se fue al diablo; no sólo por la sublevación del ejército rebelde, sino también —qué mala información tenemos en este país idiota e irresponsable— por la vileza de una clase política mezquina, sin escrúpulos, capaz de convertir una oportunidad espléndida en un espectáculo siniestro. En una sangrienta cochinera.

Por eso me gusta tanto esa foto. Como digo, todos necesitamos analgésicos para ir tirando. Cada uno para lo suyo. Algunos, para hilar fino sin que el malestar, la náusea, te hagan meter a todo cristo en el mismo cazo. Es cierto que, en los últimos tiempos, en España ha tomado el relevo una nueva casta política irresponsable, infame sin distinción de ideologías, pegada a la ubre de los aparatos de sus partidos. Gente sin contacto con la vida real, que ni ha trabajado nunca de verdad ni tiene intención de hacerlo en su puta vida. Parásitos de la vida pública, profesionales del camelo y el cuento chino. Los que, amos de un tinglado nacional rehecho a su medida, ya nunca irán al paro. Y es cierto, también, que esa gentuza medra con la complicidad de una sociedad indiferente, acrítica, apoltronada y voluntariamente analfabeta, que sólo se acuerda de Santa Bárbara cuando le afecta a cada cual. Cuando truena. Esto es así, y el impulso, la tentación de mandarlo todo al diablo, ametrallando a mansalva, resulta lógico. Casi inevitable.

Por eso consuela tanto recordar, gracias a esa foto de París, que pese a todo, entre tanta basura y tanta chusma, siempre es posible dar con alguien que no se resigna. Que ni se rinde, ni traga. Tipos como el anónimo español de la División Leclerc: bajito, valeroso, descarado, sonriente. Con su pitillo. Capaz de recordarnos a todos, sesenta y cuatro años después, que siempre son posibles la dignidad y la vergüenza.

Sobre palos y velas

El asunto es conocido, así que ahorro nombres y detalles: un caballero acude en socorro de una mujer a la que maltratan, el maltratador le da una paliza que lo deja a las puertas de la muerte, y la maltratada se pone de parte del maltratador. En el fondo es buen chaval, argumenta la churri. A ver quién le ha dado al otro vela en el entierro.

Algunos creerán que eso es raro, pero no lo es. El arriba firmante, por ejemplo, tuvo en otro tiempo oportunidad de presenciar dos situaciones parecidas, una como testigo y otra como estrella invitada, a medias con el rey del trile, Ángel Ejarque Calvo. La primera fue durante un reportaje nocturno en los barrios duros madrileños, allá por los ochenta. Avisada la policía de que un tío le estaba dando a su legítima las suyas y las del pulpo, acudió una patrulla. Y cuando redujeron al fulano, poniéndole unas esposas, la mujer, a la que el otro había puesto la cara guapa, se revolvió como una fiera contra los maderos. «¡Dejadlo, dejadlo, hijos de puta! —gritaba desgañitándose—. ¡Dejadlo!».

La segunda vez salía de calzarme unas garimbas con Ángel en Las Vistillas —acababan de soltarlo del talego—, cuando nos topamos con un jambo que le daba fuertes empujones a una mujer contra el capó de un coche, mientras discutían. Le afeamos la conducta y se nos puso bravo. Ángel —hoy honrado currante y abuelo múltiple—, que fue boxeador y todavía entrenaba en La Ferroviaria, lo miró fijo y muy serio, calculando en dónde iba a calzarle la hostia. Y en ésas se nos rebotó la torda. «¿Pa qué os metéis vosotros?», preguntó. Me encogí de hombros y le dije a mi plas: «Tiene razón, colega. ¿Pa qué nos metemos?». Y Ángel, que siempre rumia las cosas muy despacio y todavía andaba mirándole el hígado al otro, levantó una ceja y dijo: «Vale». Y nos fuimos. Y al rato, después de pensarlo un rato, concluyó, filosófico: «Sarna con gusto no pica, colega».

Podría contarles más bonitas y edificantes historias como ésas, y no sólo de individuos e individuas. También entre pavas se dan su ajo. Tengo una preciosa sobre una conocida feminata de Vigo que varea con frecuencia a su pareja, y la otra sigue allí, encantada, mientras ambas denuncian con mucho garbo y energía el machismo repugnante de la sociedad española. Pero a estas alturas del artículo ustedes habrán captado el fondo del asunto, resumible en lo de Ángel: leña con gusto no duele. La existencia de ciertos verdugos —no todos, pero sí algunos— sería imposible sin la complicidad activa o pasiva de ciertas víctimas. Sobre eso de las complicidades conozco, casualmente, otra interesante historia doméstica, algo próxima, que concluyó cuando él se despertó a media noche, se la encontró sentada en el borde de la cama, mirándolo, y ella dijo: «La próxima vez que me pongas la mano encima, borracho o sobrio, te corto la garganta mientras duermes». Y no volvió a tocarla, oigan. El tío machote.

De cualquier modo, ya no es como antes. Es verdad que hay muchas mujeres en España que siguen siendo rehenes de una sociedad opresiva, perversa, y también de sí mismas. Para ellas poco ha cambiado desde los tiempos en que la familia aconsejaba tragarlo todo por el qué dirán, y el confesor —infalible pastor de cuerpos y almas— recetaba resignación cristiana y oraciones pías. Es cierto también que el ser humano es muy complejo, y no resulta fácil ponerse en el lugar de una mujer maltratada, a menudo sola y desprovista de apoyos y consuelos, o considerar el proceso de destrucción interior, en ocasiones imperceptible para ellas mismas, al que muchas mujeres inteligentes y capaces se ven sometidas en el matrimonio o la vida en pareja. También es verdad que cuando una mujer se enamora hasta las cachas puede volverse, a veces, completamente gilipollas —*«En llegando a querer, y más, doncella, / su honor y el de los padres atropella»*, decía Lope, llevando el intríngulis a otros pastos—. Todo eso es cierto; pero también lo es que hoy tenemos televisión, periódicos, información circulando por todas partes. Y leyes adecuadas. La ignorancia, el miedo, el amor desaforado, ya no son excusas para ciertos comportamientos y tolerancias.

Cualquier mujer, hasta la más ignorante o estúpida, sabe ahora cosas que antes no sabía. O puede saberlas, a poco que mire. Por eso es tan irritante observar en los hombres, adultos o niños, actitudes que a menudo son sus mismas mujeres, madres, hermanas, esposas, las que las transmiten, alientan y justifican. Es como lo del pañuelo o el velo islámico. Cada vez que veo por la calle a una pava velada con niños pequeños me pregunto hasta qué punto no será culpable, en el futuro, del velo de esa hija y del comportamiento de ese hijo. Poca diferencia encuentro entre la mujer que disculpa al hombre que le sacude estopa y la que afirma llevar el *hiyab* en ejercicio voluntario de su libertad personal. En tales casos, igual que mi colega Ángel aquella noche en Las Vistillas, no puedo menos que pensar: sarna con gusto no pica, colega. Que cada palo aguante su vela. Que cada velo aguante su palo.

Al final todo se sabe

.   Por fin se desveló el misterio. Desde hace cuatrocientos cincuenta años, los investigadores navales ingleses se han esforzado en averiguar por qué el *Mary Rose,* ojito derecho de la flota de Enrique VIII, se fue a pique en el año 1545 frente a Portsmouth, durante un combate con los franchutes. En realidad ya se sabía algo: el barco no se hundió por los cañonazos enemigos, sino porque las portas de las baterías bajas estaban abiertas durante una maniobra complicada, entró agua por ellas y angelitos al cielo. Glu, glu, glu. Todos al fondo. Pero faltaba el dato clave: un estudio médico del University College de Londres —eso suena a serio que te rilas, colega— acaba de establecer la causa exacta del hundimiento. El agua entró por las portas abiertas, en efecto. Pero tan imperdonable descuido marinero fue posible porque la tripulación de esa joya de la marina inglesa no era inglesa, pese a lo que su propio nombre indica. Ni hablar. El *Mary Rose* estaba tripulado por *spaniards.* Sí. Por españoles. Naturalmente, eso lo explica todo.

No estoy de coña, señoras y caballeros. O la guasa no es mía. Los perspicaces investigatas del University College afirman eso después de pasar veinte años estudiando dieciocho cráneos rescatados del barco. Tras concienzudos estudios antropológicos, la conclusión es que diez de esos cráneos procedían del sur de Europa, debido, ojo al dato, a la composición específica de sus dientes. Se dice, por otra parte, que Enrique VIII iba escaso de marineros cualificados y enroló a extranjeros. Así que, con aplastante lógica científica, los investigadores han llegado a la conclusión de que éstos sólo podían ser españoles. Tal cual, oigan. Ni italianos, ni portugueses ni franceses. Lo de los dientes es decisivo. A ver quién tiene el colmillo así de retorcido, o tantas caries. O tan malos dientes de leche. Vaya usted a saber. El caso es que, bueno. Blanco y en tetrabrik, eso. Leche.

Lo más fino es la conclusión del profesor Hugo Montgomery, jefe del equipo investigador. *«En el estruendo de la batalla, se habría necesitado una cadena de mando muy clara y disciplinada para cerrar a tiempo las portas»*, afirma este Sherlock Holmes de la osteología náutica. Y es que la palabra *disciplina* en boca de un inglés lo explica todo. Otra cosa habría sido que el *Mary Rose* hubiese estado en las competentes manos de leales súbditos británicos. No se habría hundido bajo ningún concepto. Pero a ver qué se podía esperar con una tripulación española —lo más normal del mundo, por otra parte, a bordo de un barco inglés—. O sea. Con torpes y sucios meridionales, todo el día oliendo a ajo y rezando el rosario, flojos de idiomas, que no entendían las eficaces órdenes que se les daban en perfecta parla de allí. Así, el hundimiento estaba cantado, claro. Elemental, querido Watson.

Yo mismo, modestia aparte, también he investigado un poco el asunto. Y fíjense. No sólo coincido con las conclusiones británicas, sino que, tras estudiar con una lupa la dentadura postiza de la madre que parió al profesor Montgomery, me encuentro en condiciones de iluminar otros rincones oscuros del naufragio. Y puedo confirmar que, en efecto, así no había quien mandara un barco. Sé de buena tinta —una tinta Montblanc, cojonuda— que el naufragio se produjo cuando el almirante british, que se llamaba George Carew, ordenó «Todo a estribor» y el timonel, que casualmente era de Ondarroa, respondió *«Errepika ezazu agindua, mesedez»*, que significa, más o menos, repíteme la orden en cristiano o verdes las van a segar. Y mientras el almirante mandaba a buscar a alguien que tradujese aquello a toda tralla, una marejada cabroncilla empezó a colarse dentro. «Cierren portas, voto al Chápiro Verde», ordenó entonces el almirante, algo inquieto. Entonces, desde abajo, el contramaestre, un tal Jordi Socarrat, que era de Palafrugell, respondió: *«Diguïm-ho an català si us plau»*, con lo que míster Carew se quedó de boniato a media maniobra. «Pero de qué van estos mendas» inquirió, ya francamente contrariado. Mientras tanto, los demás tripulantes, que también eran indígenas de aquí, estaban en los entrepuentes tocando la guitarra y bailando flamenco, costumbre habitual de todos los marineros españoles, sin excepción, en situaciones de peligro. Fue entonces cuando los oficiales, nativos de Bristol y de sitios así, rubios y tal, empezaron a gritar: «¡El barco zozobra, el barco zozobra!». Y abajo, algunos tripulantes, que eran tartamudos y además de Cádiz, respondieron, con palmas de tanguillo y mucho arte: «Pues más vale que zo-zobre a que fa-falte, pi-pisha». Y claro. En dos minutos, el *Mary Rose* se fue a tomar por saco.

Dicen los libros de Historia que las últimas palabras del almirante Carew, antes de ahogarse como un salmonete, fueron: «No puedo controlar a estos truhanes». Pero no. Lo que realmente dijo fue: «No puedo controlar a estos hijos de puta».

Vídeos, libros y piernas largas

Suelo comprar los deuvedés donde antes compraba los vídeos, en la sección adecuada de una tienda donde los empleados —casi todos mujeres— son extremadamente competentes. No recuerdo ni un solo caso en el que hayan consultado el ordenata para buscarme una película. Maribel, que así se llama la dependiente más veterana, y sus compañeras siempre saben si está agotada o no, si viene de camino o en qué lugar exacto se encuentra, y a menudo hasta la han visto, o la conocen. La de Grace Kelly, se dicen unas a otras. Con Cary Grant. Al fondo a la derecha. Ésa es la ventaja de que te atiendan personas para quienes el trabajo no significa sólo un mero trámite de jornada laboral. Puestos a ello, procuran desempeñarlo con eficacia y vergüenza torera.

No siempre es así, claro. Y cuando no lo es, se nota más. Es molesto decir hola, buenas, busco tal, y que el dependiente no tenga ni idea. O que le dé lo mismo colocarte jota que bolero. Eso, que en cualquier sitio resulta incómodo, se vuelve desagradable cuando hay cultura de por medio. Nadie entra en la librería o en una sección de música clásica como quien va a comprar ultramarinos —bellísima palabra, por cierto, que deberíamos usar más a menudo—. Siempre esperas, al menos, cierta correspondencia entre la materia y el agente que te la suministra, cuando no complicidad. Por eso ahí las decepciones son mayores. Más tristes los equívocos.

Mis libros los compro en librerías pequeñas, salvo excepciones. A veces hay prisas o circunstancias que me obligan a entrar en tiendas grandes. No tengo queja, aunque a veces se dan situaciones absurdas. Quiero decir que situar a un empleado analfabeto en una sección determinada puede no tener consecuencias graves para la buena marcha de una tienda en general; pero ponerlo a despachar libros es otra cosa. Pensaba en eso el otro día, cuando entré en la sección de librería de una tienda grande buscando un volumen concreto de las *Vidas paralelas: Alejandro y César*. La jovencita que me atendió no tenía ni idea de qué le estaba hablando. Le sonaba a chino. «Busque en Plutarco», sugerí. Al fin, voluntariosa, localizó la obra en el ordenador y trajo un ejemplar de la Biblioteca Clásica Gredos. *Plutarco. Vidas paralelas. Arístides, Catón.* «Le pedí el que tiene las de Alejandro y César», dije. «No se preocupe —respondió convencida, radiante—. El ordenador dice que es obra completa». Me llevó poco tiempo explicarle que las *Vidas paralelas* es obra completa, en efecto, pero repartida en varios volúmenes. Y que me había traído uno de ellos, mientras que yo le pedía otro. La moza lo entendió al fin, me trajo el libro correcto y nos separamos tan amigos. Pero no pude evitar preguntarme cuál era la preparación cultural, no de aquella chica, que trabajaba en donde podía, sino del responsable que la había puesto en la sección de librería, y no en la de cosméticos, por ejemplo. Ella habría sido más feliz, seguramente. Y los clientes también.

Mi episodio favorito con esto de los libros y quienes los venden ocurrió hace un par de años en la estación del AVE de Sevilla, y celebro tener hoy pretexto para contarlo. Estaba sentado en un banco, leyendo un libro mientras esperaba la salida de mi tren. Una atractiva jovencita muy maquillada, con falda corta y piernas espectaculares, se me paró delante, llevando en las manos una carpeta llena de papeles y una revista del Círculo de Lectores. «Hola —me tuteó sonriente, con tonillo frivolón y ligeramente pijolandio—. ¿Te gusta leer?». La miré por este orden: piernas, ojos, revista del Círculo. «Algo», respondí, cerrando el libro que tenía en las manos. Hizo entonces un simpático movimiento de caderas, sugerente, como en los anuncios de la tele. «¿Conoces el Círculo de Lectores?» La miré pensativo. Luego dirigí la vista hacia el escaparate de la librería de la estación, donde estaban expuestas dos novelas mías. «Fíjate si lo conozco —respondí— que en esa revista que tienes en las manos sale mi foto». Me miró durante cuatro segundos, fijamente. «¿Co-como que tu foto?», balbució al fin. Tenía la misma sonrisa comercial que antes, pero un poquito rígida. Incrédula. «Sí —dije—. Anda, mira dentro». Todavía sonreía como si se hubiera olvidado de dejar de hacerlo. Una sonrisa disecada. «¿Y co-cómo te llamas?», preguntó mientras pasaba páginas. Le dije mi nombre en el momento en que, supongo, llegaba a la doble página donde se anunciaba el último Alatriste: *Corsarios de Levante*. Entonces se le cayeron todos los papeles al suelo.

Al rato apareció con su superior, que andaba por allí. Se disculpó éste con mucho embarazo, y yo le dije que no tenía por qué. Que la vendedora era encantadora y que nadie tenía obligación de conocer mi careto. Faltaría más. Después, cuando se alejaban, miré otra vez las piernas de la chica. Comprendía perfectamente al jefe. Hasta yo me habría suscrito, oigan. Al Círculo. A donde fuera.

Un gudari de Cartagena

Colecciono combates navales desde niño, cuando mi abuelo y mi padre me contaban Salamina, Actium, Lepanto o Trafalgar, veía en el cine películas como *Duelo en el Atlántico, Bajo diez banderas, Hundid el Bismarck, La batalla del Río de la Plata* o *El zorro de los océanos* —John Wayne haciendo de marino alemán, nada menos—, o leía sobre el último zafarrancho del corsario *Emden* con el crucero *Sidney* frente a las islas Cocos. Dos episodios de la Guerra Civil española se contaron siempre entre mis favoritos: el hundimiento del *Baleares* y el combate del cabo Machichaco. Los conozco de memoria, como tantos otros. Cada maniobra y cada cañonazo. A veces, en torno a una mesa de Casa Lucio, cambio cromos con Javier Marías o Agustín Díaz Yanes, a quienes también les va la marcha aunque sean más de tierra firme: Balaclava, Rorke's Drift, Stalingrado, Montecassino. Sitios así.

La del cabo Machichaco es mi historia naval española favorita del siglo XX. Sé que lo de *historia española* incomodará a alguno, pues se trata del más gallardo hecho de armas de la marina de guerra auxiliar vasca durante la Guerra Civil; pero luego matizo la cosa. Un episodio, éste, heroico y estremecedor, que tuvo lugar el 5 de marzo de 1937 frente a Bermeo, cuando el crucero *Canarias* dio con un pequeño convoy republicano formado por el mercante *Galdames* y cuatro bous armados de escolta. La mar era mala; el *Canarias,* el buque más poderoso de la flota nacional; y los bous, unos simples bacaladeros grandes, armados de circunstancias. Después de incendiar uno de ellos, el

Gipúzkoa, que tras combatir pudo refugiarse en Bermeo, y alejar a otros dos, el crucero nacional dio caza al mercante, que paró sus máquinas. Luego decidió ocuparse del *Nabarra.*

Háganse idea. Un crucero de combate, blindado, de 13.000 toneladas, con cuatro torres dobles de 203 milímetros, capaces de enviar proyectiles de 113 kilos a 29 kilómetros de distancia, enfrentado a un bacaladero —el ex *Vendaval,* incautado por el Gobierno vasco— de 1.200 toneladas, dotado con sólo un cañón de 101,6 a proa y otro igual a popa. El comandante del *Nabarra* era un marino mercante asimilado a teniente de navío, que había pasado toda su vida profesional en los bacaladeros de la empresa pesquera PYSBE, y que al estallar la contienda civil decidió seguir la suerte que corrieran los barcos de ésta. Y al verse con el *Canarias* encima, que lo batía desde 7.000 metros de distancia con toda su artillería, decidió pelear. Puesto a ser hecho prisionero y fusilado, dijo tras reunir a sus oficiales en el puente, prefería hundirse con el barco. Todos estuvieron de acuerdo. Así que se pusieron a ello.

Fuerte marejada. Un cielo gris, viento y chubascos. Y hombres que se vestían por los pies. Arrimándose cuanto pudo, el humilde bacaladero consiguió meterle al crucero algún cañonazo en la amura de babor y otros que le tocaron palos y antenas. Durante una hora, maniobrando entre el oleaje, el *Nabarra* sostuvo el fuego de un modo que los mismos enemigos —el comandante y el director de tiro del *Canarias*— calificarían luego en sus partes de eficaz y admirable. Al fin, el cañoneo devastador del crucero liquidó el asunto cuando un impacto directo acertó en el puente del *Nabarra,* matando al timonel y al segundo oficial. Otro proyectil de 203 milímetros alcanzó la sala de máquinas y destrozó a cuantos estaban allí. Ya sin Gobierno, aunque disparando sin cesar, el bacaladero encajó nuevos cañonazos enemigos. Al fin, viendo imposible proseguir el combate, su comandante dio orden a los supervivientes de que intentaran salvarse, quedándose él a bordo con el primer oficial hasta que el barco estalló y se fue a pique. Sólo veinte de los cuarenta y nueve tripulantes consiguieron llegar a los botes salvavidas. El resto, comandante incluido, desapareció en el mar.

Y ahora quiero apuntar un detalle que las fanfarrias oficiales y algún historiador de pesebre local suelen dejar de lado cuando se menciona la acción del cabo Machichaco: el comandante que de ese modo cumplió su deber y su palabra, hundiéndose con el barco después de tan atrevido combate, respetado y obedecido por sus hombres hasta el último instante de sus vidas, no era vasco. Había nacido en La Unión, Cartagena. Paisano mío. Estaba casado con una guipuzcoana llamada Natividad Arzac, hija del médico de Pasajes —una sobrina suya, Pilar Echenique Arzac, vive todavía en San Sebastián—, y peleó, como mandaban las ordenanzas, con la ikurriña izada en la proa y la bandera tricolor de la República Española ondeando en la popa, hasta que a las dos las desgarró, juntas y al mismo tiempo, la metralla del *Canarias*. Enrique Moreno Plaza, se llamaba el tío. Teniente de navío de la *Euzkadiko Gudontzidia*. Con un par de huevos exactamente donde hay que tenerlos. Acababa de cumplir treinta años.

Gilisoluciones para una crisis

El diccionario de la Real define la palabra *gilipollas* como tonto, o lelo. Es buena definición, pero a mi juicio le falta un matiz. Yo lo definiría como tonto, lelo, con un punto de pretenciosidad o alegre estupidez. Esa distinción es importante, a mi juicio. Pongo un ejemplo casual como la vida misma: no es igual, como dirían en mi tierra, un tonto a secas que un tontolpijo. El tonto es tonto, y no da más de sí. En Aragón, verbigracia, el tontolhaba no es más que un cenutrio elemental, querido Watson. Un tonto de infantería. Sin embargo, en Cartagena o Murcia el tontolpijo es un tonto con maneras de otra cosa. Un tonto ligeramente cualificado, o con ínfulas de ello. Entre uno y otro podríamos situar también al tontolculo y al tontolnabo, que son especies intermedias pero más bien bajunas. Tirando a cutre, vamos. La joya de la corona, sin discusión, es el tontolpijo. Ése se sitúa por mérito propio en la parte alta del escalafón. En esencia, el tontolpijo es un tonto que suele dárselas de listo. Que no se entera de lo tonto que es, y encima se cree divino de la muerte. Un capullín puesto de perfil, o sea. Sabidillo y frivolón al mismo tiempo, con pujos de cantamañanas. Un tonto al que a menudo podríamos definir como políticamente correcto. O sea: un gilipollas.

Toda esta amena reflexión filológica proviene de la lectura de los suplementos dominicales y revistas de hace un par de semanas. Estaba en ello cuando me topé con algunos reportajes que coincidían en materia: consejos para las familias a la hora de plantearse la cocina en tiempos de crisis. En vista de la que va a caer, era la idea, hay que apretarse el cinturón, renunciar a caprichos gastronómicos y buscar menús domésticos baratos y sencillitos, poco gravosos para el bolsillo. Para echar una mano a las economías familiares, esos reportajes coincidían en proponer platos adecuados para tiempos de incertidumbre como los que tenemos encima. Cositas sencillas, vamos. De diario. Para ir tirando.

Una receta de pescado, por ejemplo, sugería cómo lograr el sabor de la vieira, que es cara, con productos más accesibles: 150 gramos de merluza, 150 de rape, 150 de congrio y 150 de mero. Tal cual. Todo eso puesto dentro de conchas de vieira, por aquello de que comemos tanto con los ojos como con la boca. Frente a este delicioso modo de hacer frente al despilfarro doméstico, el consejo de otra revista para remontar la crisis con el estómago lleno y sin complejos tampoco tenía desperdicio: tosta de hígado de raya. Procurando, eso sí, que las cebolletas estén limpias y picadas muy finas y que las rebanadas de pan sean el doble de largas que de anchas —después de todo, la miseria no está reñida con la estética—, y que el aceite, a ser posible, sea de oliva virgen. La calidad y el amor a los suyos, oiga, aconsejan ese pequeño sacrificio. Al final, lo simple aburre, y lo barato siempre sale caro. Dicen.

Ahí van otras sugerencias —*divertidas,* es el inevitable adjetivo— para jalar en condiciones sin que la economía familiar se resienta mucho: mero con cuscús, pechugas en escabeche de Módena, cerdo relleno de grumelos, sardina pertrechada con vinagreta de tomate en caliente. Etcétera. Por supuesto, los procedimientos cuentan. Nada de despachar el género con vuelta y vuelta y un sofrito guarro de tomate enlatado, o recurrir a la ordinariez de pasta, garbanzos, arroz, puré, acelgas o tortilla de patatas. La palabra crisis, el estar tieso como la mojama, no pueden ser pretextos para la vulgaridad a la hora de ponerse a la mesa. Nunca en España, por Dios. Un simple mejillón hervido con chorro de limón es intolerable por mucho que se desplome la bolsa. Lo importante es añadir tabasco a la cebolla y el tomate sin olvidar tomillo, perejil y laurel, todo bien picadito. Y en cuanto rompa a hervir el huevo, rectificar el punto de sazón e incorporar los mejillones. Por supuesto, dando un hervor al conjunto.

Así que ya lo saben. No hay crisis incompatible con un estómago lleno, ni con el glamour de una mesa que firmarían Arzak o Ferran Adrià. Con talento y buen ojo, todo es posible en Granada. La señora o el caballero llegan a casa, por ejemplo, después de pasar la mañana en la cola del paro o buscándose la vida con su navaja en una esquina, y con una simple lata de berberechos y los consejos de cualquier revista pueden despertar la admiración de su familia, y de paso subirse unos puntos la autoestima, cocinando, sin ir más lejos, unas almejas deconstruidas al aroma de esturión con cebollas glaseadas a la roteña con guarnición de arroz de Calasparra travestido a lo salvaje del Orinoco. Por lo menos. Así que, por mucha crisis que haya o vaya a haber —además, el Gobierno ya prepara eficaces medidas para cuando la crisis pase y sigamos siendo el pasmo de Europa—, no se disminuya, amigo. Igual hay quien lo llama gilipollas. O si es de Murcia, tontolpijo. Pero tranquilo. Si los perros ladran, es que cabalgamos. Coma usted barato, original y caliente. Sobre todo, divertido. Fashion. Y ríase la gente.

El Minador Enmascarado

Me gusta mucho Cádiz, quizá porque se parece a la Cartagena de mi infancia y mis nostalgias: una ciudad del XVIII con tres mil años de memoria portuaria y marinera, meridional, africana, surrealista como ella sola. Estos días, para mi felicidad, ando por allí de amigos, librerías y bibliotecas, preparando un ciclo de conferencias sobre el bicentenario de 1812. Ése es un pretexto estupendo para patear de nuevo esas calles, hacer el viacrucis de mis bares favoritos —los más cutres del barrio de La Viña—, y ver pasar a la gente sentado en una terraza de la calle Columela o la plaza de San Francisco. También para encontrarme de nuevo con mi viejo enemigo el Minador Enmascarado.

Cádiz es una ciudad limpia, en principio. No como otras cuyo nombre callo por caridad cristiana. Quizá porque está llena de señoras mayores que van a la plaza por las mañanas o pasan la fregona por el portal y su cacho de acera, Cádiz es una ciudad pulcra y reluciente, habitada por gente como Dios manda. Gente de toda la vida, que a veces tiene perro, o perros. Perros y perras, que diría el político soplapollas —o la político soplapollas— de turno. Pero, como he dicho antes, los gaditanos son aseados y responsables. Es imposible, por tanto, que la cantidad de deposiciones y excrementos caninos que alfombra su casco histórico desde Puerta de Tierra a La Caleta, sea culpa de sus habitantes. Ningún gaditano sería capaz de permitir a su mejor amigo, el cánido, aliviarse en mitad de la acera sin agacharse luego a recoger el producto con la bolsita correspondiente y tirarlo a una papelera. Eso no me lo puedo de creer, pishas. Ni de coña. Es, por tanto, imposible que las innumerables minas defecatorias plantadas sistemáticamente a lo largo y ancho de toda la ciudad vieja —una cada diez metros, más o menos—, a la espera de que un transeúnte incauto coloque la suela del zapato encima, plas, provengan del esfínter flojo de perros locales con diferentes amos. Y que el ayuntamiento —Teófila, dama de hierro— lo permita. Una ciudad como Cádiz, poblada por ciudadanos ejemplares de limpia ejecutoria, no puede tener tanto hijo de puta con perro. No me salen las cuentas.

Es ahí donde, estoy seguro, interviene el Minador Enmascarado. Eso ya es más razonable, fíjense. Trabajo con la hipótesis de que en Cádiz hay alguien que me odia personalmente. Alguien que tiene cuentas pendientes conmigo. Lo mismo le desagrada mi careto, o mi prosa dominical, o prefiere las novelas de Javier Marías, o no le gustan mis corbatas. Los caminos del odio defecatorio pueden ser infinitos e inescrutables. Y estoy seguro de que ese enemigo invisible, el Minador Enmascarado, es quien, cada vez que se entera de que estoy allí, recorre las calles al acecho, sigiloso y malévolo, precediéndome con una jauría de perros con desarreglo intestinal, procurando sembrar de minas mis itinerarios habituales, a ver si me descuido, piso el artefacto y zaca. Me pilla. El Reverte blasfemando en arameo mientras salta a la pata coja. Emitiendo opiniones controvertidas sobre el copón de Bullas y la virgen del Rosario.

Pero verdes las siegan, canalla. A menudo, como en Cádiz hace buen tiempo y callejea tanta gente, cuando llego a una de esas trampas mortales de necesidad compruebo que ya pasó por encima cierto número de transeúntes que, dicho en jerga golfaray, se comieron el marrón. A veces es un tropel de guiris recién desembarcados de un crucero el que paga el pato; otras, cualquier ciudadano, vecino de calle o funcionario rumbo al cafelito de las once.

La ventaja, en tales casos, es que casi todas las minas ya están pisadas: explotaron bajo otros incautos. Las huellas de patinazos, raaaas, son elocuentes. Además, la gente usa ahora poco zapato con suela de material y mucha deportiva con dibujo, y ésa se lo lleva casi todo. Chof, chof. Aun así procuro ir atento, avanzando en zigzag. Cauto. Una vida dura como la mía enseña un huevo. Incluso enseña dos. Sobreviví al temporal de la Navidad del 70, a Beirut, a Sarajevo y a esa individua sectaria —antigua jefa de Informativos de TVE— rebozada en resentimiento y mala leche que ahora escupe bilis en la tele, de tertulia en tertulia, con el nombre de María Antonia Iglesias. Figúrense cómo tengo el colmillo de retorcido, a estas alturas del Coyote y el Correcaminos. En Cádiz no leo diarios por la calle, ni miro balcones o ventanas. Por no mirar, ni miro a las mujeres guapas. Avanzo prudente, estudiando el suelo como Rambo en territorio enemigo. Previendo la emboscada. A ver en qué acera me la van a endiñar, si me descuido. Dónde está la siguiente plasta intacta, aguardándome como una cita letal con el Destino proceloso. No podrás conmigo, cabrón, masculло entre dientes. Minador Enmascarado, o como te llames. O Minadora. Los viejos reporteros nunca mueren.

Tres vestidos rojos

A los cincuenta y siete tacos, uno conserva pocos mitos. La vida los liquida uno tras otro. Sin embargo, algunos individuos tienen, o tenemos, cierta facilidad para aferrarse a los suyos, defendiéndolos como gato panza arriba. De tales mitos, los procedentes del cine sobreviven en la gente de mi generación; quizá porque cuando nos alimentábamos con programas dobles y bolsas de pipas, sólo el cine y los libros inflamaban la imaginación hasta el punto de marcar vidas y destinos. Esa magia terminó hace tiempo. El cine ya no es así, y la televisión es otra cosa. Tampoco los espectadores son los mismos. Ni siquiera los niños, esos pequeños cabrones de lógica demoledora, llegan al momento oportuno con la parcela de inocencia y territorio en blanco virgen, lista para ser cubierta, que traían antes. Los nuevos mitos vienen de otros sitios, no del cine. O apenas de él. Como me dijo una vez en San Sebastián Pedro Armendáriz hijo, el cine sólo fue de verdad cuando era mentira.

Precisamente en el bar legendario del hotel María Cristina reflexionaba yo sobre esto hace unas semanas, durante los últimos días del festival de este año, con Meryl Streep sentada a dos metros y medio. Adolfo, el barman perfecto, viejo amigo mío, me estaba poniendo una piña colada —es un genio para mezclar mariconadas alcohólicas—, y yo dije: Adolfo, colega, este bar ya no es lo que fue. El cine de siempre se ha ido a tomar por saco. Ahí la tienes. Un mito de Hollywood, y nadie se fija en ella. Parece una turista guiri educada, con sus gafas de lectora de

Philip Roth y su plano de la ciudad, a punto de irse al casco viejo en busca de un tablao flamenco. Tiene el mismo glamour que una concejal de ANV. Esta pava ha sido novia de Robert de Niro en *El cazador,* y mujer del teniente francés; y el barón Blixen, o uno de ésos, le pegó un sifilazo en *Memorias de África* mientras se la trajinaba Robert Redford. Y aquí me tienes, chaval. Tócame el pulso. Ni siquiera siento las piernas. El mundo se derrumba, Adolfo. Y tú y yo nos enamoramos. De Kim Novak.

Aquella misma noche, sin embargo, los viejos mitos del cine vinieron en mi auxilio. Estaba en el rincón de siempre, la mesa de la esquina, con el director de cine Imanol Uribe y mi productor de toda la vida, Antonio Cardenal, que además es casi mi hermano. Hablando de otros tiempos y otras películas. El bar estaba desolado, sin un mito que llevarse al diente, y además acababa de cruzar el pasillo, rodeado de enloquecidas y aullantes treceañeras, un chico jovencito que, dicen, hace una serie en la tele. O sea. La España analfabeta y cutre que le negó un Goya a Viggo Mortensen, por ejemplo. Y Antonio dijo: esto se ha terminado, colega. El último, que apague la luz. Y yo estaba a punto de decirle vámonos al Museo del Whisky, compañero, y que le den por saco al cine, cuando se sienta con nosotros Lucía Jiménez, encantadora como siempre, guapísima, estupenda actriz, con un vestido rojo pasión y escote palabra de honor que le sienta de maravilla. Y de pronto ese rincón del bar del María Cristina vuelve a ser lo que fue, como si un foco de gran estreno acabara de encenderse en el techo.

Así era el cine, me digo. Así debería ser todavía, pardiez. Es el vestido rojo de Lucía el que ha obrado el milagro —no todas pueden llevarlo como ella lo lleva—, y por un momento parece que el bar esté otra vez en tiempos del cine de verdad. Son los viejos mitos los que funcionan a favor, ayudando a reconstruir el ambiente. Así, trasegando brebajes adolfeños entre bendito humo de cigarrillos, Antonio y yo recordamos el año en que vimos bajar despacio por la escalera, espléndida dentro de un vestido rojo fascinante, a una joven bellísima que nos dejó petrificados en el vestíbulo cuando nos disponíamos a ir al estreno de *El Zorro;* y al preguntar cómo se llamaba aquella aparición de carnes tan adecuadas nos dijeron que era una chica nueva, recién llegada al asunto. Una tal Catherine Zeta-Jones.

Pedimos ahora alcoholes más contundentes, cambiando la seda por el percal. Lucía se va a un estreno. Antonio, Imanol, Adolfo y yo nos quedamos recordando películas, nombres, momentos del cine que son tan reales como nuestras vidas. El vestido rojo ha obrado el milagro de devolver a nuestro rincón, un año más, el encanto de otro tiempo. Bendita sea esa chica, pienso. Bendito sea el cine que sólo fue de verdad cuando era mentira. Entonces cuento la última. Una historia mía, reciente. Nápoles, hotel Vesubio, hace unos días. Voy camino de mi habitación, se abre la puerta del ascensor y sale Sophia Loren morena, peinadísima, maquillada, siempre perfecta. Vestida de rojo. Te lo estás inventando, dice Antonio. No invento nada, respondo. Tienes mi palabra de honor. Entonces sonríe bonachón, feliz, y apura el quinto White Label con cocacola. Tres vestidos rojos esta noche, amigo. Tres. El cine todavía guiña un ojo a quienes creyeron en él.

La farlopa de Kate Moss

Hay que ver lo que inventa el hombre blanco. Y lo que le gusta hacer el chorra. Hojeaba una revista de arquitectura y diseño, en su versión española, cuando me tropecé con un reportaje sobre cómo un profesional del asunto tiene decorada su casa. Vaya por delante que en casas de otros no me meto, y que cada cual es libre de montárselo como quiera. Pero en esta ocasión la casa del antedicho la habían sacado a la calle, por decirlo de alguna forma. Su propietario la hacía pública, abriendo sus puertas al fotógrafo y al redactor autores del reportaje. Quiero decir con esto que si, verbigracia, un fulano va a mi casa a tomar café y luego cuenta en una revista cómo está decorada la cocina, tengo perfecto derecho a mentarle los muertos más frescos. Otro asunto es que yo pose junto a las cacerolas y el microondas consciente de que van a ser del dominio público. Cada cosa es cada cosa, y ahí no queda sino atenerse a las consecuencias. Que luego digan, por ejemplo, que de decorar cocinas no tengo ni puta idea. O que mi gusto a la hora de elegir azulejos es para pegarme cuatro tiros.

Y, bueno. En ese reportaje al que me refería antes, un diseñador, que por lo visto está de moda, posaba junto a un elemento plástico de su vivienda. Ignoro si el objeto en cuestión era permanente, como cuando se cuelga un cuadro o se pinta una pared, o si era de quita y pon, y estaba puesto allí sólo para la ocasión; aunque el texto que acompañaba la imagen daba a entender que era decoración fija: «*Fulanito* —decía el pie de foto— *escaneó esta imagen de Kate Moss que dio la vuelta al mundo y que a él le impac-*

tó de forma poderosa. Luego la fotocopió ampliada y la pegó a trozos en el salón». Lamento que esta página no permita añadir ilustraciones, pues les aseguro que ésta merecía la pena: unos cojines como de tresillo de sala de estar, y encima, donde suele colgarse el cuadro cuando hay cuadro, o las fotos de la familia, troceada en seis partes y sujeta a la pared con cinta adhesiva, la imagen de Kate Moss —que como saben ustedes es una top model algo zumbada, a la que suele moquearle la nariz— sentada en un sofá, toda rubia, maciza y minifaldera, en el momento de prepararse unas rayitas de cocaína.

Yo no he ido a buscar esa escena, que conste. Me la han puesto delante de las narices en una revista que he pagado. Tengo derecho a decir lo que opino de ella, pues supongo que, entre otras cosas, para eso la publican. Lo mismo hacen ustedes con mis novelas, cuando salen. Opinar. O en el correo del lector, con estos artículos. Hablamos, además, de un elemento ornamental situado estratégicamente en lugar destacado de una casa modélica, o sea. O que lo pretende. La de un diseñador conocido, profesional del ramo, quien considera que, para su propio hogar, la imagen más adecuada, junto a la que posa, además, con pinta de estar en la gloria fashion, es la de una pedorra dispuesta a darse, en público, un tiro de farlopa. Y no hablo del aspecto moral del asunto, que me importa un rábano: Kate Moss y sus aficiones son cosa de ella y de su chichi. Lo que me hace gotear el colmillo mientras le doy a la tecla, es que mi primo el diseñata, que por lo expuesto va de original y esnob que te rilas, colega, nos venda el asunto como el non plus ultra de lo rompedor y la vanguardia torera.

Y no me expliquen el argumento, por favor, que lo conozco de sobra. Iconos del mundo en que vivimos, y demás. Kate Moss, muñeca rota de una sociedad desquiciada e insegura, etcétera. El símbolo, vaya. El icono y tal.

La soledad del triunfador y otras literaturas. De esos iconos conocemos todos para dar y tomar, para escanear y pegar con cinta adhesiva y para proyectar en cinemascope. A otro cánido con ese tuétano. Nuestra estúpida sociedad occidental tiene la tele, y las revistas, y las casas, y los cubos de la basura atiborrados de toda clase de símbolos. De iconos, oigan. Hasta el aburrimiento. Se me ocurren, de pronto, medio centenar de iconos mucho más representativos del vil putiferio en que andamos metidos. Pasé gran parte de mi vida coleccionándolos para el telediario. Por eso, lo que más me pone es lo del impacto. La imagen de Kate Moss *«que a él le impactó de forma poderosa»,* dice el texto. Hay que ser elemental, Holmes, para sentirse *poderosamente impactado* por la imagen de una frívola soplacirios a pique de meterse una raya. Y encima colgarla en el salón para que la admiren las visitas y le sirva a uno como escaparate de lo que profesionalmente lleva dentro. Así que, una de dos: o ese diseñador se lo cree de verdad, lo que sería revelador sobre su criterio estético y su trabajo, o se maquilla la cara con cemento, tomándonos a todos por gilipollas. Aunque entreveo, también, una tercera posibilidad: que él mismo sea un poquito gilipollas, alentado por un mundo que aplaude a los gilipollas.

Los fascistas llevan corbata

Cuando repito que este país es una mierda, algún lector elemental y patriotero se rebota. Hoy tengo intención de decirlo de nuevo, así que vayan preparando sellos. Encima hago doblete, pues voy a implicar otra vez a Javier Marías, que tras haberse comido el marrón de mis feminatas cabreadas, acusado de machista —¿acaso no matan a los caballos?—, va a comerse también, me temo, la etiqueta de xenófobo y racista. Y es que, con amigos como yo, el rey de Redonda no necesita enemigos.

Madrid, jueves. Noche agradable, que invita al paseo. Encorbatados y razonablemente elegantes, pues venimos de la Real Academia Española, Javier y yo intentamos convencer al profesor Rico —el de la edición anotada y definitiva del *Quijote*— de que el hotel donde se aloja es un picadero gay. Lo hacemos con tan persuasiva seriedad que por un momento casi lo conseguimos; pero el exceso de coña hace que, al cabo, Paco Rico descorne la flor y nos mande a hacer puñetas. Que os den, dice. Y se mete en el hotel. Seguimos camino Javier y yo, risueños y cargados con bolsas llenas de libros. Bolsas grandes, azules, con el emblema de la RAE. Cada uno de nosotros lleva una en cada mano. Así cruzamos la parte alta de la calle Carretas, camino de la plaza Mayor.

Imaginen —visualicen, como se dice ahora— la escena. Capital de España. Dos señores académicos con chaqueta y corbata, cargados con libros, hablando de sus cosas. Del pretérito pluscuamperfecto, por ejemplo. En ese momento pasamos junto a dos individuos con cara de indios que esperan el autobús. Inmigrantes hispanoamericanos. Uno de ellos, clavado a Evo Morales, tiene en las manos un vaso de plástico, y yo apostaría el brazo incorrupto de don Ramón Menéndez Pidal a que lo que hay dentro no es agua. En ésas, cuando pasamos a su altura, el apache del vaso, con talante agresivo y muy mala leche, nos grita: «¡Abajo el Pepé!... ¡Abajo el Pepé!». Y cuando, estupefactos, nos volvemos a mirarlo, añade, casi escupiendo: «¡Cabrones!».

Me paro instintivamente. No doy crédito. «¡Pepé, cabrones!», repite el indio guaraní, o de donde sea, con odio indescriptible. Durante tres segundos observo su cara desencajada, considerando la posibilidad de dejar las bolsas en el suelo y tirarle un viaje. Compréndanme: viejos reflejos de otros tiempos. Pero el sentido común y los años terminan por hacerte asquerosamente razonable. Tengo cincuenta y siete tacos de almanaque, concluyo, voy vestido con traje y corbata y llevo zapatos con suela lisa de material. Mis posibilidades callejeras frente a un sioux de menos de cuarenta son relativas, a no ser que yo madrugue mucho o Caballo Loco vaya muy mamado. Sin contar posibles navajas, que alguno es dado a ello. Además tiene un colega, aunque nosotros somos dos. Podría, quizás, endiñarle al subnormal con las llaves en el careto y luego ver qué pasa con el otro; pero acabara la cosa como acabara —seguramente, mal para Marías y para mí—, incluso en el mejor de los casos, con todo a favor, hay cosas que ya no pueden hacerse. No aquí, desde luego. No en este país delirante. Imaginen los titulares de los periódicos al día siguiente: «*El chulo de Pérez-Reverte y el macarra de Marías se dan de hostias en la calle con unos inmigrantes*». «*Xenofobia en la RAE.*» «*Dos prepotentes académicos racistas, machistas y fascistas apalean salvajemente a dos inmigrantes.*» Aunque aún podría ser peor, claro: «*Marías y Reverte, apaleados, apuñalados e incluso sodomizados por dos indefensos inmigrantes*».

Marías parece compartir tales conclusiones, pues sigue caminando. A envainársela tocan. Lo alcanzo, resignado, y llegamos a la plaza Mayor rumiando el asunto. «Es curioso —dice pensativo—. A mi tío, republicano de toda la vida, lo insultaban por la calle, durante la República, por llevar corbata». Yo voy callado, tragándome aún la adrenalina. Quién va a respetar nada en esta España de mierda, me digo. Cualquier analfabeto que llegue y vea el panorama, que oiga a los políticos arrojarse basura unos a otros, que observe la facilidad con la que aquí se calumnia, se apalea, se atizan rencores sociales e históricos, tiene a la fuerza que contagiarse del ambiente. Del discurso bárbaro y elemental que sustituye a todo razonamiento inteligente. De la demagogia infame, la ruindad, el oportunismo y la mala índole de la vil gentuza que nos gobierna y nos envenena. Ésta es casa franca, donde todo vale. Donde todos tenemos derecho a todo. Cualquier recién llegado aprende en seguida que tiene garantizada la impunidad absoluta. Y pobre de quien le llame la atención, o le ponga la mano encima. O tan siquiera se defienda.

Así que ya saben, señoras y caballeros. Ojito con las corbatas y con todo lo demás cuando salgan de la RAE, o de donde salgan. Nos esperan años interesantes. Tiempos de gloria.

Nostalgia del AK-47

Ayer estuve limpiando el Kalashnikov. No porque tenga intención de presentarme en algún despacho municipal, nacional, central o periférico, preguntar por los que mandan y decir hola, buenas, ratatatá, repártanse estas bellotas. No siempre las ganas implican intención. El motivo de emplearme a fondo con el Tres en Uno y el paño de frotar es más pacífico y prosaico: lo limpio de vez en cuando, para que no se oxide.

No me gustan las armas de fuego. Lo mío son los sables. Pero el Kalashnikov es diferente. Durante dos décadas lo encontré por todas partes, como cualquier reportero de mi generación: Alfonso Rojo, Márquez y gente así. Era parte del paisaje. De modo que, una vez jubilado de la guerra y el pifostio, compré uno por aquello de la nostalgia, lo llevé a Picolandia para que lo legalizaran e inutilizaran, y en mi casa está, entre libros, apoyado en un rincón. Cuando me aburro lo monto y desmonto a oscuras, como me enseñó mi compadre Boldai Tesfamicael en Eritrea, año 77. Me río a solas, con los ojos cerrados y las piezas desparramadas sobre la alfombra, jugando con escopetas a mis años. Clic, clac. La verdad es que montarlo y desmontarlo a ciegas es como ir en bici: no se olvida, y todavía me sale de puta madre. Si un día agoto la inspiración novelesca, puedo ganarme la vida adiestrando a los de la ONCE. Que tomen nota, por si acaso. Tal como viene el futuro, quizás resulte útil.

El caso es que estaba limpiando el chisme. Y mientras admiraba su diseño siniestro, bellísimo de puro feo, me convencí una vez más de que el icono del siglo que hace ocho años dejamos atrás no es la cocacola, ni el Che, ni la foto del miliciano de Capa —chunga, aunque la juren auténtica—, ni la aspirina Bayer, ni el *Guernica*. El icono absoluto es el fusil de asalto Kalashnikov. En 1993 escribí aquí un artículo hablando de eso: de cómo esa arma barata y eficaz se convirtió en símbolo de libertad y de esperanza para los parias de la tierra; para quienes creían que sólo hay una forma de cambiar el mundo: pegándole fuego de punta a punta. En aquel tiempo, cuando estaba claro contra quién era preciso dispararlo, levantar en alto un AK-47 era alzar un desafío y una bandera.

Se hicieron muchas revoluciones cuerno de chivo en mano, y tuve el privilegio de presenciar algunas. Las vi nacer, ser aplastadas o terminar en victorias que casi siempre se convirtieron en patéticos números de circo, en rapiñas infames a cargo de antiguos héroes, reales o supuestos, que pronto demostraron ser tan sinvergüenzas como el enemigo, el dictador, el canalla que los había precedido en el palacio presidencial. Víctimas de ayer, verdugos de mañana. Lo de siempre. La tentación del poder y el dinero. La puerca condición humana. De ese modo, el siglo XX se llevó consigo la esperanza, dejándonos a algunos la melancólica certeza de que para ese triste viaje no se necesitaban alforjas cargadas de carne picada, bosques de tumbas, ríos de sangre y miseria. Y así, el Kalashnikov, arma de los pobres y los oprimidos, quedó como símbolo del mundo que pudo ser y no fue. De la revolución mil veces intentada y mil veces vencida, o imposible. De la dignidad y el coraje del hombre, siempre traicionados por el hombre. Del Gran Combate y la Gran Estafa.

Y ahora viene la paradoja. En este siglo XXI que empezó con torres gemelas cayéndose e infelices degollados ante cámaras caseras de vídeo, el Kalashnikov sigue presente como icono de la violencia y el crujir de un mundo que se tambalea: este Occidente viejo, egoísta y estúpido que, incapaz de leer el destino en su propia memoria, no advierte que los bárbaros llegaron hace rato, que las horas están contadas, que todas hieren, y que la última, mata. Pero esta vez, el fusil de asalto que sostuvo utopías y puso banda sonora a la historia de media centuria, la llave que pudo abrir puertas cerradas a la libertad y el progreso, ha pasado a otras manos. Lo llevaban hace quince años los carniceros serbios que llenaron los Balcanes de fosas comunes. Lo empuñan hoy los narcos, los gánsteres eslavos, las tribus enloquecidas en surrealistas matanzas tribales africanas. Se retratan con él los fanáticos islámicos cuyo odio hemos alentado con nuestra estúpida arrogancia: los que pretenden reventar treinta siglos de cultura occidental echándoles por encima a Sócrates, Plutarco, Shakespeare, Cervantes, Montaigne o Montesquieu el manto espeso, el velo negro de la reacción y la oscuridad. Los que irracionales, despiadados, hablan de justicia, de libertad y de futuro con la soga para atar homosexuales en una mano y la piedra para lapidar adúlteras en la otra; mientras nosotros, suicidas imbéciles, en nombre del qué dirán y el buen rollito, sonreímos ofreciéndoles el ojete.

Lástima de Kalashnikov, oigan. Quién lo ha visto. Quién lo ve.

Sobre mochilas y supervivencia

Dentro del plan general de protección civil, el ayuntamiento de Madrid recomienda tener preparada una mochila de supervivencia a la que recurrir en caso de catástrofe: una especie de equipo familiar con medicamentos, documentación, teléfono, radio, agua, botiquín y demás elementos que permitan tomar las de Villadiego. Y la idea parece razonable. Por lo general nos acordamos de Santa Bárbara sólo cuando truena; y entonces, con las prisas y la improvisación, salimos en los telediarios de cuerpo presente y con cara de panoli, como si el último pensamiento hubiera sido: «A mí no puede ocurrirme esto». Y la verdad es que nunca se sabe. Yo, por lo menos, no lo sé. La prueba es que a los cincuenta y siete tacos sigo yendo por la vida —aunque a veces sea con Javier Marías y de corbata, expuesto a la justa cólera antifascista— con el antiguo reflejo automático de mi mochililla colgada al hombro, y en ella lo imprescindible para instalarme en cualquier sitio: una caja de Actrón, cargador del móvil, libros, gafas para leer, kleenex, jabón líquido, una navajilla multiuso, lápices, una libreta de apuntes pequeña y cosas así.

Al hilo de esto, se me ocurre que tampoco estaría mal disponer de una mochila para evacuación rápida nacional, siendo español. Algo con lo que poder abrirse de aquí a toda leche, como el Correcaminos. Mic, mic. Zuaaaaas. A fin de cuentas, si de sobrevivir a emergencias se trata, los españoles vivimos en emergencia continua desde los tiempos de Indíbil y Mandonio. La mejor prueba de lo que digo es que algunos de los lectores potenciales de esta página no tienen ni puta idea de quiénes fueron Indíbil y Mandonio. Y no me vengan con que soy un cenizo y un cabrón, y que lo de la mochila es paranoia. Hagan memoria, queridos amigos del planeta azul. La historia de España está llena de momentos en que el personal tuvo que poner pies en polvorosa sin tiempo de hacer las maletas. Con lo puesto. Eso, los que tuvieron la suerte de poder salir, y no se vieron churrasqueados en autos de fe, picando piedra en algún Valle de los Caídos o abonando amapolas junto a la tapia del cementerio.

De manera que, inspirado por la iniciativa de Ruiz-Gallardón, convencido como estoy de que un pesimista sólo es un optimista razonablemente informado, he decidido aviarme un equipo de supervivencia español marca Acme, que valga tanto para salir de naja en línea recta hacia la frontera más próxima como para quedarme y soportar estoicamente lo que venga. Que viene suave. Para eso necesito una mochila grande, porque a mi edad hay ciertas necesidades. Pero más vale mochila grande que discurso de ministro, como dijo —si es que lo dijo, cosa que ignoro en absoluto— Francisco de Quevedo.

Cada cual, supongo, sobrevive como puede. Mi equipo de emergencia —*Ad utrumque paratus,* decía mi profesor don Antonio Gil— incluye un ejemplar del *Quijote,* que para cualquier español medianamente lúcido es consuelo analgésico imprescindible. También hay unas pastillas antináusea que impiden echar la pota cuando te cruzas en la calle con un político o un megalíder sindical, y una pomada antialérgica —buenísima, dice mi farmacéutica— para uso tópico en miembros y miembras cuando las estupideces de feminazis analfabetas producen picores y sarpullidos. También tengo un inhibidor de frecuencias japonés, cojonudo, que impide sintonizar cualquier clase de tertulia política radiofónica o televisiva, un cedé de

Joaquín Sabina y media docena de chistes contados por Chiquito de la Calzada, una foto de Ava Gardner, otra de Kim Novak, los deuvedés de *Río Bravo, Los duelistas, Perdición* y *El hombre tranquilo,* la colección completa de Tintín, una resma de folios Galgo —o podenco, me da igual— y una máquina de escribir Olivetti de las de toda la vida, que seguirá funcionando cuando algún gánster amigo de Putin compre Endesa, o toda la red eléctrica, tan antinucleares nosotros, se vaya a tomar por saco. Por si la supervivencia incluye poner tierra de por medio, también tengo una lista de librerías de Lisboa, Roma, París, Londres, Florencia y Nueva York, el número de teléfono de Monica Bellucci, un jamón ibérico de pata negra y una bota Las Tres Zetas llena hasta el pitorro, una bufanda para poder sentarme en las mesas de afuera de los cafés de París, los documentos de Waterloo de mi tatarabuelo bonapartista, su medalla de Santa Helena y las que me han dado a mí los gabachos, a ver si juntándolo todo consigo convencer a Sarkozy y me nacionalizo francés. De paso, con el pasaporte y la American Express, meteré en la mochila una escopeta de cañones recortados, un listín de direcciones de fulanos con coche oficial y una caja de tarjetas de visita hechas con posta lobera. Sería indecoroso irme tan lejos sin dar las gracias. Compréndanlo. Por los servicios prestados.

Lo que debe saber un terrorista

Oído al parche, terrorista. O terroristo. A ti te lo digo, sí. Quítate un momento la capucha o la kufiya, tío. Lo que lleves puesto. Deja el cuchillo de degollar infieles, el Corán sin notas a pie de página, el teléfono móvil conectado a la mochila bomba, la pistola del tiro en la nuca, el coche trampa y las mentecatas obras completas de Sabino Arana que, encima, analfabeto como eres —hasta las cartas de extorsión las escribes con faltas de ortografía, colega—, no has abierto en tu vida. Deja todo eso un momento y atiende. Tengo unos bonitos consejos para regalarte por la patilla, a fin de que puedas ser un terrorista eficaz y prudente, de los que nunca caen en manos de la policía. En un país serio, esto me llevaría delante de un juez: colaboración con banda armada, apología del terrorismo o qué sé yo. Cualquier cosa lógica. Pero estamos en España, oyes. Nada de lo que voy a decir es cosa mía, sino tomado de los periódicos después de que altos responsables policiales larguen en la prensa con pelos y señales. Es de dominio público, vamos. Al alcance de cualquiera. Así que tú mismo, tronqui. Lee y aprende, porque parece mentira. No os enteráis. Los periódicos llevan años contándolo, y vosotros seguís dejándoos coger como capullos en flor.

Para empezar, ¿sabes por qué palmó Cheroqui, o Txeroki, o como se escriba? Entre otras cosas, porque los etarras usan cibercafés para comunicarse, y las fuerzas represoras del Estado fascista vigilan esos sitios. Por si no habías caído en la cuenta, lo señaló el ministro del Interior el otro día. Cibercafés, dijo. Con todas sus letras. Y la policía no es tonta. Ya sé que el nivel intelectual de los gudaris ha bajado mucho, y que los liberados, los legales, los kaleborroka y otros heroicos luchadores vascos y vascas seguirán acudiendo a esos sitios cual pardillos, a ponerse correos electrónicos como locos. Quien no da más de sí, no da más de sí. Pero en fin, tío. Por el ministro, que no quede. El que avisa, no es traidor.

Otro detalle, pringao: que no se te ocurra más, en tu terrorista y puta vida, llevar encima ordenador portátil ni lápiz de memoria con datos de la peña. ¿Vale? Tampoco robar un coche nuevo y ponerle una matrícula vieja: un Peugeot 207 con letras ZL canta la Traviata. Así que elige otras letras, porque si no te van a pillar seguro, como explicó amablemente el jefe de los txakurras a cuanto periodista se interesó por el detalle. Porque una cosa es el secreto policial y otra la transparencia informativa habitual en una democracia madura y diáfana como la nuestra. Ojito con eso. Ya sé que contar minuciosamente cómo y por qué se ha trincado a un terrorista es forma segura de alertar a otros para que no cometan el mismo error, pero qué se le va a hacer. Las policías extranjeras alucinan en colores con lo nuestro, pero aquí nos encogemos de hombros. No passssa nada, coleguis. Cuando se es referente moral y reserva ética de Occidente, como es el caso de España, nobleza obliga.

Podría contarte un montón de cosas más, terrorista de mis carnes. De este y otros episodios. De etarras patosos y de islamistas chapuceros. Explicarte por lo menudo cómo se los detecta, sigue, vigila y detiene mediante tal o cual instrumento, o porque cometen determinado error. Advertirte sobre cómo debes revisar los bajos de tu coche y localizar la chicharra que le pusieron, eludir el equipo direccional de sonido que graba tus propósitos, evitar aquella autopista porque tiene videovigilancia, no registrarte nunca con tu chica o chico en hoteles así o asá, olvidar tal cafetería, restaurante, carnicería islámica, bar, piso o sucursal bancaria. Pero no me necesitas. Tú mismo podrías, leyendo tres o cuatro periódicos, establecer la identidad del confite que se berreó a la madera sobre tu colega Gorka, o Edurne, o Mohamed, o Manolo. Porque ésa es otra. Hasta las identidades de infiltrados y chivatos salen a relucir, a veces con familia y domicilio incluidos, en este país donde acogerse a la condición de testigo protegido —y no digamos testigo a secas— es jugar a la ruleta rusa con seis balas en el tambor. Como para que colabore la Niña de la Venta. Aquí te venden a cambio de un minuto de telediario, y no sería la primera vez que confidentes o infiltrados tienen que abrirse a toda leche porque una llamada telefónica les advierte que, en media hora, el Ministerio del Interior, el portavoz tal o cual, van a detallar ante la prensa hasta la talla de faja que usa la madre que los parió.

Resumiendo, chaval. En este país de cantamañanas no necesitas un manual titulado *Lo que no debe hacer el perfecto terrorista*. Basta con leer los periódicos. Pero, claro. Aquí la prensa tiene derecho a saber. Los ciudadanos tienen derecho a saber. Incluso los terroristas —ya te digo que España no es opaca, autoritaria y poco democrática como Gran Bretaña, Alemania o Francia— tienen derecho a saber. En consecuencia, saben. Y aun así, los trincan. Calcula el nivel, Maribel.

Un combate perdido

No es preciso recorrer campos de batalla. Hay combates callados, insignificantes en apariencia, que marcan como la más dramática experiencia. El episodio que quiero contarles hoy no está en los libros de Historia. Es humilde. Doméstico. Pero trata de un combate perdido y de la melancolía singular que deja, como rastro, cualquier aventura lúcida. Empieza en el césped de un jardín, cuando el protagonista de esta historia encuentra, junto a su casa, un polluelo de gorrión. Ya tiene plumas pero aún no puede volar. Lo intenta desesperadamente, dando saltos en el suelo. Observándolo, Jesús —lo llamaremos Jesús, por llamarlo de alguna forma— se esfuerza en recordar lo poquísimo que conoce de pájaros: si los padres tienen alguna posibilidad de salvar al polluelo y si éste acabará por remontar el vuelo, de regreso al nido. La Naturaleza es sabia, se dice, pero también cruel. Cualquiera sabe que muchos pajarillos jóvenes y torpes caen de los nidos y mueren.

Un detalle importante: a Jesús lo acompaña su perro. El fiel cánido está allí, mirando al polluelo con las orejas tiesas, la cabeza ladeada y una mirada de intensa curiosidad. Como todos los que tienen perro y saben tenerlo, Jesús no puede permanecer impasible ante la suerte de un animal desvalido. Tampoco puede irse por las buenas, dejando a aquella diminuta criatura saltando desesperada de un lado a otro. No, desde luego, después de haber visto crecer al perro, de leer en su mirada tanta lealtad e inteligencia. No después de haber comprendido, gracias a esos ojos oscuros y esa trufa húmeda, que cada ser vivo ama, sufre y llora a su manera. Así que Jesús busca entre los árboles, mirando hacia arriba por si encuentra el nido y puede subir hasta él con el polluelo. Pronto comprende que no hay nada que hacer. Pero la idea de dejarlo allí, a merced de un gato hambriento, no le gusta. Así que lo coge, al fin, arropándolo en el bolsillo del chaquetón. Y se lo lleva.

En casa, lo mejor que puede, con una caja de cartón y retales de manta vieja, Jesús le hace al polluelo un nido en la terraza que da al jardín. Y al poco rato, de una forma que parece milagrosa, los padres del pajarito revolotean por allí, haciendo viajes para darle de comer. Todo parece resuelto; pero otros pájaros más grandes, negros, siniestros, con intenciones distintas, empiezan también a merodear cerca. No hay más remedio que cubrir el nido con una rejilla protectora, pero eso impide a los padres alimentar al gorrioncito. Jesús sale a la calle, va a una tienda de mascotas, compra una papilla especial para polluelos e intenta alimentarlo por su cuenta; pero el animalito asustado, temblando, trata de huir y pía para llamar a los suyos, rechazando el alimento. Eso parte el alma.

Jesús, impotente, comprende que de esa manera el polluelo está condenado. Al fin decide buscar en Internet, y para su sorpresa descubre que hay foros específicos con cientos de consejos de personas enfrentadas a situaciones semejantes. Siguiéndolos, Jesús da calor al polluelo entre las manos mientras le administra la papilla gota a gota, con una jeringuilla; hasta que, extenuado por el miedo y la debilidad, el gorrioncito se queda dormido entre los retales de manta. Quizás al día siguiente ya pueda volar. De vez en cuando, tal como ha leído que debe hacer, Jesús se acerca con cautela y silba bajito y suave, para que el animalito se familiarice con él. Hasta que al fin, a la cuarta o quinta vez, éste pía y abre los ojillos, con una mirada que pone un nudo en la garganta. Una mirada que traspasa. Jesús no sabe qué grado de conciencia real puede tener un pajarito diminuto; sin embargo, lo que lee en esa mirada —tristeza, miedo, indefensión— le recuerda a su perro cuando era un cachorrillo, las noches de lloriqueo asustado, buscando el abrazo y el calor del amo. También le trae recuerdos vagos de sí mismo. Del niño que fue alguna vez, en otro tiempo. De las manos que le dieron calor y de las aves negras que siempre rondan cerca, listas para devorar.

Por la mañana, el gorrioncito ha muerto. Jesús contempla el cuerpecillo mientras se pregunta en qué se equivocó, y también para qué diablos sirven tres mil años de supuesta civilización que no lo prepara a uno, de forma adecuada, para una situación sencilla como ésta. Tan común y natural. Para la rutinaria desgracia, agonía y muerte de un humilde polluelo de gorrión, en un mundo donde las reglas implacables de la Naturaleza arrasan ciudades, barren orillas, hunden barcos, derriban aviones, trituran cada día, indiferentes, a miles de seres humanos. Entonces Jesús se pone a llorar sin consuelo, como una criatura. A sus años. Llora por el pajarillo, por el perro, por sí mismo. Por el polluelo de gorrión que alguna vez fue. O que todos fuimos. Por el lugar frío y peligroso donde, tarde o temprano, quedamos desamparados al caer del nido.

Esas madres perversas y crueles

No tiene nada que ver con que este domingo sea día de los Inocentes. En absoluto. Ni con los niños degollados, ni con las bromas tradicionales hechas al prójimo incauto. El caso es real como la vida misma —la vida española misma, maticemos— y sale en los periódicos: madre condenada a cuarenta y cinco días de cárcel y a un año de alejamiento de su hijo de diez años, porque hace dos, en el curso de una refriega doméstica, le dio una colleja al enano, con tan mala suerte que éste se dio contra el lavabo y sangró por la nariz. Y claro. En este faro ético de Occidente donde moramos, tan salvaje agresión doméstica no podía quedar sin castigo. El hecho de que hayan pasado dos años desde entonces, y de que el menor fuese un poquito gamberro y desobediente, se negara a hacer los deberes y acabara de tirar a su madre una zapatilla, corriendo a encerrarse a continuación en el cuarto de baño, de donde no quería salir, no fue considerado atenuante por la Dura Lex sed Lex. Tampoco se tuvo en cuenta que se trataba de un incidente aislado, y no de malos tratos habituales; ni el hecho obvio de que, en un pueblo pequeño como es el de esa familia, una orden de alejamiento supone que uno de los dos, madre o hijo, debe hacer las maletas y largarse del pueblo.

Pero no importa, oigan. Estoy con la juez que entendió el asunto: no hay atenuante que valga. Es más: tengo la certeza moral de que a ustedes, como a mí —siempre de parte de la ley y el orden—, la de esta cruel madre torturadora les parece sentencia justa y ejemplar. Como bien ha argumentado no sé qué asociación de derechos infantiles, «a los niños no se les pega». Y punto. Así de simple. Y menos en estos tiempos, cuando tan fácil es sentarse a dialogar con ellos a cualquier edad y afearles su conducta con argumentos de peso intelectual. A ver qué le habría costado a esa madre pagar a un cerrajero para que abriese la puerta del cuarto de baño y después, mirando muy fijamente a su hijo de diez años a los ojos, decirle: «Hijo mío, ya dijeron Sócrates y San Agustín que a las madres no se les tiran zapatillas. De seguir así, el día de mañana la sociedad te expulsará de su seno. Así que tú mismo. Atente a las consecuencias».

En mi opinión, la Justicia se queda corta. Una madre capaz de perder el control de esa manera brutal e inexplicable debería ser castigada con más contundencia. Y no con una pena mayor, como solicitaba la fiscalía —la juez fue clemente, después de todo, quizá por solidaridad de género y génera—, sino con medidas drásticas e implacables. Porque, so pretexto de no haber antecedentes penales ni constancia de malos tratos anteriores, la madre se ha ido de rositas. Asquerosamente impune, o casi. Y si de mí dependiera, esa delincuente sin escrúpulos ni conciencia habría ingresado inmediatamente en prisión para comerse cinco años de talego, por lo menos. O más. Y cuando saliera —aunque procuraría aplicarle la doctrina Parot para impedirlo—, le calzaría una pulsera con Gepeese y una orden de alejamiento, no del hijo y de su pueblo, sino de España. Al puto exilio. Por perra. Y por supuesto, le retiraría la custodia del niño y se lo daría a alguna familia modélica, como por ejemplo a los Albertos. Para que aprenda.

Pero no hay mal que por bien no venga, oigan. Todo esto me ha dado una idea. De pequeño me sacudieron las mías y las del pulpo; y va siendo hora, creo, de que los culpables de aquel infierno paguen lo que hicieron. Yo también exijo justicia. Mi padre, sin ir más lejos, me dio una vez cuatro bofetadas que hoy le habrían costado, por lo menos, un destierro a Ceuta. Y mi madre, hasta que tuve edad suficiente para inmovilizarla con hábiles llaves de judo, no vean cómo nos puso con la zapatilla, durante años atroces, a mi hermano y a mí. Guapos, nos puso. Por no hablar de los maristas, donde el hermano Severiano nos torturaba bestialmente dándonos capones en clase, y donde el Poteras —a quien Dios haya perdonado—, cada vez que le pegábamos fuego a una papelera o escribíamos *El Poteras es maricón* en la pizarra, nos aplicaba la intolerable violencia de endiñarnos con el puntero y la chasca sin respeto por nuestros derechos humanos. Como en Guantánamo. Y así ha salido mi generación, perdida. De trauma en trauma. Por eso va siendo hora de que los culpables rindan cuentas a la Justicia. Memoria histórica para el nene y la nena. Barra libre. Así que voy a pedirle al juez Garzón que abra una causa general que los ponga firmes a todos. Que encierre en la cárcel a los que sigan vivos, que alguno queda —tiembla, Severiano—, y desentierre a los otros para escupir sobre sus huesos. A mi padre, por ejemplo, ya no lo pillan. Lástima. Pero mi madre sigue ahí, tan campante. Sus ochenta y cuatro años no tienen por qué ponerla a salvo de su cruel salvajismo de antaño. En esta España, líder moral de Occidente, lo de la zapatilla no puede quedar impune. O sea. Más vale tarde que nunca.

2009

Treinta y seis aguafiestas

Lo bonito del putiferio en el que, poco a poco, nos instalamos con toda naturalidad, es que las películas de Berlanga empiezan a ser, comparadas con el paisaje actual, versiones ligeras de lo nuestro. Eso está bien, pues con algo hay que disfrutar antes de palmarla. Y los periódicos, y los telediarios, y tender la oreja al runrún de cada día, deparan momentos sublimes de juerga moruna. Dirán algunos que de ciertas cosas no hay que reírse, pues nada tan virtuoso como la indignación ante la injusticia o la estupidez. Pero uno acaba por asumir lo evidente. En España, la justicia, las virtudes y la indignación ajena importan un huevo de pato. Derechas, izquierdas, nacionalistas y demás oportunistas, ciudadanos de infantería incluidos, cada cual va a lo suyo. Impasible mientras no le toque. El héroe nacional no es don Quijote, sino don Tancredo. De manera que, como analgésico, a veces resulta útil atrincherarse en la risa. Reír, según la manera, es también un modo de ciscarse en su puta madre. En la de ellos —rellenen ustedes con nombres la línea de puntos— y en la de los incautos e imbéciles que los engordan.

La última es finísima. Buscando los restos de doce republicanos asesinados en el pueblo turolense de Singra, una asociación para la recuperación de la llamada memoria histórica desenterró hace más de un año, por error, treinta y seis cadáveres de soldados muertos durante la Guerra Civil, en la batalla de Teruel. Examinados los restos por un equipo de arqueólogos y forenses, y tras comprobar que allí nadie había sido fusilado, sino que todos eran hombres

—muchos muy jóvenes— muertos en combate, los bien-intencionados desenterradores no supieron qué hacer con tanto fiambre fuera de programa. De haber sido los doce republicanos asesinados, la historia habría salido redonda: homenaje a las víctimas, malvados nacionales y demás parafernalia. Incluso con soldados leales a la República, el asunto habría tenido por dónde agarrarse. Pero se daba la incómoda circunstancia de que los muertos, enterrados en fosa común en el mismo campo de batalla, pertenecían tanto al ejército nacional como al republicano. Eran de los dos bandos, mezclados en la barbarie de la guerra y la tragedia de la muerte. Españoles sepultados juntos, como debía y debe ser. Como lección y homenaje, deliberado o casual, de sus enemigos y compañeros. Así que imaginen el papelón. Nuestro gozo en un pozo, colega. Esto no hay quien lo venda al telediario. Treinta y seis aguafiestas jodiendo el invento.

Pero lo más fino es la solución. Tan de aquí, oigan. Tan española. Disimula, Manolo, y silba mirando para otro lado. Unas cajas de cartón, el alijo dentro, y los treinta y seis juegos de huesos depositados en las antiguas escuelas del pueblo. Guarden esto aquí un momento, háganme el favor, que vamos a comprar tabaco. Hasta hoy. Y mientras escribo esta página, los despojos llevan trece meses muertos de risa, metidos en las mismas cajas, sin que nadie se haga responsable. El alcalde de Singra, que es socialista, anda un poquito mosqueado, diciendo que no está bien tener ahí los huesos de cualquier manera; que cualquier día entran unos perros y se ponen ciegos mascando fémures de ex combatientes, y que los de la asociación desenterradora tendrían que hacerse cargo del asunto, comprar féretros y sepultar aquel circo como Dios manda. Y los otros, por su parte, llamándose a andana. Diciendo que, como no son los familiares que buscaban, pues que tampoco hay prisa, buen hombre. Ni se acaba el mundo ni nos corren moros, que decían los clásicos. La asociación es modesta, no está para muchos gastos, y ya se hará cargo cuando buenamente pueda. Si puede.

Y claro. Uno piensa que, por azares de la vida y de la Historia, quien pudo acabar en esa fosa tan alegremente abierta pudo ser mi tío paterno, el sargento republicano de diecinueve años Lorenzo Pérez-Reverte; o el alférez nacional Antonio Mingote Barrachina, que es la bondad en persona, con quien me siento cada jueves en la RAE; o el padre de mi compadre Juan Eslava Galán, que hizo media guerra en un bando y media guerra en otro. Y los imagino a todos ellos, o a otros como ellos, descansando tranquilos y a gusto desde hace setenta años en su fosa común de Singra o de donde sea, bien juntos y revueltos unos con otros, rojos y nacionales, tras haberse batido el cobre con saña cainita y mucho coraje, como Dios manda. Y en eso llega una panda de irresponsables, les pone los huesos al aire y los deja en cajas de cartón, porque en realidad buscaban a otros. Y las quejas, al maestro armero. E imagino sus chirigotas y carcajadas de caja a caja y de hueso a hueso. Fíjate, compañero. Memoria histórica, la llaman. Hay que joderse. ¿Sabrá un burro lo que es un pictolín? Triste y estúpida España, la nuestra. La de entonces y la de ahora. Por esta peña de subnormales no valía la pena matarnos, como nos matamos.

Cursis de ahora y de siempre

Suele decir el veterano y respetabilísimo Carlos Castilla del Pino, buen amigo y excelente compañero de la Real Academia Española, que toda cursilería es una forma de impostura, y que detrás de cada cursi se oculta un canalla o un embustero. El otro jueves se lo oí decir de nuevo, y me quedé con la copla, que resulta especialmente adecuada en los tiempos que corren. No sé si el espíritu será exacto o no; aunque, como prestigioso psiquiatra que es, Carlos tiene mi confianza, pues conoce el paño. Por no salir de la RAE ni de su diccionario, de las tres acepciones que tiene esa palabra, quizá mejorables —y en eso andamos—, las más significativas son las dos primeras: *«que presume de fino y elegante sin serlo»*, y, dicho de una cosa, que *«con apariencia de elegancia o riqueza, es ridícula y de mal gusto»*. Pero los tiempos cambian, y la gente con ellos; o tal vez sea la gente la que termina cambiando los tiempos. El caso es que, habiendo como hay todavía cursis de los de toda la vida, ortodoxos y de pata negra, y habida cuenta de que el término *elegante* no es el que mejor define los modos, maneras y aspiraciones actuales, la palabra *cursi* —las palabras también están vivas y evolucionan— se interna con nosotros en el siglo XXI, enriqueciéndose con nuevas connotaciones y variantes. Ampliando su territorio semántico, por decirlo también de un modo a juego, o sea, cursi. Su polivalencia. Eso ocurre en todas partes, claro. Y en España, para qué les voy a contar.

Lo que más se ajusta hoy a la versión moderna de cursi es, en mi opinión, lo políticamente correcto. Aquello que, con apariencia de puesto al día y buen rollito, resulta ridículo y de mal gusto en boca de un fulano que presume, sin serlo y alardeando de ello, de abierto, de puesto al día, de yupi-yupi chicos, de tener todo el día a Pepito Grillo, a Bambi y a Gandhi sentados en el regazo. Y digo que presume sin serlo, porque no me cabe en la testa que alguien con dos dedos de frente —los tontos ya son otra cosa— pueda ser, en el fondo de su corazón, tan sincera y rematadamente gilipollas. Un ejemplo de esto, tomado al buen tuntún, es una reciente circular de la comisión de coeducacion (sic) del Centro del Profesorado de Málaga, que tras encabezar *«Estimados compañeros y queridas compañeras»* —a cada cual lo suyo, queridas ellas y estimados ellos—, se dirige, en sólo veinte líneas, *«a vosotros y vosotras»* y *«a todos y a todas»*, por si están *«interesados o interesadas»*. Dejo al criterio del lector establecer si los firmantes del asunto —un pavo y dos pavas con nombres y apellidos— se creen de verdad lo del estimados y queridas, si se trata de cursis en el sentido clásico o moderno del palabro, o si son, simplemente, tontos de remate.

Y es que en lo cursi posmoderno, o como se diga, el problema reside en que no siempre resulta fácil distinguir. Establecer, por ejemplo, si la bonita anécdota de los juegos de guerra de los ejércitos norteamericano y español puede ser calificada de cursi a secas o entra en el terreno de la imbecilidad absoluta. Las fuerzas armadas gringas tienen un juego llamado *American's Army* que desarrolla un programa de combate útil como simulador y entrenamiento de acción bélica rural o urbana. Por su parte, las fuerzas armadas españolas colgaron hace algún tiempo en la Red un juego de estrategia cuyo título no adivinarían ustedes por más vueltas que le dieran: *Misión de paz* —sabía que no lo adivinarían nunca—, a base de reconstrucción y reparto de ayuda humanitaria; que, como todo el mundo sabe, es la razón intrínseca de cualquier soldado. Y no me digan ustedes que esa bella, amable, conmovedora imagen de los soldados y soldadas españoles y españolas desfilando marciales y marcialas con las cartucheras y cartucheros llenas y llenos de Frenadol, tiritas y biberones, camino de Afganistán con la cabra de la Legión disfrazada de Beba la enfermera, no merece un huequecito en la futura edición del diccionario de la lengua española. O dos.

Afortunadamente, lo cursi de toda la vida también sigue ahí, dando solera ortodoxa al invento. Aunque surjan, al compás moderno, nuevas formas de entender el asunto, la cursilería clásica se mantiene tradicional como ella sola, inasequible al desaliento. Con vista al frente y paso largo, haciéndonos pasar buenos ratos echando pan a los patos. Vean, si no, lo que escribe un lector bilbaíno, ebrio de santa cólera después de haber leído en esta página pecadora la frase —rotundamente laica— *dar un par de hostias:* «Ante la reiterada y continua vulneración de los más elementales principios de respeto a la fe cristiana de los lectores, pisoteando, mancillando, agraviando y ultrajando a la Sagrada Eucaristía con su léxico blasfemo, irreverente, procaz y grosero, ruego sean subsanados y reparados hechos y situaciones de este cariz y contexto».

Megapuertos y pijoyates

Hay algo equivocado en la idea que los españoles tenemos de la navegación deportiva: competiciones transoceánicas, yates fondeados en lugares lujosos, regatas con la familia real al completo y nietecitos rubios incluidos, ropa supermegapija de marca y mucha *America's Cup,* que es como —tan idiotas para estas cosas como para otras— llamamos ahora a la Copa América de toda la vida. Esa idea errónea se ve reforzada por nuestro sistema de puertos deportivos, y por la imagen que de ellos dan ciertas organizaciones ecologistas, bloqueando proyectos que, ejecutados con honradez e inteligencia, serían beneficiosos para todos. Y así, España, pese a estar hormigonada de costa a costa, es paradójicamente uno de los lugares peor dotados en puertos deportivos de la Europa mediterránea. Y cuando se construyen, es para dejar fuera a los auténticos navegantes. A la gente de mar con vocación y ganas.

Para advertir la diferencia, basta mirar afuera. En cualquier época del año, haga frío o calor, con sol o nublado, con viento o sin él, te asomas un fin de semana al fiordo de Oslo, a los alrededores de la isla de Wight o a la bahía de Hyères, por ejemplo, y encuentras el mar lleno de velas de todos los tamaños; de familias que navegan lo mismo en barcos de esloras grandes como en veleros de cinco o siete metros, o pequeños balandros. Se trata allí de una afición real a los barcos y la navegación, practicada lo mismo por fulanos canosos con pinta de patrones curtidos, que por señoras intrépidas y tranquilas amas de casa, o niños de pocos años que, con sus chalecos salvavidas puestos, manejan con soltura cañas y escotas. Todo eso crea un ambiente marino auténtico, de lo más agradable. La sensación de que esa gente ama el mar y lo disfruta.

Aquí es diferente. Excepto los admirables pescadores deportivos, que salen con sus barquitos en cualquier tiempo, los navegantes españoles suelen ser de verano y domingo soleado con poco viento. Sobre todo en el Mediterráneo. Si navegas en invierno por las costas españolas, cuando ves una vela que viene de vuelta encontrada sabes que, en nueve de cada diez casos, se trata de un inglés, un holandés o un francés. Pero ésa no es la cuestión. En los barcos españoles, lo usual son las esloras largas, de doce metros para arriba. Es frecuente, incluso, cierta proporción inversa: a menos horas navegadas, más enorme es el barco. Y si se trata de barcos a motor, ni te cuento. Lo nuestro es barco grande, ande o no ande. Con el resultado de que los pantalanes están llenos de yates a motor y veleros ridículamente enormes, que nadie usa más que un mes al año; pero que sirven para pasear por el club con ropa náutica a la última, ir quince días a Ibiza o, como mucho, fondear a dos millas del puerto, los domingos de sol, con la familia y los amigos. Ése es el tipo común de propietario que ocupa puntos de amarre en los puertos españoles. Y lo que es peor: el personaje a cuya imagen y semejanza esos puertos se han construido en los últimos veinte años, y se van a seguir construyendo, ahora más que nunca.

Porque ésa es otra. Puesto que de momento el ladrillo tierra adentro se ha ido a tomar por saco, algunos de los sinvergüenzas que mataron a la gallina de los huevos de oro le han echado el ojo a los puertos deportivos. Toda esa posibilidad de cemento y dinero —negro, como de costumbre— los pone calientes. Y como se da la oportuna casualidad de que nuestros puertos están bajo la jurisdicción de las mismas autoridades autonómicas con las que esos pájaros se comen las gambas a la plancha, todo es cosa de reconvertir objetivos. De pronto, sospechosamente, las concesiones que antes tenían modestos clubs náuticos y pequeños puertos locales, donde aún se respetaba el barquito pesquero o el velerillo de poca eslora, se han vuelto presa codiciada para una increíble cantidad de golfos ladrilleros, con sus padrinos, que buscan adjudicarse ampliaciones y concesiones portuarias en las que, naturalmente, las palabras *navegación* y *deportiva* son lo de menos. Mucho punto de amarre, en cambio, para grandes esloras, que son las que dejan pasta: de cien mil euros para arriba por barco. Figúrense. Así, a los promotores —que además lo ignoran todo sobre el mar— les da igual que esté allí un español que un jubilata extranjero, que al final suele ser quien afora. Y a los usuarios de toda la vida, que les den. Si antes resultaba difícil para los patrones humildes encontrar amarres, a partir de ahora será imposible. Ya lo es. A eso añadan el calvario del papeleo, la burocracia infame y la absurda normativa que el Ministerio de Fomento exige a la navegación deportiva en España. El resultado es que esa jábega de golfos está consiguiendo hacer verdad lo que antes era mentira: que el mar sea un lugar para ricos y domingueros, y que ni siquiera un modesto barquito de vela esté al alcance de todos.

Una de panchitos

Cada vez que voy al Museo Naval paso junto al cuartel general de la Armada, donde los infantes de marina, vestidos con uniforme de camuflaje, siempre son tipos con cara de indio. Eso me dispara la sonrisa cómplice, recordándome Nicaragua y El Salvador, cuando fulanos idénticos a éstos, con uniformes parecidos, se daban estopa con valor y crueldad inauditos. A pesar de las apariencias, esos tíos bajitos con cara de llamarse Atahualpa son extraordinarios soldados, bravos hasta lo increíble, duros y orgullosos de cojones. Lo que pasa es que como son chiquitos y con ese hablar suave, despistan. Sobre todo si van en moto de mensaka con el casco a lo Pericles, o pasean el domingo con la familia por el parque del Oeste. El golpe de vista engaña mucho. Pero quien sepa leer en los ojos de la gente, que los mire bien. Y si no, que lea a Bernal Díaz del Castillo.

Esto viene al hilo de una carta reciente. Comentando un artículo mío, en el que contaba cómo un comanche pasado de agua de fuego me llamó cabrón y del Pepé por llevar corbata, un lector torpe interpretando sujeto, verbo y predicado, concluye con la siguiente frase: *«Hay que joderse con los panchitos».* Y para qué los voy a engañar. Ese equivocado compadreo me fastidia un poco. Sobre todo porque veo que mi comunicante no entendió una puta línea. Así que voy a intentar explicarlo algo más claro.

En mi opinión, si alguien tiene derecho a estar en España —lo tiene, claro, mucha otra gente— son los emigrantes hispanoamericanos, sean mestizos o indios puros como la madre que los parió. Porque son nuestros, o sea.

Somos nosotros. Me troncho cuando aquí decimos que, a diferencia de los anglosajones, los españoles no exterminaron a los indígenas y se mezclaron con ellos. Cuando lees la letra pequeña de las relaciones de Indias, adviertes que los españoles —mis abuelos se quedaron aquí, ojo— fueron a América a buscar oro y a calzarse indias. Y si no exterminaron a los indios, fue porque necesitaban esclavos para las minas y criados para las casas. A cambio, es cierto, los de allí obtuvieron una lengua hermosa y universal. Pero la pagaron cara, y la pagan, con la herencia de corrupción y desbarajuste que la estúpida y egoísta España dejó atrás. Cierto es que llevan doscientos años reventándose solos, sin nuestra ayuda. Pero nadie históricamente lúcido puede olvidar la culpa original. Una responsabilidad que, por otra parte, hace babear a políticos analfabetos y elementales ante golfos populistas que, bajo el poncho de la retórica, tomaron el relevo en el arte de chulear y estafar a su gente.

Ahora vienen, buscando futuro, al sitio natural donde los trae la lengua que se les dio y la religión que se les impuso. Vienen a donde tienen derecho a venir, trayendo sangre nueva, ilusión, capacidad de trabajo, ideas y coraje, con la determinación de quien no tiene nada que perder. Llegan como carne de cañón, a comerse los más duros trabajos de esta España con la que soñaron. Su error es creer que llegan a Europa. A un sitio que imaginaban civilizado, culto, con políticos decentes y valores respetables. Pero encuentran lo que hay: demagogia, picaresca y poca gana de currar. Y además, la crisis. Así, en cuanto espabilan, algunos se españolizan. Aprenden a mimetizarse con el entorno, a esforzarse lo justo. A ser lo groseros que en su tierra no fueron nunca. A despreciar a estos españoles maleducados que tanto aire se dan pese a ser una puñetera mierda, incapaces de valorar lo que tienen y lo que podrían tener.

Descubren también la clave mágica española: el victimismo. Aprenden pronto a explotar la mala conciencia y lo políticamente correcto, a montar pajarracas sabiendo que nadie va a negarles, como a los moros y los negros, el derecho a exigir incluso más de lo que exigen los propios españoles. En todo caso se les dará, no por sus méritos de trabajo, educación o cultura, que a menudo los tienen, sino por el qué dirán, por el no vayan a creer que soy racista, o lo que sea. Y a eso, algunos —no todos, pero no pocos— suman malas costumbres que traen de allí: la afición a ponerse hasta arriba de alcohol, a conducir mamado hasta las patas, y la tradicional bronca de fin de semana, tirando de arma blanca o de otro calibre; con ese orgullo valiente y peligroso del que hablaba antes, y que lo mismo puede ser una virtud que una desgracia, cuando no se maneja con cabeza. Y mientras, las autoridades que deberían acogerlos y educarlos, planificando para ellos una España futura, inevitable y necesaria, emplean su tiempo y nuestro dinero en contaminarlos de la sarna política al uso, adobada con la más infame demagogia. En atraerlos a su puerco negocio, halagándolos de manera bajuna y jugando con ellos al trile de los votos, sin que importen a nadie su pasado, su presente o su futuro. Haciendo lamentar, a los lúcidos, que la suya sea el español y no otra lengua que les permita irse a otro país que de verdad sea Europa.

Amor bajo cero

Los llamaremos Paco y Otti. Fueron amigos míos hace mucho tiempo, y no sé qué será hoy de sus vidas. Los recordé anoche, cenando con otros amigos a los que, al hilo de diversas cosas, conté su peripecia. Y mientras lo hacía, caí en la cuenta de que se trata de una de las más pintorescas historias de amor de las que tengo noticia, y que nunca la he contado por escrito. Lo mismo les apetece leerla hoy a ustedes. Ya me dirán.

Primero, situémonos. Marbella, final de los años sesenta. Otti es una guía turística finlandesa, rubia y escultural, que pastorea a un grupo de guiris. La noche antes de regresar a Helsinki, se va de marcha y en una discoteca conoce a Paco. A él también lo pueden imaginar sin esfuerzo: moreno, guapo aunque bajito y un poquillo tripón. Chico de buena familia y sin un duro, que toca la guitarra por los bares. Simpático, golfete y con una cara dura absoluta, muy española. La noche sigue como resulta fácil imaginar: apartamento de Paco, un par de canutos, mucha guitarra y una dura campaña entre sábanas arrugadas, toda la noche dale que te pego, hasta que, ya amaneciendo, ella le da un beso, se despide sonriente y se larga al aeropuerto. Fin del primer acto.

Mientras Otti vuela de regreso a su tierra, Paco se queda en la cama, pensando, y concluye que se ha enamorado como un becerro. Necesita volver a verla, pero hay un par de problemas. Por una parte, ella no tiene previsto volver a Marbella. Por la otra, él no tiene un duro. Y para rematar la cosa, no sabe de la finlandesa sino su nombre y apellido —supongamos que éste es Kaukonen—. Ni una dirección, ni un teléfono. Nada. Pero como digo, está enamorado hasta las trancas. Y tiene veintiocho años. Así que se levanta de la cama, vende su Seat 124, le pega un sablazo a un amigo —doy fe de que era su especialidad—, compra un billete de avión —sólo tiene dinero para pagar el viaje de ida— y coge el primer vuelo a Helsinki, vía Londres. Aterriza allí un viernes a las cinco de la tarde, con su guitarra y ciento quince dólares en el bolsillo. Ya es de noche y hace un frío que pela. En el mismo aeropuerto, cambia dólares por moneda local, se mete en una cabina, coge una guía telefónica y busca el apellido Kaukonen. Hay como veinte, así que lo toma con calma. Ring, ring. «Hola, buenas. Ai am Paco. ¿Otti is dere?» Cuando va por el decimosexto Kaukonen, y a punto ya de acabársele las monedas, localiza a un fulano que conoce a la pava. Es su tío paterno. Otti no tiene teléfono, le dice el otro, o no lo conozco. Tampoco vive en Helsinki, sino en Hyvinkaa, que está a cincuenta kilómetros. Y le da la dirección. Sillanpaa número 34, una casita de madera. No tiene pérdida.

Con sus últimos dólares, Paco compra una botella de vodka, coge un taxi hasta Hyvinkaa, se baja con su guitarra en el 34 de la calle Sillanpaa y llama a la puerta. Nadie. Ya son casi las diez de la noche y el frío parte las piedras. Desesperado, se sube el cuello del chaquetón y se acurruca en el portal, calentándose con el vodka. A las once y cuarto, un coche se detiene ante la casa. Es Otti, y la trae su novio Johan, en cuya casa ha pasado la tarde. Ella se baja del coche, camina unos pasos y se para en seco al ver a Paco sentado en el portal, con media botella de vodka vacía en una mano y la guitarra apoyada en la puerta. Estupefacta. Cuando al fin recobra el habla, exclama: «¡Paco!...». «¿Qué haces aquí?» Y él, temblándole los labios azules de frío, la mira a los ojos y dice: «He venido a casarme contigo». Con dos cojones.

Ahora háganse cargo de la psicología de la pava. Finlandesa, o sea. La tierra de la alegría y los hombres apasionados, risueños y con una gracia contando chistes que te partes. Y en ésas aparece allí, con su guitarra y quemando las naves, un fulano bajito, moreno y simpático que la tuvo en Marbella toda una noche dale que te pego, despierta y gritando: «Oh-yes, oh-yes, oh-yes» mientras él, sudando la gota gorda, decía: «Que sí, mujer. Te oigo, te oigo». Y claro. Pasando mucho del novio, que mira pasmado desde el coche, Otti se tira encima del visitante y se lo come a besos y lametones. Y lo mete adentro. Y los dos tardan cuatro días y varias botellas de *Suomuurain* y *Mesimarja,* además de la media de vodka que quedaba, en salir de la cama, con los vecinos asomados a la ventana para averiguar de dónde proceden esos alaridos inhumanos. Y después de muchas peripecias —Paco tocando la guitarra por los restaurantes de allí—, vienen a España, se casan y tienen dos cachorros rubios, Kristina y Alexis, con pinta de vikingos.

Pondremos aquí el colorín colorado. Lo que sigue, quince años de convivencia de Otti y Paco, no termina del todo bien. Los años pasan, cambian a la gente. Nos cambian a todos. Hoy Otti vive otra vez en Finlandia. En cuanto a Paco, hace mucho tiempo que no sé nada de él. Pero hubo un momento en que fueron mis amigos y pude compartir un poco de su historia. La más simpática historia de amor que conocí nunca.

Daniela en Picassent

Hay un asunto reciente por el que casi todo cristo ha pasado de puntillas: el estriptís, o como se escriba, de Picassent. Me refiero a la pava —Daniela, se llama— que hace unas semanas se marcó un baile porno ante los presos de los módulos 8 y 10 del talego valenciano, animándoles las fiestas. El sindicato de funcionarios de prisiones protestó en un comunicado, el director se disculpó, y las autoridades diversas mostraron su desagrado. Imagino que los boquis de turno, sobre todo, debieron de pasar un mal rato entre doscientos jambos —lo mejor de cada casa— aullando sentimientos e intenciones mientras Daniela, que dicho sea de paso es un poco ordinaria pero goza de anatomía poderosa, se untaba con leche condensada y al final se quitaba el tanga.

Hasta ahí todo normal, a mi juicio. Un error de cálculo. Una metida de pata, acabar el espectáculo de variedades con el número de la cabra. El maco es lo que es. Por eso, precisamente, pidió luego disculpas el director. Lo que pasa es que, como suele ocurrir, al hilo de la marejadilla no han tardado en surgir las voces habituales llevando el asunto algo más lejos. Entre el público había violadores y maltratadores, dicen unos. Violencia ética y moral, afirman otros. Pudo acabar en motín, aventuran los imaginativos. Y no falta quien lleva la cosa al terreno de la dignidad pisoteada de la mujer, mero objeto de deseo y demás parafernalia. Como Izquierda Unida, por ejemplo, uno de cuyos portavoces, original que te rilas, calificó el asunto de «machista y denigrante». Todo eso está bien, supongo. Cada cual tiene sus ideas sobre tetas exhibidas en público: desde la moza que decide ganarse así la vida —a veces es lo único que tiene para ganársela— hasta quien, desde el otro lado de la barrera y el estatus, cree que esas cosas rebajan a las señoras, y también a las que no lo son. Eso, sin contar las ideas particulares de los presos de Picassent, a quienes sin duda, enchiquerados entre añoranzas y acercanzas, el recuerdo del espectáculo danielesco puede llegar a serles eficazmente útil, supongo, en sus largas veladas invernales.

Es una pena, sin embargo, que el habitual coro de valores éticos y morales pisoteados no las piase con la misma justa e insobornable cólera cuando unos días antes, en atención al público femenino del mismo talego, un fulano llamado Rafa —gemelo de un tal Dinio, famoso por haberle currado la bisectriz a Marujita Díaz, Sara Montiel o alguna de esas damas— hizo exactamente lo mismo, o casi: despelotarse con música. Lo que pasa es que ese Rafa es pavo, y no pava. Y cuando, al final de un espectáculo similar, se quitó la camiseta y las presas se pusieron calientes —porque también las señoras se calientan, como todo el mundo— y lo manosearon un buen rato, ni al sindicato de boquis talegueros, ni a la Federación de Mujeres Progresistas, ni a la Federación de Hombres Progresistos, se les ocurrió decir que el espectáculo, feminista y denigrante, maculaba la dignidad del varón Dandy convirtiéndolo en torpe objeto de deseo. Con lo cual, doscientas presas aullando calientes como perras —valga el tropo— componen un paisaje digno, tolerable, comprensible y divertido, mientras que doscientos presos aullando calientes como perros —aquí nadie me discutirá el tropo— es sucio, envilecedor, machista y, como casi todo, fascista. No te fastidia.

En fin. Hay quien piensa que una cárcel debe ser siempre una cárcel, que los presos están allí para cumplir lo que les toque, que la sociedad que los encerró para resguardarse de ellos no tiene por qué animarles las fiestas con espectáculos, y que si los reclusos quieren jarana, que la organicen ellos. Ése me parece un punto de vista igual de respetable que cualquier otro, porque la vieja idea del talego como lugar de injusticia e inocencia avasallada, a lo Dickens, hace tiempo que no funciona más que para los demagogos y los tontos. En los tiempos que corren —y en los que van a correr, ni les cuento—, las cárceles, con excepciones razonables, están pobladas por una importante cantidad de hijos de puta. Ahora bien: puestos a que sí o a que no, a dar cariñito a los presos solazándolos con algo que de verdad los motive, el espectáculo de una torda o un tordo arrimándoles la candela de la que carecen no es, para los que están dentro, ninguna tontería. Lo agradecen mucho, y cuanto más bajuno, mejor. Aquello no es el Palace. Si yo mismo tuviera que comerme diez años en Picassent, o en donde fuera, y por Navidad y Año Nuevo me dieran a elegir, agradecería mucho más una Daniela con o sin tanga —a ser posible, sin— que la filarmónica de Viena tocando en el patio o un portal de Belén animado con pastorcillas, pastorcillos y el niño Jesús, fun, fun, fun, metidito entre pajas. Como dice un viejo y querido amigo con el que ayer comentaba esto: «Ojalá en los siete años que me zampé a pulso hubiera tenido algo así para tocar la zambomba».

Películas de guerra

Cenaba la otra noche con Javier Marías y Agustín Díaz Yanes. Cada vez que nos juntamos —somos de la misma generación: Hazañas Bélicas, Capitán Tueno y el Jabato, cine con bolsa de pipas— acabamos hablando de libros y de las películas que más nos gustan: las del Oeste y las de la Segunda Guerra Mundial, sobre todo aquellas de los años cincuenta, a ser posible con comando inglés dentro. A Tano, sobre todo, le metes unos comandos ingleses en una película en blanco y negro y se le saltan las lágrimas de felicidad. Y si encima intentan matar a Rommel cerca de Tobruk, levita. El caso es que estuvimos comentando la última que hemos rescatado en deuvedé, que es *El infierno de los héroes* —José Ferrer al mando de una incursión de kayaks en la costa francesa—, e hicimos los votos acostumbrados para que a alguna distribuidora se le ocurra sacar dos títulos que llevamos casi cincuenta años esperando ver de nuevo: *Yo fui el doble de Montgomery* y *Fugitivos del desierto:* aquella de John Mills, con Anthony Quayle de espía alemán. Por mi parte, y ya que mis favoritas son las de guerra en el mar —los tres coincidimos en que *Hundid el Bismarck* y *Duelo en el Atlántico* son joyas del género, sin despreciar, claro, *Náufragos* y *Sangre, sudor y lágrimas*—, la película que me hará caer de rodillas dando gracias a Dios el día que me la tope es *Bajo diez banderas,* de la que sólo tengo una vieja copia en cinta de vídeo: la historia del corsario alemán *Atlantis,* con un inolvidable Van Heflin interpretando el papel del comandante Rogge, y Charles Laughton en el papel, sublime, de almirante inglés. Cine

de verdad, en una palabra. Del que veías con diez o doce
años y te marcaba para toda la vida.

Comentamos, al hilo de esto, que tanto al rey de
Redonda como al arriba firmante nos llegan a menudo
cartas de lectores solicitando listas de películas. Yo no suelo meterme en tales jardines, pues una cosa es hablar de lo
que te gusta, sin dar muchas explicaciones, y otra establecer
listas más o menos canónicas que siempre, en última instancia, resultan subjetivas y pueden decepcionar al respetable. Hay una película, por ejemplo, que Javier, Tano y
yo consideramos obra maestra indiscutible: *Vida y muerte
del coronel Blimp*, dirigida por nuestros admirados Powell
y Pressburger —los de *La batalla del Río de la Plata*, por
cierto, sobre el *Graf Spee*—; pero no estoy seguro de que
algunos jóvenes espectadores la aprecien del modo incondicional en que la apreciamos nosotros. Son otros tiempos,
y otros cines. Otros públicos.

De cualquier modo, Javier y yo nos comprometimos
durante la cena a publicar algún artículo hablando de esas
películas, cada uno en el suplemento dominical donde le
da a la tecla. Como escribimos con dos o tres semanas de
antelación, no sé si el suyo habrá salido ya. Tampoco sé si
habrá muchas coincidencias, aunque imagino que las suficientes. En lo tocante a películas sobre la Segunda Guerra
Mundial, yo añadiría *Roma, città aperta*, *Mi mejor enemigo*
—tiernísima, con David Niven y Alberto Sordi—, *Los cañones de Navarone*, *El día más largo*, *El puente sobre el río
Kwai* y algunas más. Entre ellas, *Las ratas del desierto*, *Are-
nas sangrientas* —John Wayne como sargento de marines—,
5 tumbas al Cairo, *Comando en el mar de la China*, *Torpedo*,
El tren —con Burt Lancaster, obra maestra— o la excelente
Un taxi para Tobruk, con Lino Ventura y Hardy Krüger,
clásico entrañable de la guerra en el Norte de África. Sin
olvidar la rusa *La infancia de Iván*, la italiana *Le quattro*

giornate di Napoli y la también italiana —ésta de hace muy poco, y buenísima— *Il partigiano Johnny*. Pues, aunque las mejores películas de la Segunda Guerra Mundial se rodaron entre los años cuarenta y sesenta, es justo mencionar algunos importantes títulos posteriores. Como la primera mitad de *Doce del patíbulo*, por ejemplo. O *Un puente lejano*. O *El submarino*, de Wolfgang Petersen. Sin olvidar, claro, *Salvar al soldado Ryan*, ni la extraordinaria serie de televisión *Hermanos de sangre*.

No puedo rematar un artículo sobre películas de la Segunda Guerra Mundial sin citar, aun dejándome muchas en el cartucho de tinta de la impresora, dos que están entre mis favoritas. Una es *No eran imprescindibles* —Robert Montgomery, John Wayne y Patricia Neal—, donde John Ford cuenta la conmovedora historia de una flotilla de lanchas torpederas en las Filipinas invadidas por los japoneses. La otra es *El hombre que nunca existió*, episodio real de espionaje —Clifton Webb es el protagonista, con Stephen Boyd, el Mesala de *Ben Hur*, haciendo de agente alemán— sobre cómo el cadáver de un hombre desconocido se convirtió en héroe de guerra y ganó una batalla. En mi opinión, quien consiga añadir esos dos títulos a la mayor parte de los citados arriba, puede darse por satisfecho. Dispone de una filmografía interesante sobre la Segunda Guerra Mundial. Un botín precioso y envidiable.

Otro día, si les apetece, hablaremos de cine del Oeste.

Esos meteorólogos malditos

Decía Joseph Conrad que la mayor virtud de un buen marino es una saludable incertidumbre. Después de quince años navegando como patrón de un velero, y con la responsabilidad que a veces eso te echa encima —el barco, tu pellejo y el de otros—, no sé si soy buen marino o no; pero lo cierto es que no me fío ni del color de mi sombra. Eso incluye la meteorología. Y no porque sea una ciencia inexacta, sino porque la experiencia demuestra que, en momentos y lugares determinados, la más rigurosa predicción es relativa. Nadie puede prever de lo que son capaces un estrechamiento de isobaras, una caída de cinco milibares o el efecto de un viento de treinta nudos al doblar un cabo o embocar un estrecho. Pese a todo, o precisamente a causa de eso, siento un gran respeto por los meteorólogos. Buena parte del tiempo que paso en el mar lo hago en tensión continua: mirando el barómetro, atento al canal de radio correspondiente con libreta y lápiz a mano, o sentado ante el ordenador de la mesa de cartas, consultando las previsiones meteorológicas oficiales e intentando establecer las propias. Hace años las completaba con llamadas telefónicas a los viejos compañeros de la tele —mis queridos Maldonado y Paco Montesdeoca—, que me ponían al corriente de lo que podía esperar. Los medios de predicción son ahora muchos y accesibles. España, que cuenta con un excelente servicio de ámbito nacional, carece sin embargo de cauces eficaces de información meteorológica marina: sus boletines públicos son pocos y se actualizan despacio, y su presentación en Internet es deficiente. Por suerte, funcionan páginas de servicios franceses, ingleses e italianos, entre otros, que permiten completar muy bien el panorama. Para quien se preocupa de buscarla, hay disponible una información meteorológica marina —o terrestre, en su caso— bastante razonable. O muy buena, en realidad.

Debo algunos malos ratos a los meteorólogos. Es cierto. Pero no les echo la culpa de mis problemas. Hacen lo que pueden, lidiando cada día con una ciencia inexacta y necesaria. Me hago cargo de la dificultad de predecir el tiempo con exactitud. Nunca esa información fue tan completa ni tan rigurosa como la que tenemos ahora. Nunca se afinó tanto, aceptando el margen de error inevitable. Un meteorólogo establece tendencias y calcula probabilidades con predicciones de carácter general; pero no puede determinar el viento exacto que hará en la esquina de la calle Fulano con Mengano, los centímetros de nieve que van a caer en el kilómetro tal de la autopista cual, o los litros de agua que correrán por el cauce seco de la rambla Pepa. Tampoco puede hacer cálculos particulares para cada calle, cada tramo de carretera, cada playa y cada ciudadano, ni abusar de las alarmas naranjas y rojas, porque al final la peña se acostumbra, nadie hace caso, y acaba pasando como en el cuento del pastor y el lobo. Además, en última instancia, en España el meteorólogo no es responsable de la descoordinación de *las* administraciones públicas —un plural significativo, que por sí solo indica el desmadre—, de la cínica desvergüenza y cobardía de ministros y políticos, de la falta de medios informativos adecuados, de los intereses coyunturales del sector turístico-hotelero, de la codicia de los constructores ladrilleros y sus compinches municipales, ni de nuestra eterna, contumaz, inmensa imbecilidad ciudadana.

Hay una palabra que nadie acepta, y que sin embargo es clave: vulnerabilidad. Hemos elegido, deliberadamente, vivir en una sociedad vuelta de espaldas a las leyes físicas y naturales, y también a las leyes del sentido común. Vivir, por ejemplo, en una España con diecisiete gobiernos paralelos, donde 26.000 kilómetros de carreteras dependen del Ministerio de Fomento y 140.000 de gobiernos autonómicos, diputaciones forales y consejeros diversos, cada uno a su aire y, a menudo, fastidiándose unos a otros. Una España en la que el Servei Meteorològic de Catalunya reconoce que no mantiene contacto con la Agencia Estatal de Meteorología, cuyos informes tira sistemáticamente a la papelera. Una España donde, según las necesidades turísticas, algunas televisiones autonómicas *suavizan* el mapa del tiempo para no desalentar al turismo. Una España que a las once de la mañana tiene las carreteras llenas de automóviles de gente que dice que va a trabajar, y donde uno de cada cuatro conductores reconoce que circula pese a los avisos de lluvia o nieve. Una España en la que quienes viven voluntariamente en lugares llamados —desde hace siglos— La Vaguada, Almarjal o Punta Ventosa se extrañan de que una riada inunde sus casas o un vendaval se lleve los tejados. Por eso, cada vez que oigo a un político o a un ciudadano de infantería cargar la culpa de una desgracia sobre los meteorólogos, no puedo dejar de pensar, una vez más, que nuestro mejor amigo no es el perro, sino el chivo expiatorio.

Cervantes, esquina a León

Me gusta la calle Cervantes de Madrid. No porque sea especialmente bonita, que no lo es, sino porque cada vez que la piso tengo la impresión de cruzarme con amistosos fantasmas que por allí transitan. En la esquina con la calle Quevedo, uno se encuentra exactamente entre la casa de Lope de Vega y la calle donde vivió Francisco de Quevedo, pudiendo ver, al fondo, el muro de ladrillo del convento de las Trinitarias, donde enterraron a Cervantes. A veces me cruzo por allí con estudiantes acompañados de su profesor. Eso ocurrió el otro día, frente al lugar donde estuvo la casa del autor del *Quijote,* recordado por dos humildes placas en la fachada —en Londres o París esa calle sería un museo espectacular con colas de visitantes, librerías e instalaciones culturales, pero estamos en Madrid, España—. La estampa del grupo era la que pueden imaginar: una veintena de chicos aburridos, la profesora contando lo de la casa cervantina, cuatro o cinco atendiendo realmente interesados, y el resto hablando de sus cosas o echando un vistazo al escaparate de un par de tiendas cercanas. Cervantes les importa un carajo, me dije una vez más. Algo comprensible, por otra parte. En el mundo que les hemos dispuesto, poca falta les hace. Mejor, quizás, que ignoren a que sufran.

Pasaba junto a ellos cuando la profesora me reconoció. Es un escritor, les dijo a los chicos. Autor de tal y cual. Cuando pronunció el nombre del capitán Alatriste, alguno me miró con vago interés. Les sonaba, supongo, por Viggo Mortensen. Saludé, todo lo cortés que pude, e hice ademán de seguir camino. Entonces la profesora dijo que yo conocía ese barrio, y que les contase algo sobre él. Cualquier cosa que pueda interesarles, pidió.

La docencia no es mi vocación. Además, albergo serias reservas sobre el interés que un grupo de quinceañeros puede tener, a las doce de la mañana de un día de invierno frío y gris, en que un fulano con canas en la barba les cuente algo sobre el barrio de las Letras. Pero no tenía escapatoria. Así que recurrí a los viejos trucos de mi lejano oficio. Plantéatelo como una crónica de telediario, me dije. Algo que durante minuto y medio trinque a la audiencia. Una entradilla con gancho, y son tuyos. Luego te largas. «Se odiaban a muerte», empecé, viendo cómo la profesora abría mucho los ojos, horrorizada. «Eran tan españoles que no podían verse unos a otros. Se envidiaban los éxitos, la fama y el dinero. Se despreciaban y zaherían cuanto les era posible. Se escribían versos mordaces, insultándose. Hasta se denunciaban entre sí. Eran unos hijos de la grandísima puta, casi todos. Pero eran unos genios inmensos, inteligentes. Los más grandes. Ellos forjaron la lengua magnífica en la que hablamos ahora.»

Me reía por los adentros, porque ahora todos los chicos me miraban atentos. Hasta los de los escaparates se habían acercado. Y proseguí: «Tenéis suerte de estar aquí —dije, más o menos—. Nunca en la historia de la cultura universal se dio tanta concentración de talento en cuatro o cinco calles. Se cruzaban cada día unos y otros, odiándose y admirándose al mismo tiempo, como os digo. Ahí está la casa de Lope, donde alojó a su amigo el capitán Contreras, a pocos metros de la casa que Quevedo compró para poder echar a su enemigo Góngora. Por esta esquina se paseaban el jorobado Ruiz de Alarcón, que vino de México, y el joven Calderón de la Barca, que había sido soldado en Flandes. En el convento que hay detrás enterraron a Cervantes, tan fracasado y pobre que ni siquiera se conservan sus huesos. Lo dejaron morir casi en la miseria, y a su entierro fueron cuatro gatos. Mientras que al de su vecino Lope, que triunfó en vida, acudió todo Madrid. Son las paradojas de nuestra triste, ingrata, maldita España».

No se oía una mosca. Sólo mi voz. Los chicos, todos, estaban agrupados y escuchaban respetuosos. No a mí, claro, sino el eco de las gentes de las que les hablaba. No las palabras de un escritor coñazo cuyas novelas los traían sin cuidado, sino la historia fascinante de un trocito de su propia cultura. De su lengua y de su vieja y pobre patria. Y qué bien reaccionan estos cabroncetes, pensé, cuando les dan cosas adecuadas. Cuando los hacen atisbar, aunque sea un instante, que hay aventuras tan apasionantes como el París-Dakar o mira quién baila, y que es posible acceder a ellas cuando se camina prevenido, lúcido, con alguien que deje miguitas de pan en el camino. Le sonreí a la profesora, y ella a mí. «Bonito trabajo el suyo, maestra», dije. «Y difícil», respondió. «Pero siempre hay algún justo en Sodoma», apunté señalando al grupo. Mientras me alejaba, oí a algunos chicos preguntar qué era Sodoma. Me reía a solas por la calle del León, camino de Huertas. Desde unos azulejos en la puerta de un bar, Francisco de Quevedo me guiñó un ojo, guasón. Le devolví el guiño. La mañana se había vuelto menos gris y menos fría.

Facha el último

Hay un perverso acicate mutuo entre la sociedad, sus políticos y sus cronistas. Un desafío permanente para ver quién llega más lejos en la espiral del disparate. En esta España acomplejada y cobarde, el canon de lo correcto se ha convertido en perpetuo salto mortal, regado por la baba oportunista de la cochina clase que goza de coche oficial. En cuanto la sociedad establece o acepta un punto de vista, los medios informativos lo recogen y amplifican, consagrándolo aunque sea una perfecta gilipollez. Luego, ese enfoque es de nuevo recibido con entusiasmo por la sociedad, que intenta llevarlo más lejos, por el qué dirán. Maricón el último. O fascista, que se dice ahora para todo. Facha el último. La nueva pirueta es recogida por periódicos, televisión y tontos de guardia, y otra vez vuelve a desarrollarse el proceso. Así, de peldaño en peldaño, hasta el infinito. O hasta la náusea.

Un par de asuntos me recuerdan esto. Uno es la noticia de que niños de entre 11 y 15 años son sorprendidos en un descampado en ruinas jugando con armas simuladas, y que la policía las requisa; se parecen a las reales, disparan bolitas de plástico potencialmente peligrosas, y aunque su posesión es legal, manejarlas fuera de casa puede alarmar a algún vecino. Hasta ahí la cosa no tiene mayor importancia: chicos que juegan en lugar inadecuado, intervención policial. Punto. Cualquier fulano de mi generación, y de cualquier otra, ha jugado a la guerra en algún momento de su infancia. Yo lo hice, con los amigos, en el campo y en casa: pistolas, soldaditos de plomo y de plástico. Hasta un casco de soldado, tenía. Y un viejo fusil. Hace poco hablé aquí de películas de la Segunda Guerra Mundial, que no nos convirtieron en miembros de la Asociación del Rifle ni en psicópatas belicistas a Javier Marías, a Agustín Díaz Yanes ni a mí. En aquellos tiempos, dabas lo que fuera por un arma como las de verdad. Quiero decir que se trata exactamente de eso: niños jugando a lo que —dejando aparte a espartanos, vikingos, jenízaros, juventudes hitlerianas y otros extremos justificables o injustificables— niños de todas las razas y colores han jugado desde que el hombre existe sobre la tierra. Impulsos naturales en un chico, aunque en los últimos tiempos una panda de cantamañanas se empeñe en que, para erradicar la violencia del mundo y que todos nos besemos en la boca disfrazados de conejito Tambor, con lo que tienen que jugar los niños varones es con Barbies y cocinitas. Que hace falta ser imbécil.

Pero el punto no es ése. Lo que me llamó la atención al leer la información, publicada a cinco columnas, no fue que los niños jugaran a la guerra ni que la policía requisara el armamento —normal, hasta ahí—, sino el enfoque del redactor. No era éste un columnista de opinión, sino un reportero de los que cuentan cosas y dejan la existencia de Dios para los editorialistas, como dijo Graham Greene o uno de ésos. Sin embargo, tomaba partido en tono de reprobación moral contra «*ese supuesto juego, nada inocente*», dejando entrever que jugar a la guerra situaba al grupo de niños a medio paso de un grupo paramilitar neonazi. Por lo menos.

Esa afición a etiquetar según el canon, a meter en el paquete información y doctrina a la moda, es propia de cierto periodismo de todos los tiempos. Lo que pasa es que ahora actúa a lo bestia, contaminando masivamente a una sociedad que, en principio, debería ser más lúcida y crítica que cuantas la precedieron. En España, en ese aspecto, la única diferencia es que hoy vivimos acogotados por lo socialmente correcto en vez de por obispos y malas bestias cuarteleras. Por los mismos fanáticos y oportunistas que antaño condenaban los escotes, el baile, los libros perversos y el relajo en las buenas costumbres, yendo siempre más allá de la moral oficial para no quedarse cortos, por si las moscas. Hoy son pacifistas ejemplares —hasta con el aliento de Al Qaida en el cogote— como ayer fueron partidarios de la Cruzada nacionalcatólica o de quien les regara la maceta. Los tontos, los lameculos y los canallas de siempre.

Sobre esa adaptación del asunto a los tiempos que corren hay otro ejemplo significativo, de hace poco. En una entrevista, y entre varias cosas de interés, un actor congoleño declaraba que el hecho de ser negro limita la clase de papeles que le ofrecen interpretar aquí. El comentario, hecho por el entrevistado con toda naturalidad y como algo obvio, era elevado por el titular del periódico a la categoría de denuncia social: *«Sólo me ofrecen papeles de negro»*. Pues claro, pensé al leerlo. Papeles de taxista, médico, abogado, arquitecto, chapero, político, bombero, atracador, policía, rey Baltasar. De negro, o sea. Lo raro sería que le ofrecieran hacer de blanco. De Cid Campeador, por ejemplo. De capitán Alatriste o de coronel de las Waffen SS en el frente ruso. Aunque esto es España, concluí. No faltará, seguramente, quien pregunte por qué no pudo ser negro Hernán Cortés. Y todo se andará, al fin. Me temo.

Sobre galeones y marmotas

Hace tiempo que no les cuento una de esas historietas menudas de otros tiempos, de las que a veces me gusta recordar. Trozos de Historia con minúscula que a menudo permiten comprender con quién nos jugamos los cuartos desde hace siglos: las claves de este putiferio llamado España. No hay como mirar atrás para comprender lo que somos. Para asumir que en esta infeliz tierra poblada por algunas personas decentes y por innumerables sinvergüenzas, no ocurre nada que no haya ocurrido antes. Es como aquella película del día de la marmota, la de Bill Murray. Cuando vuelves del extranjero y abres un periódico o miras un telediario, compruebas que todo sigue igual, día tras día. Las mismas palabras, los mismos hechos, los mismos desalmados hijos de puta. Con las variantes seculares mínimas y lógicas, España es un continuo día de la marmota.

Habrá quien no vea mucha relación entre lo que acabo de teclear y el episodio de hoy. Pero allá cada cual. Es la elocuente historia del naviero vizcaíno Martín de Arana, súbdito leal de la Corona, que en 1625, para congraciarse con el rey Felipe IV y asegurar el futuro de un hijo suyo, se comprometió a construir seis galeones para la flota de Indias. Entró en ello con entusiasmo, jugándose la hacienda propia en un momento en que la construcción y el transporte naval eran negocio de poco futuro: la Corona estaba en bancarrota; los navieros, expuestos a que confiscaran sus naves para la guerra, y numerosos armadores se habían arruinado, acribillados a impuestos por parte de una administración ávida y corrupta, especializada en sangrar a todo cristo. *«No a de aver hombre particular que se atreba ya a fabricar nao de guerra, ni tampoco a hazerla de merchante, por el poco sueldo que da Su Majestad»*, escribía por esa época Tomé Cano en su *Arte para fabricar naos*.

Así estaba el patio y ése era el panorama. Tan español que quizá les suene. Supongo. Sin embargo, pese a los riesgos, Martín de Arana se metió en faena, confiado en que su esfuerzo y devoción le granjearían favor real en el futuro. Una especie de renta moral y honorable para sus hijos. Hay un interesante libro titulado *Seis galeones para el rey de España* —lo utilicé hace ocho años entre la documentación para el episodio de Alatriste *El oro del rey*—, donde la historiadora norteamericana Carla Rahn Phillips demuestra que al naviero vizcaíno, detalle difícil hoy de comprender pero natural en aquel tiempo, no lo movía el beneficio económico sino el celo y el deber de buen vasallo; el honor familiar de tener al rey por deudor de su casa y de su nombre. Por eso firmó un contrato y empezó la construcción de los galeones con su dinero. Cuestión, esta de soltar pasta, peliaguda en un momento como aquél, cuando la administración real pagaba tarde y mal, si es que lo hacía.

Ahorro pormenores, porque estoy seguro de que los imaginan. Arana no sólo dejó la salud y la hacienda en el empeño, sino que durante las diferentes etapas de la construcción y acastillaje de las naves, ya difícil por las dificultades para conseguir materiales adecuados y mantener el ritmo de trabajo en el astillero, le cayó encima una nube de contadores, veedores, inspectores, supervisores, recaudadores, funcionarios reales y otras sanguijuelas de la administración que le amargaron la vida hasta extremos inauditos. Llegó a temer, incluso, que el rey lo dejase tirado, y tener que comerse los galeones a medio construir, con patatas. El pobre Arana, que ya había invertido 8.000 ducados por la cara, tuvo que viajar varias veces a Madrid y hacer antesala en el Palacio Real, tragando pasillo. Aprovechó para recordar lo de su hijo, a quien pedía concediesen el mando de una de las compañías de infantería que iban a servir en los galeones. Demanda a la que, por supuesto, no se hizo ni puñetero caso.

Abrevio la triste historia. Entregados por Arana los galeones, ni el rey ni nadie le dieron las gracias. Lo que se hizo fue una auditoría, para ver si había manera de trincarlo por algo y no pagarle 4.000 ducados que aún se le adeudaban. Salió de eso bastante limpio, demostrada su honradez y lealtad; y a cambio de la suma, nunca reintegrada, le dieron varias pinazas y embarcaciones menores de poca utilidad para la Corona, a fin de que con ellas recuperase parte de los gastos. Años después, el vizcaíno todavía reclamaba que se cumpliese el compromiso con su hijo, y en 1644 moría en pleno litigio con los administradores reales, *«que han llevado mi familia a la ruina»*. Un final, éste, que resulta difícil no asociar con el de otro personaje que sacrificó su hacienda y su vida por la Corona española, el general Ambrosio Spínola, expugnador de Breda, que por la misma época moría enfermo y lamentándose: *«Muero sin honor ni reputación. Me lo quitaron todo, el dinero y el honor. No es éste el pago que merecen cuarenta años de servicios».*

Como les decía, oigan. España eterna. Desde Viriato, o antes. El día de la marmota.

Era pacífico y peligroso

No pretendo compartir mi dolor, ni nada de eso. Le habría parecido un ejercicio cursi. Una mariconada. Sólo aprovecho esta página para dedicarle el homenaje que merecía. Que le habría gustado tener cuando palmara. Murió hace unos días, a los cincuenta y nueve tacos, tras un derrame cerebral que lo tuvo un mes con el pie en el estribo. Pepe Perona, maestro de Gramática. No firmaba de otro modo. También era catedrático de Gramática Histórica de la Universidad de Murcia, pero eso le importaba menos. Era un maldito esnob. A algunos de ustedes les suena, supongo, porque durante quince años asomó en estos artículos, de vez en cuando, en su calidad de miembro de la selecta hermandad de arponeros de Nantucket, entre humo de tabaco y ginebra azul. También fue personaje de una novela mía: Néstor Perona, maestro cartógrafo. Hasta en el cine salió un pavo haciendo de él. Bastante bien, por cierto. Ahora se ha muerto, el muy cabrón, dejándome aullando como un lobo triste. Buscando alguien en quien vengarlo, y vengarme.

Café, tabaco y silencio, hoy prohibidos, decía. Y libros. Miles de ellos. Sabía griego, latín. Su tesis doctoral se tituló *Influencia de Nietzsche y Schopenhauer en la generación del 98*. Lo sabía todo sobre Nebrija, sobre quien publicó una importante edición crítica. También tuvo la sangre fría de sacar *In silentium*, libro con todas las hojas en blanco. Lo tengo en mi biblioteca. *«No leáis, que no merece la pena —decía—. Así, al menos, habrá menos chicles pegados en el suelo de los museos y las bibliotecas».* Le encantaba dar por saco a tontos, mediocres y canallas con ese desprecio refinado e inteligente, desprovisto de piedad, que era su marca del Zorro. *«El peor cáncer de este tiempo es que las masas hayan aprendido a leer»*, escribía. *«Así, la inteligencia se ha puesto a su servicio y se ha degradado.»* Poseía una perspicacia apocalíptica y una cultura extraordinaria, que ponía a disposición de sus amigos como quien pone sobre la mesa un paquete de cigarrillos, un buen vino y unos cuantos vasos. Misántropo, malhumorado, gruñón, nunca tuvo el menor respeto por el género humano. Sólo por su familia y sus pocos amigos, a los que escogía deliberadamente. E infeliz quien no pasara el examen. A veces, en alguna cena, yo tenía que saltar casi por encima de la mesa para trincarlo por el cuello cuando le daba por escupir dialécticamente a alguien. Despreciando era letal. Implacable. La mejor definición que conozco es del periodista Antonio Arco, que lo conocía bien: *«Era pacífico y peligroso»*.

Me hizo feliz a menudo, acompañándome en momentos importantes de mi vida como escritor. Venía con el resto de la peña y se sumaba a comidas, a cenas, a copas hasta las tantas. Leal como un arponero intrépido. Yo lo admiraba, como todos, sin condiciones ni límites. Pertenecía a una casta superior. El día que consiguió su cátedra, el profesor Belmonte y yo cerramos una discoteca y le organizamos una fiesta invitando a todos los jóvenes de su facultad. Y quemamos Murcia. Entre mis mejores recuerdos se cuenta una noche en la que él y Alberto Montaner —otro monstruo extraordinario—, catedrático de la Universidad de Zaragoza, discutieron en el café Gijón de Madrid, adoptando uno el punto de vista dominico y otro el jesuita —podían haber intercambiado papeles sin despeinarse—, en un duelo irónico, brillantísimo, que nos tuvo a los amigos fascinados durante horas. Y es legendaria la anécdota de cuando una alumna fue a pedirle a Pepe Perona que dirigiera su tesis de licenciatura, y él dijo: «*De acuerdo. Empezará usted yendo a la biblioteca del Vaticano, a Florencia y a Bolonia para prepararse. Le procuraré el modo de hacerlo*». Ella respondió: «*No creo que mi novio me deje*». Y entonces el maestro de Gramática, indicándole la puerta, zanjó: «*Pues que le dirija la tesis su novio, señorita*».

La ausencia de su sonrisa divertida y fatigada, sin esperanza, deja en mi vida un agujero del tamaño de un disparo de postas. Nunca olvidaré su mueca escéptica de sabio educado en la altivez del suicidio, que sabe cómo y dónde termina todo. «*La cultura se ha ido a la mierda* —solía decir—. *Occidente ha desaparecido*». Adivinaba la venganza cíclica de la Historia en este cochambroso mundo viejo, impotente, ya sólo capaz de parodiarse a sí mismo, estrangulado por políticos iletrados y masas de turismo analfabeto. «*Es un error promover la lectura del* Quijote *en las escuelas* —escribió una vez—. *¿Quién librará a los alumnos de las depresiones promovidas por la lectura y su meditación?*». Lo peor de todo es que, muriéndose a destiempo, el maestro de Gramática revienta nuestro plan de asistir juntos a las últimas horas de esta caduca y moribunda Europa: acodados en la ventana de una biblioteca, copa de vino y cigarrillo a mano, viendo a la gente correr aterrada por las calles mientras los bárbaros violan a respetables matronas, saquean la ciudad y arde Roma.

Palabras de honor

Hubo un tiempo en que los chicos nos pegábamos a la salida del colegio porque, durante el recreo, alguien había puesto en duda nuestra palabra de honor. En aquella época, más ingenua que ésta, de cine con bolsa de pipas, de tebeos del Guerrero del Antifaz, de libros de la colección Historias o Cadete Juvenil —*Con el corazón y la espada, Ivanhoe, Quintín Durward, El talismán* y cosas por el estilo—, de Reyes Magos que traían la espada del Cisne Negro, poner el honor como aval de esto o lo otro era un argumento al que algunos recurríamos con cierta soltura. Quizá porque también oíamos esa palabra en boca de nuestros mayores. En cualquier caso, con esa recta honradez que suelen tener los muchachos mientras no crecen y la pierden, algunos solíamos llevar el asunto hasta las últimas consecuencias. Eso solía zanjarse más tarde, fuera de clase para no incurrir en indisciplinas punibles por el hermano Severiano, o su homólogo de turno según el lugar y las circunstancias. Resumiendo: círculo de compañeros, carteras en el suelo, puños y allá cada cual. Zaca, zaca. A veces, al acabar, nos dábamos la mano. A veces, no. De cualquier modo, como digo, eran otros tiempos. Hoy le hablas a un chico de honor y lo más probable es que te mire como si acabaras de fumarte algo espeso. Como mucho, si mencionas esa palabra —*«Cualidad moral que lleva al cumplimiento de los propios deberes respecto del prójimo y de uno mismo»*, dice el DRAE—, algunos pensarán en rancios lances de capa y espada, en talibanes fanáticos que lapidan a su hija porque se niega a usar burka, o en esa gentuza que de vez en cuando aparece en el telediario diciendo: «*Prometo por mi honor cumplir los deberes de mi cargo*», etcétera. No hay nada más eficaz para corromper la palabra *honor* que ponerla en boca de un político: una ministra de Educación, un ministro de Economía, un presidente de Gobierno. Pasados, presentes o futuros, todos ellos, sean cuales fueren sus partidos e ideologías. Igualados en la misma desvergüenza.

Pero no sólo se trata de políticos, ni de jóvenes. Cada sociedad, en cada momento, es lo honorable que llega a ser el conjunto de sus individuos. Las menudas honras, que decían los clásicos cuando ambas palabras, honra y honor, andaban emparentadas, y no siempre para bien. Muchas son las infamias que en todo tiempo se cometieron en nombre de una y otra, como sigue ocurriendo. No hay palabra, por noble que sea, que no deje una larga estela de canalladas perpetradas al socaire. Sin embargo, pese a todo eso y a la lucidez obligada del siglo en que vivimos, a veces lamentas no encontrar con más frecuencia a gente en la que el honor sea algo más que una fórmula equívoca o un recurso demagógico, vacío de sentido. A fin de cuentas, la propia estima, los *«deberes respecto del prójimo y de uno mismo»*, también ayudan a conseguir un mundo mejor y más justo. O a soportar el que tenemos.

Recuerdo una historieta personal que viene al pelo. Ocurrió hace casi treinta años, cuando yo conducía por una carretera del sur de España. Adelanté frente a un cambio de rasante, con el espacio justo para ponerme a la derecha sólo unos palmos antes de la línea continua. En ese momento, una pareja de motoristas de la Guardia Civil coronaba la rasante; y el primero de ellos, creyendo desde su posición lejana que yo había pisado la línea, hizo gestos enérgicos para que detuviese el coche. Paré en el arcén, seguro de que no había llegado a infringir las normas. Se acercó un picoleto joven, corpulento, hosco. Ha pisado

usted tal y cual, dijo. Me bastó echarle un vistazo a su cara
para comprender que de nada servía discutir. «¿Quién está
al mando?», pregunté con mucha corrección. Me miró,
desconcertado. «El cabo», respondió, señalando al compañero que había estacionado la Sanglas al otro lado de
la carretera. Salí del coche, crucé el asfalto y me acerqué al
cabo. Era veterano, bigotudo. «Pagaré la multa con mucho
gusto», dije. «Sólo quiero pedirle que antes me permita
hacerle una pregunta.» Me miraba el guardia suspicaz, sin
duda preguntándose adónde quería ir a parar aquel fulano
redicho que tenía delante. «¿Me da usted su palabra de
honor —proseguí— de que me ha visto pisar la línea continua?». Me estudió un rato largo, sin abrir la boca. Al cabo
hizo un seco ademán con la cabeza. «Puede irse», respondió.
Entonces fui yo quien se lo quedó mirando. «Gracias», dije.
Le tendí la mano y él, tras una brevísima vacilación, me la
estrechó. Di media vuelta, subí a mi coche y me fui de allí.
Fin de la historia.

Y ahora intenten imaginar hoy una situación parecida. «¿Me da usted su palabra de honor, señor guardia?» El
motorista revolcándose de risa por el arcén, con el casco
puesto. Y luego, con toda la razón del mundo, haciéndome
soplar en el alcoholímetro y calzándome tres multas: una por
pisar la continua, otra por ir mamado y otra por gilipollas.

900 euros al mes

El otro día escuché a la ministra de Educación. Me parece que era ella. Y si no, da igual. Sería otra pava que hablaba como la ministra de Educación. Títulos, por cierto, el de ministra y el de Educación, que en España parecen sarcasmos. O que lo son. La oí satisfecha de esto y aquello, goteando agua de limón, encantada de que, gracias a ella y sus colegas, el nivel cultural y educativo de los españoles de España vaya a estar a la cabeza de Europa de aquí a nada, e incluso antes, merced a su buen pulso y a sus previsiones astutas, que tienen rima. Con rutas y con virutas. Después, en el mismo telediario, creo, escuché a un ministro de Economía —por llamarlo de alguna forma— que anda camuflado y con gafas de sol, pese a lo arrogante que era en otro tiempo, después de pasar una larga temporada justificando lo injustificable. Y me dije: hay que ver, Arturete, qué poco trecho va, en esta perra vida, de fulano respetable a ministro, y de ahí a marioneta o sicario. Pero lo que me tocó el trigémino fue que ambos, ministra y ministro, mencionaran a los jóvenes y el futuro, en sus respectivos largues, sin despeinarse. Esos jóvenes llenos de futuro por los que tanto curran. Y se desvelan.

Así que voy a proporcionarles hoy, para facilitar un poquito el desvelo, el retrato robot de uno de esos jóvenes por los que cada día, en los ministerios correspondientes, se rompen abnegadamente los cuernos. Puede valer como ejemplo una de las cartas que me llegaron esta semana: la de una chica de 28 años que trabaja en una tienda de Reus cobrando 900 euros al mes. Con novio desde hace dos años:

un chaval noblote y atento, pero con quien no puede irse a vivir, como quisiera, entre otras razones porque él lleva ya seis meses en el paro; y ella, por su parte, carga en su casa con todo el peso de la economía familiar.

Porque ésa es otra. Con la chica viven su padre y su madre. Ésta, enferma de epilepsia, después de trabajar quince años sin que la dieran de alta en la Seguridad Social, no tiene trabajo, ni ayuda, ni pensión; y los setenta euros que se gasta cada mes en medicinas —un hachazo para la mermada economía familiar— tiene que dárselos su hija. Había en casa una cuarta persona, segunda hija, estudiante, que trabajaba cuando podía hasta que también se quedó sin empleo, y tuvo que irse a vivir a casa de su novio, con la familia de éste, porque en su casa una estudiante era una boca más y no había modo de mantenerla.

En cuanto al padre, nos vale también para retrato robot del español medio. Echado a la calle de la empresa donde estuvo veinticinco años trabajando, perdió el juicio, como cada vez, o casi, que un trabajador se enfrenta en solitario a una multinacional. Después tuvo que pagar las costas procesales y la minuta del abogado, y ni siquiera pudo cobrar el finiquito. Ruina total. Tuvo que dejar el piso que ya estaba casi pagado, malvender el camión con el que trabajaba, liquidar letras e irse a vivir a un sitio más modesto, pagando 900 euros mensuales de hipoteca más gastos de comunidad. Al cabo de un tiempo de estar en el paro consiguió, temporalmente, un trabajo de seis días a la semana llevando un tráiler al extranjero, por 1.600 euros mensuales que, descontados seguros, hipoteca, comida, teléfono e impuestos, no alcanzaban a pagar la luz, el agua y el gas. Pero ese dinero lo dejó de cobrar al quedarse de nuevo en paro por la crisis —esa que no iba a existir, y que ahora sólo durará, afirman, un par de telediarios—. Y resulta, para resumir, que un hombre que ha trabajado toda su vida, desde los catorce años, se encuentra a los cincuenta y tres con que el mes que viene no puede pagar la hipoteca de la humilde vivienda donde se refugió tras perder el primer trabajo y la otra. Porque no tiene los cochinos 900 euros cada mes. Porque resulta que el único dinero que entra en casa, justo esa cantidad, es el que gana su hija: la joven cuyo futuro maravilloso planean con tanto esmero y eficacia la ministra de Educación, el de Economía y el resto de la peña. Y esa chica, con el sueldo miserable que percibe por trabajar ocho horas diarias seis días a la semana, con la casa familiar puesta a su nombre —el padre, comido de embargos, no pudo ponerla al suyo—, tiene ahora la angustia añadida de que, con los tiempos que vienen, o están aquí, en la tienda entra menos gente, y cualquier día pueden cerrarla y ponerla a ella en la calle. Y mientras, mantiene a su padre y a su madre, paga la luz, el agua, el gas y el teléfono, compra comida y lleva un año sin permitirse un libro o una revista, ni ir a un museo —los cobran— ni al cine, ni salir con su novio un sábado por la noche. Porque no puede. Porque no tiene con qué pagarse, a los veintiocho años y con una carrera hecha, trabajando desde hace cuatro, una puta cerveza.

Así que ya ven. Barrunto que la ministra de Educación, y el de Economía, y la ilustre madre que los parió, no hablan de los mismos jóvenes. Ni de la misma España.

La nieta gorilera

Vaya por delante que no tengo nada en contra de que una nieta del general Franco se gane la vida. Lo mismo me da que se la gane ella que una nieta del general Miaja, del general Von Paulus o del general Motors. Cada cual se lo monta como puede. Lo que me calienta la recámara es que me fastidien el desayuno. Como saben los veteranos de esta página, el arriba firmante desayuna crispis con un vaso de leche —dejé el colacao hace un par de años— y hojeando revistas del corazón. Para alguien que, como es mi caso, apenas ve la tele, esos quince minutos mañaneros son una forma como otra cualquiera de pasar el rato echando pan a los patos. Me entero, por ejemplo, de cómo es de grande la biblioteca de Julio Iglesias júnior, de quién es el último pavo que trabaja en la bisectriz de Ana Obregón, o de si las camisetas ceñidas del duque de Lugo necesitan o no wonderbrá. Cosas así. Me pongo al día viendo fotos, como digo; y en ese ratillo me ahorro incontables horas de telemierda.

Lo de Carmen Martínez-Bordiú, sin embargo, me supera. Me refiero a su desvergüenza mediática. Cada vez que, en ciclo siniestro e inevitable, la veo ocupar una portada del *¡Hola!* —viaja más que Phileas Fogg— me pregunto qué hemos hecho los lectores fieles para merecerla. Sobre todo me pregunto por qué mi prima, y no otra. Cuál es su glamour. Su magisterio intelectual. Sus poderes. El gancho fotogénico y periodístico de una señora que tampoco es, puestos a señalar, Elsa Pataky ni Elena Cué —esas portadas no me atragantan los crispis, fíjense—, y cuyas declaraciones, toque lo que toque, son más elementales, querido Watson, que el mecanismo de un sonajero. Todavía recuerdo, de cuando el *Prestige*, esta honda y comprometida declaración suya: «*Si tuviera una pala, iría a Galicia a recoger chapapote*». Pero claro. No pudo ir, la pobre. No tenía pala, y la ferretería pillaba lejos.

La última es para enmarcarla: «*Carmen Martínez-Bordiú relata su fascinante aventura entre los gorilas de Uganda*». La relata ella, ojo. O eso cuentan. Escribiendo con sus deditos, palabra a palabra, un conmovedor viaje al corazón de las tinieblas, en plan Joseph Conrad, o casi: «*Sabía desde el principio que iba a ser un viaje difícil y duro, pero que también sería una experiencia única*». Guau. Pero no crean que esta vez es como aquella otra, la última o penúltima, cuando salió vestida de beduina sahariana —diez o doce páginas diciendo simplezas a todo color— para explicarnos que la paz del desierto la reconfortaba mucho espiritualmente. No. Ahora es más profunda. Se ha currado el viaje, documentándolo como una erudita. Eso la lleva a deducir, ante el paisaje africano, que «*debió de ser con vistas semejantes cuando Churchill dijo de Uganda que era la perla de África*». Nada menos, oigan. Churchill. Leído en sus memorias, supongo. De cualquier modo, de todo el crudo relato de la fascinante aventura gorilera, me quedo con el calvario que pasó Carmen para llegar a su objetivo: «*Vamos camino de la selva impenetrable. Todavía no sé cómo puedo escalar con un palo en la mano y con la otra agarrándome a las lianas*». Y luego, como sorpresa por completo inesperada, la enriquecedora aventura humana: «*En nuestro recorrido nos encontramos con una comunidad de pigmeos*». Tremendo. Y es que la imagino abriéndose paso a machetazos en la espesura procelosa, chas, chas, chas, como Stewart Granger en *Las minas del rey Salomón*, hasta cortarle, por descuido, la trompa a un elefante; y al elefante indignado, diciéndole con acento nasal: «*¿Tú estás tonta, o qué?*». Y luego, más adelante, me estremezco al imaginarla de nuevo, dándose de boca, de pronto, con una inesperada tribu de pigmeos feroces que pasaban por allí, casualmente, dedicados a lo suyo. A hervir misioneros y cosas asín. Qué valor, recórcholis. Qué apasionante aventura, santo cielo.

Pero lo mejor, de aquí a Lima, lo juro por Arturo, son las imágenes. Dudo que si no las han visto puedan valorarlas comme il faut: Carmen vestida de coronel Tapioca, con distintos modelitos según cada momento de la epopeya. Carmen de *bwana* blanca en la raya ecuatorial. Carmen con un bolso precioso en un descanso selvático. Carmen con otro bolso monísimo y una catarata detrás. Carmen con hipopótamos al fondo y una camisa divina de la muerte. Carmen sobre un puente de tablas y lianas, como Indiana Jones. Carmen con un rinoceronte al fondo y una botella de Lanjarón, o algo así, en la mano. Carmen en primer plano con una pocholada de pañuelo al cuello, y al fondo, chan, tatachán, gorilas en la niebla. Y gorilos. Todo eso, con la silicona impecablemente maquillada, sin una arruga en la ropa, y con cinco vestuarios y cuatro sombreros diferentes, que son los que he contado en las fotos. Por lo menos. Lo que fuerza a preguntarme si se cambiaba delante del macho Alfa —yo no lo haría, forastera— o los negros le llevaban un biombo.

Ese rojo maricón

Ayer vi de nuevo *Las cosas del querer,* de Jaime Chávarri, cuyo estreno me entusiasmó hace veinte años. Al poner el deuvedé temía que la película hubiera envejecido mal; pero lo cierto es que disfruté mucho. Las canciones son deliciosas, la historia está admirablemente contada, Ángela Molina sigue extraordinaria y guapísima, Ángel de Andrés Pérez borda su papel de pianista bruto y tierno, y Manuel Bandera está soberbio interpretando el personaje de Mario, inspirado sin rodeos en el inmenso, entrañable Miguel de Molina. Y como las cosas encajan unas con otras de manera misteriosa, hoy abro el periódico y me entero de que en Madrid hay una exposición, abierta hasta mayo, titulada: *Miguel de Molina. Arte y provocación.* No he ido a verla todavía, porque quiero escribir esta página con la película recién vista. En caliente. Para agradecer a Jaime Chávarri que hiciera lo que hizo, y para recordar a Miguel de Molina. Y no es un recuerdo cualquiera. Ni casual. Se lo dice a ustedes alguien que, cada vez que viaja por carretera, lleva puestos en el cedé del coche *Ojos verdes, Don Triquitraque y La bien pagá.* Entre muchas otras.

La historia de Miguel de Molina es tan española, tan de aquí, que duele con sólo teclearla. Una historia de talento roto, quebrada y trágica como la de aquella generación partida por la Guerra Civil, maltratada por un bando vencedor que demostró, en sus infames representantes, una falta absoluta de compasión y de decencia. Miguel de Molina era el artista más notable de su tiempo, y con él se ensañaron los nuevos amos de España, poniendo en ello toda la chulería arrogante, despiadada, de quienes se sabían impunes y poderosos. Al chiquillo que había empezado fregando el burdel de María la Limpia en Algeciras, al artista original y personalísimo que arrasaba en tablaos y escenarios, que nada tuvo que ver con la política, no le bastaba, para el favor de la nueva gentuza —la que arrebató el poder a la anterior gentuza—, haber sido obligado a echar flores desde una tribuna y saludar brazo en alto el desfile de los vencedores, junto a Jacinto Benavente y otros artistas. Tenía, además, que trabajar para empresarios que le pagaban tres veces menos de lo que había cobrado durante la República. Purgar así haber animado con su arte a los soldados rojos en los hospitales de guerra, lo mismo que habría animado a los nacionales de haber caído al otro lado. Era la España eterna, de siempre: conmigo o contra mí. El caso es que Miguel de Molina se negó a renovar un contrato, y lo pagó muy caro. Al terminar una función, tres individuos que se identificaron como policías —uno de ellos, el conde de Mayalde, sería luego alcalde de Madrid— lo llevaron a un descampado, lo forzaron a beber aceite de ricino y le dieron una paliza, arrancándole el pelo y algún diente. Y mientras el infeliz preguntaba por qué le pegaban, los otros respondían: «*Por rojo y maricón*».

Y luego, el exilio. Al artista enorme, ídolo de las radios y los escenarios, que había visto y oído nacer *Ojos verdes* en un café de Barcelona una noche de conversación entre él, Rafael de León y Federico García Lorca, le negaron los permisos para actuar, persiguiéndolo con saña allí por donde iba. La mano del franquismo era larga, entonces. Después de triunfar en Argentina, presiones de la embajada española lo forzaron a irse a México, donde también se le hizo la vida imposible —Jorge Negrete y Cantinflas lo putearon con muchas ganas— y terminó regresando a la Argentina de Perón. Allí escribió un poema —*Cuando te duela España—* que más o menos empieza diciendo: «*Esquiva los cuchillos / de los recuerdos*», y termina: «*Que el pan es uno solo / en cualquier tierra*». Y no volvió, claro. Regresó más tarde a España un par de veces, temporalmente —los periódicos lo machacaron a gusto por homosexual y republicano—, pero en realidad no volvió nunca. Se quedó allá, en Argentina, negándose durante mucho tiempo a ser entrevistado. Sin querer saber nada de su patria ni de los periodistas —yo fui uno de ellos, en 1978— que llamaron a su puerta. Cuando en el año 92, cincuenta y dos después de echarlo a palos, España le concedió la Orden de Isabel la Católica, a él ya le daba igual. Estaba fuera de plazo, y así lo dijo: «*Esa reparación me llega demasiado tarde*». Murió a los pocos meses, a punto de cumplir los 85 años, y está enterrado en Buenos Aires, en el cementerio de la Chacarita. Málaga reclamó sus restos el año pasado, pero yo creo que ni Málaga ni España lo merecen. A buenas horas, mangas verdes, habría dicho él. Mejor que lo dejen en paz donde está. Allí donde lo confinamos a palos, entre todos. Donde pudo quedarse. Nada resume mejor su vida que *La bien pagá,* aquella copla con la que una vez triunfó en los escenarios: «*Ná te pido, ná te debo, / me voy de tu vera, olvídame ya*». Miguel de Molina, como tantos. Como siempre. La puerca España.

Mediterráneo

Amarrar un barco bajo la lluvia, en la atmósfera gris de un puerto mediterráneo, suscita a veces una melancolía singular. Es lo que ocurre hoy. No hay sol que reverbere en las paredes blancas de los edificios, y el agua que quedó atrás, en la bocana, no es azul cobalto a mediodía, ni al atardecer tiene ese color de vino tinto por cuyo contraluz se deslizaban, en otro tiempo, naves negras con ojos pintados en la proa. El mar es verde ceniciento; el cielo, bajo y sucio. Las nubes oscuras dejan caer una lluvia mansa que gotea por la jarcia y las velas aferradas, y empapa la teca de la cubierta. Ni siquiera hay viento.

Aseguras los cabos y bajas al pantalán, caminando despacio entre los barcos inmóviles. Mojándote. En días como hoy, la lluvia contamina de una vaga tristeza, imprecisa. Hace pensar en finales de travesía, en naves prisioneras de sus cabos, bolardos y norays. En hombres que dan la espalda al mar, al final del camino, obligados a envejecer tierra adentro, recordando. Esta humedad brumosa, impropia del lugar y la estación, aflige como un presentimiento, o una certeza. Y mientras te vas del muelle no puedes evitar pensar en los innumerables marinos que un día se alejaron de un barco por última vez. También, por contraste, sientes la nostalgia del destello luminoso y azul: salitre y pieles jóvenes tostadas bajo el sol, rumor de resaca, olor a humo de hogueras hechas con madera de deriva, sobre la arena húmeda de playas desiertas y rocas labradas por el paciente oleaje. Memoria de otros tiempos. De otros hombres y mujeres. De ti mismo, quizás, cuando también eras otro. Cuando estudiabas el mar con ojos de aventura, en los puertos sólo presentías océanos inmensos e islas a las que nunca llegaban órdenes judiciales de busca y captura, y aún estabas lejos de contemplar el mundo como lo haces hoy: mirando hacia el futuro sin ver más que tu pasado.

En el bar La Marina —reliquia centenaria, sentenciado a muerte por la especulación local—, Rafa, el dueño, asa boquerones y sardinas. A un lado de la barra hay tres hombres que beben vino y fuman, junto a la ventana por la que se ven, a lo lejos, los pesqueros abarloados en el muelle próximo, junto a la lonja. Los tres tienen la misma piel tostada y cuarteada por arrugas como tajos de navaja, el aire rudo y masculino, la mirada gris como la lluvia que cae afuera, las manos ásperas y resecas de agua fría, salitre, sedales, redes y palangres. A uno de ellos se le aprecia un tatuaje en un antebrazo, semioculto por la camisa: una mujer torpemente dibujada, descolorida por el sol y los años. Grabada, supones, cuando una piel tatuada —mar, cárcel, milicia, puterío— todavía significaba algo más que una moda o un capricho. De cuando esa marca en la piel insinuaba una biografía. Una historia singular, turbia a veces, que contar. O que callar.

Sin preguntarte casi, Rafa pone en el mostrador de zinc un plato de boquerones asados, grandes de casi un palmo, y un vaso de vino. «Vaya un tiempo perro», dice resignado. Y tú asientes mientras bebes un sorbo de vino y te llevas a la boca, cogiéndolo con los dedos y procurando no te gotee encima el pringue, un boquerón, que mordisqueas desde la cabeza a la cola hasta dejar limpia la raspa. Y de pronto, ese sabor fuerte a pescado con apenas una gota de aceite, hecho sobre una plancha caliente, la textura de su carne y esa piel churruscada que se desprende entre los dedos que limpias en una servilleta de papel —un ancla impresa junto al nombre del bar— antes de coger el vaso de vino para llevártelo a los labios, disparan ecos de la vieja memoria, sabores y olores vinculados a este mar próximo, hoy fosco y velado de gris: pescados dorándose sobre brasas, barcas varadas en la arena, vino rojizo, velas blancas a lo lejos, en la línea luminosa y azul. Tales imágenes se abren paso como si en tu vida y tus recuerdos alguien hubiera descorrido una cortina, y el paisaje familiar estuviese ahí de nuevo, nítido como siempre. Y comprendes de golpe que la bruma que gotea en tu corazón sólo es un episodio aislado, anécdota mínima en el tiempo infinito de un mar eterno; y que en realidad todo sigue ahí pese al ladrillo, a la estupidez, a la desmemoria, a la barbarie, a la bruma sucia y gris. El sabor de los boquerones y las sardinas que asa Rafa en el bar es idéntico al que conocieron quienes, hace nueve o diez mil años, navegaban ya este mar interior, útero de lo que fuimos y lo que somos. Comerciantes que transportaban vino, aceite, vides, mármol, plomo, plata, palabras y alfabetos. Guerreros que expugnaban ciudades con caballos de madera y luego, si sobrevivían, regresaban a Ítaca bajo un cielo que su lucidez despoblaba de dioses. Antepasados que nacieron, lucharon y murieron asumiendo las reglas aprendidas de este mar sabio e impasible. Por eso, en días como éste, reconforta saber que la vieja patria sigue intacta al otro lado de la lluvia.

Cómo buscarse la ruina

Me despierta un ruido y miro el reloj de la mesilla de noche. Ha sonado en la planta de abajo. Así que cojo la linterna y el cuchillo K-Bar de marine americano —recuerdo de Disneylandia— y bajo las escaleras intentando ir tranquilo y echar cuentas. Cuántos son, altos o bajos, nacionales o de importación, armados o no. Si estuviera en un país normal, este agobio sería relativo. Bajaría con una escopeta de caza, y una vez abajo haría pumba, pumba, sin decir buenas noches. Albanokosovares al cielo. O lo que sean. Pero estoy en la sierra de Madrid, España. Tampoco me gusta la caza ni tengo escopeta. Sólo un Kalashnikov —otro recuerdo de Disneylandia— que ya no dispara. Por otra parte, una escopeta no iba a servirme de nada. Estoy en la España líder de Occidente, repito. Aquí el procedimiento varía. Mientras bajo por la escalera —de mi casa, insisto— con el cuchillo en la mano, lo que voy es haciendo cálculos. Pensando, si se lía la pajarraca, si no me ponen mirando a Triana y si tengo suerte de esparramar a algún malo, en lo que voy a contar luego a la Guardia Civil y al juez. Que tiene huevos.

Lo primero, a ver cómo averiguo cuántos son. Porque si encuentro a un caco solo y tengo la fortuna de arrimarme y tirarle un viaje, antes debo establecer los parámetros. Imaginen que descubro a uno robándome las películas de John Wayne, le doy una mojada a oscuras, y resulta que el fulano está solo y no lleva armas, o lleva un destornillador, mientras que yo se la endiño con una hoja de palmo y pico. Ruina total. La violencia debe ser proporcionada, ojo. Y para que lo sea, antes he de asegurarme de lo que lleva el pavo. Y de sus intenciones. No es lo mismo que un bulto oscuro que se cuela en tu casa de madrugada tenga el propósito de robarte *Río Bravo* que violar a tu mujer, a tu madre, a tus niñas y a la chacha. Todo eso hay que establecerlo antes con el diálogo adecuado. ¿A qué viene usted exactamente, buen hombre? ¿Cuáles son sus intenciones? ¿De dónde es? ¿A qué dedica el tiempo libre?... Y si el otro no domina el español, recurriendo a un medio alternativo. No añadamos, por Dios, el agravante de xenofobia a la prepotencia.

Pero la cosa no acaba ahí. Incluso si establezco con luz y taquígrafos los móviles exactos y el armamento del malo, un juez —eso depende del que me toque— puede decidir que encontrártelo de noche en casa, incluso armado de igual a igual, no es motivo suficiente para el acto fascista de pegarle una puñalada. Además hay que demostrar que se enfrentó a ti, que ésa es otra. Y no digo ya si en vez de darle un pinchazo, en el calor de la refriega le pegas tres o cuatro. Ahí vas listo. Ensañamiento y alevosía, por lo menos. En cualquier caso, violencia innecesaria; como en el episodio reciente de ese secuestrado con su mujer que, para librarse de sus captores, les quitó el cuchillo y le endiñó seis puñaladas a uno de ellos. Estaría cabreadillo, supongo, o el otro no se dejaba. Pues nada. Diez años de prisión, reducidos a cinco por el Tribunal Supremo. Lo normal. Por chulo.

Imaginemos sin embargo que, en vez de cuchillo, lo que esta noche lleva el malo es una pistola de verdad. Y que en un alarde de perspicacia y de potra increíble lo advierto en la oscuridad, me abalanzo heroico sobre el malvado, desarmándolo, y forcejeamos. Y pum. Le pego un tiro. Ruina absoluta, oigan. Sale más barato dejar que él me lo pegue a mí, porque hasta pueden demandarme los familiares del difunto. Otra cosa sería que el malo estuviese acompañado. En tal caso, nuestra legislación es comprensiva. Sólo tengo que abalanzarme vigorosamente sobre él, arrebatarle el fusco, calcular con astuta visión de conjunto cuántos malos hay en la casa, qué armamento llevan y cuáles son las intenciones de cada uno, y dispararle, no al que lleve barra de hierro, navaja empalmada, bate de béisbol o pistola simulada —ojito con esto último, hay que acercarse y comprobarlo antes—, sino a aquel que cargue de pistolón o subfusil para arriba. Todo eso, asegurándome bien, pese a la oscuridad y el previsible barullo, de que en ese momento el fulano no se está dando ya a la fuga; porque en tal caso la cagaste, Burlancaster. En cuanto al del bate de béisbol, el procedimiento es simple: dejo la pistola, voy en busca de otro bate, bastón o paraguas de similares dimensiones y le hago frente, mientras afeo su conducta y le pregunto si sólo pretende llevarse las joyas de la familia o si sus intenciones incluyen, además, romperme el ojete. Luego hago lo mismo con el de la navaja. Y así sucesivamente.

El caso es que, cuando llego al final de la escalera, comiéndome el tarro y más pendiente de las explicaciones que daré mañana, si salgo de ésta, que de lo que pueda encontrar abajo, compruebo que se ha ido dos o tres veces la luz, y que el ruido era del deuvedé y de la tele al encenderse. Y pienso que por esta vez me he salvado. De ir a la cárcel, quiero decir. Traía más cuenta dejar que me robaran.

Apatrullando el Índico

Imperativos de las artes gráficas obligan a escribir esta página un par de semanas antes de la fecha en que se publica. Lo aclaro porque es posible —poco probable, pero posible— que, cuando lean estas líneas, la fragata española destacada en el Índico haya destruido a cañonazos a toda una flotilla de piratas somalíes, o que nuestros comandos de la Armada, tras recibir vigorosa luz verde del implacable Ministerio de Defensa español, hayan liberado heroicamente a varios rehenes españoles o extranjeros, liándose a tiros, bang, bang, bang, y dándoles a los malandrines las suyas y las del pulpo sin pagar rescate ni pagar nada. Que no creo, la verdad. Aquí eso del bang bang se mira mucho, no vayamos a darle a alguien, que encima es negro y desnutrido, aunque lleve Kalashnikov, y a ver qué dicen luego la prensa, las oenegés y las estrellas del cine español. Pero nunca se sabe.

Hoy quiero hablar de una foto. En ella aparece la titular de Defensa, señora Chacón, con varios portavoces parlamentarios —el señor Anasagasti, la señora Rosa Díez y algún otro padre y madre de la patria— a los que invitó al océano Índico para retratarse a bordo de la fragata *Numancia;* que como saben forma parte del dispositivo internacional que allí protege, o lo intenta, el tráfico mercante. En la foto, los portavoces varones y hembras sonríen felices, cual si acabaran de cantarle a la marinería lo de *«Soldados sin bandera / soldados del amor»*, satisfechos por llevar al cuerno de África un mensaje de compromiso y firmeza. Mucho ojito, piratas malvados, que con España no se juega. Aquí estamos todos, unidos como una piña colada, para dar aliento a nuestros tiradores de élite. Cuidadín. Etcétera. Estoy seguro de que, después de verlo en el telediario, las familias de los tripulantes de atuneros, petroleros, portacontenedores y otros barcos españoles duermen tranquilas. Relajadísimas. Nuestra Armada está ojo avizor, y nuestros políticos la apoyan. El protocolo operativo contempla el uso de la fuerza, siempre y cuando no peligre la vida de secuestrados ni de secuestradores. O algo así. A ver qué pirata le echa huevos y se atreve ahora.

Debo confesar algo inconfesable. Y, por tanto, lo confieso. Habría dado mi colección completa de primeras ediciones en gabacho de Corto Maltés —blanco y negro, editorial Casterman— por que, en el momento mismo de la foto, una docena de piratas somalíes hubiesen decidido sumarse por su cuenta al homenaje. Me tiembla el dedo de placer, dándole a la tecla, al imaginar a una docena de Isas y Mojamés abordando la *Numancia* con su cayuco mientras todo el mundo estaba pendiente del fotógrafo. Hola, buenas. Aquí mi cuñado, aquí mi primo. El del lanzagranadas es mi suegro. De momento nos van a pagar ustedes veinte kilos en billetes nuevos. Si no es molestia. Y díganle a la rubia de las gafas y los piños que deje de hablar por el móvil pidiendo auxilio y se siente, coño.

Y luego el operativo. Gabinete de crisis en Moncloa. Café y expertos. Ese presidente Zapatero telefoneando a Obama para preguntarle qué haría él en un caso similar, y el otro respondiendo que ya lo hizo: no pagar un duro y cargarse a los malos. Eso es totalitario, responde Zapatero. Indigno de un presidente afroamericano de color. Entre Sarkozy y tú me vais a desmontar el chiringuito con vuestros putos pistoleros. Nosotros tenemos Alianza de Civilizaciones, chaval. Somos líderes en eso. Además, te informo de que la violencia sólo engendra violencia. La piratería está tocando fondo, dentro de un par de meses empezará a disminuir, y mi Gobierno ya toma medidas para que cuando desaparezca del todo, que será pronto, África y sus habitantes encuentren a España preparada para convertir aquello en Hollywood. Que no te enteras, tío.

Y después, tatatachán, el desenlace. Al alba y con viento de levante, tras arduas y enérgicas negociaciones a través de la embajada de Cataluña en Mogadiscio, el ministro Moratinos anuncia otro éxito diplomático y humanitario sin precedentes: «Hemos pagado enérgicamente —dice sin despeinarse— el rescate en un tiempo récord, cosa nada fácil con las transferencias, los horarios de bancos y demás. En cuanto a lo que de verdad preocupa a los españoles, la salud de los piratas, diré que todos se encuentran bien; excepto uno que, al abalanzarse a robarle el reloj al señor Anasagasti, resbaló y se hizo pupita en un dedo. La ministra de Defensa ha fletado un avión para trasladarlo a un hospital de Madrid —ella misma le sostiene el gota a gota de plasma—, y confiamos en su recuperación. Son daños colaterales inevitables en estas operaciones de precisión y alto riesgo. Por otra parte, el cabo primero de infantería de marina Manolo Gómez Cascajo, que en un momento dado sugirió coger los Cetmes y achicharrar por el morro a los piratas, ha sido seriamente amonestado por Defensa, y su próximo destino será censar focas en Chafarinas. Por querer matar negros y por fascista».

Marsé, vestido de pingüino

Hace unas semanas, como ustedes saben, Juan Marsé recibió el premio Cervantes. Zanjaba así la cultura española una deuda, largo tiempo aplazada, con uno de los dos clásicos de la Literatura que todavía nos quedan vivos —el otro es Miguel Delibes, y ya lo tenía—. No asistí al acto de Alcalá de Henares porque nunca lo hago. Allí no pinto nada, y me ahorro estrechar ciertas manos. Pero me gustó ver, en las fotos y el telediario, al viejo león, con su cara de boxeador curtido, peripuesto de chaqué, corbata, chaleco y pantalón rayado. En el discurso y las declaraciones, por supuesto, siguió fiel a sí mismo: independiente, bravo y un punto chuleta, sin cortarse un pelo ante los expertos en mamadas profesionales, los oportunistas y los cantamañanas de guardia. El indumento no hace al cortesano. Con premio Cervantes o sin él, Marsé sigue siendo Marsé. Por eso admiro y respeto tanto, además de por sus novelas inmensas, a ese duro cabrón.

Pero mi satisfacción tenía también otras causas. Por primera vez desde hace tiempo, el Cervantes se ha concedido de forma limpia, irreprochable y justa. Es una novedad como para tirar cohetes. Y eso hago hoy. Esto no quiere decir que todos los premiados en los últimos diez o quince años fuesen indignos de él. Ojo. Pero es cierto que esa distinción, la más alta de las letras hispanas, se había convertido, con irritante frecuencia, en instrumento de los sucesivos ministerios de Cultura y sus correspondientes Gobiernos —lo mismo del Pesoe que del Pepé— para otorgar mercedes según los intereses políticos de cada cual, amiguetes de presidentes incluidos, montando paripés y enjuagues descarados con candidatos que eran ganadores designados de antemano. La estructura del jurado, ocho de cuyos once miembros nombraba el Gobierno, daba a éste la decisión final. Así se explica que el nombre de Juan Marsé estuviera siempre entre los finalistas y no saliera nunca; que Francisco Umbral —como novelista era inexistente, pero como hombre de letras su magisterio fue indiscutible— tardase muchos años en conseguir el premio; que Javier Marías, otro eterno y más joven finalista, no lo tenga todavía, y que algunos nombres de escritores mediocres, más cercanos a la oportunidad política que al prestigio literario, figuren en la nómina de premiados junto a otros de prestigio incontestable.

Nada de esto lo sé de oídas. Hace algunos años, en un momento más ingenuo de mi vida, fui dos veces jurado del Cervantes. Las dos voté por Marsé. Las dos asistí, desconcertado e impotente, a manipulaciones vergonzosas y falsas deliberaciones sobre ganadores decididos de antemano. Y juré no volver más. De cualquier modo, conmigo o sin mí, todo habría seguido igual de no ser porque la Real Academia Española, que preside oficialmente el jurado y avala el premio con su prestigio a ambas orillas de la lengua española, se plantó la última vez, negándose a seguir dando cobertura a semejante golfería. El entonces ministro de Cultura, César Antonio Molina, estuvo de acuerdo; y uno de sus primeros y dignos actos administrativos fue modificar la composición del jurado del Cervantes, con objeto de que la elección fuese limpia y libre de sospecha. El resultado está a la vista: en la primera votación con jurado independiente salió elegido Marsé, que siempre caía en la final, a veces —no todas, insisto— ante nombres que no cito aquí, pero que no puedo evitar me den mucha risa. Tía Felisa.

Es una pena que al ministro Molina lo hayan fumigado sin darle tiempo a meter mano, también, a otra aberración manifiesta: los Premios Nacionales de Literatura, cuyas deliberaciones anuales responden —no siempre, pero sí a menudo— a criterios de política territorial, reparto y satisfacción de poderes autonómicos, más que a elementos objetivos. A intereses de bloques periféricos frente a criterios literarios realmente nacionales. Pero en el turbio mundo de las honras y premios hispanos, sean institucionales o privados, algo es algo. El Cervantes, al menos, discurre ahora por senderos de justicia. Juan Marsé vestido de pingüino en Alcalá y codeándose, a regañadientes pero sin remedio, con la realeza y la política —esa ministra de Cultura hablando de lectores y lectoras, y tuteándolo en el discurso oficial como si fueran compadres de toda la vida— es evidente prueba de ello. Ser un clásico vivo, como dije antes, tiene sus inconvenientes. Pero en cualquier caso, ya era hora. Recuerdo que, cuando le concedieron por fin el premio, le puse al viejo luchador un telegrama con estas palabras: «*Enhorabuena, maestro. Todo llega al fin, incluso en este país de hijos de puta*». Quise enviarlo por teléfono, pero la empleada se negó a aceptarlo. No podemos, dijo, aceptar telegramas telefónicos con palabras malsonantes. De nada me sirvió argumentar que no se puede calificar de malsonante el término que con mayor precisión histórica y social define, más o menos, a media España. La chica se mantuvo firme. Así que tuve que salir a la calle y buscar una oficina de Telégrafos.

Piénselo dos (o tres) veces

Permítame un consejo, caballero. Si se tropieza con un fulano que le está dando una felpa a su legítima, o sucedáneo, piénselo dos veces, incluso tres, antes de meterse en jardines. Estoy de acuerdo en que esas cosas no deben tolerarse. Admito, además, que no permiten reflexión previa, pues actúa el piloto automático. Todo depende de la casta y virtud de cada cual. En principio, ante tales situaciones se es un mierdecilla o un tío decente. Ésa es la teoría ética. Pero estamos en España. Si defiende a señoras maltratadas, sepa a qué se expone. Una juez de Vigo nos lo recordó hace unas semanas, calzándole tres meses de cárcel y 15.550 euros de multa a un joven de allí. Éste había cometido la ingenuidad de impedir que un pavo maltratase a su pareja. Le afeó la conducta y recibió un cabezazo. Entonces se lió la pajarraca, y el defensor de la moza le dio al otro una patada en la cara, rompiéndole la mandíbula. Lo instructivo no es que el juicio se haya celebrado tres años después, ni que la defendida —como es frecuente— defendiera al que le zumbaba, en plan soy de mi Paco y puede darme hasta con la hebilla, si quiere. La lección cívica del asunto reside en que la juez, aun admitiendo que la defensa fue oportuna y que el primer leñazo lo sacudió el maltratador, empitonó al defensor de doncellas pese a que la sentencia reconocía que su reacción inicial *«fue legítima»*, que el otro le dio el cabezazo *«con ánimo de menoscabar su integridad física»* y que el joven largó la patada *«para repeler la agresión y evitar que continuase»*. Pese a lo cual, la juez estimó que la patada en el careto fue, sin embargo, «*un exceso defensivo que no puede estar ya justificado por una notoria desproporción en el mismo*». Dicho en cristiano, que el joven tenía que haberse defendido, pero menos. Con la puntita nada más. Dando unas pocas bofetadas con la mano abierta, o con unos calculados puñetacitos en el hombro. Una pelea civilizada, vamos. Políticamente correcta. De esa manera, el otro, acojonado, habría dejado de darle cabezazos. Seguro.

Me va a perdonar la juez de Vigo. De tribunales sabrá mucho, pero de peleas no tiene ni puta idea. Tampoco es que yo sea un experto. Me apresuro a matizarlo, por si acaso. Pero cualquiera que haya visto atizarse de verdad a dos tíos —la calle no es el cine— sabe que cada cual se las arregla como puede, y una vez metido en faena no anda calculando con qué da y dónde lo hace. La defensa con manos desnudas sólo es excesiva o desproporcionada si te ensañas cuando ya tienes al otro en el suelo. Mientras, se pelea para tumbarlo, con la sangre caliente y con la pericia y el coraje disponibles, procurando dejar fuera de combate a un adversario que, mientras colee, se revolverá contra ti. Y eso es lo que hay que evitar: que colee. Hasta ahí es razonable. Cuando se esparrama de tú a tú, con dos jambos dándose estiba, la desproporción viene si uno de ellos echa mano de herramientas que desequilibran la cosa, como un objeto contundente o una navaja empalmada. E incluso en tales casos lo desproporcionado es relativo. No es igual vérselas con uno de tu misma edad y calibre, que ser un tirilla de sesenta kilos delante de un animal de dos metros de largo por uno de ancho, o tener que zafarse de cuatro o cinco que te están breando o te van a brear. Ahí, a veces hay que echar mano a algo: una silla, una botella. En cualquier caso, y con permiso de la juez de Vigo, del Código Civil y del Código Da Vinci, lo aconsejable siempre es madrugar. Ser rápido, brutal y eficaz en la medida de las posibilidades que ofrezca tu forma física y tu propio cuerpo. Tu edad y tu destreza. Quien pelea lo hace para ganar, no para que lo inflen, si puede evitarlo. Si no, lo mejor es no meterse. Así que ya me dirán ustedes, en ese contexto, si va a andar uno calculando dónde pega la patada, si el golpe lo da con el puño o con la palma, si la fuerza que aplicas al leñazo que consigues colocarle al otro para menoscabar su integridad física es proporcionada, o si vulnera el artículo 33, apartado 48 bis, de la Ley Integral de Hostias Callejeras.

Resumiendo: cuando ayudas a una mujer, asumes una posible pelea. Y, de igual a igual, ésta no hay forma de ganarla si no es rompiéndole la cara al otro. Así que en Vigo han hecho mal tercio a las maltratadas y a los pardillos que aún las defienden. La letra de la Ley es imperfecta, y el sentido común de quienes juzgan debe templar sus errores y lagunas. Puesto que a ningún maltratador se lo disuade con palabras o una simple bofetada, la sentencia de Vigo sitúa el problema en un punto imposible. O te dejas machacar y pierdes la pelea, o te buscas la ruina si la ganas. Hagas lo que hagas te la endiñan, y sólo aplauden si te dejan en coma. Eso es un disparate. Uno más de esta absurda Justicia nuestra, que siempre privilegia al canalla sobre las personas decentes. Quizás algunos jueces deberían darse una vuelta por la calle. Por la vida.

Cuando éramos honrados mercenarios

Eché los dientes profesionales al principio de los setenta, dando tumbos entre lugares revueltos y un periódico de los de antes; cuando no existían gabinetes de comunicación, correo electrónico ni ruedas de prensa sin preguntas. En aquel periódico, los reporteros buscaban noticias como lobos hambrientos, y se rompían los cuernos por firmar en primera página. Se llamaba *Pueblo,* era el más leído de España, y en él se daba la mayor concentración imaginable de golfos, burlangas, caimanes y buscavidas por metro cuadrado. Era una pintoresca peña de tipos resabiados, sin escrúpulos, capaces de matar a su madre o prostituir a su hermana por una exclusiva, sin que les temblara el pulso. Y que a pesar de eso —o tal vez por eso— eran los mejores periodistas del mundo.

Nunca aprendí tanto, ni me reí tanto, como en aquel garito de la calle Huertas de Madrid, que incluía todos los bares en quinientos metros a la redonda. Algo que no olvidé nunca es que los periodistas —los buenos reporteros, sobre todo— corren juntos la carrera, ayudándose entre sí, y sólo se fastidian unos a otros en el esprint. Ahí, a la hora de hacerse con la noticia y enviarla antes que nadie, la norma era —supongo que todavía lo es— no darle cuartel ni a tu padre. Eso no excluía el buen rollo, ni echar una mano a los colegas. Los directores y propietarios de radios y periódicos tenían sus ajustes de cuentas entre ellos, pero a la infantería esa murga empresarial se la traía bastante floja. Hasta con los del ultrafacha diario *El Alcázar* nos llevábamos bien, y cuando estábamos aburridos en la redacción y telefoneábamos diciendo «*¿El Alcázar? Somos los rojos. Si no os rendís, fusilamos a vuestro hijo*», reconocían nuestra voz y se limitaban a llamarnos hijos de la gran puta.

Eran otros tiempos. Y nosotros, a tono con ellos, éramos cazadores de noticias de primera página, conscientes de que la vida nos había llevado a *Pueblo* como podía habernos llevado a *La Vanguardia, Ya, Arriba, Diario 16* o —ignoro si había uno— el *Eco de Calahorra*. Sabíamos incluso que un día u otro, por azares de la vida, podíamos ir a parar a cualquiera de ellos. Cada cual tenía sus ideas particulares, por supuesto; pero estamos hablando de periodismo. De pan de cada día y de reglas básicas. Éstas incluían aportar hechos y no opiniones, no respetar en el fondo nada ni a nadie, y ser sobornables sólo con información exclusiva, mujeres guapas —o el equivalente para reporteras intrépidas— y gloriosas firmas en primera. En el peor de los casos, los jefes compraban tu trabajo, no tu alma. Ser periodista no era una cruzada ideológica, sino un oficio bronco y apasionante. Como habría dicho Graham Greene, Dios y la militancia política sólo existían para los editorialistas, los columnistas y los jefes de la sección de Nacional. A ellos dejábamos, con mucho gusto, la parte sublime del negocio. El resto éramos mercenarios eficaces y peligrosos.

Con tales antecedentes, comprenderán que ahora, a veces, largue la pota. Es tan perversa la política actual que la frontera entre información y opinión, alterada en las últimas décadas por un compadreo poco escrupuloso con los partidos y la gentuza que en ellos medra, se ha ido al carajo. Contagiados del putiferio nacional, algunos periodistas de infantería se curran hoy el estatus sin remilgos. Tal como está el patio, según el medio que les da de comer, se ven obligados a tomar partido, de buen grado o por fuerza, alineándose con la opción política o empresarial oportuna. Antes podían manipularte un titular o un texto; pero al menos lo defendías como gato panza arriba, ciscándote en los muertos del redactor jefe, que además era amigo tuyo. Un buen periodista podía pasar sin despeinarse de *Arriba* a *Informaciones,* o al revés. Lo redimía el higiénico cinismo profesional. Ahora, el salario del miedo incluye succionar ciruelos con siglas e insultar a los colegas como si la independencia personal fuera incompatible con el oficio. Secundar a la empresa hasta en sus guerras y disparates. Así, redactores culturales que antes sólo hablaban de libros o teatro escriben también columnas de opinión donde atacan a este partido o defienden a aquél; y hasta el becario que trajina noticias locales debe meter guiños en contra o a favor, demostrando además que se lo cree de verdad, si quiere seguir empleado. El otro día me quedé patedefuá cuando, en el programa del tiempo de una televisión privada, su presentador —meteorólogo o algo así— introdujo un chiste político a favor del partido que apadrina la empresa donde curra. También resulta educativo comprobar que dos o tres columnistas de un prestigioso diario afecto al actual Gobierno, hasta ayer mismo dispuestos a tragárselo todo, han bajado unánimes, como un solo hombre y una sola mujer, el incienso a un punto más tibio, adoptando cautas distancias desde que la página editorial de su periódico empezó a incluir críticas hacia el presidente Zapatero. Obligaciones de empresa aparte, los hay también que nunca pierden ningún tren, porque corren delante de la locomotora.

Universitarios de género y génera

Desde Viriato hasta hoy, en España nunca faltaron delatores y chivatos. Es nuestra especialidad. La Inquisición se nutrió durante siglos de gentuza que le daba a la mojarra, berreándose de vecinos, amigos y familiares. Cada represión estatal o local, cada guerra civil sin distinción de bandos ni ideologías, llenó a sus anchas cementerios y fosas comunes con el viejo sistema de apuntar con el dedo antes de hacerlo con la pistola. De sugerir en voz baja. A diferencia de los anglosajones, los nórdicos y los de ahí arriba de toda la vida, que suelen o solían denunciar al prójimo con el pretexto de que la sociedad debe defenderse y los buenos ciudadanos colaboran con la autoridad de turno, sea la que sea, los españoles pringamos en otro esquema. Lo del bien del Estado nos suena a guasa marinera, entre otras cosas porque el Estado fue siempre más enemigo que otra cosa. Y lo sigue siendo. Cuando aquí alguien delata no es por civismo, sino por congraciarse con quien manda, o puede mandar. Por miedo y vileza. Sin olvidar, claro, el ajuste de cuentas. Reventar al prójimo es el otro gran motivo. La segunda causa por la que un español denuncia al vecino —a menudo, la principal— es porque lo envidia o le estorba. Porque tiene una mujer que se parece a Carla Bruni, un coche grande, un marido guapo y simpático, un trabajo lucrativo, una casa bonita. Porque tiene éxito, o porque no lo tiene. Porque no piensa igual que él. Porque prefiere el café solo al café cortado. O el poleo. Porque vive y respira. Porque existe.

En tan ejemplar contexto, calculen lo que puede dar de sí el proyecto de un título de grado que gestione la ley de Igualdad, según acaba de ser propuesto por una universidad madrileña: carrera universitaria de cuatro años, a tope, con su camisita y su canesú, *«para formar profesionales que vigilen el cumplimiento de la ley de Igualdad».* Aparte el extraño efecto de oír decir a una madre, toda orgullosa: «Mi Paquito estudia para inspector de Igualdad», sobre aficiones y gustos no vamos a pelearnos. En absoluto. Allá quien proponga las carreras que considere oportunas, y quien decida estudiarlas. Confieso, sin embargo, que el parrafillo ese de *«profesionales que vigilen el cumplimiento de la ley»* me inquieta. Suena demasiado a eufemismo de comisario político. A sicario de un régimen o una idea. Y más en relación con la ley de Igualdad, que junto a muchas cosas oportunas y necesarias contiene también, de fondo y forma, ciertos puntos de vista discriminatorios, injustificados y discutibles.

En lo primero que pensé al enterarme de la noticia fue que si a la frase que entrecomillo líneas arriba le añadiéramos las palabras *«de inmersión lingüística»,* tendríamos el perfil de esos siniestros funcionarios que ahora van por los patios de ciertos colegios procurando que los niños no usen en el recreo otra lengua que la obligatoria, del mismo modo que hace cincuenta años —mande quien mande, siempre hay esbirros disponibles para trabajos sucios— procuraban imponer la lengua oficial del momento. Y si lo que añadiéramos fuese la palabra *«islámica»,* tendríamos como resultado *«profesionales que vigilen el cumplimiento de la ley islámica».* O sea, una *mutawa,* como creo recordar la llaman en algún lugar del mundo musulmán. Me refiero, como saben, a la policía religiosa que va por las calles vigilando que las señoras lleven bien puesto el velo, que no fumen por la calle, que no conduzcan, y que las adúlteras y los homosexuales sean exquisitamente lapidados según los cánones del asunto. En versión española igualitaria, esos *«pro-*

fesionales que vigilen» vigilarán, supongo, que todo discurra según la ortodoxia del momento. Que todos digamos *miembros* y *miembras* bajo pena de multa o cárcel, que cualquier analfabeto con cartera ministerial pueda imponer su última ocurrencia por encima de la gramática, el diccionario y el uso de la calle, y que la farfolla políticamente correcta, la tontuna que violenta el sentido común e insulta la inteligencia, la sandia confusión entre desigualdad social y desigualdad biológica que tiene a tanto idiota de ambos sexos —que no géneros, rediós— con la chorra hecha un lío, nos atornille a todos entre el oportunismo, la incultura, la estupidez y el disparate.

Imaginen el panorama. La política de igualdad española en manos de agentes e inspectores titulados, universitarios a la medida, cortados por el patrón de ese diputado imbécil que hace unos días propuso obligar en los colegios, *manu educatoris,* a los niños a saltar a la comba y a las niñas a jugar al fútbol. En sintonía con la ignorancia insolente, contumaz, de la ministra Bibiana Aído y su gallinero de tontas de la pepitilla, feminatas desaforadas que tan triste favor hacen a la lucha por los verdaderos derechos de la mujer. Convirtiendo reformas razonables, necesarias, en un lamentable número del Bombero Torero. Para troncharse, oigan. Si no fuera tan triste. Y tan grave.

Oportunistas de lo imprescindible

No hace mucho, en una de esas cenas con Javier Marías que a veces nos sirven a uno o a otro, luego, para teclear un artículo que resuelva los respectivos compromisos semanales, comentábamos un hecho pintoresco que suele darse entre los comentaristas culturales a la hora de hablar de libros y autores. Un título, un nombre olvidados por completo o de los que nadie hace caso, incluso escritores despreciados o desconocidos por quienes se dicen árbitros de las bellas letras, se ponen de moda con un centenario, una película o una reedición oportuna. Entonces, buena parte de aquellos a quienes nunca oíste hablar de tales títulos o autores emiten alaridos entusiastas, cantando sus excelencias y colocándoles la etiqueta *imprescindible*. Que es el adjetivo que ciertos esnobs de la tecla, con alborozado entusiasmo de conversos, reservan indefectiblemente para libros o autores de los que no se habían ocupado antes, en su vida. Además, ellos nunca leen, sino que releen. *«Estoy releyendo* —escriben, imperturbables— *a Ian Fleming. Un autor imprescindible».* Sorprende, por otra parte, que si tanto aprecian a determinado escritor, nunca hasta hoy le hayan dedicado una línea, y se acuerden de él sólo cuando una editorial prestigiosa o una edición afortunada lo ponen en primer plano. Pero quienes se lo montan de posar como culturillas exquisitos —*Lo que podría escribir y no quiero,* o cosas así— nunca recomiendan libros imprescindibles antes de que lo sean. Sería arriesgarse demasiado.

Comentaba esto con Javier, como digo, mientras despachábamos sendos filetes empanados. No solemos hablar de literatura propia ni ajena, pero esa noche íbamos por ahí. Yo mencioné a Roberto Bolaño. Como ya dije alguna vez en público, es un autor que me parecía —a mí, no a Javier— increíblemente avinagrado y aburrido cuando estaba vivo, y me lo sigue pareciendo muerto. Lo de avinagrado se explica porque en vida nadie le hizo caso ni compró sus libros; eso lo malhumoró mucho y solía meterse con otros autores como si ellos tuvieran la culpa. El caso es que, con el filete empanado a medias, puse a Bolaño como ejemplo. Aparte de que a mí me guste o no, dije, tiene guasa el asunto. Lees algunas columnas actuales de animadores culturales españoles y resulta que Bolaño es imprescindible. Eso, casualmente, ahora que su agente literario le ha montado una bestial promoción *post mortem nulla voluptas* en Estados Unidos. Podían haberlo dicho cuando estaba vivo y sin agente, digo yo. Ayudándolo a vender más libros y a tener menos mala leche.

Pasamos luego a hablar de otros autores que ciertos caraduras que hoy pretenden barajar la literatura ninguneaban o infravaloraban no hace muchas décadas: Stevenson, Conrad, Simenon, Eric Ambler, Budd Schulberg, Le Carré, Stefan Zweig, Schnitzler, el barón Corvo, Joseph Roth y otros. Autores, todos ellos, poco estimados entonces en España, o incluso insultados directamente, como era el caso de Zweig, novelista considerado menor hasta hace cuatro días; y que, a quienes descubrimos su *Partida de ajedrez* y sus obras completas en Editorial Juventud a finales de los años sesenta, nos causa mucha hilaridad que ahora no se le caiga a nadie de la boca. O de Conrad, cuyo *Espejo del mar* tradujo Marías hace la tira, cuando algunos tontos del ciruelo todavía consideraban al polaco sólo un aseado escritor de novelas marineras, y juraban que lo que había que leer era *El Jarama,* del por otra parte respetable Sánchez Ferlosio, o la imprescindible —permitan que ahí sí que me tronche— *Larva,* de Julián Ríos.

A los postres puse un ejemplo casual. Imagínate, dije, a un autor al que nadie haga caso. Poco conocido y leído. Traven, por ejemplo. Escritor maldito, marginal, autor de *El barco de la muerte* y *El tesoro de Sierra Madre*. Lo conocemos desde hace al menos treinta años y nos gusta a los dos. O, por lo menos, a mí. Pero aquí ningún periculto de suplemento literario lo menciona jamás, ni recomienda sus libros. Pregunta por él en una librería. No existe. Pues apuesto la tecla Ñ a que si mañana aparece un libro suyo en una buena editorial, una docena de pavos que no han leído a Traven en su puta vida se descolgarán con encendidos elogios. Para eso está Internet, para documentarse. Yo, lector de Traven de siempre. Voy a explicarles quién es. Etcétera.

Y bueno. El ejemplo era casual, como digo. Pillado por los pelos. Pero lo cierto es que profeta en España puede serlo cualquiera. Tres semanas después de la cena con Javier, una editorial de moda publicaba *El tesoro de Sierra Madre*. En el acto, como era de esperar, llovieron columnas y comentarios. Traven, naturalmente. Qué me van a contar a mí, a estas alturas. Traven esto y lo otro. Traven y yo. Travenólogo como soy, desde pequeñito. Con una palabra —nunca la habríamos adivinado— repitiéndose en cada artículo: *imprescindible*.

El Príncipe Gitano

Me manda un amigo un vídeo extraordinario, impagable, que está en Internet: el Príncipe Gitano vestido de smoking, con faja negra y pajarita, cantando en supuesto inglés una versión fascinante, friki total, del *In the ghetto* de Elvis Presley. «Vas a alucinar», me anuncia en el mensaje adjunto. Y no tengo más remedio que decirle: llegas tarde, chaval. A mí del Príncipe Gitano no se me despintan ni los andares. Lo tengo controlado desde hace mucho, e incluso más. La versión del Presley, y la que hizo un poco antes del *Delilah* de Tom Jones, ésta cantada en español y con estética vídeo años sesenta, que también anda disponible en los ciberespacios infinitos entre algunas otras, como *Obladí obladá*, por ejemplo, que la borda. Meterse eso en vena ya es droga dura. Pero te diré más, colega. Lo mío con ese jambo es historia vieja. Viene de cuando el Piloto —que se le parecía un poco, ojos azules incluidos, aunque de joven era todavía más guapo—, cuando volvíamos de alguna incursión marítima por fuera de la isla de Escombreras, lastrado su barquito con Winston y Johnnie Walker, me ponía en un chisme de música que había en una taberna del puerto, entre caña y caña, *Tani, Cortijo de los Mimbrales* y la que para mí siempre fue cúspide del Príncipe: *Cariño de legionario,* con una letra que empieza, nada menos: *«Le di a una morita mora / morita mora / morita de mi alma / cariño... de legionario».* Tela.

Pero es que hay más, chaval. A ver si te enteras. Enrique Castellón Vargas, de nombre artístico el suprascrito Príncipe, nacido en Valencia en 1928, hijo de gitanos dedicados a la venta ambulante, tenía una planta soberbia: alto y delgado, elegante —cuidaba mucho los trajes y el vestir—, mirada azul, pelo rizado. Para entendernos: se comía a las pavas sin pelar. Quiso ser torero de joven; pero tenía canguelo, y los cuernos se le daba mejor ponerlos él. También tenía buena voz, así que se dedicó al cante flamenco, del que tocó muchos palos, sobre todo zambras y rumbas. Hizo de torero en el cine —*Brindis al cielo,* se llamaba la peli—, y actuó con grandes compañías, incluida la de Carmen Morell y Pepe Blanco, y también una propia, con su hermana Dolores Vargas *La Terremoto,* en la que acogió a jóvenes artistas como Manolo Escobar, Rocío Jurado y Tony Leblanc, que era galán cómico. Con *La Terremoto,* por cierto, hizo el Príncipe en 1956 otra película, *Veraneo en España,* que está entre mis mitos del cine hispano por varias razones, lo cutre aparte. Una es cuando canta eso que dice: *Un negro vestío / y una mujer sin marío.* La otra, que para mí es lo máximo del megatop frikilandio, es cuando, en mitad de la peli, aparece cantando lo de la morita mora, morita de mi alma, vestido de lejía de arriba abajo, con chapiri de borla, despechugada la camisa y fusil al hombro. Sin complejos.

Me encantaba ese tío. Sin reservas. Su pinta de chuleta, su manera de cantar. Tuve, además, el privilegio de verlo actuar en persona. Eso fue a principios de los ochenta, cuando el Príncipe Gitano ya estaba en el tramo final —y absolutamente cuesta abajo— de su carrera artística. Cómo sería lo de la cuesta, que yo iba a verlo, cada noche que podía, a un garito infame que entonces todavía estaba abierto en la Gran Vía de Madrid. No recuerdo ahora si se trataba del J'Hay o de La Trompeta, pero era uno de esos dos. Sitios de música y puterío, con moqueta raída, camareros con pinta de rufianes y mesas donde servían champaña chungo a lumis maduras y jamonas vestidas con trajes largos, como las de toda la vida. Y allí, en un escenario crujiente y cochambroso, pisando cucarachas y alumbrado por un foco, el Príncipe Gitano, cincuentón lleno de arrugas y teñido el pelo, pero todavía gitano fino y apuesto en trajes de corte impecable —entallados, con patas y solapas anchas—, desgranaba una tras otra las canciones que en sus buenos tiempos le habían dado dinero y señoras de bandera. Y yo, emocionado en mi rincón, haciendo como que bebía aquellos mejunjes infames, me calzaba sus actuaciones canción tras canción, disfrutando como un gorrino en un charco. Y juro por las campanas de Linares de Rafael Farina que las pavas —en aquel tiempo las putas eran casi todas españolas— le tiraban besos y aplaudían como locas, y gritaban: «¡Príncipe, otra!... ¡Canta otra, Príncipe!... *¡El reloj! ¡Tani! ¡Rosita de Alejandría! ¡Los Mimbrales!*». Y le decían guapo. Y el artista, obsequioso, chulillo, aún flaco y elegante pese a los años, se erguía en aquel escenario infame, sobre el fondo de polvorientos cortinones de terciopelo rojo y grueso, levantaba una mano haciendo círculo con el índice y el pulgar, y cantaba lo de: «*Segá por el brillo de su dinero / dehó ar shiquillo*». Y las lumis, lo juro, lloraban como criaditas oyendo el serial de la radio. Y a mí, sentado en mi rincón con el vaso de matarratas en la mano, se me erizaba el pellejo. Y en este momento me ocurre exactamente lo mismo al recordar, mientras le doy a la tecla.

Esa gentuza

Paso a menudo por la carrera de San Jerónimo, caminando por la acera opuesta a las Cortes, y a veces coincido con la salida de los diputados del Congreso. Hay coches oficiales con sus conductores y escoltas, periodistas dando los últimos canutazos junto a la verja, y un tropel de individuos de ambos sexos, encorbatados ellos y peripuestas ellas, saliendo del recinto con los aires que pueden ustedes imaginar. No identifico a casi ninguno, y apenas veo los telediarios; pero al pájaro se le conoce por la cagada. Van pavoneándose graves, importantes, seguros de su papel en los destinos de España, camino del coche o del restaurante donde seguirán trazando líneas maestras de la política nacional y periférica. No pocos salen arrogantes y sobrados como estrellas de la tele, con trajes a medida, zapatos caros y maneras afectadas de nuevos ricos. Oportunistas advenedizos que cada mañana se miran al espejo para comprobar que están despiertos y celebrar su buena suerte. Diputados, nada menos. Sin tener, algunos, el bachillerato. Ni haber trabajado en su vida. Desconociendo lo que es madrugar para fichar a las nueve de la mañana, o buscar curro fuera de la protección del partido político al que se afiliaron sabiamente desde jovencitos. Sin miedo a la cola del paro. Sin escrúpulos y sin vergüenza. Y en cada ocasión, cuando me cruzo con ese desfile insultante, con ese espectáculo de prepotencia absurda, experimento un intenso desagrado; un malestar íntimo, hecho de indignación y desprecio. No es un acto reflexivo, como digo. Sólo visceral. Desprovisto de razón. Un estallido de cólera interior. Las ganas de acercarme a cualquiera de ellos y ciscarme en su puta madre.

Sé que esto es excesivo. Que siempre hay justos en Sodoma. Gente honrada. Políticos decentes cuya existencia es necesaria. No digo que no. Pero hablo hoy de sentimientos, no de razones. De impulsos. Yo no elijo cómo me siento. Cómo me salta el automático. Algo debe de ocurrir, sin embargo, cuando a un ciudadano de 57 años y en uso correcto de sus facultades mentales, con la vida resuelta, cultura adecuada, inteligencia media y conocimiento amplio y razonable del mundo, se le sube la pólvora al campanario mientras asiste al desfile de los diputados españoles saliendo de las Cortes. Cuando la náusea y la cólera son tan intensas. Eso me preocupa, por supuesto. Sigo caminando carrera de San Jerónimo abajo, y me pregunto qué está pasando. Hasta qué punto los años, la vida que llevé en otro tiempo, los libros que he leído, el panorama actual, me hacen ver las cosas de modo tan siniestro. Tan agresivo y pesimista. Por qué creo ver sólo gentuza cuando los miro, pese a saber que entre ellos hay gente perfectamente honorable. Por qué, de admirar y respetar a quienes ocuparon esos mismos escaños hace veinte o treinta años, he pasado a despreciar de este modo a sus mediocres reyezuelos sucesores. Por qué unas cuantas docenas de analfabetos irresponsables y pagados de sí mismos, sin distinción de partido ni ideología, pueden amargarme en un instante, de este modo, la tarde, el día, el país y la vida.

Quizá porque los conozco, concluyo. No uno por uno, claro, sino a la tropa. La casta general. Los he visto durante años, aquí y afuera. Estuve en los bosques de cruces de madera, en los callejones sin salida adonde llevan sus irresponsabilidades, sus corruptelas, sus ambiciones. Su incultura atroz y su falta de escrúpulos. Conozco las consecuencias. Y sé cómo lo hacen ahora, adaptándose a su tiempo y su momento. Lo sabe cualquiera que se fije. Que lea y mire. Algún día, si tengo la cabeza lo bastante fría, les detallaré a ustedes cómo se lo montan. Cómo y dónde comen y a costa de quién. Cómo se reparten las dietas, los privilegios y los coches oficiales. Cómo organizan entre ellos, en comisiones y visitas institucionales que a nadie importan una mierda, descarados e inútiles viajes turísticos que pagan los contribuyentes. Cómo se han trajinado —ahí no hay discrepancias ideológicas— el privilegio de cobrar la máxima pensión pública de jubilación tras sólo siete años en el escaño, frente a los treinta y cinco de trabajo honrado que necesita un ciudadano común. Cómo quienes llegan a ministros tendrán, al jubilarse, sólidas pensiones compatibles con cualquier trabajo público o privado, pensiones vitalicias cuando lleguen a la edad de jubilación forzosa, e indemnizaciones mensuales del 100% de su salario al cesar en el cargo, cobradas completas y sin hacer cola en ventanillas, desde el primer día.

De cualquier modo, por hoy es suficiente. Y se acaba la página. Tenía ganas de echar la pota, eso es todo. De desahogarme dándole a la tecla, y es lo que he hecho. Otro día seré más coherente. Más razonable y objetivo. Quizás. Ahora, por lo menos, mientras camino por la carrera de San Jerónimo, algunos sabrán lo que tengo en la cabeza cuando me cruzo con ellos.

De nombres y barcos

Un barco, sobre todo si se trata de un velero, es un ser vivo. Fue Joseph Conrad quien dijo que, del mismo modo que los hombres, esos singulares individuos flotantes se mueven en un elemento inestable, sometidos a sutiles y poderosas influencias, y prefieren ver sus méritos apreciados antes que sus defectos descubiertos. Creo que nunca hubo una verdad como ésa. Hay barcos torpes, lentos, veloces, húmedos, caprichosos, astutos, celosos, ingenuos, ingobernables. Hay barcos felices y barcos tristes. Hasta en el modo de bornear cuando están al ancla se les notan las maneras. Los hay de poco carácter, siempre dispuestos a ser lo que es el hombre que los gobierna; pero también con personalidad propia, acusada, capaces de tomar por sí mismos decisiones fundamentales para su supervivencia y la de aquellos a quienes transportan. Yo mismo he visto, en mitad de un chubasco espantoso y con un viento inesperado, brutal, que rompió el anemómetro en la cifra de 51 nudos y siguió subiendo, a un velero noble gobernarse por sí solo, adoptando la posición correcta a la espera de instrucciones de su patrón, durante el dramático minuto que éste, cegado por una intensa lluvia casi horizontal, tardó en encender el motor, arriar velas y hacerse cargo del timón. Un buen barco piensa por sí mismo, y es capaz, en las condiciones adecuadas y bien gobernado, de hacer cualquier cosa menos hablar. Incluso, para un oído atento al macheteo de la proa y el aguaje en las bandas, el crujir del casco, el vibrar de la jarcia y el gualdrapeo de las velas, algunos barcos hablan. Por eso, cuando hay mal tiempo y las cosas se ponen duras, el navegante experimentado blasfema —nadie tan proclive a eso como un marino— e insulta a Dios, al mar o a su perra suerte. Nunca al barco.

No es casual, por eso, que los barcos tengan nombre propio. Una de mis aficiones es leer amuras y espejos de popa. Cuando un nombre me llama la atención, lo apunto. Algunos están asociados a malos recuerdos, como el de un petrolero que me hizo pasar muy mal rato entre Menorca y Cerdeña, o un pesquero de Santa Pola con prisas y de regreso a puerto, gobernado por un perfecto hijo de la gran puta, que me pasó, desde babor y yendo yo a vela, a un metro exacto de la proa, dejándome una sensación de furiosa impotencia que no olvidaré en mi vida. En cuanto a los barcos deportivos, es frecuente que sus nombres reflejen el carácter, ensueños o sentido del humor de sus propietarios. Los hay de talante modesto, como *Cascarón;* musicales —el *Syrtaki* de mi compadre Luis Salas—, y con sentido del humor, como *Socarrao* y *Saleroso.* Tampoco faltan los agresivos —*Barracuda, Tiburón*—; los tiernos con un toque cursi —*Mi Sueño*—; los patrones ajenos a toda superstición, capaces de llamar a su barco *Borrasca* o *Tormenta;* los de manifiesta mala leche —*Piraña*—, o los que van sobrados por los mares: *Love Machine.* Otros nombres, como el *Viera y Clavijo* del capitán Siso, son monumentos flotantes a la nostalgia. Me enternecen los que no se complican la vida: *Lola, Carmen, Manolo, Encarni* y cosas así; y también los barcos guiris cuyos propietarios se hacen la chorra un lío con los idiomas o el paisaje a la hora de bautizarlos: *Bono Viento, Gitana Mora, Fiesta Hispaniola.* En mi lista de nombres tampoco faltan un cinéfilo —*Ventury Fox*— ni un indeciso: *Depende.*

La historia más pintoresca de nombres de barcos la viví en persona hará diez o doce años, cuando escuché por radio una llamada de socorro en los siguientes términos:

«*Arriba España, mayday, mayday. Latitud tal, longitud cual. Mayday. Arriba España*». Hasta que llegué al lugar del siniestro, dispuesto a prestar auxilio, estaba convencido de que se trataba de un fantasma de la Guerra Civil, y que cuando llegase allí me iba a topar con el espectro del crucero *Baleares* hundiéndose de proa bajo los focos del *Boreas* y el *Kempenfelt*. En vez de eso, lo que encontré fue una embarcación a motor de ocho metros con banderas rojigualdas pintadas a una y otra banda; y a popa, flameando al viento, una enorme enseña franquista con el escudo de la gallina. Había a bordo un tipo flaco y moreno, de edad madura, con gorra de capitán. Sin poder darle crédito a la cosa —apartaba los prismáticos para frotarme los ojos y volvía a mirar de nuevo—, comprobé que el nombre de la embarcación, pintado con letras bien gordas, era precisamente ése: *Arriba España*. Luego supe que el patrón era miembro de un club náutico próximo, y obviamente más surrealista y facha que la madre que lo parió. Se había quedado al garete por una avería del motor, y derivaba hacia la costa. Le di un cabo hasta que vinieron a remolcarlo, solucionamos el asunto, y allá se fue el hombre con su barco y sus banderas. «Es para joder a los rojos», dijo al despedirse. «Así, cada vez que alguien me llama por radio, lo obligo a decir Arriba España.»

Con lengua o sin lengua

Me gusta el centro de Madrid. Es mestizo y cosmopolita: una especie de legión extranjera donde cualquiera puede enrolarse. Es ésta una ciudad bronca, generosa, con una potencia cultural extraordinaria que quisieran para sí otras urbes que van de modernas. Es cierto que casi todos los lugares castizos que amaba han dejado de serlo. En vano busco la huella zarzuelera de Felipe y Mari Pepa, o la de esos pícaros que encarnó en el cine el gran Tony Leblanc por los años cincuenta. Tampoco del Madrid elegante —Pasapoga, Chicote, Fuyma— queda apenas rastro, y el chotis famoso de Agustín Lara dejó de tener sentido. Sin embargo, pasear por el centro es una experiencia intensa de la ciudad, la Europa que representa, el mundo que, para bien o para mal, nos pertenece y espera. No digo que este Madrid me guste más que el otro. Desde luego que no. Falta educación y sobran maneras bajunas. Pero es lo que hay, y lo que queremos que haya. Como tal debo aceptarlo, considerando sus virtudes y ventajas. De lo que no cabe duda es de que se trata de un Madrid más luminoso, justo y libre. Vaya una cosa por la otra.

Pienso en ello mientras camino por la acera de la Gran Vía. Hay allí dos viejos roqueros cubiertos de tatuajes, habituales del sitio. También lumis variopintas, un negro que toca el saxo, un limpiabotas mejicano —el rey del brillo, afirma el cajón— y una librería que sigue viva y llena de gente. Frente a un semáforo en rojo se abraza una pareja. Son dos hombres jóvenes. Lo hacen con mucha naturalidad y afecto. Con ternura. Uno le pasa una mano por la nuca al otro, acariciando su cabello. No hay en ellos nada de extravagante, o escandaloso. La actitud es propia de una pareja cualquiera, heterosexual o no. Otra cosa sería —mis reflejos son viejos y automáticos, qué remedio— dos pavos metiéndose la lengua y sobándose sin recato. Eso lo estimaría tan desagradable como si lo hicieran un pavo y una pava. No por cuestiones morales, sino por simple estética. Hay momentos y lugares para cada cosa. Creo. Por eso no me agradan los que se magrean excesivamente en público, sean hombres, mujeres, pareja convencional o pareja de la Guardia Civil. Me parece una falta de consideración. Una ordinariez propia de gentuza.

Hay a mi lado un fulano que mira a la pareja con cara de desagrado y luego se vuelve hacia mí, como buscando complicidad. No dice nada, pero es evidente lo que piensa. Menudo espectáculo, etcétera. En ésas el semáforo se pone en verde, todos seguimos adelante, y me quedo con la inquietud de si el que me miró se lleva la impresión de que comparto su enfoque del asunto. Me habría gustado contarle algo personal. Un recuerdo de juventud: parque de ciudad mediterránea y pareja de dieciséis o diecisiete años, chico y chica sentados en un banco, ella con la cabeza apoyada en el hombro de él. Y en ésas, un guarda jurado de los de antes, con bandolera de cuero y chapa dorada, parándose delante para darles la bronca por la actitud. El representante de la autoridad, o sea. El esbirro estúpido de un sistema hipócrita regido por curas que tonteaban con niñitos en el cole y por espadones de comunión diaria, casados con loros resecos que meaban agua bendita, ganándose el sucio jornal de la decencia a costa de dos chicos sentados en un banco. «A ver si tenemos posturas más decentes», fueron las palabras exactas de aquel cerdo vestido de pana marrón. Y cuando —ella, avergonzada, mantenía el rostro oculto en el hombro de él— el jovencito se encaró con el guarda diciendo que la chica estaba mareada y se apoyaba por eso, el otro, chulesco, perdonavidas, con esa insolencia que los mierdas con autoridad suelen mostrar ante los más débiles, respondió: «Pues en cuanto se espabile, largo de aquí. Y ligeritos». Y aquel muchacho, que cuarenta años después todavía recuerda aquello con impotencia y rubor, lamentó no tener edad suficiente para levantarse y, con alguna garantía de éxito, intentar romperle la cara a ese hijo de puta.

Calculo ahora, recordando, la suerte que habrían corrido entonces los dos hombres jóvenes abrazados del semáforo. La que corrieron tantos por menos de eso, a manos de representantes de la autoridad, de guardas jurados y guardias ejemplares, custodios celosos de la moral y las buenas costumbres. Cuánto sufrimiento y cuánta amargura irreparables. Cuánta injusticia. Por eso merece la pena lo ganado desde entonces, a cambio de otras cosas, buenas o malas, que se quedaron en el camino. Con miserables como el del parque dedicados hoy —por desgracia, nunca faltarán voluntarios para delatar o reprimir a otros— a menesteres menos evidentes y grotescos. Así que, concluyo, bendito sea este Madrid donde pueden abrazarse dos jóvenes en la calle sin que un sicario a sueldo del obispo o el comisario de turno los importune con su vileza insolente. Puestos a elegir entre esto y aquello, incluso violentando las buenas maneras, prefiero verlos meterse la lengua. Hasta dentro.

España cañí

Vamos a llamarlo, si les parece bien, hospital del Venerable Prepucio de San Agapito. O, si lo prefieren, de los Siete Dolores de Santa Genoveva. Para más datos, añadiremos que está situado en una ciudad del sur de España. Y el arriba firmante —yo mismo, vamos— camina por el pasillo de una de sus plantas después de haber conseguido, tras arduas gestiones, intensas sonrisas y mucho hágame el favor, permiso para visitar a un amigo internado de urgencia, al que sus innumerables pecados y vida golfa dejaron el hígado y otros órganos vitales en estado lamentable.

Voy por el pasillo, en fin, pensando en un informe publicado hace poco: uno de cada diez trabajadores de hospital español sufre agresiones físicas por parte de pacientes o sus familiares, y siete de cada diez son objeto de amenazas o insultos ante la pasividad de los seguratas correspondientes. Que con frecuencia, según las circunstancias, prefieren no complicarse la vida. Y no deja de tener su lógica. Una cosa es decir no alborote, señora, caballero, a un ama de casa de Reus o a un jubilado de Úbeda cabreados con o sin motivo, y otra diferente, más peliaguda, impedir que un musulmán entre a la fuerza con su legítima en el quirófano, decirle a un subsahariano negro de color que no es hora de visitas, o informar a cuatro miembros de la mara Salvatrucha que la puñalada que recibió su amigo Winston Sánchez no se la podrán coser hasta mañana. Ahí, a poco que falle el tacto, sales en los periódicos.

Pienso en eso, como digo, mientras busco la habitación B-37. En éstas llego a una sala de espera con los asientos y el suelo cubiertos de mantas, papeles, vasos de plástico y botellas de agua vacías; y cuando me dispongo a embocar el pasillo inmediato, dos gitanillos que se persiguen uno a otro impactan, sucesivamente, contra mis piernas. Me zafo como puedo, mientras creo recordar que en los hospitales están prohibidos los niños, sueltos o amarrados. Luego miro en torno y veo a una señora entrada en carnes, con una teta fuera y dándole de mamar a una rolliza criatura que sorbe con ansia de superviviente. Slurp, slurp, slurp. A ver dónde me he metido, pienso con el natural desconcierto. Donde Esmeralda la zíngara. Entonces miro hacia el pasillo y me paro en seco.

Imaginen un pasillo de hospital de toda la vida. Y allí, arremolinada, una quincena de personas vociferantes: seis o siete varones adultos, otras tantas mujeres y algunos niños parecidos a los que acaban de dislocarme una rótula en la sala de espera. Sobre los mayores, para que ustedes se hagan idea, tecleas juntas en Google las palabras *García Lorca, Guardia Civil, Heredias, Camborios, primo* y *prima,* y salen sus fotos: patillas, sombreros, algún bastón con flecos, dientes de oro y anillos de lo mismo. Sólo les falta un Mercedes del año 74. Los jóvenes visten de oscuro y tienen un aire desgarrado y peligroso que te rilas, a medio camino entre Navajita Plateá y las Barranquillas. En cuanto a las Rosarios, sólo echas de menos claveles en los moños. Las jóvenes tienen cinturas estrechas, pelo largo, negrísimo, y ojos trágicos. Una lleva un niño en brazos. Todas van de negro, como de luto anticipado. Y en el centro del barullo, pegado a la pared, un médico vestido de médico. Acojonado.

«Ha matao ar papa, ha matao ar papa», gritan las mujeres, desgañitándose. Insultan y amenazan al médico los hombres, más sobrios y en su papel. «Te dihe que ze moría y za muerto», dice uno de ellos, inapelable. «Te vi a rahá.» El médico, pálido, más blanco que su bata, la espalda contra la pared, balbucea explicaciones y excusas. Que si era muy viejo, que si aquello no tenía remedio. Que si la ciencia tiene sus límites, y tal. «Lo habéi matao, criminá», vocifera otro, pasando mucho del discurso exculpatorio. Una de las Rosarios salta con extraño zapateado, agitándose la falda. «Er patriarca», se desmelena. «Er patriarca.» Lloran y gritan las otras, haciendo lo mismo. «Pinsharlo, pinsharlo», sugiere una de las jóvenes. «Que ha matao ar papa.»

Me quedo donde estoy, prudente. Mejor el médico que yo, pienso. Que cada cual enfrente su destino. Algunas cabezas de enfermos y visitantes asoman por las puertas de las habitaciones, contemplando el espectáculo con curiosidad. Miro alrededor, buscando una ruta de retirada idónea. Los dos gitanillos continúan persiguiéndose sobre las mantas y las botellas vacías, y el mamoncete sigue a lo suyo, pegado a la teta. Slurp, slurp. En la máquina del café, dos vigilantes de seguridad, vueltos de espaldas a lo que ocurre en el pasillo, parecen muy ocupados contando monedas y buscando la tecla adecuada para servirse un cortado. Me acerco a ellos. ¿Hay capuchino?, pregunto, metiendo un euro. Ellos mismos pulsan mi tecla, amables. Estamos los tres en silencio mientras sale el chorrito.

La habitación del hijo

Lo conoce mejor que a ella misma. O creía conocerlo, porque el joven silencioso y reservado que ahora vive en la casa le parece, en ocasiones, un extraño. El niño dejó de serlo hace tiempo. A veces, cuando está fuera, la madre se queda un rato en su habitación, callada, mirando los objetos, los libros —ella compró los primeros y los puso allí, soñando con el lector que alguna vez sería—, las fotos de amigos, de chicas. Las medallas que ganó en el colegio, tenaz, esforzado. Valiente como ella procuró enseñarle a ser. Con el ejemplo del padre: un buen hombre que nunca dice tres frases seguidas, pero que jamás faltó a su deber, ni hizo nada que no fuera honrado. Que educó al hijo con más ejemplos que palabras.

Inmóvil en la habitación, aspira su olor. Desde hace mucho es seco, masculino. Distinto del que tanto añora: aroma de cuerpecito menudo en pijama, olorcillo a carne tibia, casi a fiebre. A bebé y niño pequeño, que con el tiempo se desvanece y no regresa nunca. El crío que aparecía en la cama a medianoche con las mejillas húmedas, después de una pesadilla, para refugiarse a su lado, entre las sábanas. Quizá algún día recupere ese olor con un nieto, o una nieta. Con otro cuerpecito al que estrechar entre los brazos. Ojalá no esté demasiado mayor para entonces, piensa. Que aún tenga fuerza y salud para ocuparse de él, o de ella. Para disfrutarlos.

Libros. Hay muchos en la habitación, y jalonan veinticinco años de una vida. Infantiles, aventuras, viajes, textos escolares, materias universitarias, novela, ensayo, arte, historia. Desde niño, leyéndole cuentos e historietas, orientándolo con cautela, ella fue transmitiéndole el amor por la palabra escrita. La puerta maravillosa a mundos y vidas que acaban por multiplicar la propia: aspiraciones, sueños, anhelos cuajados en largas horas de lectura y templados en la imaginación. La intensidad de una mirada joven que explora el mundo en el descubrimiento de sí misma. Estos libros llevaron al muchacho a reconocerse entre los demás, a moverse con seguridad por el territorio exterior, a descubrir y planear un futuro. A estudiar una carrera bella y poco práctica, relacionada con la lengua, el pasado, el arte y la historia. A licenciarse en sueños maravillosos. En cultura y memoria.

Ahora ella, inquieta, se pregunta si hizo bien. Si la lucidez que estos libros dieron a su hijo no sirve más bien para atormentarlo. Lo sospecha al verlo salir de casa para entrevistas de trabajo de las que siempre vuelve hosco, derrotado. Cuando lo ve teclear en el ordenador buscando un resquicio imposible por donde introducirse y empezar una vida propia: la que soñó. Cuando lo ve callado, ausente, abrumado por el rechazo, la impotencia, la falta de esperanza que pronto sustituye, en su generación, a las ilusiones iniciales. Recuerda a los amigos que empezaron juntos la carrera animándose entre sí, dispuestos a comerse el mundo, a vivir lo que libros y juventud anunciaban gozosos. Cómo fueron desertando uno tras otro, desmotivados, hartos de profesores incompetentes o egoístas, de un sistema académico absurdo, injusto, estancado en sí mismo. De una universidad ajena a la realidad práctica, convertida en taifas de vanidades, incompetencia y desvergüenza. Pese a todo, su hijo aguantó hasta el final. Fue de los pocos: acabó los estudios. Licenciado en tal o cual. Un título. Una expectativa fugaz. Luego vino el choque con la realidad. La ausencia absoluta de oportunidades. El peregrinaje agotador en busca de trabajo. Los cientos de currículum enviados, el esfuerzo continuo e inútil. Y al fin, la resignación inevitable. El silencio. Tantas horas, días, años, de esfuerzo sin sentido. La urgencia de aferrarse a cualquier cosa. Hace una semana, cuando llenaba el formulario para solicitar un trabajo de dependiente en una tienda de ropa de marca, el consejo desolador de un amigo: «No pongas que tienes título universitario. Nadie emplea a gente que pueda causarle problemas».

Tocando los libros en sus estantes, la madre se pregunta si fue ella quien se equivocó. Si no tendría razón su marido al sostener que no está el mundo para chicos con sueños en la cabeza y libros bajo el brazo. Si al pretenderlo culto y lúcido no lo hizo diferente, vulnerable. Expuesto a la infelicidad, la barbarie, el frío intenso que hace afuera. Es entonces cuando, abriendo un libro al azar, encuentra unas líneas subrayadas —a lápiz y no con bolígrafo ni marcador, ella siempre insistió en eso desde que él era pequeño—: *«En el mar puedes hacerlo todo bien, según las reglas, y aun así el mar te matará. Pero si eres buen marino, al menos sabrás dónde te encuentras en el momento de morir».*

Se queda un instante con el libro abierto, pensativa. Releyendo esas líneas. Después lo cierra despacio, devolviéndolo a su lugar. Y sonríe mientras lo hace. Una sonrisa pensativa. Dulce. Tal vez no se equivocó por completo, concluye. O no tanto como cree. Puede que él forjara sus propias armas para sobrevivir, después de todo. Quizá mereció la pena.

Tontos (y tontas) de pata negra

Uno comprende que tiene que haber tontos, como tiene que haber de todo. Me refiero al tonto social, o sea. Al que normalmente llamamos tonto del haba. Al imbécil de andar por casa. De diario. Son criaturas de Dios, como dijo San Francisco del hermano lobo, si es que lo dijo, y tampoco es cosa de pasarlos por el lanzallamas. O de pasarlos sin más. Tienen tanto derecho a existir como cualquiera. Incluso un tonto evidente, lustroso, bien cebado, de esos que da gloria verlos, tipo cuñado Mariano, hace su papelito en determinados lugares. Decora el paisaje. Sobre todo si, como ocurre a menudo, no tiene conciencia de lo tonto que es. O de lo que puede ser si se lo propone, en plan película de superación deportiva americana, con el entrenamiento y el esfuerzo adecuado.

Y es que un tonto en condiciones, situado en el lugar idóneo, el trabajo, la vida cultural, la política, completa la vasta y asombrosa obra de la Naturaleza. La armonía del Universo. Enriquece la vida, para que me entiendan. Sirve como referencia. Como tontómetro del entorno y como brújula para los demás. Por eso siempre he sido partidario de tener un tonto a mano. No demasiado cerca, ojo. Un tonto es como las escopetas: lo carga el diablo. Pero tenidos a distancia y bajo control razonable, se aprende mucho observándolos. La pega principal es que el tonto tiene una asombrosa capacidad reproductora. Se multiplica como una coneja ligera de cascos. Y al menor descuido, te rodea como al general Custer. Ciertos ambientes, sobre todo los políticamente correctos, le son en extremo favorables. Y si además se trata de un tonto de aquí, español, con todos los complejos, inculturas, envidias y estupidez congénita propios de esta nacionalidad esplendorosa y autosatisfecha de la que gozamos, para qué les voy a contar. Si España exportara tontos al extranjero —a veces lo hace, pero sin organización ni método— seríamos la primera potencia mundial. Los tontos españoles son tontos conspicuos, de pata negra. Matizo, a fin de no avivar talibanismos feminazis: los tontos y las tontas. Para qué voy a mentir; en el fondo me hace ilusión. Si el tonto español desapareciera como especie, la cosa sería tan lamentable como la desaparición del toro de lidia, o la del tertuliano radiofónico que con la misma soltura analiza un resultado electoral que la teoría de campos de fuerza de Maxwell. Una de nuestras señas de identidad nacional se iría a tomar por saco. Cuando los últimos vínculos trimilenarios que unen a nuestra ruin tropa se aflojen del todo, y castellanos, catalanes, vascos, andaluces, inmigrantes y demás vayamos cada uno a nuestro aire, como realmente nos pide el cuerpo, sólo habrá dos cosas que nos sigan manteniendo unidos: el fútbol y lo tontos del ciruelo que somos, o que podemos llegar a ser cuando la Historia, la sociedad, la tele, la moda de turno, nos dan la oportunidad. Que suelen dárnosla.

En tal sentido, me preocupaba que las universidades españolas quedaran al margen del asunto. Perdieran el tren, para entendernos. A fin de cuentas, en sitios así lo que menudea es la inteligencia, la cultura y cosas por el estilo, y a la idiotez se le supone sólo un carácter mínimo, testimonial. Pero la Universidad de Zaragoza acaba de tranquilizarme mucho. El que más y el que menos prevé el futuro siniestro que espera a los universitarios españoles, y sabe que cuanto tiene que ver con progreso, innovación, ampliación de titulaciones, investigación, calidad en la docencia y nuevas tecnologías recae exclusivamente sobre el esfuerzo individual y el sacrificio de un profesorado que cobra menos de 2.500 mortadelos al mes, y eso cuando tiene 20 años de antigüedad. Con este paisaje, la última iniciativa de la docta institución cesaraugustana, de cara al próximo curso, ha sido apadrinar una campaña que, bajo el título *Nombrar en femenino es posible. ¡Inténtalo!,* y con los nombres y símbolos bien a la vista de la universidad —*cátedra sobre Igualdad de Género, nada menos*— y del Gobierno de Aragón, que supongo soltaron la viruta apropiada, reparte a troche y moche folletos de cuatro páginas a color, para que los jóvenes universitarios zaragozanos dejen de *invisibilizar* a las mujeres mediante deliciosas construcciones en la línea del tópico habitual: *el ser humano* en vez del hombre, el *alumnado sin empleo* en vez de los estudiantes desempleados, *profesionales en régimen laboral autónomo* en vez de trabajadores autónomos, y otros brillantes hallazgos al uso. Con la siguiente —y confusa— afirmación final, que transcribo literalmente en toda su espléndida y analfabeta incongruencia gramatical: *«Seguro que, con la práctica, prestas más atención al lenguaje y usas términos para que todos y todas seamos visibles en el discurso».*

Por eso digo que estoy tranquilo con lo de las esencias. No hay como la estupidez institucional, con cátedra incluida, para asegurar el futuro. Y el nuestro está garantizado. Tenemos tontos y tontas para rato y para rata.

No me pises, que llevo chanclas

Se me iban a pasar los calores sin mencionar la indumentaria, en ese añejo intercambio ritual entre colegas y suplementos dominicales que Javier Marías, donde suele, y yo aquí, acostumbramos cada verano. Ya saben: lorzas sudorosas a la vista y restregándose contigo en la calle Mayor, pantorrillas peludas a tu lado en el asiento del AVE, fulanos quitándose las pelotillas de los pies en el museo del Prado, y otros horrores estacionales de esta España convertida en inmenso chiringuito playero. Pero hasta las costumbres desaparecen, incluidas las propias. El mundo se derrumba, y nosotros etcétera. O ni eso, ya. Lo cierto es que no pensaba mentar la ropa este año. Hace tiempo que lo del indumento guarro es batalla perdida —o ganada, según el punto de vista—, y tampoco va a ser cosa de enrocarse contra lo que no tiene remedio, para que encima te llamen cabrón reaccionario con pintas, o esa socorrida y polivalente palabra que ahora todo cristo, desde la ignorancia redonda de su origen y significado —qué más da, a estas alturas de la feria—, utiliza igual para un roto que para un descosido: facha, o fascista. Como el niño de Galapagar al que, hace poco, otros niños molieron a golpes porque llevaba un polo y un pantalón largo en vez de, por ejemplo, calzón pirata y camiseta. Llamándolo, claro, facha.

Pero a lo que iba. Decía que este año no iba a ocuparme del indumento, pero me lo acaban de poner a huevo. Con una de arena y otra de cal. La primera tuvo lugar donde menos lo esperaba: en el restaurante Quatre Gats de Barcelona. Es un viejo local que me gusta mucho, en el casco antiguo de la ciudad, al que en otro tiempo iban pintores y otros artistas, Picasso incluido. La comida es agradable y el servicio muy correcto. Ni siquiera la afluencia de turistas, que ahora son clientela principal, consigue cargarse el encanto del sitio. O, para ser exactos, no lo había conseguido hasta ahora. Porque hace pocos días, mientras cenaba allí de chaqueta y sin corbata —un piano al fondo, gente de apariencia educada, indumentaria veraniega pero correcta en torno a las mesas—, aparecieron, precedidos por un obsequioso maître, cuatro guiris que podrían llegar directamente de una playa: sudorosos, bañadores caídos, chanclas y camisetas de tirantes de esas holgadas, que dejan el sobaco y su floresta bien a la vista. Esto, en el centro de Barcelona y a las diez de la noche. Y a esos cuatro guarros, que entraron tan campantes y sin complejos, el sonriente maître les asignó una mesa en el centro del local, para que lo hermosearan a tope. Como lo más natural del mundo, por supuesto. Clientes, a fin de cuentas. Gente que paga. Para qué nos vamos a poner estrechos, con la que cae. Miró luego al soslayo el encargado, fuese, y no hubo nada. Entre otras cosas, lo confieso, tampoco hubo petición de cuenta y largarse en el acto por mi parte, por dos razones: la primera es que la mesa de aquellos cuatro pavos me quedaba soportablemente lejos; y la segunda, que todos eran gays. Uno, además, completamente negro —*subsahariano afroamericano,* oí decir el otro día a una señora en la radio, en delicioso anuncio de lo que nos espera—. Así que pueden imaginarse lo mío. Ni parpadeé, siquiera. Se me habría interpretado mal: no creo que ese cabrón del Reverte se vaya sólo por las chanclas, etcétera. Elitismo enchaquetado, homofobia y racismo en una sola noche. Bingo. Así que me quedé sentado, sin rechistar, prisionero de lo políticamente correcto mientras despachaba mis manitas de cerdo en salsa de cigalas. Que estaban riquísimas, por cierto. Qué remedio.

La otra, la de cal, la dio en un local de comida rápida de un puerto playero mediterráneo, hace tres semanas, una camarera gordita y fatigada. Liquidaba yo en mi mesa una hamburguesa con patatas fritas cuando entraron dos anglosajones grandotes y colorados de sol, descalzos y con sólo el bañador puesto. De esos que ya van ciegos a las cuatro de la tarde, y cuando salen al extranjero no hacen el menor esfuerzo por hablar otra lengua que no sea la suya. Antes de que abrieran la boca, la chica les dijo que allí no se servía a gente sin la camiseta puesta. «Nou anderstán», respondió uno de aquellos gambas, haciéndose el sueco aunque el hijoputa era inglés. Y entonces la chica se tocó su blusa, bien sudada tras una durísima jornada de brega laboral, y dijo: «Sin camiseta, no comida, y puerta». Y el guiri que no comprendía comprendió perfectamente, y los dos se pusieron las camisetas. Y yo, mientras consideraba la conveniencia de saltar el mostrador y darle un beso, smuac, a la gallarda heroína hamburguesera, pensé que, guiris o de aquí, todo es aquello a lo que los acostumbras. Lo que tragues, o no, a cambio de un euro más en la caja. O de tu disposición a levantarte de un sitio donde comes, si no te gusta la compañía, y a no volver más, si llega el caso. A fin de cuentas, algunos tienen los turistas, los clientes y los vecinos de mesa de restaurante que se merecen.

El libro que no tenía polvo

Ha palmado Schulberg, o sea, el amigo Budd. El príncipe de Hollywood chivato y eficaz cuyas novelas he leído varias veces. Me encontraba a varias millas de la costa más próxima, venturosamente lejos de los periódicos, la radio y la tele, y por eso tardé en enterarme. Ahora, al corriente del asunto, bajo a la parte más subterránea de mi biblioteca, busco en la parte de novela guiri y en la de cine, y emerjo con tres libros en las manos. A dos tengo que soplarles el polvo, y a otro no. Uno de los que soplo empieza: «La primera vez que lo vi no debía de tener más de dieciséis años; era un muchacho listo y despierto como una ardilla. Se llamaba Sammy Glick. Su misión era llevar las cuartillas desde la redacción a la imprenta. Siempre corría. Siempre tenía sed». Un buen comienzo, la verdad. De los que uno envidia. Ese libro me lo regaló mi amigo el productor de cine José Vicuña, en la edición de Planeta del año 61. *¿Por qué corre Sammy?*, se llama. No es una obra maestra, pero sí una novela extraordinaria. *Ascenso y caída de un trepa ambicioso y genial.* Tan buena que duele. El otro con polvo encima —un polvo simbólico, no exageremos o se enfadará Conchi, la señora que limpia la casa— es un libro de memorias. *De cine*, es el título. *Memorias de un príncipe de Hollywood.* Decepcionante, éste. Buen retrato de los primeros años del cine, contados por el hijo de uno de los grandes productores de la Paramount, pero incapaz de ir más allá. Recuerdo que, cuando lo leí, pensé que, si lo hubiera firmado otro, no volvería a pensar en él. Me fastidió, sobre todo, que el autor pasara de largo, sin detenerse, por la gran mancha puerca y negra de su vida: cuando en 1951, asustado por la caza de brujas en Hollywood, delató a sus compañeros comunistas ante el siniestro Comité de Actividades Antiamericanas.

Pero, bueno. Cada uno es como es, y una cosa no quita la otra. O no debe. También Louis-Ferdinand Céline o el barón Corvo —ese *Adriano VII* de editorial Siruela nunca reeditado, maldita sea—, por citar un par de ejemplos a voleo, entre millones, eran dos pájaros de cuenta. Sería como no reconocer que *Madrid, de corte a checa,* de Agustín de Foxá, es una novela muy bien escrita, argumentando que su autor era más de derechas que una boda de Celia Gámez. O insinuar que los turbios medros políticos del joven Cela empañan la perfección cainita y carpetovetónica de *La familia de Pascual Duarte.* Chorradas. Cuando uno lee, lo que quiere es talento. Un talento, por volver a nuestro asunto, que Budd Schulberg desvió también, para desgracia de lectores y alegría de cinéfilos —váyase una cosa por la otra—, hacia guiones de películas como *Más dura será la caída* o el Oscar al mejor guión de 1954 *La ley del silencio.*

Pero quería hablarles del libro que no tiene polvo. Se titula *El desencantado,* lo he leído dos veces y media —hay una tarjeta de embarque de avión Florencia-Madrid en el punto donde abandoné la última lectura—, y dudo que ninguna otra novela, excepto la inconclusa *El último magnate,* de Scott Fitzgerald, cuente, la mitad de bien que lo cuenta ésta, el decadente final de una época extraordinaria en la historia de los Estados Unidos, del cine y de la literatura: los míticos años veinte y su *glamour.* A Budd Schulberg, en la vida real, le cupo el singular privilegio de trabajar en un guión infame, titulado *Amor y hielo,* en compañía precisamente de Scott Fitzgerald, cuando el escritor daba las últimas boqueadas arruinado por el alcohol y la disparatada convivencia con Zelda, su conflictiva mujer. E igual que el mismo Fitzgerald se inspiró en su propia historia para escribir la obra maestra *Suave es la noche* —novela que tampoco tiene polvo en mi biblioteca—, Schulberg recurrió a su experiencia junto a él para escribir la historia de Shep, el joven guionista encargado de trabajar con quien hasta entonces fue su ídolo, Manley Halliday: un escritor icono de su generación que ahora, intentando recuperarse de una vida desastrada y un alcoholismo crónico, es la sombra patética de lo que fue. Y con ese desencanto, la caída del mito y la certeza paralela del extraordinario talento que con él se extingue sin remedio, Budd Schulberg, mediante el personaje interpuesto del joven narrador que cuida del escritor en otro tiempo grande y ahora borracho y acabado, construye un retrato asombroso de la época en que, como apuntó Anthony Burgess —*Poderes terrenales,* otra novelaza—, tanto el cine como la literatura produjeron algunas de las obras de arte más asombrosas de todos los tiempos. *El desencantado* está en la estela de esas grandes obras; y si es verdad que no las iguala, tampoco desmerece de ellas, pues sobre su huella nace y mucho nos acerca. Gracias a tan soberbia novela, hoy puedo lamentar que haya muerto un magnífico escritor, en lugar de alegrarme porque desaparezca un miserable chivato.

Un estudiado toque de abandono

En mis tiempos de repórter Tribulete, cuando los de la vieja y extinta tribu todavía andábamos por los aeropuertos, los hoteles y la vida con una máquina de escribir portátil a cuestas, mi vieja Olivetti Lettera 32 con pegatina del diario *Pueblo* —todavía debe de estar en algún rincón del trastero— tenía por dentro de la funda un rótulo escrito a mano con la frase: «Cada día puede conmemorarse el centenario de alguna atrocidad». La reflexión sigue siendo válida, creo, para las atrocidades y para muchas cosas más. Hace pocos días, comentando el asunto con un viejo compañero de excursiones, parafraseó éste: «Y de alguna gilipollez». Me pareció oportuna la variante, y para confirmarlo decidí hacer un experimento. Seguro, dije, que si encendemos ahora la tele y zapeamos cinco minutos, o abrimos un periódico o una revista, damos en seguida con alguna gilipollez gorda, hermosa. Bien alimentada. Y tampoco es que la cosa rastreadora tenga mucho mérito. Por alguna singular razón que compete a los sociólogos, nunca fue tan desmesurada la cantidad de gilipolleces circulantes, acogidas con ávido entusiasmo por el personal, siempre dispuesto a apropiárselas. En ciertos ambientes y lugares, echas una gilipollez cualquiera al aire, entre la gente, y no toca el suelo.

Pero no quiero desviarme del asunto, que la página es corta y la vida, breve. Vayamos al grano. Y el grano es que abrí, en efecto, una revista al azar. O casi. Puesto a ser sincero, no la abrí exactamente al azar; pues procuré elegir una publicación —buenísima, por cierto— de arquitectura y diseño. Así que en cierto modo jugaba, vieja puta del oficio papelero como soy, con cartas marcadas. Pero lo cierto, y eso puedo jurarlo por el cetro de Ottokar —ya saben: *Eih bennek, eih blavek*—, es que las páginas las pasé al azar, mirando por aquí y por allá. Por supuesto, no quedé defraudado. Allí estaba la gilipollez de ese día, rutilante como ella sola. Redonda, compacta y sin poros. Triunfante a toda página y con titular gordo. Procurando, como todas las buenas gilipolleces sin complejos, no pasar inadvertida.

Lamento, como ocurre a menudo, no poder ilustrar esta página con las fotos correspondientes; pero haré lo que pueda, que para eso cobro por darle a la tecla. El caso es que el asunto —«Actualidad decó, las últimas novedades para estar al día»— iba de muebles supermegapuestos y modernos, oyes. Con diseño divino de la muerte súbita. Todo eran sillones, sillas y sofás —sofases, que se dice ahora—. Y el consejo maestro, que reclamaba mármol a gritos, ayudaba a situar la novedad en el contexto adecuado: «En tiempos de crisis no sólo hay que ser pobre, sino parecerlo». Ahora, dejando aparte las ganas naturales que a muchos de ustedes, como a mí, les habrán entrado de masacrar y colgar de una farola al ingenioso autor de la frase, échenme una mano, porfa, y procuren representarse mentalmente diversos modelos y estilos de muebles clásicos y modernos, tapizados todos ellos con telas cutres y remendadas: sacos, arpilleras, retales guarros, zurcidos bastos y costuras deshechas, con los hilos rotos. Todo lleno de desgarrones, con el detalle encantador, refinado que te vas absolutamente de vareta, colega, de que no es que el tiempo haya dejado ahí sus huellas, sino que asientos y respaldos están rotos a propósito, mostrando los muelles o el relleno interior. Como esas sillas —sitúo geográficamente la cosa— donde algunos se sientan a vender droga a la puerta de una chabola de las

Barranquillas, pero en tiendas caras y aflojando una pasta horrorosa. Para que se hagan idea: una silla francesa con el asiento despanzurrado y los muelles fuera cuesta 800 mortadelos; y un sofá de madera tallada, tapizado en tela de saco guarro y con un roto en el respaldo, 6.800 del ala. Tampoco se pierdan, ojo, el texto fascinante con el que se introduce el prodigio: «Maderas decapadas y formas al desnudo para dar a tu casa un estudiado toque de abandono. ¡Entra a saco!».

Así que ya lo saben. Si quieren estar a la última en decó y asombrar a la vecina cuando pase a cotillear, entren a saco. O tomen por él. Tampoco hace falta que sean memos y se gasten la viruta; guárdenla para pagar impuestos al *sheriff* de Nottingham. Si lo que quieren es dar a su casa un estudiado toque de abandono, pueden apañarse solos. Por ejemplo: tapizando el tresillo, no con sacos de Nitrato de Chile, que a estas alturas de la feria serían excesivamente clásicos, sino con cartones recogidos de noche en las calles y con bolsas de plástico de El Corte Inglés. Luego, una vez zurcidos con hilo bramante y cinta adhesiva —más toque de abandono, imposible—, pueden darse unos cuantos navajazos para conseguir el apresto adecuado. El toque final de refinado abandono se añade al saltar un rato encima, pateándolos bien. De paso, imaginen que le patean los huevos al diseñador. Eso ayuda mucho.

Las tiendas desaparecidas

Cada vez que doy un paseo veo más tiendas cerradas. Algunas, las de toda la vida, habían sobrevivido a guerras y conmociones diversas. Eran parte del paisaje. De pronto, el escaparate vacío, el rótulo desaparecido de la fachada, me dejan aturdido, como ocurre con las muertes súbitas o las desgracias inesperadas. Es una sensación de pérdida irreparable, aunque sólo haya echado vistazos al escaparate, sin entrar nunca. Otras de esas tiendas son negocios recientes: comercios abiertos hace un par de años, e incluso pocos meses; primero, los trabajos que precedían a la apertura, y después la inauguración, todo flamante, dueños y dependientes a la expectativa, esperanzados. Ahora paso por delante y advierto que los cristales están cubiertos y la puerta cerrada. Y me estremezco contagiado de la desilusión, la derrota que transmite ese triste cristal pegado al cristal con las palabras *se alquila* o *se traspasa*.

En lo que va de año, la relación es como de una lista de bajas después de un combate sangriento. Entre las que conozco hay una parafarmacia, dos tiendas de complementos, una de música clásica, una estupenda tienda de vinos, una ferretería, una tienda de historietas, tres de regalos, dos de muebles, cuatro anticuarios, una librería, dos buenas panaderías, una galería de arte, una sombrerería, una mercería e innumerables tiendas de ropa. También —ésa fue un golpe duro, por lo simbólico— una juguetería grande y bien surtida. Me gustaba entrar en ella, recobrando la vieja sensación que, quienes fuimos niños cuando no había televisión, ni videoconsola, ni nos habíamos vuelto todos —críos incluidos— completamente cibergilipollas, conservamos del tiempo en que una juguetería con sus muñecas, trenes, soldados, escopetas, cocinitas, caballos de cartón, disfraces de torero y juegos reunidos Geyper, era el lugar más fascinante del mundo.

Ahora hablamos de crisis cada día. Hasta los putos políticos y las putas políticas —que no es lo mismo que políticas putas, ahórrenme las putas cartas— lo hacen con la misma impavidez con que antes afirmaban lo contrario. En todo caso, una cosa es manejar estadísticas; y otra, pisar la calle y haber conocido esas tiendas una por una, recordando los rostros de propietarios y dependientes, su desasosiego en los últimos tiempos, la esperanza, menor cada día, de que alguien se parase ante el escaparate, se animara y entrase a comprar, sabiendo que de ese acto dependían el bienestar, el futuro, la familia. Haber presenciado tanta angustia diaria, la ausencia de clientes, el miedo a que tal o cual crédito no llegara, o a no tener con qué pagarlo. El saberse condenados y sin esperanza mientras, en las tiendas desiertas que con tanta ilusión abrieron, languidecían su trabajo y sus ahorros. Morían tantos sueños.

Eso es lo peor, a mi juicio. Lo imperdonable. Todas esas ilusiones deshechas, trituradas por políticos golfos y sindicalistas sobornados que todavía hablan de *clase empresarial* como si todos los empresarios españoles tuvieran yate en Cerdeña y cuenta en las islas Caimán. Ignorando las ilusiones deshechas de tanta gente con ideas y fuerza, que arriesgó, peleó para salir adelante, y se vio arrastrada sin remedio por la tragedia económica de los últimos tiempos y también por la irresponsabilidad criminal de quienes tuvieron la obligación de prevenirlo y no quisieron, y ahora tienen el deber de solucionarlo, pero ni pueden ni saben. De esa gentuza encantada consigo misma que no sólo carece de eficacia y voluntad, sino que sigue impasible como don Tancredo, procurando ni parpadear ante los cuernos del toro que corretea llevándose a todo cristo por delante. Un Gobierno cínico, demagogo, embustero hasta el disparate. Una oposición cutre, patética, tan corrupta y culpable de enjuagues ladrilleros que trajeron estos fangos, que resulta difícil imaginar que unas simples urnas cambien las cosas. Sentenciándonos, entre unos y otros, a ser un país sin tejido industrial ni empresarial, sin clase media, condenado al dinero negro, al subsidio laboral con trabajo paralelo encubierto y a la economía clandestina. Con mucho Berlusconi en el horizonte. Un rebaño analfabeto, sumiso, de albañiles, putas y camareros, donde los únicos que de verdad van a estar a gusto, sinvergüenzas aparte, serán los jubilados guiris, los mafiosos nacionales e importados, y los hooligans de viaje y tres noches de hotel, borrachera y vómito incluidos, por veinticinco euros. Para entonces, los responsables del desastre se habrán retirado confortablemente al cobijo de sus partidos, de sus varios sueldos oficiales, de sus pingües jubilaciones por los servicios prestados a sí mismos. A dar conferencias a Nueva York sobre cómo nos reventaron a todos, dejando el paisaje lleno de tiendas cerradas y de vidas con el rótulo *se traspasa*. Así que malditos sean su sangre y todos sus muertos. En otros tiempos, al menos tenías la esperanza de verlos colgados de una farola.

Café para todos

Dirán ustedes que lo de hoy es una chorrada, y que vaya tonterías elige el cabrón del Reverte para su artículo. Para llenar la página. Pero no estoy seguro de que la cosa sea intrascendente. Como decía Ovidio, o uno de esos antiguos —lo leí ayer en un Astérix—, una pequeña mordedura de víbora puede liquidar a un toro. Es como cuando, por ejemplo, ves a un fulano por la calle con una gorra de béisbol puesta del revés. Cada uno puede ir como le salga, naturalmente. Para eso hemos muerto un millón de españoles, o más. Luchando por las gorras de béisbol y por las chanclas. Pero esa certeza moral no impide que te preguntes, con íntima curiosidad, por qué el fulano lleva la gorra del revés, con la visera para atrás y la cintita de ajustarla sobre la frente. Todo eso conduce a más preguntas: si viene directamente de quitarse la careta de *catcher* de los Tomateros de Culiacán, si le da el sol en el cogote o si es un poquito gilipollas. Concediéndole, sin embargo, el beneficio de la duda, de ahí pasas a preguntarte si, en vista de que al pavo le molesta o no le conviene llevar la visera de la gorra hacia delante, por qué usa gorra con visera. Por qué no recurre a un casquete moruno, un fez turco o a una boina con rabito. Luego terminas pensando que es raro que los fabricantes de gorras no hayan pensado en hacer una gorra sin visera, para fulanos como el que acabas de ver; y de eso deduces, malpensado como eres, que la mafia internacional de los fabricantes de gorras de béisbol pone visera a todos los modelos para cobrar más caro y explotar al cliente, y luego lo disimulan regalándole gorras a Leonardo DiCaprio para que se las ponga del revés cuando saca en moto a su novia en el *Diez Minutos*. Eso te lleva inevitablemente a pensar en la crisis de Occidente y el aborregamiento de las masas, hasta que acabas echando espumarajos por la boca y decides apuntarte en Al Quaida y masacrar infieles, mientras concluyes que el mundo es una mierda pinchada en un palo, que odias a la Humanidad —Monica Bellucci aparte— y que la culpa de todo la tiene el Pesoe.

Llegados a este punto del artículo, ustedes se preguntan qué habrá fumado el Reverte esta mañana; concluyendo que, sea lo que sea, le sientan fatal ciertas mezclas. Pero yerran. Estoy sobrio y con un café; y todo esto, digresión sobre gorras incluida, viene al hilo del asunto: lo de que no hay enemigo pequeño, y que *si parva licet componere magna,* que dijo otro romano finolis de aquéllos. Pequeños detalles sin importancia aparente pueden llevar a cuestiones de más chicha, y parvos indicios pueden poner de manifiesto realidades más vastas y complejas. Vean si no —a eso iba con lo de las jodías gorras— el anuncio publicitario que hace unos días escuché en la radio. Un anuncio de esos que definen no sólo al fabricante, sino al consumidor. Y sobre todo, el país donde vive el consumidor. Usted mismo, o sea. Yo.

Buenos días, don Nicolás —cito de memoria, claro—, dice la secretaria a su jefe. ¿Le apetece un cortadito? Claro que sí, responde el mentado. Es usted muy amable, Mari Pili. Ahora mismo se lo preparo, dice ella, pizpireta y dispuesta. Pero ojo, la previene el jefe. Recuerde que yo el café lo tomo siempre de la marca Cofiflux Barriguitas. Por supuesto, don Nicolás, responde la secre. Conozco sus dificultades para ir al baño, como las conoce toda la empresa. Ahora yo también bebo el café de esa marca, igual que lo hacen ya todos mis compañeros. Tomamos Cofiflux Barriguitas, y nos va de maravilla. Etcétera.

Juro por *Hazañas Bélicas* que el anuncio es real. Quien escuche la radio, lo conocerá como yo. Lo estremecedor del asunto es la naturalidad con que se plantea la situación; el argumento de normalidad a la hora de controlar si el jefe va apretado o flojo de esfínter. Interpretarlo como nota de humor publicitario deliberado —lo que tampoco es evidente— no cambia las cosas. Con humor o en serio, el compadreo intestinal es de pésimo gusto. Delata, una vez más, las maneras bajunas de una España tan chabacana y directa como nuestra vida misma —«Yo es que soy muy espontáneo y directo», te dicen algunos capullos—; convertida, cada vez más, en caricatura de sí misma. En pasmo de Europa. Y ahora pónganse la mano en el corazón, mírense a los ojos y consideren si, en un país donde, tras emitir en la radio un anuncio con semejante finura conceptual, se espera que la gente normal compre entusiasmada el producto —y no me cabe duda de que lo compran—, sus ciudadanos pueden ir por el mundo con la cabeza alta. En cualquier caso, díganme si una sociedad capaz de dar por supuesto, como lo más corriente, que todo el personal de una empresa, desde la secretaria hasta el conserje, conoce, airea y comparte las dificultades intestinales de su director, presidente, monarca o puta que los parió —nos parió— a todos, no merece, además de café Cofiflux Barriguitas, o como diablos se llame, un intenso tratamiento con napalm.

La camisa blanca

He recibido carta de una lectora que comenta un artículo aparecido en esta página sobre cadáveres de la Guerra Civil enterrados o por desenterrar, lamentando que no mostrara yo excesivo entusiasmo por el asunto del pico y la pala. El contenido de la carta es inobjetable, como toda opinión personal que no busca discutir, sino expresar un punto de vista. Comprendo perfectamente, y siempre lo comprendí, que una familia con ese dolor en la memoria desee rescatar los restos de su gente querida y honrarlos como se merecen. Lo que ya no me gusta, y así lo expresaba en el artículo, es la desvergüenza de quienes utilizan el dolor ajeno para montarse chiringuitos propios, o para contar, a estas alturas de la vida, milongas que, aparte de ser una manipulación y un cuento chino, ofenden la memoria y la inteligencia. Envenenando, además, a la gente de buena fe. Prueba de ello es una línea de la carta que comento: *«Parece que para usted todos los muertos de esa guerra sean iguales».*

Así que hoy, al hilo del asunto, voy a contar una historia real. Cortita. Lo bueno de haber nacido doce años después de la Guerra Civil es que las cosas las oí todavía frescas, de primera mano. Y además, en boca de gente lúcida, ecuánime. Después, por oficio, me tocó ver otras guerras que ya no me contó nadie. Con el ser humano en todo su esplendor, y la consecuente abundancia de fosas comunes, de fosas individuales y de toda clase de fosas. Esto, aunque no lo doctore a uno en la materia, da cierta idea del asunto. Permite llegar a mi edad con las vacunas históricas suficientes para que ni charlatanes analfabetos, ni oportunistas, ni cantamañanas, vengan a contarme guerras civiles o guerras de las galaxias como burdas historietas de buenos y malos. A estas alturas.

La señora que me refirió la historia tiene hoy 84 años. Cumplía doce el día que acompañó a su madre al ayuntamiento de la ciudad en donde vivía: una ciudad en guerra, con bombardeos nocturnos, miedo, hambre y colas de racionamiento. Como casi toda España, por esas fechas. Era el año 37, y el edificio estaba lleno de hombres con fusiles y correajes que entraban y salían, o estaban parados en grupos, liando tabaco y fumando. A la niña todo aquello le pareció extraño y confuso. La madre tenía que hacer un trámite burocrático y la dejó sola, sentada en un banco del primer piso, en el rellano de la escalera. Estando allí, la niña vio subir a cuatro hombres. Tres llevaban brazaletes de tela con siglas, cartucheras y largos mosquetones, uno de ellos con la bayoneta puesta. A la niña la impresionó el brillo del acero junto a la barandilla, la hoja larga y afilada en la boca del fusil, que se movía escalera arriba. Después miró al cuarto hombre, y se impresionó todavía más.

Era joven, recuerda. Como de veinte años, alto y moreno. De ojos oscuros, grandes. Muy guapo, asegura. Guapísimo. Vestía camisa blanca, pantalón holgado y alpargatas, y llevaba las manos atadas a la espalda. Cuando subió unos peldaños más, seguido por los hombres de los fusiles, la niña advirtió que tenía una herida a un lado de la frente, en la sien: la huella de un golpe que le manchaba esa parte de la cara, hasta el pómulo y la barbilla, con una costra de sangre rojiza y seca, casi parda. Había más gotitas de ésas, comprobó mientras el chico se acercaba, también en el hombro y la manga de la camisa. Una camisa muy limpia, pese a la sangre. Como recién planchada por una madre.

La sangre asustó a la niña. La sangre y aquellos tres hombres con fusiles que llevaban al joven maniatado, escaleras arriba. Éste debió de ver el susto en la cara de la pequeña, pues al llegar a su altura, sin detenerse, sonrió para tranquilizarla. La niña —la señora que setenta y dos años después recuerda aquella escena como si hubiera ocurrido ayer— asegura que ésa fue la primera vez, en su vida, que fue consciente de la sonrisa seria, masculina, de un hombre con hechuras de hombre. Sólo duró un instante. El joven siguió adelante, rodeado por sus guardianes, y lo último que vio de él fueron las manchas de sangre en la camisa blanca y las manos atadas a la espalda. Y al día siguiente, mientras su madre charlaba con una vecina, la oyó decir: «Ayer mataron al hijo de la florista». Al cabo de unos días, la niña pasó por delante de la tienda de flores y se asomó un momento a mirar. Dentro había una mujer mayor vestida de negro, arreglando unas guirnaldas. Y la niña pensó que esas manos habían planchado la camisa blanca que ella había visto pasar desde su banco en el rellano de la escalera.

La niña, la señora de 84 años que nunca olvidó aquella historia, no sabe, o no quiere saber, si al joven de la sonrisa lo desenterraron en el año 40 o lo han desenterrado ahora. Le da igual, porque no encuentra la diferencia. Como dice, inclinando su hermosa cabeza —tiene un bonito cabello gris y los ojos dulces—, todos eran el mismo joven. El que sonrió en la escalera. A todos les habían planchado en casa una camisa blanca.

Alfaguara es un sello editorial del Grupo Santillana

www.alfaguara.com.mx

Argentina
Av. Leandro N. Alem, 720
C 1001 AAP Buenos Aires
Tel. (54 114) 119 50 00
Fax (54 114) 912 74 40

Bolivia
Avda. Arce, 2333
La Paz
Tel. (591 2) 44 11 22
Fax (591 2) 44 22 08

Chile
Dr. Aníbal Ariztía, 1444
Providencia
Santiago de Chile
Tel. (56 2) 384 30 00
Fax (56 2) 384 30 60

Colombia
Calle 80, 9-69
Bogotá
Tel. (57 1) 635 12 00
Fax (57 1) 236 93 82

Costa Rica
La Uruca
Del Edificio de Aviación Civil 200 m al Oeste
San José de Costa Rica
Tel. (506) 22 20 42 42 y 25 20 05 05
Fax (506) 22 20 13 20

Ecuador
Avda. Eloy Alfaro, 33-3470 y Avda. 6 de
Diciembre
Quito
Tel. (593 2) 244 66 56 y 244 21 54
Fax (593 2) 244 87 91

El Salvador
Siemens, 51
Zona Industrial Santa Elena
Antiguo Cuscatlan - La Libertad
Tel. (503) 2 505 89 y 2 289 89 20
Fax (503) 2 278 60 66

España
Torrelaguna, 60
28043 Madrid
Tel. (34 91) 744 90 60
Fax (34 91) 744 92 24

Estados Unidos
2023 N.W. 84th Avenue
FL. 33122
305) 591 95 22 y 591 22 32
305) 591 74 73

Guatemala
da. 11-11
9
temala C.A.
29 43 00
(02) 24 29 43 43

Honduras
Colonia Tepeyac Contigua a Banco Cuscatlan
Boulevard Juan Pablo, frente al Templo
Adventista 7º Día, Casa 1626
Tegucigalpa
Tel. (504) 239 98 84

México
Avda. Universidad, 767
Colonia del Valle
03100 México D.F.
Tel. (52 5) 554 20 75 30
Fax (52 5) 556 01 10 67

Panamá
Vía Transísmica, Urb. Industrial Orillac,
Calle segunda, local 9
Ciudad de Panamá.
Tel. (507) 261 29 95

Paraguay
Avda. Venezuela, 276,
entre Mariscal López y España
Asunción
Tel./fax (595 21) 213 294 y 214 983

Perú
Avda. Primavera 2160
Surco
Lima 33
Tel. (51 1) 313 4000
Fax (51 1) 313 4001

Puerto Rico
Avda. Roosevelt, 1506
Guaynabo 00968
Puerto Rico
Tel. (1 787) 781 98 00
Fax (1 787) 782 61 49

República Dominicana
Juan Sánchez Ramírez, 9
Gazcue
Santo Domingo R.D.
Tel. (1809) 682 13 82 y 221 08 70
Fax (1809) 689 10 22

Uruguay
Juan Manuel Blanes, 1132
11200 Montevideo
Tel. (598 2) 402 73 42 y 402 72 71
Fax (598 2) 401 51 86

Venezuela
Avda. Rómulo Gallegos
Edificio Zulia, 1º - Sector Monte Cristo
Boleita Norte
Caracas
Tel. (58 212) 235 30 33
Fax (58 212) 239 10 51

Este libro se terminó de imprimir en el mes de
Diciembre del 2009, en Impresos Vacha, S.A. de C.V.
Juan Hernández y Dávalos Núm. 47, Col. Algarín,
México, D.F., CP 06880, Del. Cuauhtémoc.